Archambault
6/2006
$29.95

0214

MAMMIFÈRES DU QUÉBEC

ET DE L'EST DU CANADA

2e ÉDITION

Jacques Prescott • Pierre Richard

ÉDITIONS
MICHEL
QUINTIN

Catalogage avant publication de la Bibliothèque nationale du Canada

Prescott, Jacques

Mammifères du Québec et de l'est du Canada

Nouv. éd. mise à jour.

(Guides nature Quintin)
Comprend des réf. bibliogr. et un index.

ISBN 2-89435-270-0

1. Mammifères - Québec (Province). 2. Mammifères - Canada (Est). 3. Mammifères marins - Québec (Province). 4. Mammifères marins - Canada (Est). I. Richard, Pierre, 1953 10 janv.-. II. Titre. III. Collection.

QL721.5.Q8P74 2004 599'.09714 C2004-940916-6

Suivi éditorial: Michel Quintin et Johanne Ménard
Conception graphique: Standish Communications (intérieur)
Domino Design Communications (couverture)
Mise à jour (infographie): Céline Forget
Illustrations: Richard Caron

Québec Patrimoine canadien Canadian Heritage

Gouvernement du Québec – Programme de crédit d'impôt pour l'édition de livres – Gestion SODEC

Les Éditions Michel Quintin bénéficient du soutien financier de la SODEC et du gouvernement du Canada par l'entremise du Programme d'aide au développement de l'industrie de l'édition (PADIÉ) pour leurs activités d'édition.

ISBN 2-89435-270-0
Dépôt légal – Bibliothèque nationale du Québec, 2004
Bibliothèque nationale du Canada, 2004

C.P. 340
Waterloo (Québec)
Canada J0E 2N0
Tél.: (450) 539-3774
Téléc.: (450) 539-4905
Courriel: mquintin@mquintin.com

Imprimé en Chine

À nos compagnes
Louise et Gayle

et à nos enfants
Alexandra, Nicolas et Emily

Remerciements

Nous tenons à remercier les personnes suivantes qui, par leur aide ou leurs commentaires, ont contribué à la réalisation de cet ouvrage :

> Georg Baron, Cyrille Barrette, J. Roger Bider, Jacques Bovet, Pierre Dansereau, Françoise Delorme, Jean Ferron, Michael Hammill, Wybrand Hoek, Michael Kingsley, Didier LeHenaff, Arthur Mansfield, Andrew McFarlane, Robert Michaud, Françoise Patenaude, Randall Reeves, Richard Sears, David Sergeant et C. G. Van Zyll de Jong.

Nous remercions aussi le Jardin zoologique du Québec, la Société de la Faune et des Parcs du Québec et le ministère des Pêches et Océans du Canada qui nous ont facilité la cueillette de l'information et l'accès à des données inédites.

Nous sommes reconnaissants au Musée canadien de la nature de nous avoir accordé la permission de publier quelques illustrations. Le Musée a également mis à notre disposition, par l'entremise du regretté docteur C. G. Van Zyll de Jong, des données sur la distribution des mammifères.

Nos remerciements s'adressent enfin à tous ceux et celles qui ont bien voulu répondre à nos demandes d'information.

Cet ouvrage a bénéficié d'une aide financière du Programme *Étalez votre science* du ministère de l'Industrie, du Commerce, de la Science et de la Technologie, et du Programme Action-Environnement du ministère de l'Environnement et de la Faune.

Table des matières

Préface

MON FRÈRE LE LOUP

Tous les mammifères du Québec sont ici. Vous les verrez dans l'un ou l'autre des paysages qui leur sont habituels. S'ils ignorent les frontières politiques, ils connaissent d'instinct les seuils d'humidité, les jeux de l'ombre et de la lumière, l'économie des jours et des nuits, l'abondance et la disette, la menace des orages et de la glace, les vibrations qui précèdent les séismes. Ils se connaissent les uns les autres et tiennent leur place dans les chaînes alimentaires, les réseaux d'interaction, dans le déclenchement des migrations et, surtout, dans l'appropriation du territoire.

Tous les mammifères du Québec et des régions avoisinantes sont ici. Sauf un : l'Homme. Et pourtant, ce sont deux Hommes qui ont écrit ce livre. Derniers arrivés dans la longue évolution qui les a rendus capables d'exploiter l'environnement, les Hommes peuvent décoder les messages de toutes les étapes précédentes. Les ébats gratuits des jeunes renards, les dialogues des dauphins, les acrobaties gracieuses des singes ouvrant la voie au sourire sceptique des savants humains. Au-delà des besoins alimentaires et reproducteurs, la généalogie des vertébrés supérieurs s'engage dans un nouveau contrôle de l'environnement.

Il faut même remonter aux arthropodes pour retracer les inventions de l'architecture (fourmis, abeilles) et de l'ingénierie (termites) que les oiseaux et les mammifères pousseront beaucoup plus loin. Ils ont fourni des modèles de toute l'adaptation sociale, dans ses réponses aux exigences vitales incontournables jusque dans les sociétés hiérarchisées où la reproduction, le travail et la sécurité sont assignés à des classes distinctes vivant en cohésion spatiale intime.

Pour saisir le comportement d'un animal, ici un mammifère, il faut d'abord l'identifier : reconnaître la taille, la forme, la texture qui servent d'enveloppe à son anatomie. Il faut ensuite le situer dans chacun des milieux qu'il fréquente, le suivre jusqu'à ses limites géographiques. Il faut enfin observer son comportement, le jour et la nuit, l'été et l'hiver, en période végétative et sexuelle. Anatomie-écologie-éthologie sont à la base d'un ouvrage comme celui-ci.

Ceux qui ont grandi dans la culture française ou gréco-latine devront peut-être tourner le dos à Ésope et à Jean de la Fontaine, dont les personnages du monde animal se comportent comme des hommes, tantôt bienveillants, tantôt méchants. La science ne confirme guère ce point de vue.

Les naturalistes d'ici se placent plutôt dans la lignée de Pline l'Ancien, de Lucrèce, et surtout de Darwin plutôt qu'à la suite de Buffon, dont l'élégance du style reflète l'anthropomorphisme. Une «histoire du sentiment de la nature» reste à écrire. Elle puiserait autant dans les oeuvres littéraires et dans le cinéma que dans les publications scientifiques. Donnons-nous, en attendant, quelques repères. Léon Provancher et C. E. Dionne, ainsi que Henri-Gustave Joly de Lotbinière auront suivi Audubon et Muir, alors que Marie-Victorin, Georges Maheux et Claude Melançon sont de la même génération que Sears, Eiseley, Leopold, Osborn, Monod. Les avertissements de Fraser Darling et de Rachel Carson auront une forte répercussion dans un Québec désormais sensibilisé aux menaces qui pèsent sur la vie des animaux. Et c'est plus récemment encore, avec le développement formel de l'éthologie (Lorenz, Tinbergen et von Frisch), que s'affinera la perception du monde animal, surtout des oiseaux et des mammifères.

C'est justement cette perception qu'on retrouvera dans le présent ouvrage. La psychosociologie du *bird-watching* s'applique aussi bien aux mammifères. Bien des coureurs des bois et des chasseurs ont inconsciemment subi une sorte de poésie admirative en découvrant la variété des espèces et la parenté de l'Homme avec l'animal. Certains auront même été sensibles aux rituels des Amérindiens. Notre littérature poétique et romanesque n'en a malheureusement pas traduit grand-chose. Les jeunes naturalistes et les sportifs, munis de lunette et caméra, auront donné un nouvel essor au folklore en le rendant plus convivial. Un tourisme plus exigeant, répondant mieux désormais aux besoins d'information et d'éducation, favorise la participation qui caractérise déjà les musées. Autant de chemins qui conduisent à la solidarité biologique.

Avec la crise de l'environnement, enfin perçue dans les années soixante, la responsabilisation envers le milieu naturel a saisi deux générations, bientôt trois. On a constaté, à l'occasion des décisions à prendre, qu'on ne savait même pas reconnaître les espèces une à une. En prêchant la conservation de la biodiversité, certains biologistes ont même abouti à la reconnaissance du droit des animaux. Pour bien asseoir ce droit, ne fallait-il pas connaître à fond les besoins et les tolérances de chaque espèce, autrement dit l'éthologie?

Le grand congrès international de Rio (1992) a débouché sur une sorte de serment de protection de la biodiversité. Il nous faut constater que les gouvernements qui ont pris un tel engagement n'ont pas toujours réalisé l'ampleur de leur adhésion ni bien mesuré les devoirs qui en découleraient. Un nouvel accord est en préparation qui associera le développement durable à la nécessité de considérer les diverses espèces dans le cadre de leur habitat et des exigences qu'il présente. Le triptyque bio-éco-socio-diversité s'impose donc comme arrière-plan de nos interventions sur la vie végétale et animale. Il n'existe pas de réglementation universelle. Par ailleurs, chaque groupe homogène d'êtres vivants (les algues, les arbres, les insectes, les oiseaux, les mammifères) manifeste une programmation biologique distincte. L'identification des espèces et la connaissance de leur régime de vie sont donc indispensables à toute forme de protection et, à plus forte raison, d'exploitation.

Le présent ouvrage nourrira les débats où nous sommes engagés et appuiera les décisions à prendre. De plus, il augmentera le plaisir de ceux pour qui la présence des animaux est nécessaire à l'harmonie de la vie.

Les naturalistes seront les premiers à profiter pleinement de cet ouvrage de référence. Ils l'accueilleront avec enthousiasme puisque leur vocation les maintient sur le terrain, en contact ininterrompu avec la matrice qu'est la nature. Ils ont l'habitude de changer constamment leur foyer : de la forêt à l'arbre, de la pullulation animale à une espèce en particulier ou à une population. Cette présence sensible dans la nature est essentielle pour tous. Elle faisait dire à Emerson que «la plus grande pauvreté est de ne pas vivre dans un monde physique». Cet avertissement pourrait s'adresser aujourd'hui à la génération qui manipule les symboles avant d'avoir touché les réalités concrètes. Lièvres et tortues cheminent sur l'écran de l'ordinateur avant que l'enfant les ait jamais vus et touchés vivants. Nous sommes aux prises, dans notre paisible pays comme ailleurs, avec les antagonismes de l'innovation et de la continuité. La nouvelle cybernétique augmente notre pouvoir d'interprétation, mais c'est le contact sensoriel qui nourrira toujours la perception.

Un répertoire comme celui-ci nous place en parallèle avec les animaux qui sont physiologiquement les plus proches de nous. Les espaces et le temps que nous partageons avec eux sont le cadre d'une évolution comparable et pourtant plus avancée, plus autodéterminée, chez l'Homme.

Naturalistes, biologistes, cybernéticiens, nous avons tous nos raisons d'accompagner les mammifères sur le territoire qui a été le leur avant le nôtre. La solidarité biologique que nous avons résolu de cultiver ne trouvera à s'exercer que dans la connaissance du comportement animal et dans le respect de toutes les formes de vie.

Pierre Dansereau

Avant-propos

Le territoire et les eaux côtières du Québec et de l'est du Canada abritent une faune riche et diversifiée. Plus d'une centaine d'espèces de mammifères habitent le territoire bordé à l'ouest par le Manitoba, à l'est par l'océan Atlantique, au sud par les Grands Lacs et le nord-est des États-Unis et au nord par les étendues glacées de l'Arctique.

Bien qu'ils soient généralement difficiles à observer à cause de leurs moeurs discrètes, les mammifères sauvages ne jouent pas moins un rôle important dans la nature. Plusieurs d'entre eux ont une importance économique considérable. Dans les régions côtières, la chasse aux baleines et aux phoques a été longtemps et est encore, dans une certaine mesure, une activité culturelle et économique importante. Dans bien des cas, cette exploitation est à l'origine d'un déclin des espèces.

Certains mammifères qu'on appelle «le gros gibier», soit l'orignal, le cerf de Virginie, le caribou et l'ours noir, sont la cible chaque automne d'un nombre important de chasseurs. D'autres, comme le lynx roux, le castor, la martre et le rat-musqué, sont convoités par de nombreux trappeurs.

Dans les régions agricoles, les renards, les campagnols et les coyotes tirent profit des cultures et des élevages et sont pourchassés par les agriculteurs.

Même le citadin peut rencontrer des mammifères : rats et souris qui envahissent parfois les entrepôts et les garde-manger, écureuils qui vivent dans les parcs ou chauves-souris qui s'abritent dans les greniers.

De nos jours, les mammifères ne sont plus seulement l'objet de la convoitise des chasseurs ou la hantise des cultivateurs. Beaucoup de gens s'intéressent à eux, qu'ils soient naturalistes chevronnés ou simples amateurs. Quels que soient nos rapports avec eux, ces animaux sont souvent mal connus et fort mal appréciés.

En réalisant le présent ouvrage, nous avons voulu offrir, dans un format pratique et facile à consulter, l'information la plus complète et détaillée possible sur les mammifères de nos régions.

Nous traitons des 94 espèces les plus représentatives de la faune mammalienne terrestre et aquatique du Québec et de l'est du Canada. Sont décrites en quelques rubriques bien identifiées la morphologie, l'écologie, les moeurs et la répartition géographique de chacune de ces espèces. La plupart d'entre elles sont illustrées au moyen d'une photographie en couleur qui met en évidence leurs caractéristiques physiques.

Nous sommes conscients que malgré tout le soin que nous y avons apporté, ce guide ne pourra répondre à toutes les questions concernant la vie de nos mammifères. Nous espérons toutefois qu'il saura faire naître en chacun de nos lecteurs le désir d'en savoir encore plus sur ces animaux fascinants.

Jacques Prescott

Pierre Richard

Introduction

La présentation systématique des informations contenues dans ce guide permet une consultation simple et rapide. Le lecteur y trouvera pour chaque espèce une fiche d'identité divisée en plusieurs rubriques et contenant les principaux renseignements sur la biologie du mammifère décrit. Deux cartes de répartition et des photographies couleur complètent le tout.

Nous nous en sommes tenus aux espèces qui nous apparaissaient les plus représentatives de la faune du Québec et de l'est du Canada. Le lecteur trouvera en annexe une brève description des quelques espèces de mammifères occasionnellement observées dans l'est du Canada, mais ne faisant pas l'objet d'un traitement détaillé. Une liste des espèces vulnérables, menacées ou en voie de disparition vient souligner la situation précaire de certains de ces animaux. Nous présentons également un court texte qui livre quelques suggestions sur la façon d'observer les mammifères avec succès dans leur milieu naturel.

Rédigé dans un vocabulaire et un style accessibles à tous, le texte comporte cependant quelques termes techniques; ceux-ci sont expliqués dans un glossaire placé à la fin du livre.

Nous avons également incorporé à cet ouvrage une bibliographie qui pourra servir de point de départ à des recherches plus élaborées.

CLASSIFICATION ET NOMENCLATURE

La présentation des 94 espèces décrites suit la classification taxinomique proposée par Wilson et Reeder (1993). Pour des raisons d'ordre pratique, les mammifères marins (carnivores pinnipèdes et cétacés) ont été regroupés en dernière partie.

La fiche d'identité de chaque animal débute par le nom commun de l'espèce, en suivant, dans la plupart des cas, la liste proposée par le Comité de nomenclature de la Société zoologique de Québec.

Nous avons toutefois apporté quelques modifications qui s'harmonisent mieux avec la nomenclature internationale. La musaraigne arctique devient la musaraigne nordique, la musaraigne de Gaspé devient la musaraigne de Gaspésie, et le condylure étoilé est appelé condylure à nez étoilé, en accord avec la nomenclature proposée par van Zyll de Jong (1983). Plusieurs chauves-souris portent le nom générique de vespertilion, tel que suggéré par van Zyll de Jong (1985). Le castor du Canada se distingue plus facilement du castor d'Europe et le rat-musqué commun se différencie des autres espèces du même genre. Nous proposons de donner au phénacomys le nom de campagnol des bruyères, suivant en cela la nomenclature anglophone qui classe cette espèce parmi les campagnols.

Vient ensuite le nom scientifique composé du nom générique et du nom spécifique. Suivent le ou les autres noms populaires français, le ou les noms communs anglais et le nom de la famille dont l'animal fait partie.

Marmotte commune	nom commun français
Marmota monax	nom scientifique (*Marmota* → nom générique) (*monax* → nom spécifique)
Siffleux	nom populaire
Woodchuck	nom commun anglais
Famille des sciuridés	famille taxinomique

CARTES DE RÉPARTITION

Pour chaque espèce, une première carte illustre la distribution géographique dans l'est du Canada et en Nouvelle-Angleterre. Le territoire couvert par cet ouvrage comprend, d'ouest en est, l'Ontario, le Québec, le Nouveau-Brunswick, la Nouvelle-Écosse, l'Île-du-Prince-Édouard, Terre-Neuve (y compris le Labrador) et leurs eaux côtières, ainsi que les États américains adjacents. Une seconde carte illustre la distribution mondiale de chaque espèce.

En plus d'indiquer la répartition potentielle de chaque espèce dans l'est du Canada, les cartes de distribution constituent des outils de premier ordre pour aider à identifier certains mammifères qui se ressemblent, mais occupent des régions distinctes.

La répartition géographique des mammifères terrestres a été estimée à partir des données publiées par Peterson (1966), Hall (1981) et quelques autres auteurs. C.G. van Zyll de Jong, du Musée canadien de la nature, a gracieusement mis à notre disposition des données non publiées.

Dans le cas des mammifères marins, les auteurs suivants ont été pris en considération : Leatherwood et al. (1976), Mansfield (1964), Mitchell & Brown (1976), Sergeant & Fisher (1957), Martin (1990), Leatherwood & Reeves (1983) et Reeves et al (2002). À ces sources s'ajoutent d'abondantes données non publiées. Toute mauvaise interprétation des données publiées par les auteurs précités doit nous être imputée.

PHOTOGRAPHIES ET ILLUSTRATIONS

Pour faciliter l'identification de chaque espèce, la fiche d'identité est accompagnée d'une ou deux photos couleur. Dans les cas où les photographies ou les illustrations ne suffisent pas pour identifier correctement l'animal, le lecteur pourra se reporter à la rubrique Caractères distinctifs de la fiche. Le lecteur devrait aussi se servir des mensurations et de la carte de répartition pour régler les cas litigieux.

ORGANISATION DU TEXTE

Les 27 familles de mammifères mentionnées dans le présent ouvrage sont regroupées en neuf ordres ou sous-ordres correspondant à autant de chapitres. Au début de chaque chapitre, se trouve un aperçu général du groupe visé.

Par souci d'uniformité et de clarté, la fiche d'identité comporte plusieurs rubriques identifiées par un pictogramme et traitant chacune d'un aspect de la biologie, de l'écologie ou du comportement de l'espèce dont il est question.

RÉPARTITION GÉOGRAPHIQUE

Cette rubrique décrit la répartition de l'espèce non seulement dans l'est du Canada mais également ailleurs dans le monde.

MENSURATIONS

Cette rubrique donne les mensurations de l'animal. En général, elle indique les longueurs totales moyennes et extrêmes atteintes par les adultes des deux sexes. Parfois, elle signale aussi la longueur totale moyenne ou maximale des adultes des deux sexes ainsi que la longueur totale moyenne des nouveau-nés. S'ajoutent à cela, pour de nombreuses espèces, d'autres dimensions utiles.

Nos données ont été obtenues, pour la plupart des espèces, à partir d'animaux capturés dans les régions couvertes par l'ouvrage. Il existe en effet une certaine variation dans la taille d'individus d'une même espèce mais habitant des régions différentes. Les illustrations de la page suivante indiquent de quelle façon ces mesures doivent être prises :

L.T. : longueur totale du corps et de la queue
Q. : longueur de la queue
O. : longueur du pavillon de l'oreille
P. : longueur du pied postérieur
H.E. : hauteur à l'épaule
E.A. : envergure des ailes
E.P. : envergure du panache

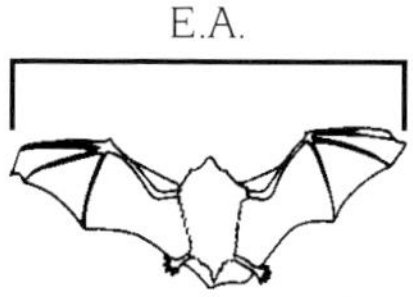
E.A.

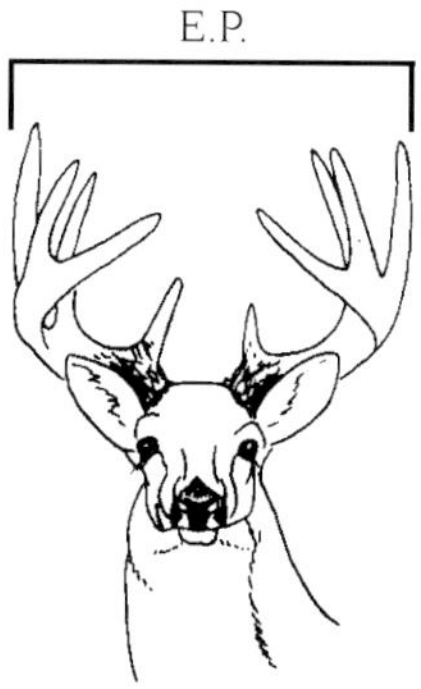
E.P.

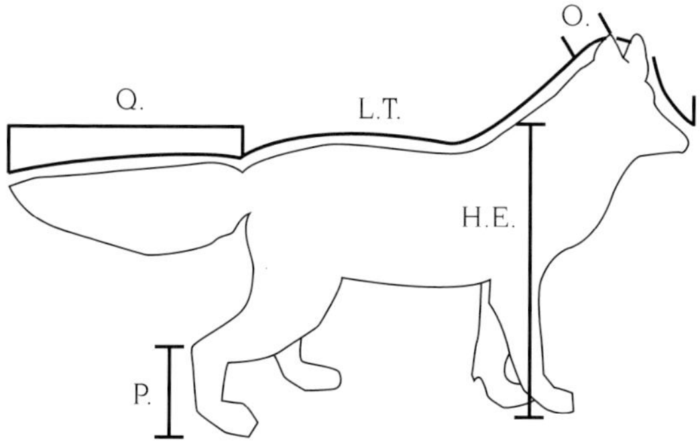
O.
Q.
L.T.
H.E.
P.

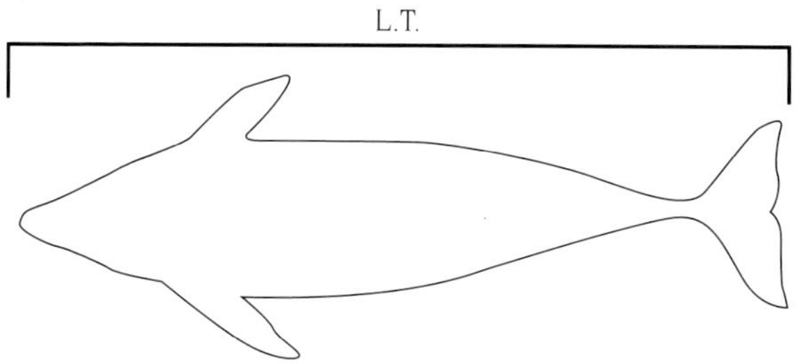
L.T.

POIDS
Poids moyens ou extrêmes des adultes, mâles et femelles, et des nouveau-nés, lorsque l'information est disponible. Comme la rubrique précédente, ces mesures proviennent, pour la plupart des espèces, d'animaux capturés dans les régions couvertes par l'ouvrage.

CARACTÈRES DISTINCTIFS
Nous décrivons dans cette rubrique le pelage et certaines autres caractéristiques anatomiques ou comportementales propres à l'espèce et qui peuvent aider à la distinguer d'espèces semblables.

HABITAT
Cette rubrique décrit sommairement l'habitat de l'espèce, c'est-à-dire le milieu géographique où elle vit habituellement. Elle traite aussi de la superficie du territoire et de la densité des populations.

GÎTE
Description du nid ou de l'abri construit ou occupé par l'animal ainsi que des constructions qu'il lui arrive de réaliser. On trouvera ici, s'il y a lieu, de l'information sur les sentiers qu'il fréquente et sur ses activités hivernales (migration, hibernation).

REPRODUCTION
Rubrique traitant de la reproduction de l'espèce et regroupant les renseignements sur la période d'accouplement et de mise bas, la durée de la gestation, le nombre de portées annuelles et le nombre de petits par portée. Lorsque ces informations sont disponibles, nous donnons des détails sur le développement des jeunes, la durée de l'allaitement et l'âge de la maturité sexuelle.

RÉGIME ALIMENTAIRE
Cette rubrique décrit le régime alimentaire de l'animal. On y trouve un aperçu des espèces végétales et animales dont il se nourrit, ainsi que des informations sur son comportement ou son mode d'alimentation.

COMPORTEMENT SOCIAL
Renseignements de toute nature sur la vie sociale de l'espèce : son caractère solitaire ou grégaire, ses cris, ses activités de marquage et de défense du territoire.

LONGÉVITÉ

Cette rubrique indique dans la plupart des cas l'âge maximum (parfois la longévité moyenne) que peut atteindre l'espèce dans son milieu naturel ou en captivité. La longévité maximale étant un phénomène très rare, la majorité des individus de l'espèce vit bien en deçà de cet âge. La valeur indiquée (lorsque l'information est disponible) est donc une approximation de l'âge que seule une fraction d'individus (20 % - 30 %) peut atteindre.

PRÉDATEURS

Sont énumérés sous cette rubrique les principaux prédateurs de l'espèce. Dans les cas où l'être humain est un prédateur important, on trouvera parfois des renseignements sur l'exploitation ou la chasse dont l'espèce fait l'objet.

STATUT DES POPULATIONS

On trouvera, s'il y a lieu, des informations sur l'état des populations de l'espèce.

NOTES

Nous avons tenté de rassembler dans cette dernière rubrique les renseignements qui caractérisent le mode de vie de l'espèce. On y trouvera un bref aperçu du comportement individuel (rythmes d'activité journalier et annuel, aptitudes particulières, etc.) et, à l'occasion, quelques renseignements pertinents sur les rapports de l'espèce avec l'être humain.

Nous invitons le lecteur désireux de pousser plus loin ses recherches sur les mammifères à consulter la bibliographie présentée à la fin du livre. Il y trouvera beaucoup de références générales et près d'un millier de références spécifiques classées par famille.

MARSUPIAUX

Famille des didelphidés

INSECTIVORES

Famille des soricidés

Famille des talpidés

CHIROPTÈRES

Famille des vespertilionidés

LAGOMORPHES

Famille des léporidés

RONGEURS

Famille des sciuridés

Famille des muridés

Famille des castoridés

Famille des dipodidés

Famille des cricétidés

Famille des éréthizontidés

CARNIVORES FISSIPÈDES

Famille des canidés

Famille des mustélidés

Famille des ursidés

Famille des félidés

Famille des procyonidés

ARTIODACTYLES

Famille des cervidés

Famille des bovidés

CARNIVORES PINNIPÈDES

Famille des phocidés

Famille des odobénidés

CÉTACÉS

Famille des phocénidés

Famille des physétéridés

Famille des delphinidés

Famille des balénoptéridés

Famille des monodontidés

Famille des balénidés

Famille des ziphiidés

Ordre des marsupiaux

Famille des didelphidés

Opossum d’Amérique du Nord

LES MARSUPIAUX

Les marsupiaux naissent dans un état embryonnaire après une courte gestation. Au moment de la naissance, les petits se glissent dans la poche ventrale de la mère pour y poursuivre leur développement pendant quelques semaines, attachés à une mamelle.

Ces mammifères primitifs ont un mode de reproduction bien particulier. Les femelles de ce groupe possèdent deux utérus distincts et leurs appareils reproducteur et digestif débouchent dans une ouverture commune appelée cloaque. Les mamelles, au nombre de 2 à 19, se cachent à l'intérieur d'une poche abdominale. Chez certaines espèces, cette poche externe est constituée d'un simple repli de la peau; chez d'autres, elle n'apparaît que durant la période de reproduction.

La gestation est de très courte durée, de l'ordre de 12 ou 13 jours chez l'opossum. Le nouveau-né est minuscule, aveugle et nu. Ses membres antérieurs et certaines parties de son système nerveux sont toutefois bien développés. Au moment de mettre bas, la mère lèche méticuleusement ses parties génitales, son abdomen et l'intérieur de sa poche ventrale, comme pour tracer le chemin à sa progéniture. Les petits nagent littéralement à travers les poils humides de l'abdomen de leur mère et se glissent dans la poche à la recherche d'un mamelon. Une fois saisi dans la bouche, le mamelon s'élargit. Chaque petit reste ainsi attaché à sa mère pendant plusieurs semaines.

Comme chez les autres mammifères, le sevrage est graduel. Les jeunes sortent régulièrement de la poche maternelle jusqu'à ce que leur taille les empêche d'y retourner. Chez les opossums, par exemple, la mère transporte souvent ses petits sur son dos.

Il existe de par le monde plus de 270 espèces de marsupiaux; les kangourous, les koalas et les opossums comptent parmi les plus connus. Certains mènent une vie de fouisseurs et ressemblent à des taupes ou à des souris; quelques-uns vivent dans les arbres comme les écureuils; d'autres encore sont aquatiques ou tout simplement terrestres.

Il y a 50 millions d'années, on trouvait des marsupiaux un peu partout dans le monde. Avec l'apparition des mammifères placentaires, ils ont disparu de la plupart des continents sauf en Australie et dans certaines îles de la Nouvelle-Zélande, de la Nouvelle-Guinée et de l'archipel des Célèbes, où ils ont continué à proliférer. Quelques espèces d'opossums, les didelphidés, ont survécu en Amérique du Sud, mais une seule habite encore l'Amérique du Nord.

Les didelphidés sont à la fois les plus primitifs et les plus répandus des marsupiaux. La plupart des membres de cette famille sont arboricoles et ont un régime omnivore.

Opossum d'Amérique du Nord

Didelphis virginiana **Famille des didelphidés**

Opossum d'Amérique, opossum de Virginie
North-American Opossum, Virginia Opossum

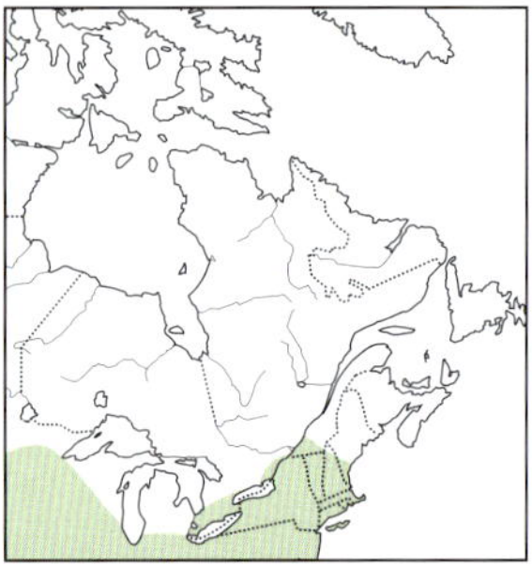

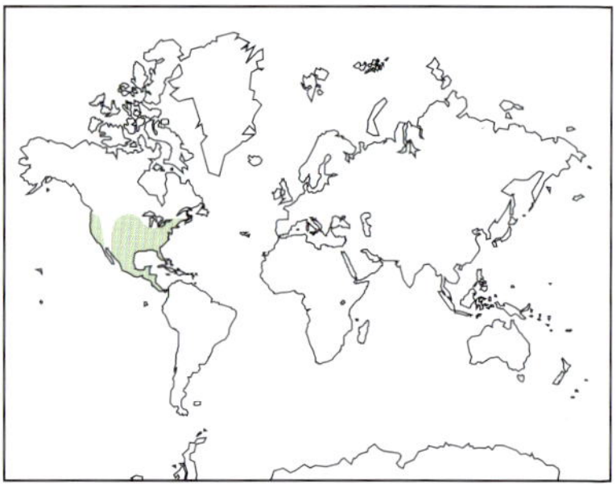

RÉPARTITION GÉOGRAPHIQUE

L'opossum d'Amérique du Nord, seul marsupial de l'Amérique septentrionale, fréquente la côte ouest et tout l'est des États-Unis jusqu'à l'extrême sud de l'Ontario et du Québec. Cette dernière région correspond à la limite nord de sa distribution. L'espèce est régulièrement observée dans le sud-est de l'Ontario. Au Québec, sa présence a été notée à quelques reprises au sud du lac Saint-François ainsi que dans la région de Lac-Mégantic. On l'a signalée depuis le sud du Canada jusqu'au Costa Rica. L'espèce a été introduite dans l'ouest de l'Amérique du Nord. Elle s'est établie le long du Pacifique, de la Basse-Californie jusqu'au sud de la Colombie-Britannique.

MENSURATIONS

Longueur totale : 650 à 850 mm; queue : 220 à 400 mm; pied : 60 à 80 mm; oreille : 45 mm.

POIDS

Les adultes pèsent de 1,36 à 5,04 kg. Les mâles sont légèrement plus gros que les femelles. Les nouveau-nés pèsent de 0,13 à 0,16 g.

CARACTÈRES DISTINCTIFS

L'opossum d'Amérique du Nord a la tête et la gorge blanches et de longues oreilles noires. Il possède une longue queue glabre préhensile et un museau pointu. Il est de la taille d'un chat domestique.

HABITAT

L'opossum d'Amérique du Nord habite les forêts humides et clairsemées et les champs broussailleux à proximité des marécages et des cours d'eau.

John Mitchell / Valan Photos

GÎTE

Son nid est aménagé dans un terrier abandonné de marmotte commune, de mouffette rayée ou de blaireau, un arbre creux, sous une souche, un tas de pierres ou un bâtiment, ou entre les racines d'un arbre. L'opossum d'Amérique du Nord a l'habitude de ramasser avec sa bouche les herbes et les feuilles dont il tapisse son nid. Il les fait passer sous son thorax et les transporte en les encerclant avec sa queue qu'il ramène vers l'avant entre ses pattes postérieures.

REPRODUCTION

On note deux périodes d'accouplement chez cette espèce : de la fin de janvier à la fin de mars et de la mi-mai au début de juin. Les femelles produisent habituellement 2 portées par année. Les petits, au nombre de 5 à 21 (moy. 6 à 9), naissent après une gestation de 12 ou 13 jours. Chez le nouveau-né, les yeux et les oreilles ne sont pas encore apparents et les pattes postérieures ne sont pas développées. À la naissance, le petit se glisse dans la poche marsupiale en grimpant le long du ventre de la mère et saisit l'une des 11 à 13 mamelles dans sa bouche. Les jeunes surnuméraires sont voués à une mort rapide. Les petits restent attachés aux mamelles pendant 50 à 65 jours. Ils ouvrent les yeux et commencent à sortir de la poche à 2 mois. Ils sont sevrés au bout de 95 à 105 jours et atteignent leur maturité vers la fin de leur premier été ou au printemps suivant. Entre le moment de leur première sortie de la poche ventrale et le sevrage, la mère transporte ses petits sur son dos.

RÉGIME ALIMENTAIRE

Ce marsupial se nourrit d'insectes, de petits mammifères, d'oeufs, d'oiseaux, de grenouilles, de salamandres, de graines et de fruits. Il ne dédaigne pas la charogne.

COMPORTEMENT SOCIAL

Plutôt agressif envers ses congénères, l'opossum d'Amérique du Nord mène une existence solitaire sauf pendant la période de reproduction et l'élevage des petits.

LONGÉVITÉ

Il vit rarement plus de 3 ans à l'état sauvage et jusqu'à 7 ans en captivité.

PRÉDATEURS

Outre l'homme qui le chasse pour sa fourrure et sa chair, le grand duc, le chien, le coyote, le renard gris, le renard roux et le lynx roux sont des prédateurs de l'opossum d'Amérique du Nord.

STATUT DES POPULATIONS

Certains hivers difficiles, les populations canadiennes d'opossums d'Amérique du Nord disparaissent presque complètement jusqu'à ce que des animaux venant du nord-est des États-Unis viennent les remplacer.

NOTES

L'opossum d'Amérique du Nord est le seul marsupial d'Amérique du Nord. Presque exclusivement nocturne, il est actif toute l'année sauf à la fin de l'automne et en hiver où il reste au nid les jours de grand froid. Il n'hiberne pas et souffre souvent d'engelures au niveau des oreilles et de la queue. Il se déplace lentement et grimpe aisément aux arbres en s'aidant de sa queue préhensile et de ses pouces opposables. Il nage bien et peut plonger sous l'eau en cas de danger. Lorsqu'il est menacé, l'opossum pousse des cris aigus et grogne en montrant les dents. Il peut aussi excréter un liquide verdâtre et malodorant de deux glandes situées de part et d'autre de l'anus. En cas de danger grave, l'opossum tombe dans un état catatonique. Feignant d'être mort, il reste immobile, couché sur le côté, bouche ouverte. Une fois le danger passé, il se réveille et prend la fuite.

Ordre des insectivores

Famille des soricidés

Musaraigne cendrée
Musaraigne fuligineuse
Musaraigne nordique
Musaraigne longicaude
Musaraigne de Gaspésie
Musaraigne palustre
Musaraigne pygmée
Grande musaraigne

Famille des talpidés

Taupe à queue velue
Condylure à nez étoilé

LES INSECTIVORES

Les insectivores sont les plus primitifs des mammifères placentaires. On en dénombre à travers le monde plus de 354 espèces regroupées en sept familles dont seulement deux, les soricidés et les talpidés, sont représentées sous nos latitudes.

Les musaraignes et les taupes, respectivement membres de ces deux familles, ont toutes un long museau sensible, des yeux minuscules et un pelage dense et court qui peut être lissé dans tous les sens. Leurs pattes ont cinq doigts munis de griffes et leur corps dégage une odeur nauséabonde qui déplaît à la plupart des prédateurs.

C'est dans la famille des soricidés qu'on trouve les plus petits mammifères au monde. La musaraigne pygmée, par exemple, mesure moins de 10 cm de longueur et pèse environ 2,5 g, soit à peine plus qu'une pièce de dix cents. À cause de leur petite taille, les musaraignes ont un métabolisme extrêmement élevé. Le rythme cardiaque de la musaraigne cendrée est en moyenne de 780 battements par minute et peut atteindre 1 320 battements par minute, soit 22 par seconde. Cette hyperactivité de leur organisme oblige les musaraignes à se nourrir quasi continuellement. La plupart des espèces consomment chaque jour l'équivalent de leur propre poids en nourriture.

Malgré leur petite taille, les musaraignes sont de redoutables prédateurs. Leurs glandes sous-maxillaires sécrètent un venin dont l'effet se compare à celui de certains serpents. Ce venin est transmis par la salive lorsque la musaraigne mord sa proie. Il lui permet non seulement de maîtriser des proies aussi grosses qu'une couleuvre ou un jeune lapin mais aussi de paralyser les mollusques qu'elle amasse et consomme plus tard.

Les musaraignes ont un flair particulièrement bien développé. Elles possèdent des glandes latérales et abdominales qui sécrètent un liquide nauséabond. Ces sécrétions sont déposées le long des sentiers et sur les parois des galeries qu'elles fréquentent et servent à marquer le territoire de chaque animal. Les interactions entre individus de territoires voisins sont souvent ponctuées de cris de menace, de postures et de gestes agressifs.

Passant la majeure partie de leur existence dans l'obscurité des galeries souterraines, les musaraignes ont une vue extrêmement déficiente. Tout comme les chauves-souris, elles s'orientent et se dirigent par écholocation, analysant l'écho des ultrasons qu'elles émettent pendant leurs déplacements.

Des deux espèces de taupes que l'on trouve dans nos régions, l'une, la taupe à queue velue, habite les terrains secs et bien drainés, tandis que l'autre, le condylure à nez étoilé, fréquente les terrains humides et mène une vie semi-aquatique. Toutes deux sont particulièrement bien adaptées à la vie souterraine. Leurs membres sont courts et robustes et leurs pattes antérieures larges, couvertes d'écailles et dotées de griffes puissantes qui leur permettent de creuser dans le sol avec une efficacité déconcertante. On a évalué qu'un condylure à nez étoilé pouvait creuser en une heure une galerie de plus de 2 m de long.

Les taupes endommagent parfois les racines des plantes ornementales et causent des dégâts dans les parterres et les terrains de golf. Tout comme les musaraignes, elles se rendent utiles en aérant le sol de leurs galeries et en détruisant quantité d'insectes. Ces petits animaux très prolifiques occupent une place importante dans l'écosystème en servant eux-mêmes de nourriture à un grand nombre d'espèces carnivores.

Musaraigne cendrée

Sorex cinereus **Famille des soricidés**
Masked Shrew

RÉPARTITION GÉOGRAPHIQUE

La musaraigne cendrée est le mammifère le plus répandu en Amérique du Nord, et l'un des plus communs dans la forêt boréale. On la trouve presque partout au Canada à l'exception de la toundra, de l'île d'Anticosti et des Îles-de-la-Madeleine. Elle habite également tout le nord des États-Unis.

MENSURATIONS

Longueur totale : 80 à 115 mm; queue : 33 à 49 mm; pied : 10 à 13 mm; oreille : 5 mm.

POIDS

Les mâles et les femelles adultes sont de taille identique et pèsent de 2,9 à 6,6 g. Le poids des nouveau-nés est de 0,23 à 0,36 g.

CARACTÈRES DISTINCTIFS

Cette espèce se distingue par son museau pointu, sa longue queue, son ventre gris et son dos brunâtre. Elle a cinq petites dents unicuspidées derrière ses incisives supérieures, ce qui la distingue de la musaraigne pygmée qui n'en a que trois.

HABITAT

La musaraigne cendrée fréquente les habitats les plus divers : forêts matures de conifères et de feuillus, terrains broussailleux, pâturages, bordures de marécages. Elle a une prédilection pour les endroits humides.

GÎTE

Son nid a la forme d'une petite sphère d'herbes et de feuilles entrelacées de 4 à 6 cm de diamètre; il est habituellement construit sous une souche, une bûche ou une pierre. Elle ne creuse pas de terriers,

Roger W. Barbour

sauf dans le sol très meuble et dans la mousse. Elle utilise volontiers les galeries creusées par les campagnols, les souris et les grandes musaraignes.

REPRODUCTION

On croit que les femelles peuvent avoir jusqu'à 5 portées entre mars et septembre, mais elles en ont habituellement 1 ou 2 seulement. Chaque portée comprend de 2 à 11 petits (moy. 6 à 8). L'ovulation est provoquée par l'accouplement et la gestation dure environ 18 jours. Nus et aveugles à la naissance, les petits ouvrent les yeux à 17 ou 18 jours et sont sevrés à 3 ou 4 semaines. Ils atteignent la maturité sexuelle à un âge qui varie entre 20 et 26 semaines, mais la plupart ne se reproduisent qu'au début de leur second été. Après la naissance des petits, les femelles défendent âprement leur nid. Au moment de leurs premières sorties du nid vers l'âge d'un mois, les jeunes d'une même portée circulent parfois à la file indienne, chacun tenant l'autre par la queue avec sa bouche.

RÉGIME ALIMENTAIRE

La musaraigne cendrée se nourrit d'insectes, pupes, larves et adultes, de centipèdes, de limaces et d'escargots, d'araignées, d'oeufs et de petits rongeurs. Diverses graines figurent parfois à son menu, surtout en hiver. La musaraigne cendrée est un important prédateur des cocons de la mouche-à-scie. Certaines femelles gravides consomment chaque jour plus de trois fois l'équivalent de leur poids en nourriture.

COMPORTEMENT SOCIAL

La musaraigne cendrée vit généralement seule et défend son nid contre ses congénères. La femelle tolère toutefois la présence du mâle au moment de la reproduction. Il est possible que les sécrétions nauséabondes de ses glandes odoriférantes servent à marquer le territoire occupé par l'animal. Plutôt bruyante, elle émet une sorte de gazouillement lorsqu'elle se déplace et des cris stridents lorsqu'elle se sent menacée. Cette espèce produit aussi des ultrasons qui pourraient, par écholocation, faciliter l'orientation de l'animal et la localisation de ses proies. Mais ceci reste à démontrer.

LONGÉVITÉ

En milieu naturel, la musaraigne cendrée vit rarement au-delà de 14 ou 16 mois. En captivité, certaines ont atteint l'âge de 23 mois.

PRÉDATEURS

Ses principaux prédateurs sont les buses et les hiboux, les belettes, la grande musaraigne, le renard roux et le lynx roux. Elle est parfois victime d'une couleuvre, d'une pie-grièche, d'un grand héron ou d'un chat.

NOTES

Bien qu'on l'observe parfois le jour, elle est surtout nocturne. L'été, elle préfère les nuits pluvieuses et ralentit son activité lorsqu'il fait froid. À l'automne, à mesure que les nuits refroidissent, elle s'active davantage durant le jour, devenant plus facile à observer. Elle reste active tout l'hiver, circulant parfois sur la neige, d'un arbre à l'autre, par temps doux. La musaraigne cendrée s'avère des plus utiles en consommant de grandes quantités d'insectes qui affectent les cultures et la production forestière. Elle fut introduite à Terre-neuve en 1958 pour combattre les infestations de tenthrède du mélèze. Depuis, elle s'y est établie et on la retrouve maintenant dans presque toute l'île.

Musaraigne fuligineuse

Sorex fumeus
Smoky Shrew

Famille des soricidés

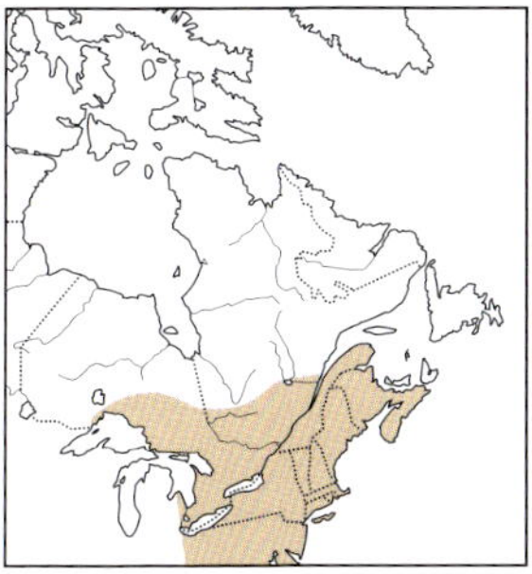

RÉPARTITION GÉOGRAPHIQUE

Cette espèce est confinée au nord-est de l'Amérique du Nord. On la trouve au sud du Québec et de l'Ontario, au Nouveau-Brunswick et en Nouvelle-Écosse. Dans l'est des États-Unis, on la rencontre jusqu'au nord de la Géorgie et au Tennessee.

MENSURATIONS

Longueur totale : 110 à 131 mm; queue : 37 à 52 mm; pied : 12 à 15 mm.

POIDS

Les adultes pèsent entre 6 et 11 g, les mâles étant légèrement plus gros que les femelles. Le poids des nouveau-nés est inconnu.

CARACTÈRES DISTINCTIFS

La musaraigne fuligineuse est gris ardoise en hiver et devient brune en été. Elle ressemble à la musaraigne cendrée, mais sa taille est plus grande, son pelage plus foncé et son pavillon d'oreille plus développé. Elle se distingue de la musaraigne de Gaspésie par sa queue plus longue.

HABITAT

Cette musaraigne fréquente les forêts de feuillus et les forêts mixtes. Elle préfère les sites un peu humides où le sol est friable et recouvert d'un humus épais, à proximité des cours d'eau. On l'observe parfois dans les tourbières, les marécages et les zones herbeuses.

GÎTE

Son nid est un amas sphérique de feuilles, d'herbes et de poils d'environ 23 cm de circonférence construit sous une souche ou un tronc d'arbre. La musaraigne fuligineuse circule dans les galeries creusées dans l'humus par les campagnols, les grandes musaraignes ou les condylures. Elle-même ne creuse pas de galeries.

REPRODUCTION

Entre avril et août, les femelles pourraient avoir 2 ou 3 portées comprenant chacune jusqu'à 9 petits (moy. 5 à 6). La gestation dure environ 3 semaines. Les jeunes atteignent la maturité sexuelle à la fin de leur premier hiver. Au printemps, les organes génitaux des mâles augmentent de volume de même que les glandes odoriférantes qu'ils portent sur les flancs.

RÉGIME ALIMENTAIRE

En été, le régime de la musaraigne fuligineuse se compose à près de 80 % d'insectes, surtout des lépidoptères, des coléoptères, des diptères et des scarabées. L'hiver, elle se nourrit principalement de larves, de pupes et d'insectes en dormance. Elle consomme également des escargots, des vers, des cloportes, des centipèdes et des araignées. Il lui arrive de capturer une salamandre, un petit amphibien, un oisillon ou même un petit mammifère nouveau-né. Les longues vibrisses tactiles qui garnissent son museau lui facilitent la recherche de nourriture et la localisation des proies dans les tunnels et les galeries obscures ou à la surface du sol durant la nuit.

COMPORTEMENT SOCIAL

Active à toute heure du jour ou de la nuit, et en toutes saisons, la musaraigne fuligineuse émet un gazouillis presque inaudible lorsqu'elle cherche sa nourriture. Son cri d'alarme ressemble à un bruit de crécelle aigu. Si on la dérange, la musaraigne fuligineuse se tourne sur le dos, bat l'air fébrilement de ses pattes et pousse des cris pour éloigner son attaquant.

LONGÉVITÉ

La longévité de l'espèce n'est que de 14 à 17 mois.

PRÉDATEURS

Ses principaux prédateurs sont les buses et les hiboux, les belettes, la grande musaraigne, le renard roux et le lynx roux.

NOTES

Comme la plupart des espèces de soricidés, la musaraigne fuligineuse contribue au contrôle des insectes qui nuisent à la production forestière.

Roger W. Barbour

Musaraigne nordique

Sorex arcticus
Musaraigne arctique
Black-backed Shrew, Arctic Shrew

Famille des soricidés

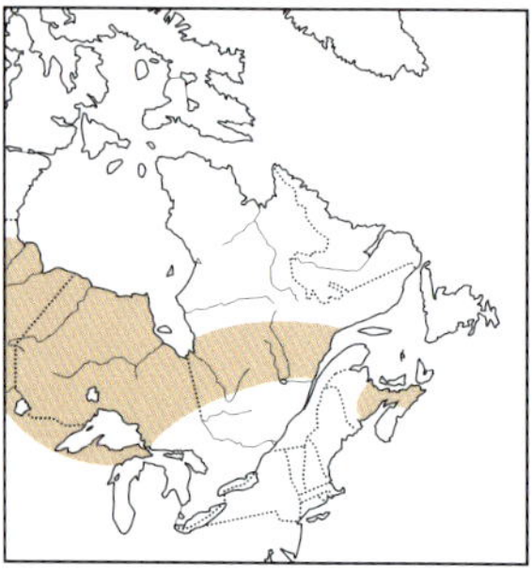

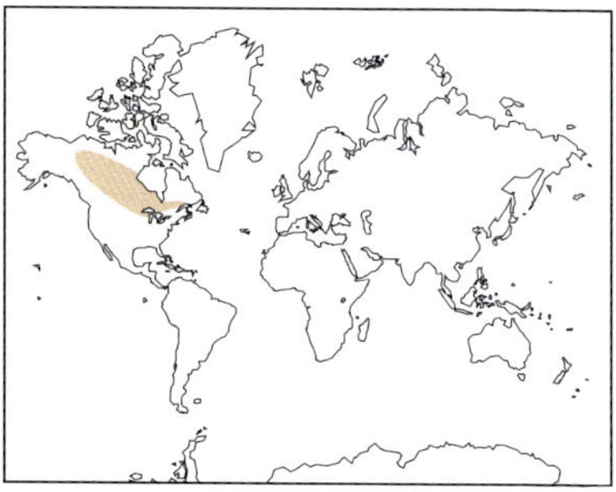

RÉPARTITION GÉOGRAPHIQUE

L'aire de répartition de cette espèce correspond essentiellement à celle de la forêt boréale. Elle s'étend depuis le sud du Yukon et la vallée du Mackenzie jusqu'au Québec et aux Maritimes et, au sud, jusque dans le centre-nord des États-Unis.

MENSURATIONS

Longueur totale : 100 à 130 mm; queue : 36 à 47 mm; pied : 12 à 16 mm.

POIDS

Les adultes pèsent de 5,3 à 13,5 g. On ne sait s'il existe une distinction entre mâles et femelles. Le poids des nouveau-nés est inconnu.

CARACTÈRES DISTINCTIFS

Le pelage de la musaraigne nordique est tricolore. Son dos est brun foncé, ses flancs brun pâle, et son abdomen, grisâtre. En hiver, cette démarcation du pelage est plus contrastée qu'en été. Cette espèce se distingue de la musaraigne cendrée par sa plus grande taille, sa queue plus courte, son pied plus long et plus large.

HABITAT

Cette espèce fréquente une grande variété d'habitats : zones de transition, prés, fourrés d'aulnes ou de saules, bordures de forêts, marécages, tourbières, rives des étangs. À la différence des autres musaraignes, on la trouve souvent en terrain légèrement plus sec. Toutefois, c'est dans les milieux ouverts humides que la musaraigne nordique est la plus abondante. La densité de ses populations peut atteindre 10 individus par hectare au début de l'automne. Le domaine vital de cette espèce s'étend sur environ 0,59 ha.

Courtoisie du Musée canadien de la nature

GÎTE

Son nid est une sphère d'herbes sèches. Il lui arrive de creuser des galeries dans le sol meuble.

REPRODUCTION

La période de reproduction s'étend de mai à septembre. Les femelles ont jusqu'à 3 portées comprenant chacune de 4 à 10 petits (moy. 6 à 7). La gestation est de 3 semaines. Les jeunes, nés au début de l'été, sont matures à l'âge de 3 ou 4 mois, mais la plupart ne se reproduisent qu'au début de leur second été.

RÉGIME ALIMENTAIRE

La musaraigne nordique se nourrit surtout de chenilles, de centipèdes et de larves de coléoptères. Elle se rend utile en dévorant de grandes quantités d'insectes nuisibles à la production forestière, tels que la mouche-à-scie. Durant le jour, la vue joue un rôle certain dans la recherche et la localisation des proies. On a observé des musaraignes nordiques grimper sur des plantes à une hauteur de 30 cm pour se jeter sur des sauterelles engourdies par le froid du matin.

COMPORTEMENT SOCIAL

On connaît peu de chose du comportement social de cette musaraigne sinon qu'elle est plutôt solitaire.

LONGÉVITÉ

La musaraigne nordique peut vivre jusqu'à 18 mois en milieu naturel.

PRÉDATEURS

On ne connaît pas avec certitude les prédateurs de cette espèce, mais elle est probablement la proie des oiseaux de proie, des belettes, du renard roux et des lynx.

NOTES

Active à toute heure du jour et en toutes saisons, la musaraigne nordique circule souvent dans les sentiers de campagnols. Contrairement aux autres musaraignes, elle se laisse manipuler sans chercher à mordre.

Musaraigne longicaude

Sorex dispar **Famille des soricidés**
Long-tailed Shrew, Rock Shrew

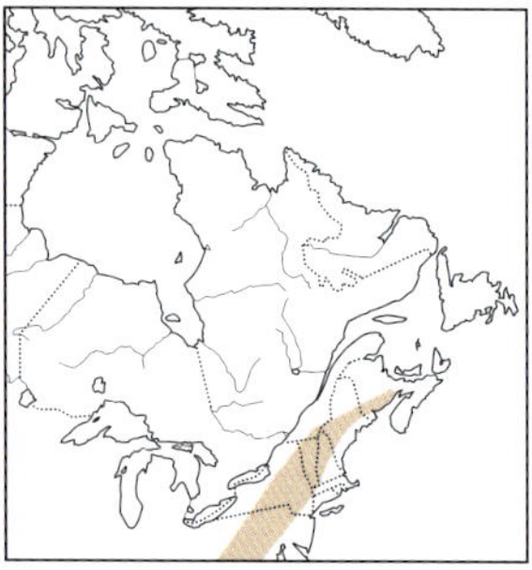

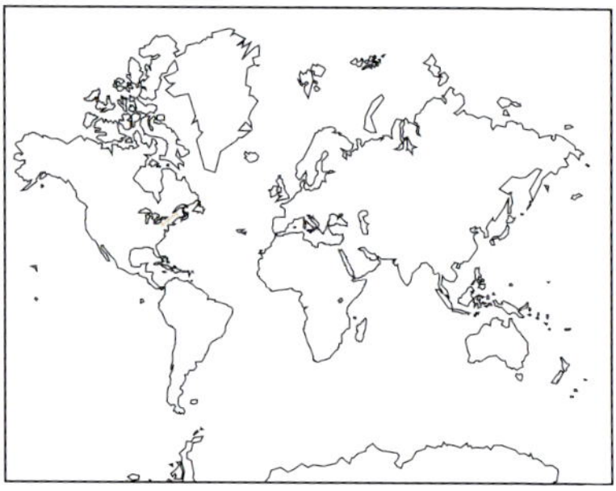

RÉPARTITION GÉOGRAPHIQUE
La musaraigne longicaude habite le sud-ouest du Québec près de la frontière américaine, ainsi que l'est du Nouveau-Brunswick. Aux États-Unis, on note sa présence en terrains montagneux depuis le Maine jusqu'au sud de la Virginie de l'Ouest et à l'est du Tennessee.

MENSURATIONS
Longueur totale : 121 à 131 mm; queue : 55 à 62 mm; pied : 14 à 15 mm.

POIDS
Les adultes pèsent entre 3,5 et 8,3 g, les femelles sont légèrement plus petites que les mâles. Le poids des nouveau-nés est inconnu.

CARACTÈRES DISTINCTIFS
En hiver comme en été, le pelage de la musaraigne longicaude est gris ardoise. Cette espèce est légèrement plus grande et son pelage plus foncé et moins gris que celui de la musaraigne de Gaspésie. Elle a les vibrisses plus longues que celles de la musaraigne cendrée et de la musaraigne fuligineuse.

HABITAT
La musaraigne longicaude fréquente les terrains accidentés dans les forêts de conifères. Elle se tient dans les amas de pierres et dans les crevasses, entre les rochers couverts d'humus.

REPRODUCTION
On connaît peu de chose de la reproduction de cette espèce si ce n'est que la période de reproduction débute à la mi-avril et se poursuit probablement jusqu'en septembre et que la portée peut compter jusqu'à 5 petits.

Michel Quintin

RÉGIME ALIMENTAIRE
La musaraigne longicaude se nourrit essentiellement de centipèdes, d'insectes et d'acariens.

LONGÉVITÉ
Elle peut probablement atteindre l'âge de 18 mois.

NOTES
Ses habitudes nous sont peu connues du fait qu'elle passe le plus clair de son temps dans des galeries creusées dans l'humus. Elle est probablement active à toute heure du jour ou de la nuit.

Musaraigne de Gaspésie

Sorex gaspensis **Famille des soricidés**
Musaraigne de Gaspé
Gaspé Shrew

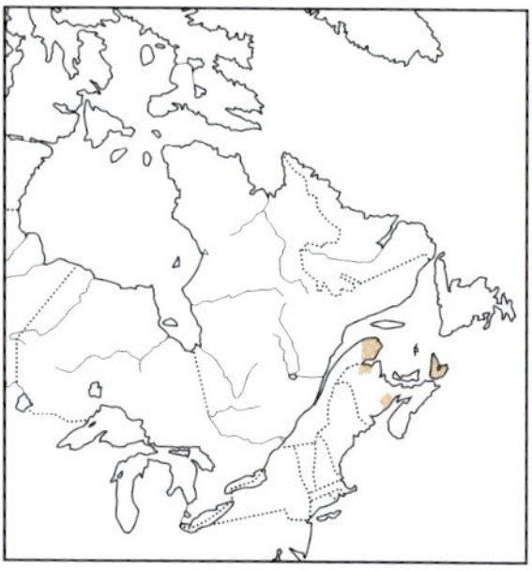

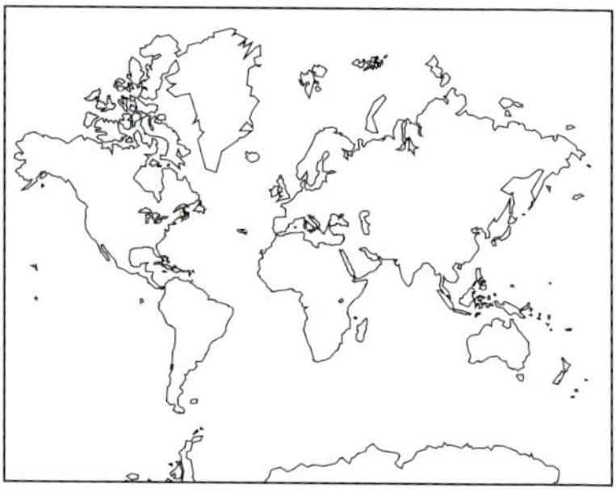

RÉPARTITION GÉOGRAPHIQUE
La musaraigne de Gaspésie nous est connue par un très petit nombre de spécimens qui proviennent de la Gaspésie, du Nouveau-Brunswick et de la Nouvelle-Écosse.

MENSURATIONS
Longueur totale : 94 à 127 mm; queue : 41 à 56 mm; pied : 10,5 à 12,5 mm.

POIDS
Les adultes pèsent de 2,2 à 5,1 g. On ne sait si les mâles se différencient des femelles et on ne connaît pas le poids des nouveau-nés.

CARACTÈRES DISTINCTIFS
Le pelage du corps et de la queue de la musaraigne de Gaspésie est gris ardoise toute l'année. L'absence de différence dans la forme du crâne laisse croire que la musaraigne de Gaspésie ne serait qu'une variété de musaraigne longicaude.

HABITAT
Elle fréquente les forêts de conifères et de feuillus. On la trouve le long des cours d'eau rapides et sur les talus rocheux recouverts de mousse.

RÉGIME ALIMENTAIRE
Elle se nourrit de coléoptères et d'araignées.

STATUT DES POPULATIONS
Cette espèce rare et peu connue est considérée comme vulnérable.

NOTES
Son mode de reproduction, sa longévité et ses moeurs nous sont inconnus, mais ressemblent sans doute à ceux des autres musaraignes à queue longue.

Musaraigne palustre

Sorex palustris **Famille des soricidés**

Musaraigne aquatique
Northern Water Shrew

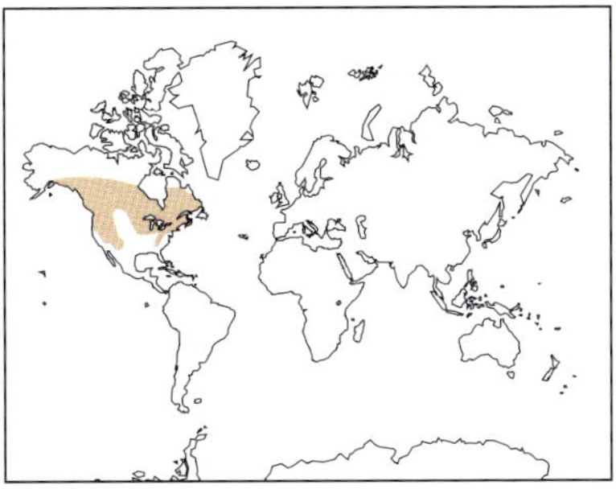

RÉPARTITION GÉOGRAPHIQUE

On observe cette espèce presque partout au Canada, à l'exception de la toundra, de Terre-Neuve, de l'île d'Anticosti et du sud de la Saskatchewan. Aux États-Unis, on la rencontre dans l'est jusqu'au Tennessee et dans l'ouest jusqu'au Nouveau-Mexique.

MENSURATIONS

Longueur totale : 107 à 174 mm; queue : 37 à 78 mm; pied : 17 à 21 mm.

POIDS

Les adultes des deux sexes pèsent de 10 à 18 g et atteignent leur poids maximum au printemps. Les mâles sont légèrement plus gros que les femelles. Les nouveau-nés pèsent environ 0,5 g.

CARACTÈRES DISTINCTIFS

Son pelage est brun noirâtre sur le dos, et argenté sur le ventre. Ses pieds postérieurs portent une frange de petits poils raides, dont les plus longs mesurent 1,25 mm.

HABITAT

La musaraigne palustre habite les forêts de conifères et les forêts mixtes. On la trouve le long des cours d'eau rapides et des étangs. Elle fréquente aussi les zones marécageuses et les broussailles.

GÎTE

Cette musaraigne se fabrique des nids de ramilles et de feuilles sèches de 10 cm de diamètre, qu'elle installe dans une excavation du sol, entre des pierres ou sous une souche. On a déjà trouvé un nid de musaraigne palustre dans une hutte de castor. À l'aide de ses pattes, elle creuse des tunnels de 10 à 12 cm de long dont elle bloque parfois l'entrée avec des brindilles et de la boue.

REPRODUCTION

La saison de reproduction s'étend de février à août. Au cours de cette période, les femelles produisent 2 ou 3 portées composées chacune de 4 à 8 petits (moy. 6). La durée de la gestation est d'environ 3 semaines. Parvenant à maturité vers l'âge de 3 mois, les jeunes ne se reproduisent qu'au printemps suivant.

RÉGIME ALIMENTAIRE

Cette musaraigne se nourrit d'adultes et de larves d'insectes aquatiques, d'escargots et de limaces, de petits poissons, de salamandres, de vers et d'araignées. Elle utilise les vibrisses de son museau pour localiser les petits poissons et les nymphes dont elle se nourrit. Elle se constitue parfois des réserves de nourriture, poissons ou insectes, qu'elle ensevelit dans l'humus ou qu'elle cache dans un tronc creux.

COMPORTEMENT SOCIAL

La musaraigne palustre est plutôt solitaire et peu tolérante envers ses congénères.

LONGÉVITÉ

Elle ne vit probablement pas plus de 18 mois en milieu naturel.

PRÉDATEURS

Les couleuvres, les oiseaux de proie, le renard roux, le lynx roux, la loutre de rivière, le vison d'Amérique et certains gros poissons comptent parmi les prédateurs de l'espèce.

NOTES

La musaraigne palustre est bien adaptée à la vie en milieu aquatique. Elle plonge et nage avec aisance et peut rester sous l'eau près de 45 secondes. Son pelage dense emprisonne une couche d'air qui réduit les pertes de chaleur lorsqu'elle plonge. La frange de petits poils raides qui borde ses pieds postérieurs facilite sa progression sous l'eau et sert de peigne pour le lissage de la fourrure. Les bulles d'air emprisonnées dans ces poils lui permettent de marcher littéralement à la surface de l'eau.

Même dans les lieux où elle abonde, la musaraigne palustre est rarement visible. Elle s'active toute l'année et à toute heure du jour, mais surtout en soirée et peu avant l'aube. Ses périodes d'activité, d'une durée moyenne de 30 minutes, alternent avec des périodes de repos deux fois plus longues.

Roger W. Barbour

Musaraigne pygmée

Sorex (Microsorex) hoyi **Famille des soricidés**
Pygmy Shrew

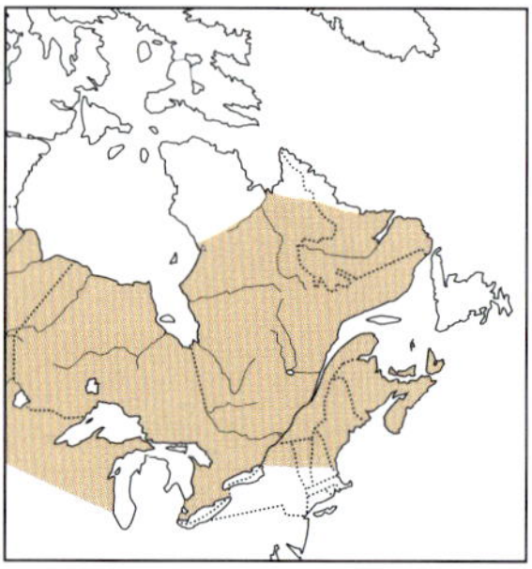

RÉPARTITION GÉOGRAPHIQUE
On la trouve partout au Canada sauf dans la toundra, dans les Prairies, sur la côte ouest et à Terre-Neuve. Dans l'est des États-Unis, on note sa présence jusqu'en Caroline du Nord.

MENSURATIONS
Longueur totale : 73 à 105 mm; queue : 22 à 38 mm; pied : 9 à 12 mm; oreille : 5 mm.

POIDS
Les adultes des deux sexes sont de même taille et pèsent de 2,3 à 7,3 g. Le poids des nouveau-nés est inconnu.

CARACTÈRES DISTINCTIFS
Son pelage varie du brun rougeâtre au brun grisâtre. Elle a le ventre plus clair que le dos. En hiver, son pelage est plus gris qu'en été et son ventre, parfois presque blanc. Elle se distingue de la musaraigne cendrée par sa queue plus courte et le fait qu'elle possède 3 dents unicuspidées bien visibles (au lieu de 5) derrière les incisives supérieures.

HABITAT
La musaraigne pygmée fréquente les forêts, les terrains humides ou les terrains secs à proximité d'un cours d'eau. On la trouve dans les régions herbeuses, les tourbières, les marécages, sous les souches et entre les racines des arbres, dans l'humus.

GÎTE
Son nid est constitué d'une sphère compacte d'herbes et de feuilles cachée dans l'humus du sol. Généralement, elle emprunte les galeries et les sentiers creusés par les musaraignes plus grosses et les campagnols.

Michel Quintin

REPRODUCTION

La période de reproduction s'étend de juin à août. L'espèce produit 1 ou 2 portées par année, de 3 à 8 petits chacune (moy. 5 à 6).

RÉGIME ALIMENTAIRE

Elle se nourrit de petits insectes larvaires et adultes (lépidoptères, coléoptères, diptères, etc.) et probablement aussi d'araignées, de vers, de centipèdes, d'escargots et de limaces.

LONGÉVITÉ

La longévité de la musaraigne pygmée est probablement de 14 à 18 mois.

PRÉDATEURS

La couleuvre rayée, les buses et le chat domestique comptent parmi ses prédateurs.

NOTES

Surtout nocturne, la musaraigne pygmée est active toute l'année. Elle se déplace avec rapidité. L'hiver, elle circule parfois sur la neige, mais la plupart du temps dans des galeries souterraines. C'est le plus petit mammifère de l'est du Canada.

Grande musaraigne

Blarina brevicauda **Famille des soricidés**
Musaraigne à queue courte
Northern Short-tailed Shrew

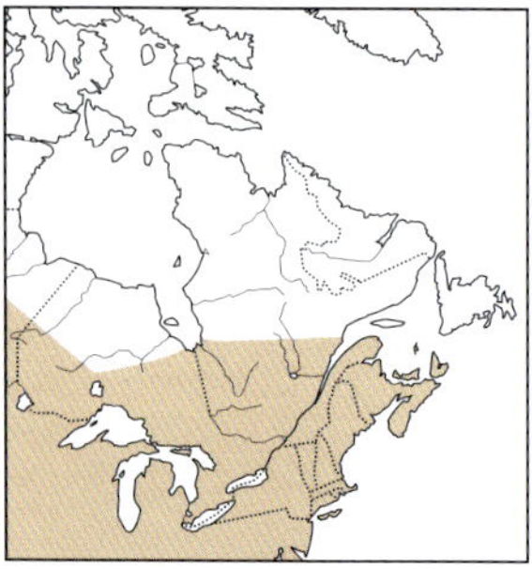

RÉPARTITION GÉOGRAPHIQUE
On trouve cette espèce depuis l'est de la Saskatchewan jusqu'aux Maritimes, ainsi que dans la partie septentrionale du centre et de l'est des États-Unis.

MENSURATIONS
Longueur totale : 95 à 144 mm; queue : 17 à 33 mm; pied : 12 à 18 mm.

POIDS
Les mâles et les femelles adultes sont de même taille et pèsent de 12 à 28 g. Le poids des nouveau-nés est de 0,8 à 1 g.

CARACTÈRES DISTINCTIFS
Outre sa grande taille (c'est la plus grande de nos musaraignes), on la reconnaît à sa queue très courte et à son pelage uniformément gris.

HABITAT
La grande musaraigne fréquente les forêts de conifères et de feuillus, les marécages et les broussailles. Elle préfère les endroits humides et les sols meubles recouverts d'une épaisse couche d'humus.

GÎTE
Son nid, de forme sphérique, est constitué d'herbes et de feuilles et peut atteindre 20 cm de diamètre. Il est habituellement aménagé sous une bûche ou un tronc d'arbre, dans l'humus du sol. La grande musaraigne s'abrite aussi dans les galeries qu'elle creuse dans l'humus.

REPRODUCTION
Entre mars et septembre, les femelles peuvent avoir jusqu'à 3 portées comprenant chacune de 3 à 10 petits (moy. 5 à 6). La durée

Michel Quintin

de la gestation est de 20 à 22 jours. Nus et aveugles à la naissance, les nouveau-nés sont sevrés à 25 jours. Les femelles atteignent la maturité sexuelle à 6 ou 8 semaines, mais la plupart ne se reproduisent qu'au début de leur second été. Les mâles sont matures à l'âge de 2 ou 3 mois.

RÉGIME ALIMENTAIRE

La grande musaraigne se nourrit surtout d'insectes, d'araignées, d'escargots, de vers et de grenouilles et consomme aussi beaucoup de champignons souterrains du genre Endogone. La grande musaraigne se constitue des réserves de nourriture, sous forme de petits amas d'escargots entreposés au fond d'une galerie ou à la surface du sol. Extrêmement agressive, elle n'hésite pas à attaquer un animal plus gros qu'elle, par exemple un jeune lièvre ou une couleuvre. À l'occasion, elle s'attaque aussi aux petits rongeurs, souris ou campagnols, et aux musaraignes d'espèces plus petites. Ses glandes sous-maxillaires sécrètent un venin qui est transmis par la salive. Une simple morsure peut paralyser et tuer une proie de la taille d'une souris.

COMPORTEMENT SOCIAL

La grande musaraigne est plutôt solitaire. Elle occupe un territoire restreint, qu'elle délimite par des marques odorantes et des petits tas de fèces, et dont la superficie varie selon la disponibilité de la nourriture.

LONGÉVITÉ

La grande musaraigne vit rarement plus de 18 mois en milieu naturel. En captivité, certaines ont pu atteindre l'âge de 33 mois.

PRÉDATEURS

Ses principaux prédateurs sont les oiseaux de proie, en particulier le grand duc et la chouette rayée. Elle est parfois victime de la mouffette rayée, du pékan, des belettes, du vison d'Amérique, du coyote, du renard roux, du lynx roux, du raton-laveur, du chat domestique et du chien. On en a retrouvé dans l'estomac de certains gros poissons.

NOTES

Active toute l'année, la grande musaraigne est surtout nocturne. On peut néanmoins l'observer à toute heure du jour. Ses courtes périodes d'activité alternent avec des périodes de repos plus longues et totalisent environ 4 heures par jour. Elle cherche parfois sa nourriture à la surface du sol et creuse souvent des galeries juste en dessous de la couche supérieure de l'humus. La grande musaraigne se dirige par écholocation, en analysant l'écho des ultrasons qu'elle émet pendant ses déplacements. Généralement terrestre, elle grimpe occasionnellement aux arbres à la recherche de nourriture et se nourrit parfois du suif destiné aux oiseaux. Inoffensive pour l'homme, sa morsure n'en est pas moins douloureuse, provoquant une enflure et une sensation de brûlure.

Taupe à queue velue

Parascalops breweri
Hairy-tailed Mole

Famille des talpidés

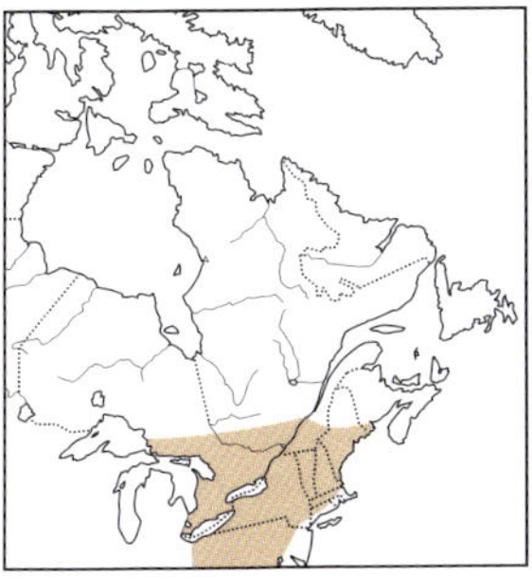

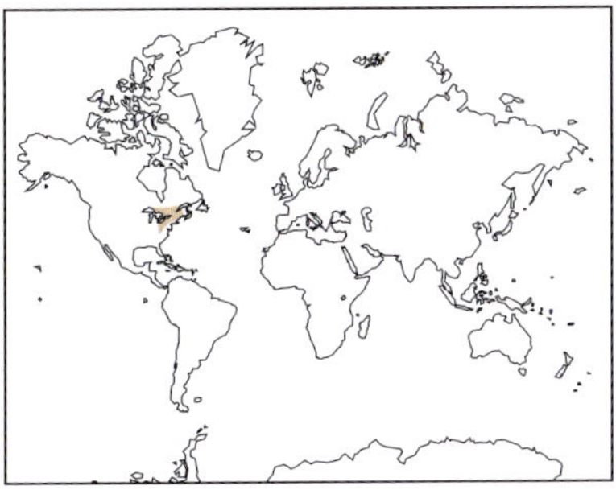

RÉPARTITION GÉOGRAPHIQUE
On la trouve dans le sud du Québec et de l'Ontario et jusqu'aux montagnes de la Caroline du Nord et du Tennessee.

MENSURATIONS
Longueur totale : 138 à 170 mm; queue : 24 à 36 mm; pied : 15 à 21 mm.

POIDS
Les mâles sont légèrement plus gros que les femelles. Les adultes pèsent de 40 à 65 g; les nouveau-nés, environ 9 g.

CARACTÈRES DISTINCTIFS
Sa fourrure dense et soyeuse est gris foncé ou presque noire sur le dos et plus pâle sur le ventre. La tête, les pattes et la queue sont couverts de poils bruns qui deviennent progressivement blancs chez les plus vieux sujets. Cette taupe n'a pas d'appendices nasaux comme le condylure à nez étoilé et sa queue est couverte de poils.

HABITAT
La taupe à queue velue habite les forêts mixtes, les forêts de feuillus, les pâturages et les champs au sol meuble et bien drainé. Elle évite les terrains trop humides et les sols durs et secs.

En hiver, elle occupe un réseau de galeries qui peut s'étendre sur une superficie de 15 à 24 m de diamètre. Durant l'été, son domaine vital s'agrandit sensiblement. On dénombre habituellement 3 individus par hectare, mais la densité de certaines populations atteint 25 à 30 individus/ha.

GÎTE

Son nid comporte une chambre d'environ 16 cm de diamètre située entre 10 et 40 cm sous la surface du sol et tapissée d'herbes et de feuilles mortes. Cette espèce creuse de vastes réseaux de tunnels irréguliers juste sous la surface du sol. Les tunnels et les nids sont exempts de débris et de matières fécales. Celles-ci sont déposées en petits tas, à l'extérieur, près des sorties. Les excréments, de forme cylindrique, ont une longueur d'environ 10 mm et un diamètre de 2,5 mm.

REPRODUCTION

La taupe à queue velue ne produit qu'une portée par année, de 4 ou 5 petits. Les naissances ont lieu en avril ou mai après une gestation de 4 à 6 semaines. Les nouveau-nés ont la peau nue et ridée, à l'exception du museau qui est pourvu de quelques courtes vibrisses et de poils tactiles plus longs. Ils sont sevrés et commencent à sortir du nid à l'âge de 4 semaines. Ils atteignent la maturité sexuelle à 10 mois.

Comme chez le condylure, la femelle de la taupe à queue velue a l'orifice génital couvert d'une mince membrane qui disparaît graduellement au moment des chaleurs, permettant l'ouverture du vagin. Après la mise bas, cette membrane se reforme peu à peu.

Pendant la période de reproduction, les femelles restent dans leur réseau de galeries et sont visitées par les mâles qui quittent temporairement leur propre terrier. Chez cette espèce, la mère élève seule ses petits.

RÉGIME ALIMENTAIRE

La taupe à queue velue se nourrit de vers de terre, d'araignées, de coléoptères, de fourmis, de millipèdes, de limaces, d'escargots et de cloportes. On a observé qu'elle pouvait consommer plus du double de son poids en insectes en une seule journée. On croit qu'à l'instar de la grande musaraigne, elle se constitue parfois des réserves de vers de terre qu'elle paralyse par morsure.

COMPORTEMENT SOCIAL

Plusieurs taupes peuvent circuler dans le même réseau de tunnels, particulièrement au début de l'automne alors qu'elles s'activent à multiplier et allonger les galeries souterraines en prévision de l'hiver. Mais les interactions entre les individus sont assez rares, à l'exception de la période de reproduction.

LONGÉVITÉ

La taupe à queue velue pourrait vivre 4 ou 5 ans en milieu naturel.

PRÉDATEURS

Ses principaux prédateurs sont le chat et le chien domestiques, le renard gris, le renard roux, l'opossum d'Amérique du Nord, les belettes, les buses et les hiboux. La grande musaraigne arriverait parfois à tuer les jeunes taupes encore au nid.

Maxime St-Amour

NOTES

La taupe à queue velue se déplace lentement à la surface du sol, ayant du mal à soulever la partie antérieure de son corps. On a calculé qu'elle progressait de moins de 10 m par minute. Dans les terriers, elle se déplace avec plus de facilité, pouvant appuyer ses pattes sur les murs des galeries. Lorsqu'elle explore son domaine, la taupe émet des cris rauques ou des sons plus aigus. Elle pousse aussi des petits cris stridents lorsqu'elle se sent menacée.

Active toute l'année et à toute heure du jour, la taupe sort parfois de son terrier la nuit, à la recherche de vers de terre. À l'automne, son activité de creusage s'intensifie alors qu'elle agrandit son réseau de tunnels. L'hiver, elle se réfugie à l'abri du gel dans des tunnels plus profonds. Ses pattes robustes recouvertes de petites écailles et dotées de longues griffes lui permettent de creuser à une vitesse étonnante. Les monticules de terre, appelés taupinières, qui se forment en surface causent parfois des dégâts sur les terrains de golf et les parterres situés à proximité des forêts. En revanche, la taupe à queue velue détruit quantité d'insectes.

Condylure à nez étoilé

Condylura cristata **Famille des talpidés**

Taupe étoilée, condylure étoilé
Star-nosed Mole

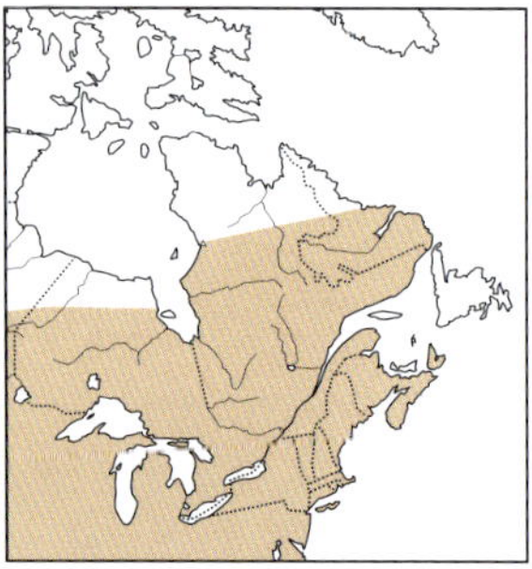

RÉPARTITION GÉOGRAPHIQUE

On note la présence de cette espèce depuis l'est du Manitoba jusqu'à l'Atlantique. Elle est absente de Terre-Neuve, de l'île d'Anticosti et de l'Île-du-Prince-Édouard. On la trouve dans tous les États du nord-est américain et au sud jusqu'en Caroline du Sud.

MENSURATIONS

Longueur totale : 162 à 238 mm; queue : 60 à 92 mm; pied : 15 à 32 mm.

POIDS

Les adultes des deux sexes sont de taille identique et pèsent de 31,5 à 77 g; les nouveau-nés, 1,5 g.

CARACTÈRES DISTINCTIFS

Le condylure a un pelage tout gris et se reconnaît facilement à son nez en forme de disque d'où rayonnent 22 tentacules.

HABITAT

Il habite les terrains humides au sol meuble. On le trouve dans les forêts, les champs, les marais et sur la rive des lacs et des cours d'eau.

GÎTE

Son nid, de forme ovoïde, est aménagé dans une chambre d'environ 13 cm de diamètre, creusée au-dessus du niveau de l'eau, sous une bûche ou un arbre tombé et tapissé de feuilles et d'herbes séchées. Son terrier s'ouvre souvent sur la rive d'un cours d'eau ou directement sous l'eau.

Michel Quintin

REPRODUCTION

L'espèce n'a qu'une portée par année, de 2 à 7 petits (moy. 5). L'accouplement a lieu entre la fin de février et la mi-juin. Les jeunes naissent entre avril et juillet, après une gestation de 45 jours. À la naissance, ils sont nus et roses. Ils quittent le nid à 3 semaines et atteignent la maturité sexuelle vers l'âge de 10 mois.

RÉGIME ALIMENTAIRE

Son régime alimentaire se compose d'invertébrés aquatiques et de vers, de mollusques, de crustacés, et occasionnellement de petits poissons.

COMPORTEMENT SOCIAL

Le condylure à nez étoilé vit en petites colonies. Il possède sur les flancs des glandes qui s'activent pendant le rut et lui donnent une odeur nauséabonde.

LONGÉVITÉ

La longévité du condylure à nez étoilé serait de 2 ou 3 ans en milieu naturel.

PRÉDATEURS

Les buses, les hiboux et les gros poissons sont les principaux prédateurs de l'espèce. Le condylure à nez étoilé craint aussi la mouffette rayée, les belettes, le vison d'Amérique, le renard roux, les chiens et les chats domestiques.

NOTES

Le condylure à nez étoilé est la plus aquatique de nos taupes. C'est un nageur habile qui peut rester sous l'eau plusieurs secondes. Ses larges pattes antérieures servent de propulseurs et la queue fait office de gouvernail. Moins bon fouisseur que les autres taupes, le condylure se tient assez souvent dans l'eau ou à la surface du sol. Il est actif toute l'année et à toute heure du jour ou de la nuit et circule parfois sur la neige en hiver. Il passe 43 % de son temps à dormir. Pendant l'hiver, sa queue épaissit. Il s'y forme un dépôt de graisse sous-cutanée qui servira de réserve alimentaire pendant la période de reproduction. Les 22 tentacules de son museau bougent en tous sens pendant l'exploration. Ces petits organes tactiles suppléent à la faiblesse de la vue du condylure qui ne distingue que les variations d'intensité lumineuse. Le condylure fréquente généralement les terrains trop humides pour la culture. Les réseaux de tunnels qu'il creuse juste sous la surface du sol causent donc peu d'ennuis aux agriculteurs.

Michel Quintin

Famille des vespertilionidés

Vespertilion brun
Vespertilion nordique
Vespertilion pygmée de l'Est
Pipistrelle de l'Est
Chauve-souris argentée
Chauve-souris rousse
Chauve-souris cendrée
Sérotine brune

LES CHIROPTÈRES

Comme la racine de leur nom l'indique, les chiroptères ont «les mains en forme d'ailes». Ce sont les seuls mammifères volants. Dotés d'une ossature similaire à celle des autres mammifères, les chauves-souris ont les os des mains et des doigts allongés. Une fine membrane de peau nue, tendue entre les doigts et s'étendant jusqu'aux pattes postérieures, sert de surface de vol.

Il existe de par le monde environ 950 espèces de chiroptères regroupées en 17 familles. Leur mode d'alimentation est varié. Certaines se nourrissent de fruits ou de nectar, d'autres capturent de petits poissons ou profitent du sommeil de certains mammifères pour inciser leur peau et lécher le sang qui coule de la blessure, sans réveiller leur victime. Mais la plupart des chauves-souris se nourrissent d'insectes et sont par conséquent très utiles. C'est le cas de toutes les espèces de vespertilionidés, seule famille de chiroptères représentée au Québec et dans l'est du Canada.

Les chauves-souris sont nocturnes. Leur vue est très médiocre mais elles possèdent en contrepartie une ouïe développée. On sait depuis longtemps que la chauve-souris dirige son vol et détecte les insectes dont elle se nourrit par écholocation. Elle émet des sons très aigus dont la fréquence, qui varie de 7 000 à 100 000 cycles par seconde, dépasse souvent la capacité de l'oreille humaine (qui distingue les sons de 20 à 20 000 cycles/sec.). En mesurant l'intervalle entre l'émission du son et l'instant où l'écho lui en parvient, la chauve-souris évalue la distance qui la sépare des objets qui se trouvent sur sa trajectoire. Étant donné que les objets immobiles ou en mouvement, de formes et de textures diverses, réfléchissent les sons de différentes façons, la chauve-souris peut distinguer une proie d'un obstacle. La portée des ultrasons émis par les chauves-souris dépasse rarement 3 mètres. En conséquence, celles-ci volent plutôt lentement et avec beaucoup d'adresse pour éviter les obstacles. Il est faux de croire qu'elles puissent s'accrocher aux cheveux.

Ces mammifères volants chassent les insectes dans les clairières et au-dessus des cours d'eau. Dans les régions habitées, ils s'attaquent aux insectes attirés par la lumière des lampadaires. Une fois détecté par écholocation, l'insecte est capturé au vol directement avec la bouche ou par un rapide coup d'aile, celle-ci étant utilisée à la manière d'un filet.

Les chauves-souris sont généralement fidèles à leur territoire de chasse qu'elles fréquentent nuit après nuit. Il est fréquent d'en voir une parcourir le même trajet plusieurs fois consécutives, à la recherche d'insectes. Ces démousticateurs jouent un rôle extrêmement bénéfique en nous débarrassant d'un grand nombre d'insectes. Par conséquent, il est essentiel de ne pas chercher à les chasser à moins qu'elles ne causent des dégâts sérieux dans les greniers où elles s'abritent parfois. On peut d'autre part favoriser leur présence en installant des nichoirs pourvus d'une ouverture horizontale de 3 cm de large. Bien que les chiroptères soient souvent porteurs de la rage, ils ne constituent pas un réel danger pour la santé car ils entrent rarement en contact avec l'homme. On doit toutefois manipuler ces animaux avec précaution et en portant des gants.

Les chauves-souris ont la capacité d'abaisser la température de leur corps et d'hiberner. À l'approche de la saison froide, plusieurs espèces migrent vers le sud. Certaines recherchent un abri où, accrochées la tête en bas, elles passeront l'hiver dans une profonde léthargie. Elles s'éveillent périodiquement pour changer de place ou éliminer les déchets métaboliques accumulés dans leur organisme. Au cours de cette période, elles tirent leur énergie des réserves de graisse corporelle qu'elles ont constituées au cours des mois précédents.

Vespertilion brun

Myotis lucifugus
Petite chauve-souris brune
Little Brown Bat

Famille des vespertilionidés

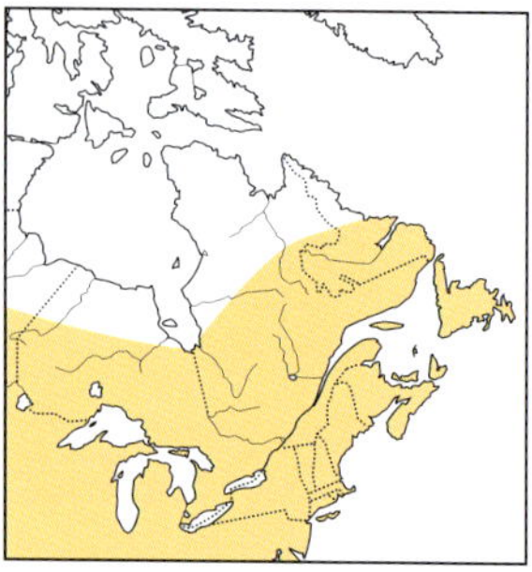

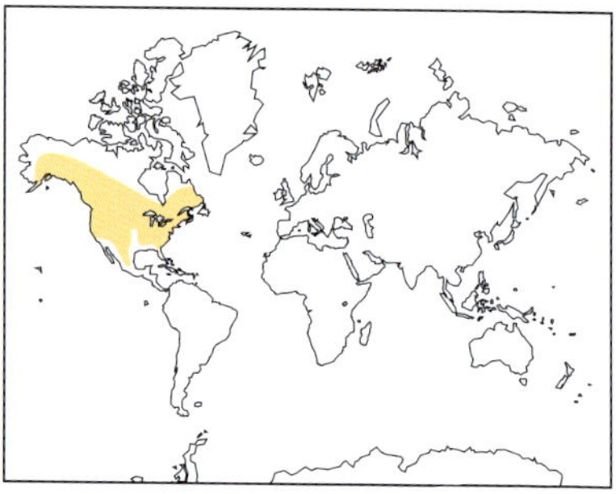

RÉPARTITION GÉOGRAPHIQUE

On trouve cette espèce dans une grande partie du Canada et des États-Unis. Elle est absente de la toundra.

MENSURATIONS

Longueur totale : 79 à 97 mm; queue : 31 à 45 mm; pied : 8 à 11 mm; oreille : 13 à 16 mm; envergure des ailes : 214 à 272 mm.

POIDS

Les adultes des deux sexes pèsent de 5,5 à 13 g et atteignent leur poids maximum à l'automne. Les femelles sont légèrement plus grosses que les mâles. Les nouveau-nés pèsent de 1,5 à 2,5 g.

CARACTÈRES DISTINCTIFS

Son pelage est brun luisant sur le dos et fauve sur le ventre. Le vespertilion brun a des oreilles de dimension moyenne qui ne dépassent pas le museau lorsqu'elles sont repliées vers l'avant, et dont les tragus sont courts et arrondis. La face ventrale de la membrane alaire et la face dorsale de la membrane interfémorale sont couvertes d'un mince pelage.

HABITAT

Le vespertilion brun occupe une grande variété d'habitats. Il fréquente les forêts à proximité des lacs, des cours d'eau, des marécages et des clairières. Il est très répandu dans les villes et c'est la plus abondante de nos chauves-souris.

GÎTE

Au printemps, les femelles forment des colonies d'élevage et se regroupent souvent dans un grenier. On note leur présence par les excréments qu'elles laissent sous les combles, près de l'entrée de leur gîte. Les mâles nichent souvent seuls dans une cavité ou

Michel Quintin

M. Brock Fenton

derrière un volet. L'espèce hiberne d'octobre à mai, formant des groupes compacts de plusieurs centaines d'individus, accrochés la tête en bas au plafond des cavernes humides et des mines abandonnées.

REPRODUCTION

La femelle met au monde un seul petit par année (très rarement, 2). La période d'accouplement débute à la mi-août et se poursuit jusqu'au printemps. On croit que le sperme pourrait rester viable dans l'utérus tout l'hiver jusqu'à l'ovulation, qui n'a lieu qu'au printemps. Les jeunes naissent entre mai et août, après une gestation de 50 à 60 jours. La femelle met bas tête en haut et accueille le nouveau-né dans le creux de sa membrane caudale. Le nouveau-né est rose et couvert d'un fin duvet. Sa croissance est rapide. Il commence à voler et à se nourrir d'insectes à 3 semaines. Les femelles sont matures à 8 mois; les mâles, dès leur second automne.

RÉGIME ALIMENTAIRE

Le régime du vespertilion brun comporte une grande variété d'insectes de 3 à 10 mm de longueur capturés au vol : chironomides (moucherons), trichoptères (éphémères et phryganes), papillons et coléoptères. Il chasse durant la nuit en suivant le même circuit de vol plusieurs fois consécutives, de 3 à 6 m au-dessus du sol. Il capture les insectes au vol en les frappant avec ses ailes ou en les cueillant à la surface de l'eau. Les femelles gestantes consomment en moyenne 2,5 g d'insectes par nuit, les femelles lactantes, 3,7 g.

COMPORTEMENT SOCIAL

Le vespertilion brun est grégaire. Il niche en colonies dont la population peut atteindre plus d'un millier d'individus.

LONGÉVITÉ

La longévité moyenne de l'espèce est de 8 à 10 ans. Plusieurs individus atteignent l'âge de 20 ans et certains ont vécu plus de 31 ans à l'état sauvage.

PRÉDATEURS

Le chat domestique, le renard roux, le vison d'Amérique, le raton laveur, les musaraignes, les souris, les hiboux et les couleuvres sont d'occasionnels prédateurs de cette espèce.

NOTES

Comme les autres membres de cette famille, le vespertilion brun localise les insectes dont il se nourrit et dirige son vol par écholocation. Émettant des ultra-sons, il analyse l'écho et obtient une «image» de ce qui se trouve devant lui. La vue jouerait aussi un rôle dans l'orientation de l'animal.

Vespertilion nordique

Myotis septentrionalis
Chauve-souris nordique
Northern Long-eared Bat

Famille des vespertilionidés

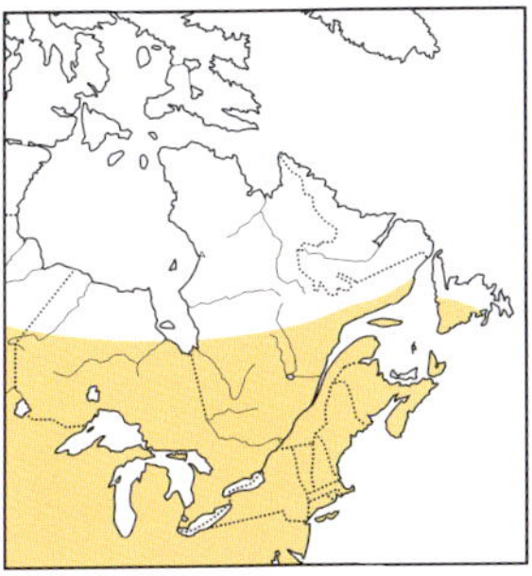

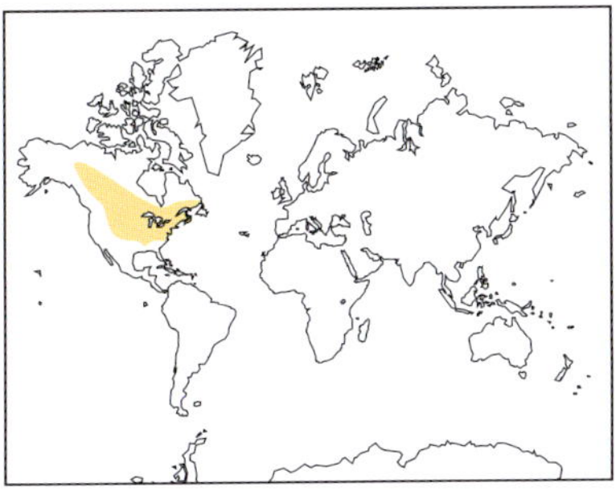

RÉPARTITION GÉOGRAPHIQUE

On le trouve dans le sud du Canada, de l'Atlantique à la Colombie-britannique. Dans l'est des États-Unis, on l'observe jusqu'en Floride.

MENSURATIONS

Longueur totale : 78 à 98 mm; queue : 34 à 45 mm; pied : 8 à 10 mm; oreille : 14 à 19 mm; envergure des ailes : 216 à 266 mm.

POIDS

Les adultes des deux sexes sont de taille identique et pèsent de 6 à 9 g. Les nouveau-nés pèsent probablement environ 2 g.

CARACTÈRES DISTINCTIFS

Le vespertilion nordique a le dos, les membranes alaires et les oreilles brunes et le ventre jaunâtre. Il se distingue du vespertilion brun par ses longues oreilles arrondies aux tragus plus longs, minces et pointus. Ses oreilles dépassent son museau lorsqu'elles sont repliées vers l'avant.

HABITAT

Il est étroitement associé à la forêt boréale. On le trouve près des lacs, des cours d'eau et des clairières. Il chasse souvent au-dessus des petits cours d'eau, des clairières et le long des routes.

GÎTE

Il niche habituellement seul dans les fentes des rochers, les cavernes et parfois même sous l'écorce détachée des arbres. En été, au moment de la mise bas, les femelles se regroupent en petites colonies. Le vespertilion nordique hiberne de la fin d'août au début de mai dans des cavernes où l'humidité relative est si élevée qu'il se forme parfois des gouttelettes d'eau sur son pelage.

REPRODUCTION

Le vespertilion nordique n'a qu'un seul petit par année, qui naît habituellement en juillet. Son mode de reproduction est peu connu et s'apparente probablement à celui du vespertilion brun.

RÉGIME ALIMENTAIRE

Son régime se compose d'insectes volants qu'il localise par écholocation et capture entre 1 et 3 m au-dessus du sol. Il lui arrive d'attraper des insectes posés sur une brindille.

COMPORTEMENT SOCIAL

Bien que cette espèce soit moins grégaire que le vespertilion brun, les colonies d'hibernation regroupent parfois plusieurs centaines d'animaux.

LONGÉVITÉ

Il peut vivre plus de 18 ans en milieu naturel.

PRÉDATEURS

Ses principaux prédateurs sont les hiboux.

NOTES

Actif la nuit, il vole souvent près du sol. Même si on a longtemps cru le contraire, il a été démontré que le vespertilion nordique forme une espèce distincte du vespertilion de Keen, qui vit à l'ouest des Rocheuses.

M. Brock Fenton

Vespertilion pygmée de l'Est

Myotis leibii **Famille des vespertilionidés**
Chauve-souris pygmée
Eastern Small-footed Bat

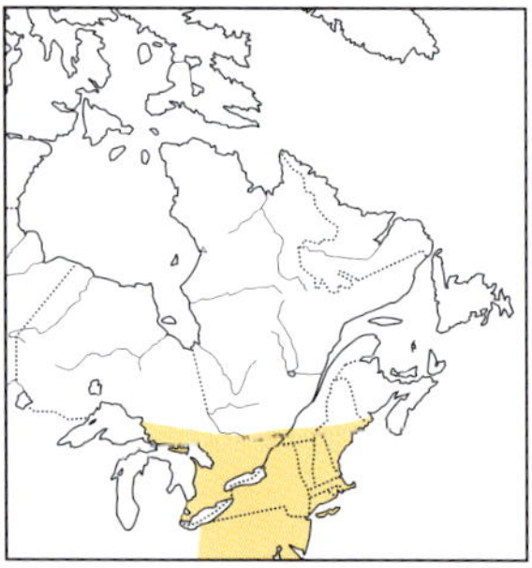

RÉPARTITION GÉOGRAPHIQUE
Cette espèce se retrouve de façon discontinue dans le sud de l'Ontario, du Québec et du Nouveau-Brunswick. Elle est également présente dans le nord-est et le centre des États-Unis.

MENSURATIONS
Longueur totale : 72 à 93 mm; queue : 30 à 40 mm; pied : 6 à 8,5 mm; oreille : 11 à 15 mm; envergure des ailes : 212 à 248 mm.

POIDS
Les adultes des deux sexes sont de taille identique et pèsent de 3 à 8 g. On ne connaît pas le poids des nouveau-nés, mais on peut l'estimer à 1 ou 2 g.

CARACTÈRES DISTINCTIFS
Sa face et ses oreilles sont noires, les ailes et les membranes interfémorales brun foncé, le dos d'une teinte brun doré et le ventre presque blanc. Ses pieds sont légèrement plus petits que ceux des autres espèces.

HABITAT
Le vespertilion pygmée fréquente les régions montagneuses couvertes de conifères et de feuillus.

GÎTE
En été, il niche dans un bâtiment, une crevasse ou un amas de pierres. Il entre en hibernation très tard, à la mi-novembre, et en ressort dès le début d'avril. L'hiver, il s'abrite dans une crevasse, une caverne ou une mine, aux endroits où la température descend sous le point de congélation et où l'humidité est faible. Malgré sa petite taille, il est robuste et supporte le froid de façon étonnante.

M. Brock Fenton

REPRODUCTION
On connaît peu de chose sur la reproduction de cette espèce, sinon que son unique portée annuelle comprend un seul petit et qu'elle forme des colonies au moment de la mise bas en juillet.

RÉGIME ALIMENTAIRE
Il se nourrit de petits insectes capturés au vol.

COMPORTEMENT SOCIAL
Le vespertilion pygmée, plutôt grégaire, niche en colonies.

LONGÉVITÉ
La longévité de l'espèce est d'environ 12 ans en milieu naturel.

PRÉDATEURS
On ne connaît pas ses prédateurs.

STATUT DES POPULATIONS
Cette espèce est très rare dans l'est du Canada.

NOTES
Le vespertilion pygmée est sans doute la plus petite de nos chauves-souris avec la pipistrelle de l'Est. Cette espèce s'active peu après le coucher du soleil. Elle vole lentement à une hauteur de 1 à 3 m.

Pipistrelle de l'Est

Pipistrellus subflavus **Famille des vespertilionidés**

Eastern Pipistrelle

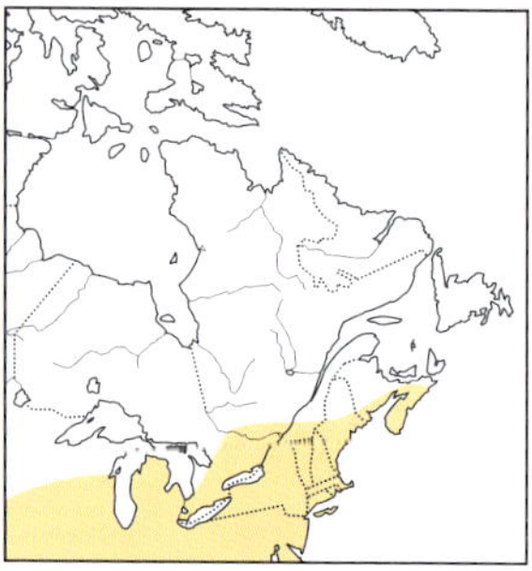

RÉPARTITION GÉOGRAPHIQUE
L'espèce fréquente le sud de l'Ontario et du Québec. Elle est présente partout dans l'est des États-Unis et du Mexique, jusqu'au nord de l'Amérique centrale.

MENSURATIONS
Longueur totale : 71 à 98 mm; queue : 30 à 46 mm; pied : 8 à 10,5 mm; oreille : 9 à 15 mm; envergure des ailes : 208 à 258 mm.

POIDS
Les adultes des deux sexes pèsent de 3,5 à 8,3 g et atteignent leur poids maximum à l'automne. Les femelles sont généralement plus grosses que les mâles. Les nouveau-nés pèsent 1,9 g.

CARACTÈRES DISTINCTIFS
Les poils de son dos et de son ventre sont gris à la base, jaunâtres au milieu et brun foncé à l'extrémité, donnant au pelage une teinte brun rouge. Les membranes alaires sont noirâtres.

HABITAT
On peut la voir chasser au-dessus des pâturages et des cours d'eau, et entre les arbres des forêts clairsemées.

GÎTE
Durant les jours d'été, la pipistrelle s'abrite dans les fentes des rochers, les greniers et le feuillage des arbres. En hiver, elle hiberne seule ou en petits groupes dans des grottes très humides où la température se maintient autour de 12 °C.

REPRODUCTION
La pipistrelle n'a qu'une portée par année comprenant habituellement 2 petits ou, plus rarement, un seul. L'accouplement a lieu à l'au-

Merlin D. Tuttle / Bat Conservation International

tomne ou au printemps, mais les ovules ne sont fertilisés qu'à la sortie de l'hibernation. La gestation dure au moins 44 jours. Les jeunes naissent entre la fin de mai et le début de juillet, commencent à voler à 3 semaines et sont sevrés peu après. Ils ne s'accouplent pas avant l'âge d'un an.

RÉGIME ALIMENTAIRE

Son régime se compose d'une variété de petits insectes volants ayant de 4 à 10 mm de longueur, qu'elle repère par écholocation et capture en vol.

COMPORTEMENT SOCIAL

Comme chez la plupart des autres chauves-souris, les individus de sexe opposé vivent séparément tout l'été. Les femelles forment de petites colonies au moment de la mise bas. Mâles et femelles ne se regroupent qu'à l'automne et passent l'hiver ensemble.

LONGÉVITÉ

En milieu naturel, les femelles vivent environ 9 ans; les mâles, 15 ans.

PRÉDATEURS

On lui connaît peu d'ennemis, sinon les rapaces nocturnes.

NOTES

En été, elle sort de son abri tôt en soirée pour se nourrir, seule ou en compagnie de quelques congénères. Son vol lent et saccadé la fait ressembler à un gros papillon.

Chauve-souris argentée

Lasionycteris noctivagans **Famille des vespertilionidés**
Silver-haired Bat

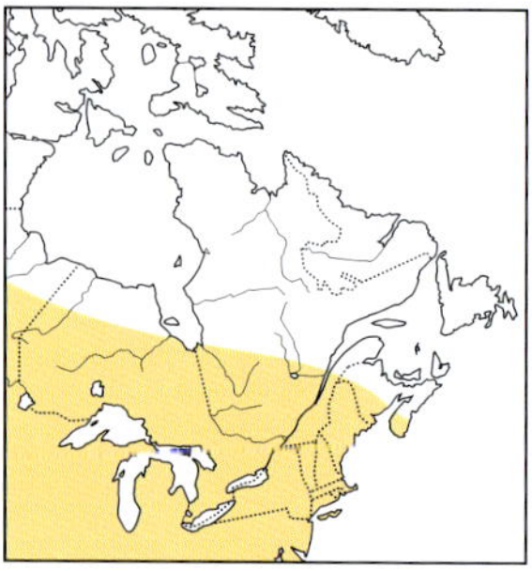

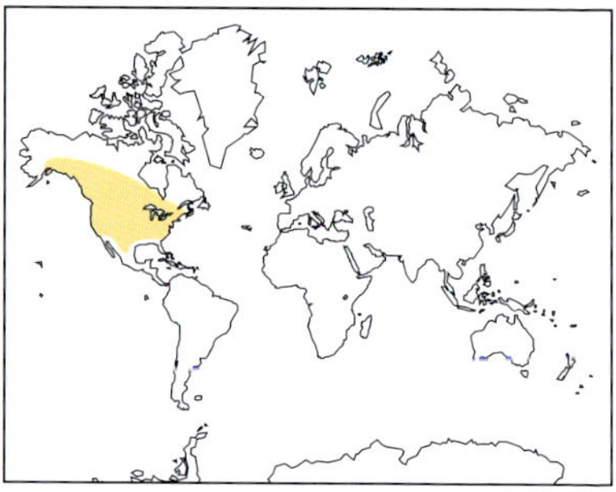

RÉPARTITION GÉOGRAPHIQUE

On la trouve dans tout le sud du Canada, d'est en ouest, et presque partout aux États-Unis.

MENSURATIONS

Longueur totale : 90 à 115 mm; queue : 35 à 50 mm; oreille : 14,5 à 17 mm; pied : 8 à 12 mm; envergure des ailes : 266 à 313 mm.

POIDS

Les adultes des deux sexes sont de taille identique et pèsent de 6 à 12 g.

CARACTÈRES DISTINCTIFS

Cette chauve-souris a le pelage noir ou brun foncé et l'extrémité des poils de son dos est argentée. Les membranes alaires et les oreilles sont noires. Son pelage est plus foncé et ses membranes interfémorales moins poilues que celles de la chauve-souris cendrée.

HABITAT

La chauve-souris argentée habite les régions forestières, le long des lacs, des étangs ou des cours d'eau.

GÎTE

L'été, elle s'abrite dans un arbre, suspendue à une branche la tête en bas ou cachée dans une fissure de l'écorce. Elle niche parfois dans un trou de pic ou un nid de corneille abandonné. En août et septembre, mâles et femelles se regroupent et migrent vers le sud de leur aire de dispersion, à la hauteur de la Caroline du Sud. Le voyage de retour s'effectue à la fin de mai. À l'époque des migrations, on la trouve parfois dans les bâtiments. L'hiver, alors que les insectes se font rares, les chauves-souris argentées hibernent dans les arbres creux, dans les mines désaffectées ou, plus rarement, dans les cavernes.

Merlin D. Tuttle / Bat Conservation International

REPRODUCTION

L'espèce ne produit qu'une portée par année comprenant habituellement 2 petits, parfois un seul. L'accouplement a lieu en automne et les spermatozoïdes resteraient vivants dans l'utérus de la femelle jusqu'à l'ovulation, au printemps. La mise bas a lieu en juin ou juillet. On a observé une femelle captive donner naissance à ses petits en se tenant la tête en haut, comme chez le vespertilion brun. Les nouveau-nés ont la peau rose, plissée et presque nue, et les membranes foncées. On croit qu'ils restent accrochés à la mère jusqu'au moment de leur premier vol, vers l'âge de 3 semaines. Ils atteignent la maturité sexuelle au cours de leur premier été.

RÉGIME ALIMENTAIRE

Elle se nourrit essentiellement d'insectes capturés au vol, dont des papillons de nuit, des homoptères, des diptères, des hémiptères, des hyménoptères (surtout des fourmis), des coléoptères et des neuroptères. Elle chasse au-dessus des cours d'eau, des lacs et des mares des régions forestières, en volant près du sol, rarement plus haut que la cime des arbres (7 à 15 m).

COMPORTEMENT SOCIAL

D'un tempérament sociable bien que le plus souvent solitaire, la chauve-souris argentée s'alimente et niche parfois en petits groupes de 3 ou 4 individus. Mâles et femelles adultes vivent séparément durant l'été et se retrouvent à l'automne au moment de la migration.

LONGÉVITÉ

Sa longévité est inconnue en milieu naturel.

PRÉDATEURS

On lui connaît peu de prédateurs, sinon les rapaces nocturnes et diurnes et la mouffette rayée.

NOTES

La chauve-souris argentée sort très tôt de son gîte pour se nourrir, de sorte qu'on la voit souvent en plein jour. Elle reste active tout au long de la nuit, jusqu'au lever du soleil. Elle est facilement reconnaissable à son vol lent, erratique et à faible altitude.

Chauve-souris rousse

Lasiurus borealis — **Famille des vespertilionidés**
Red Bat

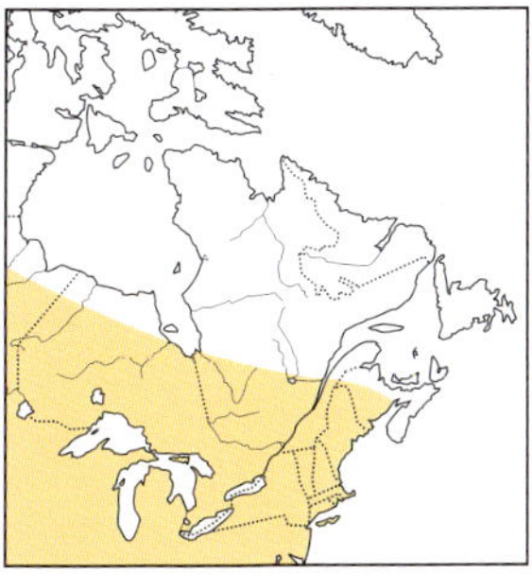

RÉPARTITION GÉOGRAPHIQUE

L'espèce peut être observée au Canada, de l'Atlantique à la Saskatchewan, presque partout aux États-Unis, au Mexique, en Amérique centrale et dans les Antilles. Elle fréquente aussi le nord de l'Amérique du Sud et certains spécimens ont été capturés au Chili et en Argentine.

MENSURATIONS

Longueur totale : 93 à 117 mm; queue : 40 à 62 mm; pied : 8 à 11 mm; oreille : 10 à 13 mm; envergure des ailes : 290 à 332 mm.

POIDS

Les adultes pèsent de 6,5 à 15 g, les mâles étant légèrement plus petits que les femelles. Les nouveau-nés pèsent environ 0,5 g.

CARACTÈRES DISTINCTIFS

Le pelage des mâles est plus roux et plus éclatant que celui des femelles, qui parfois sont brunes. L'extrémité des poils du dos, de la poitrine et des épaules est blanchâtre. La surface dorsale des membranes interfémorales et d'une partie des membranes alaires est couverte d'une épaisse fourrure rousse. En vol, sa queue allongée lui donne une silhouette en «V» caractéristique.

HABITAT

Cette chauve-souris fréquente les forêts de conifères et les forêts mixtes. Elle se nourrit au-dessus des clairières, des rivières et des points d'eau et s'est bien adaptée au milieu urbain.

GÎTE

La chauve-souris rousse passe la journée dans un buisson ou un arbre, de préférence un orme, seule ou en petits groupes, quelquefois en plein soleil. La tête en bas, soutenue à une branche par une seule patte, elle ressemble étrangement à une feuille morte. L'automne venu, cette chauve-souris migre vers le sud où elle hiberne dans une région qui s'étend de Washington, D.C., au golfe du Mexique. Elle est de retour sous nos latitudes vers la fin de mai. Au cours des migrations, il est fréquent de l'observer en plein jour.

REPRODUCTION

La chauve-souris rousse n'a qu'une portée par année, composée de 1 à 5 petits (moy. 2 à 3). L'accouplement a lieu en août ou septembre mais les ovules ne sont fertilisés qu'au printemps, au sortir de l'hibernation. Les spermatozoïdes restent viables dans l'utérus de la femelle plusieurs mois avant l'ovulation. Les petits naissent entre mai et juillet, après une gestation de 80 à 90 jours. Souvent, les premiers jours après la naissance, les jeunes sont transportés par la mère lorsqu'elle se nourrit. Mais à mesure qu'ils grossissent, la mère les laisse au gîte lorsqu'elle part en chasse. Les petits effectuent leur premier vol vers l'âge de 3 ou 4 semaines et sont sevrés à 5 ou 6 semaines.

RÉGIME ALIMENTAIRE

Son régime se compose principalement de papillons de nuit, de mouches, de punaises, de cigales, de coléoptères et de sauterelles capturés au vol. Elle est capable aussi de saisir des insectes au sol ou dans le feuillage des arbres.

COMPORTEMENT SOCIAL

Elle niche habituellement seule ou en petits groupes familiaux de quelques individus et chasse parfois à plusieurs (jusqu'à 30).

LONGÉVITÉ

L'espèce pourrait vivre de 8 à 12 ans en milieu naturel.

PRÉDATEURS

Ses principaux prédateurs sont le geai bleu, le grand duc et la crécerelle d'Amérique. Le chat domestique, les buses et l'opossum d'Amérique du Nord l'attaquent parfois.

NOTES

Elle s'active dès le début de la soirée et occupe à peu près le même territoire de chasse nuit après nuit. Son vol est rapide et puissant. Il peut atteindre 65 km/h en ligne droite. Avec la chauve-souris cendrée, elle est la seule espèce de nos régions qui émette des sons aigus, clairement audibles lorsqu'elle vole.

M. Brock Fenton

Chauve-souris cendrée

Lasiurus cinereus
Hoary Bat

Famille des vespertilionidés

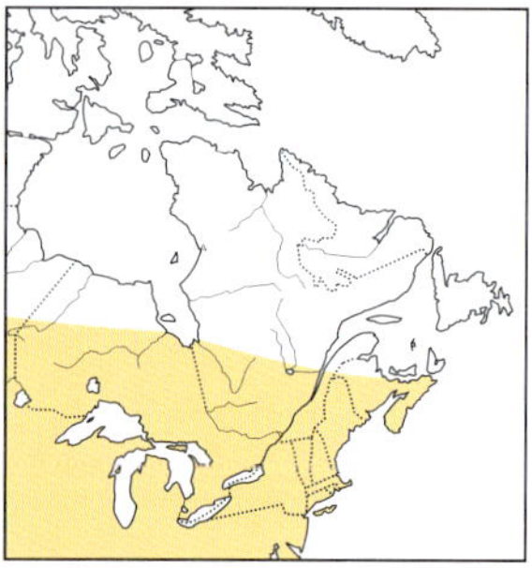

RÉPARTITION GÉOGRAPHIQUE

On la trouve dans une grande partie du sud du Canada et partout aux État-Unis, au Mexique, en Amérique centrale, dans les Caraïbes ainsi que dans une grande partie de l'Amérique du Sud. C'est la seule chauve-souris qu'on ait observée dans l'île Hawaii.

MENSURATIONS

Longueur totale : 130 à 150 mm; queue : 52 à 66 mm; pied : 6 à 15 mm; oreille : 16 à 20 mm; envergure des ailes : 342 à 424 mm.

POIDS

Les adultes pèsent de 25 à 35 g. Les femelles sont plus grosses que les mâles. Les nouveau-nés pèsent environ 5 g.

CARACTÈRES DISTINCTIFS

Cette espèce a la gorge jaune clair et le reste du corps brun pâle. L'extrémité des poils est blanc cendré. Elle a le dessus des membranes interfémorales couvert d'un pelage bien fourni.

HABITAT

Dans son milieu, forêts de conifères ou de feuillus, la chauve-souris cendrée se nourrit au-dessus des clairières et des plans d'eau.

GÎTE

En été, elle passe la journée accrochée au feuillage des arbres et ne se nourrit que tard en soirée. L'automne venu, elle migre vers le sud des États-Unis et les Caraïbes, où elle passe l'hiver. Elle s'abrite alors dans la crevasse d'un rocher ou un nid d'écureuil. Elle est de retour en avril ou mai.

M. Brock Fenton

REPRODUCTION

Elle n'a qu'une portée par année, de 1 à 4 petits (moy. 2). L'accouplement aurait lieu avant la migration d'automne ou sur les lieux d'hivernage, entre la mi-août et octobre. La fertilisation n'aurait lieu qu'au sortir de l'hibernation, de telle sorte que les femelles seraient gravides au moment de la migration printanière vers le nord. La gestation est d'environ 90 jours. On a observé des femelles donner naissance à leurs rejetons en se tenant en position horizontale. Les petits viennent au monde par le siège (le derrière en premier) et s'agrippent à leur mère avec les petites griffes de leurs pieds et de leurs pouces. La femelle peut transporter ses petits en vol au cours de la première semaine; par la suite, ils restent au gîte lorsqu'elle part en chasse. Les nouveau-nés ouvrent les yeux à 12 jours et sont capables d'un vol soutenu au moment de leur sevrage vers l'âge de 33 jours. Ils ne quittent définitivement leur mère que deux semaines plus tard.

RÉGIME ALIMENTAIRE

La chauve-souris cendrée se nourrit de gros insectes volants comme les papillons de nuit et les libellules. Dans certaines circonstances exceptionnelles, notamment lorsqu'elle est atteinte de la rage, il lui arrive de s'attaquer à des chauves-souris de taille inférieure et de les dévorer. On a observé que certains individus défendaient un territoire de chasse, duquel ils cherchaient à exclure toute autre chauve-souris.

COMPORTEMENT SOCIAL

Elle vit habituellement seule ou en petits groupes familiaux. Mâles et femelles adultes vivent séparément durant l'été. Ils se retrouvent au moment de la migration automnale et forment parfois de petits groupes.

LONGÉVITÉ

La longévité de cette espèce nous est inconnue.

PRÉDATEURS

Elle est parfois victime d'un oiseau de proie.

NOTES

C'est la plus grande chauve-souris de l'est du Canada. Elle est difficile à observer et elle entre rarement en contact avec l'homme. Comme la chauve-souris rousse, elle émet parfois en volant des sons aigus clairement audibles. Outre sa grande taille, on la reconnaît à ses longues ailes pointues et à son vol rapide qui peut atteindre plus de 21 km/h. Elle est souvent porteuse de la rage. On doit donc la manipuler avec soin en portant des gants.

Sérotine brune

Eptesicus fuscus
Grande chauve-souris brune
Big Brown Bat

Famille des vespertilionidés

RÉPARTITION GÉOGRAPHIQUE
On la trouve partout dans le sud du Canada, aux États-Unis, au Mexique, en Amérique centrale, dans les Antilles et jusqu'au nord de l'Amérique du Sud.

MENSURATIONS
Longueur totale : 96 à 134 mm; queue : 34 à 54 mm; pied : 10 à 14 mm; oreille : 14 à 20 mm; envergure des ailes : 290 à 356 mm.

POIDS
Les adultes des deux sexes pèsent de 11 à 22 g. Ils atteignent leur poids maximum à l'automne. Au printemps, les femelles sont légèrement plus grosses que les mâles. Les nouveau-nés pèsent de 2,5 à 4 g.

CARACTÈRES DISTINCTIFS
Cette grande chauve-souris a le dos brun foncé et le ventre plus pâle. Ses membranes interfémorales sont noires et dépourvues de poils.

HABITAT
Bien adaptée au milieu urbain, elle se nourrit la nuit autour des réverbères. Elle fréquente aussi les pâturages et on peut l'observer près des étangs et en bordure des forêts.

GÎTE
Au printemps, elle s'abrite dans les greniers, les clochers ou les granges, dans un arbre creux, sous un pont ou derrière un volet. Très résistante au froid, elle n'entre en hibernation qu'à la fin de novembre. Elle passe l'hiver dans une mine, une caverne ou un grenier.

REPRODUCTION

La sérotine brune n'a qu'une portée par année, de 1 ou 2 petits. L'accouplement a lieu à l'automne ou en hiver, mais les femelles n'ovulent qu'en avril. Les petits naissent entre la mi-mai et la fin de juin. Ils commencent à voler à l'âge de 3 semaines, sont sevrés à 40 jours et atteignent la taille adulte à 2 mois. Les mâles et la plupart des femelles deviennent matures au cours de leur premier automne.

RÉGIME ALIMENTAIRE

Elle se nourrit de scarabées, hannetons, fourmis ailées, mouches, éphémères, phryganes, libellules et autres insectes capturés au vol. Grâce à l'écholocation, elle peut localiser une proie de 19 mm jusqu'à une distance de 5 m. De plus, elle peut distinguer les sons de basse fréquence comme ceux émis par un essaim d'insectes à une distance de 600 m.

COMPORTEMENT SOCIAL

Cette espèce forme des colonies regroupant jusqu'à 200 individus ou plus au moment de la mise bas. Les femelles hibernent souvent seules tandis que les mâles forment des petits groupes de 3 ou 4 individus.

LONGÉVITÉ

La longévité moyenne de l'espèce est d'environ 10 ans, mais on a déjà capturé un mâle âgé de 19 ans.

PRÉDATEURS

Cette chauve-souris a peu de prédateurs. Elle est occasionnellement la proie des hiboux, de la crécerelle d'Amérique, de la mouffette rayée et du chat domestique.

NOTES

À l'instar du vespertilion brun, la sérotine brune s'observe très souvent autour des habitations. On la reconnaît à sa grande taille et à son vol puissant et régulier qui peut atteindre 33 km/h. Elle vole généralement au-dessus de la cime des arbres, à une hauteur variant entre 7 et 10 m. Au-dessus des plans d'eau, elle se tient à une hauteur de 4,9 m. Elle sort de son abri tôt en soirée et s'active principalement jusqu'à 5 heures après le coucher du soleil. La sérotine brune s'éloigne rarement de son lieu de naissance, mais elle a un instinct de retour au gîte exceptionnel. On a vu un groupe de sérotines brunes transportées à plus de 400 km de leur lieu d'origine revenir au gîte en moins de 5 jours.

Bien qu'elle se rende utile en détruisant quantité d'insectes, les excréments qu'elle laisse dans les bâtiments causent parfois des dégâts. On peut la déloger en laissant une lampe allumée dans l'entretoit et en obstruant toutes les ouvertures.

Wayne Lankinen

Ordre des lagomorphes

Famille des léporidés

Lapin à queue blanche
Lièvre d'Amérique
Lièvre d'Europe
Lièvre arctique

LES LAGOMORPHES

Les lagomorphes forment un groupe relativement peu diversifié comprenant tout au plus 80 espèces dispersées sur presque tous les continents. Regroupant d'une part les pikas et d'autre part les lièvres et les lapins, ils ont longtemps été considérés comme des rongeurs. Comme ces derniers, leurs incisives croissent durant toute la vie et sont usées continuellement lorsqu'ils rongent. Les lagomorphes ont toutefois ceci de particulier qu'ils possèdent une deuxième paire de petites incisives directement derrière leurs grosses incisives supérieures.

Essentiellement herbivores, les lagomorphes se nourrissent de plantes herbacées, de bourgeons, de brindilles, de racines et d'écorce. La digestion de cette nourriture ligneuse leur est facilitée par la caecotrophie, phénomène par lequel, après une première digestion rapide, l'animal réabsorbe une partie de la nourriture, évacuée sous forme de petites boulettes verdâtres, pour la digérer une seconde fois. Ces boulettes prédigérées sont riches en protéines et contiennent de grandes quantités de vitamines B.

Les pikas, membres de la famille des Ochotonidés, sont de petits animaux de la taille d'un rat qui vivent dans les éboulis et les pentes rocheuses. Ils ont de petites oreilles et une queue minuscule. Les seuls représentants de cette famille en Amérique du Nord habitent les montagnes Rocheuses.

Les lièvres et les lapins font partie de la famille des léporidés. Ils possèdent de grandes oreilles, une queue courte et touffue, et leurs pattes de derrière sont beaucoup plus robustes que leurs pattes de devant. Ils se déplacent par petits bonds, utilisant régulièrement les mêmes sentiers et les mêmes abris. Dans l'est du Canada, les léporidés sont représentés par trois espèces indigènes, le lapin à queue blanche, le lièvre d'Amérique et le lièvre arctique, et une espèce introduite, le lièvre d'Europe, qu'on rencontre en petit nombre dans le sud-est de l'Ontario.

Les lièvres sont généralement plus gros que les lapins et se déplacent souvent à découvert, se fiant à leur grande rapidité pour chercher un abri en cas de danger. À la naissance, les levrauts ont les yeux ouverts et sont couverts de poils. Ils viennent au monde dans un nid peu élaboré, à la surface du sol. Les lapins, au contraire, sont plus petits et moins rapides à la course. Ils se creusent des terriers et construisent des nids élaborés, tapissés d'herbes et de poils qu'ils s'arrachent sur l'abdomen. Les nouveau-nés sont peu développés : ils n'ont pas de poil et ont les yeux fermés.

Situés au bas de la pyramide écologique, les lièvres et les lapins sont la proie d'un grand nombre de prédateurs. Toujours aux aguets, ils ont une ouïe fine et un odorat bien développé. Leurs yeux sont légèrement exorbités et situés latéralement, de telle sorte qu'ils peuvent voir pratiquement tout autour d'eux sans bouger la tête.

En cas de danger, ils chercheront à passer inaperçus en restant immobiles à l'abri d'un arbre, d'un buisson ou d'une pierre. Certaines espèces, comme le lièvre d'Amérique et le lièvre arctique, ont l'avantage supplémentaire d'être blanches en hiver et brun grisâtre en été.

Le succès évolutif des léporidés tient sans doute à leur taux de reproduction extraordinaire. Dans nos régions, les lièvres et les lapins peuvent produire chaque année jusqu'à quatre portées comprenant chacune de 1 à 8 petits. Néanmoins, leur nombre fluctue périodiquement suivant des cycles d'abondance très marqués, atteignant un sommet tous les 9 ou 10 ans, dans le cas du lièvre d'Amérique.

Bien qu'ils causent parfois des dégâts dans les jardins et les plantations les années où ils abondent, les lièvres et les lapins jouent un rôle important dans l'équilibre de la nature. Ils transforment les végétaux en nourriture pour les oiseaux de proie et les mammifères carnivores. Ils constituent aussi un gibier recherché. On doit toutefois éviter de manipuler un lièvre ou un lapin malade et bien faire cuire la viande avant de la consommer puisque ces animaux sont parfois porteurs de maladies dangereuses pour l'homme, comme la tularémie.

Lapin à queue blanche

Sylvilagus floridanus **Famille des léporidés**
Eastern Cottontail

RÉPARTITION GÉOGRAPHIQUE
L'aire de distribution du lapin à queue blanche s'étend du nord de l'Amérique du Sud jusque dans le sud du Canada. L'espèce est en expansion dans le sud du Québec. On la rencontre jusque dans la région de Mont-Joli.

MENSURATIONS
Longueur totale : 375 à 490 mm; queue : 39 à 70 mm; pied : 80 à 108 mm; oreille : 53 à 66 mm.

POIDS
Les adultes pèsent de 1,1 à 1,5 kg; les femelles sont légèrement plus grosses que les mâles. Les nouveau-nés pèsent entre 25 et 35 g.

CARACTÈRES DISTINCTIFS
Le lapin à queue blanche a le corps brun grisâtre et les poils de la nuque brun cannelle. Il a les pieds plus petits que le lièvre d'Amérique et son pelage ne devient pas blanc en hiver. Le lapin de la Nouvelle-Angleterre (*Sylvilagus transitionalis*) n'a pas la nuque cannelle et possède une tache noire entre les oreilles.

HABITAT
Cette espèce fréquente les prés, les vergers et les champs abandonnés. On l'observe aussi dans les buissons et les bosquets, le long des haies et à l'orée des bois. On en trouve dans certains parcs urbains.

GÎTE
Le jour, il se cache dans une petite dépression du sol qu'il creuse sous une souche, dans un bosquet ou un fourré. Il reste actif tout l'hiver, sauf les nuits de tempête. Il lui arrive alors de s'abriter dans

Michel Quintin

un trou de marmotte. Il creuse parfois des tunnels dans la neige épaisse. Le lapin à queue blanche utilise fréquemment les mêmes sentiers dans la végétation ou la neige pour ses déplacements.

REPRODUCTION

La période de reproduction s'étend de la fin de février à septembre. Au cours de cette période, les lapines peuvent avoir jusqu'à 4 portées de 2 à 8 petits chacune (moy. 5 à 6). La gestation est de 26 à 32 jours. Le nouveau-né est aveugle et presque nu. Il ouvre les yeux à une semaine et est sevré à 4 ou 5 semaines. Certains lapereaux parviennent à maturité au bout de 3 à 6 mois, mais la plupart ne se reproduisent qu'au cours de leur second été. En période de reproduction, mâles et femelles se font une cour spectaculaire, bondissant et se poursuivant en tous sens. À l'approche de la mise bas, les femelles gestantes creusent dans le sol un trou qu'elles tapissent d'herbes, de feuilles et de touffes de poils arrachées sur leur corps. Ce nid peu profond est souvent aménagé à l'abri d'un buisson ou dans les hautes herbes.

RÉGIME ALIMENTAIRE

En été, le lapin à queue blanche se nourrit d'une grande variété de plantes herbacées : verge d'or, plantain, trèfle, pissenlit. L'hiver, il broute l'écorce, les ramilles et les bourgeons de plusieurs arbrisseaux et arbustes : érable, bouleau, chêne, pommier, peuplier, framboisier, aulne.

COMPORTEMENT SOCIAL

Il mène une vie solitaire, sauf pendant le rut et l'élevage des petits.

LONGÉVITÉ

Le lapin à queue blanche vit rarement plus de 2 ou 3 ans en milieu naturel, mais peut atteindre l'âge de 10 ans en captivité.

PRÉDATEURS

L'espèce a de nombreux prédateurs : oiseaux de proie diurnes et nocturnes, raton laveur, renard roux, coyote, martre d'Amérique, pékan, belettes, lynx roux, chien et chat domestique.

NOTES

Le lapin à queue blanche est nocturne. Il est actif surtout à l'aube et au crépuscule. Toujours aux aguets, il a une ouïe extrêmement sensible, un odorat et une vue bien développés. S'il perçoit un danger, il peut s'élancer en zigzaguant vers le couvert le plus proche à une vitesse pouvant atteindre 30 km/h ou s'écraser au sol pour tenter de passer inaperçu. Dans les moments d'excitation, il lui arrive de tambouriner sur le sol avec ses pattes postérieures. De petites crottes sphériques jonchant le sol, des brindilles tranchées net en biseau ou de petits arbres dont l'écorce a été rongée sont autant d'indices de sa présence. Le lapin à queue blanche grignote parfois les légumes du potager et ronge l'écorce des arbres d'ornement. On peut restreindre les dégâts en entourant le potager d'un grillage de 1,6 m de hauteur et enfoui d'une douzaine de centimètres dans le sol et en entourant le tronc des arbres d'un grillage métallique à mailles de 6 mm.

Lièvre d'Amérique

Lepus americanus **Famille des léporidés**
Lièvre variable, lièvre à raquettes
Snowshoe Hare, Varying Hare

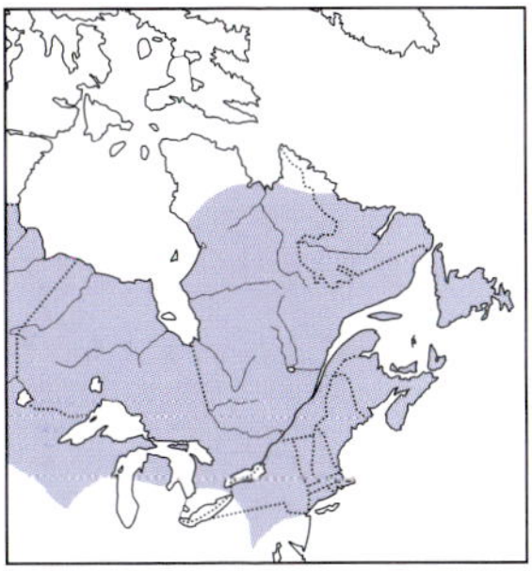

RÉPARTITION GÉOGRAPHIQUE
On trouve cette espèce partout au Canada sauf dans la toundra. Il a été introduit à Terre-Neuve vers 1870. Aux États-Unis, on note sa présence dans l'est jusqu'au nord du New Jersey et dans les Alleghenies; dans le centre, au nord du Michigan et du Minnesota; et dans l'ouest, jusqu'au nord de la Californie et du Nouveau-Mexique.

MENSURATIONS
Longueur totale : 380 à 506 mm; queue : 25 à 45 mm; pied : 121 à 150 mm; oreille : 62 à 68 mm; hauteur à l'épaule : 200 à 220 mm.

POIDS
Mâles et femelles adultes pèsent de 1,3 à 2,3 kg. Les femelles, appelées hases, sont légèrement plus grosses que les mâles. Le poids des nouveau-nés est de 50 à 96 g.

CARACTÈRES DISTINCTIFS
Le pelage du lièvre d'Amérique est blanc en hiver et brun grisâtre en été. Il est plus petit que le lièvre arctique et la base de ses poils reste foncée en hiver. Il a les pieds plus grands que le lapin à queue blanche. Il se distingue du lièvre d'Europe et du lièvre arctique par sa taille plus petite et par la couleur brune de sa queue en été (le lièvre d'Europe a la queue noire, et le lièvre arctique, la queue blanche).

HABITAT
Le lièvre d'Amérique s'observe partout où poussent de jeunes conifères : dans les zones de repousse, les taillis, les broussailles, les clairières, dans les marécages et sur le bord des cours d'eau. Cette espèce est sédentaire et occupe un domaine de 2 à 16 hectares sillonné par un réseau de sentiers bien marqués qui relient les aires de repos et les zones d'alimentation.

GÎTE
Le lièvre d'Amérique ne creuse pas de terrier. Il passe la journée caché sous des branches basses, des arbres tombés, des souches ou des débris de coupe. Tout au plus les femelles aménagent-elles, pour leurs petits, un nid d'herbes dans un endroit abrité.

REPRODUCTION
La période d'accouplement s'étend de la fin de mars à la fin de juin. Entre mai et septembre, 3 ou 4 portées de 1 à 9 petits (moy. 2 à 4) naissent après une gestation de 36 ou 37 jours. Les nouveau-nés ont les yeux ouverts et un pelage bien fourni. Ils commencent à brouter à 1 semaine, mais ne sont sevrés que 2 ou 3 semaines plus tard. Des femelles nées en mai pourraient avoir des petits dès la fin de l'été, mais la plupart des levrauts ne se reproduisent que le printemps suivant. Pendant l'élevage, les levrauts sont généralement laissés seuls par la mère, qui ne les retrouve qu'une fois par jour pour les allaiter pendant 5 à 10 minutes. Ce comportement peut donner à croire, le reste du temps, qu'elle les a abandonnés. Ce n'est pas le cas et les petits qu'on trouve doivent être laissés sur place.

RÉGIME ALIMENTAIRE
En été, le lièvre d'Amérique se nourrit d'herbes et de plantes vertes. Il affectionne aussi les jeunes tiges d'arbustes fruitiers et certains champignons. L'hiver, il broute les bourgeons et les ramilles et ronge l'écorce d'une grande variété d'arbres et d'arbustes, dont le cèdre, le saule, le tremble, l'érable, le bouleau, l'épinette, le sapin et le framboisier.

COMPORTEMENT SOCIAL
Solitaire, le lièvre d'Amérique tolère la présence de ses congénères; certains affrontements ont cependant lieu pendant le rut, notamment entre les mâles.

LONGÉVITÉ
Le lièvre d'Amérique vit rarement plus de 5 ans en milieu naturel, bien que certains aient vécu plus de 8 ans.

PRÉDATEURS
Son principal prédateur est le lynx du Canada. Il est aussi la proie du renard roux, du coyote, des belettes, du vison d'Amérique, de la loutre de rivière, du lynx roux, du grand duc, du harfang des neiges, du gerfaut, de l'autour, de la buse pattue, de la buse à queue rousse et parfois même du chat domestique. On le chasse pour sa chair et pour sa fourrure.

STATUT DES POPULATIONS
Les populations de lièvres d'Amérique sont sujettes à des fluctuations cycliques atteignant leur sommet tous les 9 ou 10 ans.

Michel Quintin

NOTES

Le lièvre d'Amérique est actif toute l'année. Il se nourrit au crépuscule ou durant la nuit. Les signes de sa présence sont très nets : ramilles tranchées en biseau, arbrisseaux à l'écorce rongée, petites crottes sphériques jonchant le sol, pistes caractéristiques dans la neige. Lorsqu'il perçoit un danger, le lièvre reste immobile. Son pelage brun en été et blanc en hiver lui permet de se fondre au paysage. Surpris, il détale à une vitesse pouvant atteindre 45 km/h et peut faire des bonds de 3 à 5 m de longueur. Il utilise fréquemment les mêmes sentiers dans la végétation ou la neige pour ses déplacements.

Lièvre d'Europe

Lepus europaeus (L. capensis) **Famille des léporidés**
European Hare, Cape Hare, Brown Hare

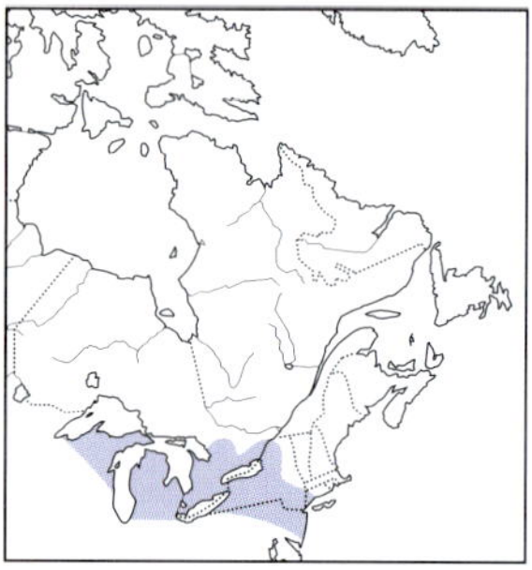

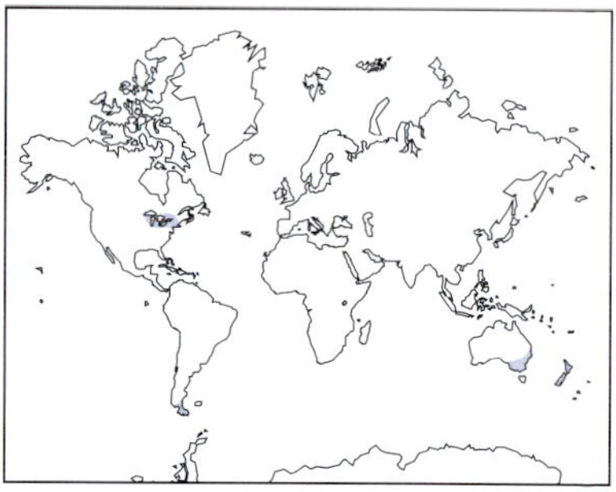

RÉPARTITION GÉOGRAPHIQUE

Cette espèce est originaire d'Europe de l'Ouest. Elle a été introduite dans l'État de New York en 1893 puis en Ontario en 1912. On la trouve maintenant dans toute la région des Grands Lacs, dans l'État de New York et en Nouvelle-Angleterre. Elle a également été introduite en Argentine, au Chili, en Nouvelle-Zélande, en Australie et dans certaines régions d'Afrique et d'Asie.

MENSURATIONS

Longueur totale : 600 à 750 mm; queue : 72 à 110 mm; pied : 142 à 161 mm; oreille : 94 à 102 mm.

POIDS

Mâles et femelles adultes pèsent de 3,2 à 5,4 kg. Les levrauts nouveau-nés pèsent environ 100 g.

CARACTÈRES DISTINCTIFS

Son pelage varie du brun rouille au brun grisâtre mêlé de noir. Il a le dessus de la queue noire, le dessous de la queue et l'abdomen blancs. Il ne devient pas blanc en hiver. Le lièvre d'Amérique est plus petit et sa queue est brune en été.

HABITAT

Le lièvre d'Europe habite les pâturages bordés de broussailles et de forêts clairsemées.

GÎTE

Cette espèce s'abrite dans une dépression du sol à l'abri des hautes herbes ou d'un buisson. En hiver, le lièvre d'Europe peut faire un trou dans la neige pour se protéger du vent ou pour trouver de la nourriture.

Wayne Lankinen

REPRODUCTION

La saison de reproduction débute en février ou mars et se poursuit jusqu'à la fin d'août. Durant cette période, une femelle peut avoir 2, 3 et parfois 4 portées comptant chacune 2 à 8 levrauts (moy. 2 à 4) nés après une gestation de 42 jours. À la naissance, les petits sont couverts de poils et ont les yeux ouverts. Ils sont sevrés à 3 semaines et atteignent la maturité sexuelle vers l'âge de 8 mois. Durant la saison de reproduction, les mâles défendent un territoire et s'affrontent farouchement en grinçant des dents en signe de menace. La rencontre des mâles et des femelles donne lieu à des chassés-croisés ponctués de bonds spectaculaires. La femelle met bas dans une dépression du sol garnie d'herbes sèches. Peu après la naissance, la hase disperse ses levrauts qu'elle visite chaque nuit. Pour les allaiter, elle les rassemble en poussant un sifflement guttural.

RÉGIME ALIMENTAIRE

Durant l'été, le lièvre d'Europe se nourrit d'herbes, de trèfle, de blé, de maïs, de pommes, de fruits et de plantes vertes de toutes sortes. En hiver, il grignote l'écorce, les tiges et les bourgeons d'arbustes et d'arbrisseaux.

COMPORTEMENT SOCIAL

Cette espèce est plutôt solitaire. Les mâles sont territoriaux durant la saison de reproduction et les femelles élèvent seules leurs petits.

LONGÉVITÉ

Le lièvre d'Europe peut vivre 12 ans à l'état sauvage.

PRÉDATEURS

Les renards et le lynx roux sont les principaux prédateurs de cette espèce, qui est également devenue un gibier fort prisé des chasseurs. Parce qu'il a l'habitude de figer sur place en cas de danger, le lièvre d'Europe est souvent tué par les machines aratoires.

NOTES

Le lièvre d'Europe s'active surtout durant la nuit et au crépuscule. Le jour, il se tapit dans une dépression du sol, à l'affût de la moindre alerte. En cas de danger, il reste immobile, mais il peut tout à coup s'élancer en faisant des bonds de 1 à 3 m de longueur. Il peut sauter des obstacles de 1,3 m de hauteur et atteindre à la course 70 km/h. Comme plusieurs lagomorphes, il est bon nageur. Dans les sites où il abonde, le lièvre d'Europe cause parfois d'importants dégâts aux plantations et aux vergers. On peut protéger le tronc des arbres fruitiers en l'entourant d'un grillage à mailles fines.

Lièvre arctique

Lepus arcticus
Arctic Hare

Famille des léporidés

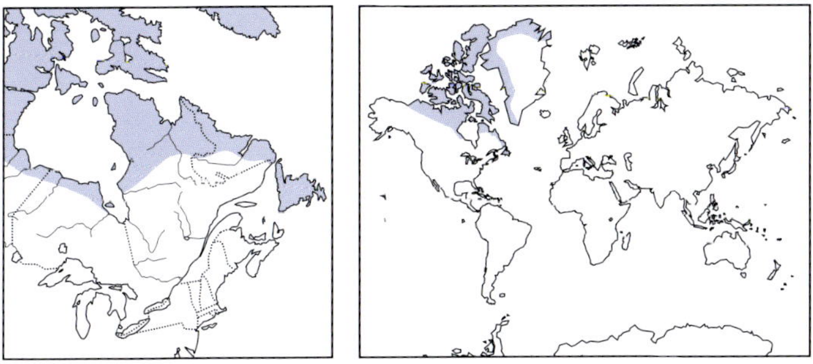

RÉPARTITION GÉOGRAPHIQUE

L'espèce s'observe dans le nord du Canada, depuis le fleuve Mackenzie à l'ouest jusqu'à Terre-Neuve. Il est possible que le lièvre arctique, le lièvre d'Alaska (*Lepus othus*) et le lièvre des montagnes (*Lepus timidus*) qu'on trouve au Groenland et dans le nord de l'Eurasie constituent une seule et même espèce.

MENSURATIONS

Longueur totale : 480 à 663 mm; queue : 34 à 73 mm; pied : 105 à 174 mm; oreille : 70 à 84 mm.

POIDS

Mâles et femelles adultes pèsent de 2,7 à 6,8 kg. La femelle est légèrement plus grosse que le mâle. Le poids de ces animaux fluctue avec les saisons et atteint un maximum à la fin de l'été. Les nouveau-nés pèsent environ 105 g.

CARACTÈRES DISTINCTIFS

En hiver, son pelage est tout blanc, sauf le bout des oreilles qui est noir. Durant le court été arctique, son dos devient brun grisâtre, l'abdomen et la queue restent blancs et le bout des oreilles noir. On le distingue du lièvre d'Amérique par sa taille plus grande et sa queue toujours blanche.

HABITAT

Le lièvre arctique habite la toundra et les pentes rocailleuses au-delà de la limite des arbres. À Terre-Neuve, il fréquente les hautes collines dénudées. En hiver, il lui arrive de migrer dans les zones boisées.

GÎTE

Durant l'été, le lièvre arctique cache ses petits ou s'abrite dans une simple dépression du sol, les jours de mauvais temps. En hiver, il creuse parfois des terriers dans la neige et circule dans des réseaux de sentiers bien définis.

REPRODUCTION

Dans le nord du Québec et dans l'Arctique, l'accouplement a lieu en avril ou mai. L'espèce ne produit qu'une portée par année, de 2 à 8 petits (moy. 5 à 6). Les levrauts naissent à la fin de juin ou en juillet, après une gestation de 53 ou 54 jours. À Terre-Neuve, les femelles ont 2 ou 3 portées par année et les petits naissent jusqu'en septembre. À la naissance, leur pelage est gris foncé. Ils sont allaités pendant 8 ou 9 semaines, se dispersent ensuite et atteignent la maturité sexuelle vers l'âge d'un an. Les femelles lactantes vivent à l'écart du groupe et élèvent seules leurs petits. Ceux-ci viennent au monde dans une simple dépression creusée dans la mousse ou dans l'herbe, mais de préférence sur une pente rocailleuse à l'abri d'une grosse pierre. Les levrauts ne sont allaités qu'à toutes les 18 ou 19 heures pour une durée qui dépasse rarement 5 minutes. Après l'allaitement, la hase s'éloigne et les petits nouveau-nés restent au nid; lorsqu'ils sont plus âgés, ils se dispersent non loin du nid ou tentent de suivre leur mère.

RÉGIME ALIMENTAIRE

Durant l'été, le lièvre arctique se nourrit d'herbes, de carex, de saxifrages, de bouleau, de saule arctique, de camarine et d'algues. En hiver, il broute les brindilles et les racines de saule et de bouleau. Avec ses dents, ses pattes robustes et ses griffes longues et recourbées, il brise la glace pour atteindre la végétation. Ses incisives, longues et obliques, lui permettent de saisir les petites plantes qui poussent entre les rochers.

COMPORTEMENT SOCIAL

Plutôt grégaire, il vit en groupes de 10 à 60 individus ou plus et forme parfois d'énormes colonies regroupant des centaines d'animaux.

LONGÉVITÉ

Le lièvre arctique peut vivre jusqu'à 16 mois en captivité, mais sa longévité est probablement plus longue en milieu naturel.

PRÉDATEURS

Ses principaux prédateurs sont le renard arctique, le loup gris, l'hermine, le harfang des neiges et la buse pattue. On le chasse pour sa chair et sa fourrure.

NOTES

Le lièvre arctique est le plus gros lièvre d'Amérique du Nord. Actif toute l'année, il s'affaire surtout la nuit et au crépuscule. Lorsqu'on l'approche brusquement, le lièvre arctique se dresse sur ses pattes de derrière pour mieux voir l'intrus. S'il est poursuivi, il court à quatre

B.T. Aniskowicz

pattes vers le haut d'une colline ou un abri, ou détale en bondissant sur ses pattes de derrière à la manière d'un kangourou. À l'approche d'un prédateur, il peut aussi s'accroupir et tenter de passer inaperçu entre les pierres.

Ordre des rongeurs

Famille des sciuridés

Tamia rayé
Tamia mineur
Marmotte commune
Écureuil gris ou noir
Écureuil roux
Petit polatouche
Grand polatouche

Famille des castoridés

Castor du Canada

Famille des cricétidés

Souris sylvestre
Souris à pattes blanches
Campagnol-à-dos-roux de Gapper
Campagnol des bruyères
Campagnol sylvestre
Campagnol des champs
Campagnol des rochers
Rat-musqué commun
Campagnol-lemming de Cooper
Campagnol-lemming boréal
Lemming d'Ungava

Famille des muridés

Rat surmulot
Souris commune

Famille des dipodidés

Souris-sauteuse des champs
Souris-sauteuse des bois

Famille des éréthizontidés

Porc-épic d'Amérique

LES RONGEURS

Parmi les mammifères, les rongeurs forment le groupe taxinomique le plus important, aussi bien en nombre d'espèces (environ 1 738) qu'en nombre d'individus. On les trouve sur tous les continents du globe, sauf en Antarctique, depuis les basses terres marécageuses jusqu'au sommet des hautes montagnes.

L'ordre des rongeurs regroupe des espèces aux formes et aux modes de vie des plus diversifiés. Les campagnols creusent des terriers et des galeries et passent presque toute leur vie sous terre. Les marmottes, les tamias et les souris cherchent leur pitance à la surface du sol et gîtent dans des nids souterrains ou aménagés dans un lieu abrité. Les écureuils vivent dans les arbres et les polatouches peuvent même planer sur de bonnes distances en déployant la large membrane qui s'étend entre leurs membres. Dotés de pattes palmées et d'un pelage imperméable, les castors et les rats-musqués sont d'habiles nageurs et peuvent rester sous l'eau de longues minutes.

Au Québec et dans l'est du Canada, on trouve environ 25 espèces de rongeurs représentant 6 familles: les sciuridés (écureuils), les castoridés (castors), les cricétidés (lemmings et campagnols), les muridés (rats et souris communes), les dipodidés (souris-sauteuses) et les éréthizontidés (porcs-épics).

De la minuscule souris sylvestre qui pèse à peine 10 g à l'énorme castor de plus de 40 kg, toutes ces espèces ont en commun les deux paires d'incisives caractéristiques des rongeurs. Chez ces animaux, les incisives croissent continuellement et les canines sont absentes, laissant entre les molaires et les incisives un large espace appelé diastème. Cet espace vide permet à l'animal de fermer sa bouche lorsqu'il ronge, évitant ainsi d'avaler des particules non comestibles.

La face antérieure des incisives des rongeurs est couverte d'une couche d'émail de couleur orangée, beaucoup plus dure que le reste de la dent, qui est composée d'une substance plus friable appelée dentine. En s'usant moins rapidement sur sa face antérieure, la dent acquiert sa forme bisautée caractéristique.

En rongeant pour se nourrir, creuser son abri, et en les frottant les unes contre les autres, le rongeur réussit normalement à limiter la croissance de ses incisives. En cas de malocclusion cependant, les dents continuent de pousser en suivant une spirale ou un arc de cercle, allant jusqu'à transpercer le crâne de l'animal et provoquer sa mort.

À l'exception de quelques espèces d'écureuils qui sont généralement actifs le jour, la plupart des rongeurs s'affairent durant la nuit, à l'aube et au crépuscule. Ils sont d'autant plus difficiles à observer que la majorité d'entre eux s'abritent dans un terrier ou un nid bien dissimulé. Leur présence est toutefois facile à détecter grâce aux traces qu'il laissent dans leur environnement: restes de repas, arbres rongés, tunnels, sentiers, nids de feuilles et de brindilles.

Sous nos latitudes, en plus du grand nombre d'oiseaux de proie et de mammifères carnivores qui leur font la chasse, les rongeurs doivent affronter un ennemi redoutable: le froid. Certaines espèces comme la marmotte commune, les tamias et les souris-sauteuses hibernent. À l'approche de l'hiver, elles s'enfouissent dans un terrier à l'abri du gel, et entrent dans un profond sommeil. La température de leur corps s'abaisse, leur rythme respiratoire et cardiaque diminue. Elles passent tout l'hiver dans cet état léthargique, puisant leur énergie à même les réserves de graisse qu'elles ont accumulées, ou se réveillent périodiquement pour grignoter les aliments entreposés dans leur nid.

La plupart des espèces qui restent actives durant l'hiver prennent aussi la précaution d'amasser, l'automne venu, des réserves de nourriture qu'elles cachent à proximité de leur nid. Certaines, comme l'écureuil roux, s'affairent surtout au milieu du jour, de manière à profiter des chauds rayons du soleil. D'autres, comme les polatouches, le rat-musqué commun et la souris sylvestre, partagent le même nid à plusieurs pour diminuer les pertes de chaleur en hiver.

Malgré un taux de mortalité élevé et une longévité moyenne plutôt faible, les rongeurs étendent leur aire de distribution. Ils doivent une bonne partie de leur succès évolutif au taux de reproduction (fécondité) particulièrement élevé qui caractérise la plupart des espèces.

Plusieurs espèces de rongeurs causent des dégâts considérables aux récoltes et aux plantations et, de ce fait, sont l'objet de luttes sans merci. Certaines espèces sont même extrêmement nocives, transmettant à l'homme diverses maladies. Elles ne sont heureusement pas toutes indésirables. De nombreuses espèces se rendent utiles en mangeant les graines des mauvaises herbes et en dévorant des quantités impressionnantes d'insectes. Quelques rongeurs, comme les écureuils et la souris sylvestre, participent activement au reboisement des forêts puisqu'une bonne proportion des graines et des noix qu'ils enfouissent dans l'humus germent tôt ou tard.

Tamia rayé

Tamias striatus **Famille des sciuridés**

Suisse
Eastern Chipmunk

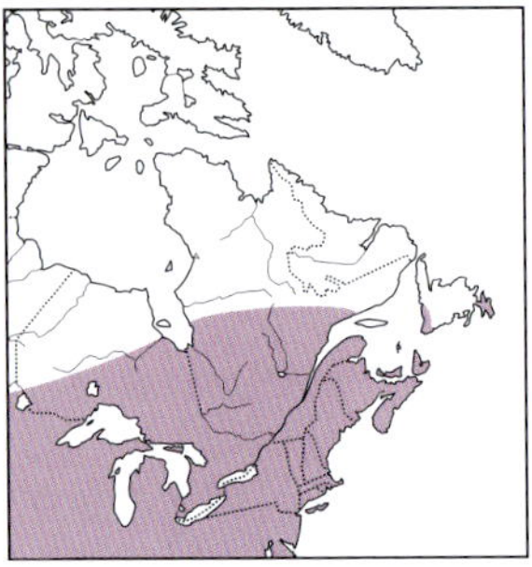

RÉPARTITION GÉOGRAPHIQUE
Cette espèce est commune dans le sud-est du Canada et l'est des États-Unis jusqu'en Caroline du Sud. Elle a été introduite dans l'île de Terre-Neuve en 1962.

MENSURATIONS
Longueur totale : 225 à 299 mm; queue : 65 à 115 mm; pied : 32 à 40 mm; oreille : 16 à 20 mm.

POIDS
Les mâles et les femelles adultes sont de taille identique et pèsent de 75 à 115 g. Le poids des nouveau-nés varie de 2,5 à 5 g.

CARACTÈRES DISTINCTIFS
Le tamia rayé a le dos brun rougeâtre marqué de deux rayures blanches et le ventre blanc. Il est plus grand que le tamia mineur et n'a qu'une seule rayure blanche de chaque côté du corps.

HABITAT
Il habite les forêts de feuillus bien drainées, la bordure des champs, les haies et les buissons près des habitations.

GÎTE
Le tamia rayé niche dans un terrier comprenant une ou deux galeries d'environ 5 cm de diamètre menant à une chambre circulaire de 30 cm, tapissée d'herbes sèches et de feuilles et située entre 60 et 90 cm de profondeur. Les entrées du terrier sont généralement dissimulées sous une pierre, des racines ou des buissons. Au mois d'août, dans certaines régions du nord-est de l'Amérique, son activité diminue pour des raisons encore obscures, et on le voit rarement à la surface du sol. Toutefois, dans la vallée du Saint-Laurent, il reste passablement actif au cours de cette période.

À la fin d'octobre, le tamia rayé se réfugie dans son terrier en vue de l'hibernation. Pendant l'hiver, sa température corporelle s'abaisse, sa respiration et son rythme cardiaque ralentissent. Il se réveille à peu près tous les 6 jours pour une courte période où il se nourrit et fait sa toilette. On le verra à la surface du sol dès le début de mars.

REPRODUCTION

Les femelles donnent naissance à 1 ou 2 portées par année comprenant de 1 à 9 petits (moy. 4 à 5). Quand les conditions sont favorables, on note deux périodes d'accouplement, de la mi-mars à la fin d'avril, et de la mi-juin à la mi-juillet. Les petits naissent après une gestation de 31 ou 32 jours, et sortent pour la première fois du terrier à l'âge de 5 à 7 semaines. La plupart des mâles et des femelles atteignent la maturité sexuelle vers 11 mois. Certaines femelles pourraient se reproduire dès l'âge de 3 mois.

RÉGIME ALIMENTAIRE

Son régime comprend une grande variété de graines, de fruits, de noix et de plantes herbacées. Il se nourrit aussi de limaces, de vers, de sauterelles, d'oeufs et quelquefois d'oisillons. Il entrepose une grande quantité de nourriture dans son terrier, sous son nid et dans d'autres cachettes. Pourvu d'abajoues membraneuses, le tamia rayé peut transporter dans sa bouche jusqu'à 8 glands ou 5 arachides avec leur écale.

COMPORTEMENT SOCIAL

Le tamia rayé mène une vie solitaire sauf en période de reproduction. Il défend un territoire autour de son terrier et signale sa présence en poussant une série de «tchip, tchip» aigus et stridents.

LONGÉVITÉ

Il vit rarement plus de 3 ou 4 ans en milieu naturel, mais peut facilement vivre de 5 à 8 ans en captivité; une femelle a déjà atteint l'âge de 12 ans.

PRÉDATEURS

Ses principaux prédateurs sont le chien et le chat domestique, la belette à longue queue, l'hermine, le renard roux, le lynx roux, le raton laveur et les buses.

NOTES

Le tamia s'active durant la journée. Bien qu'il soit essentiellement terrestre, le suisse grimpe aisément aux arbres à la recherche de nourriture ou pour fuir un prédateur. Lorsqu'il est surpris, il émet une série de gazouillements et de cris rapides tout en fuyant vers son terrier, la queue ramenée à la verticale.

Tamia mineur

Eutamias minimus

Famille des sciuridés

Suisse du Nord
Least Chipmunk

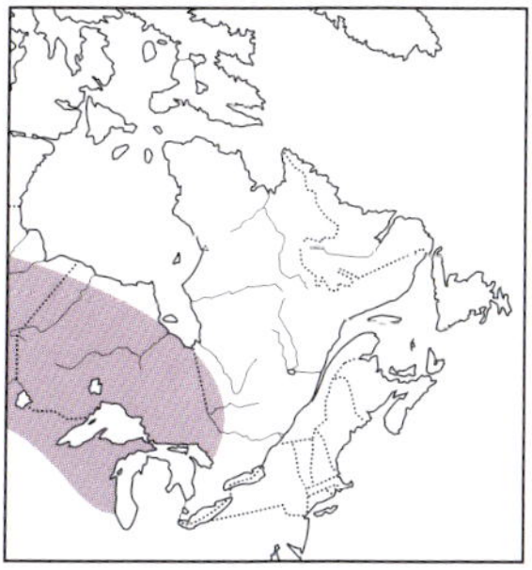

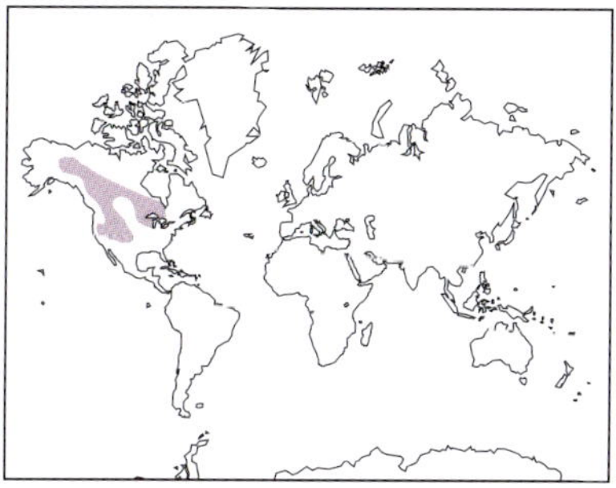

RÉPARTITION GÉOGRAPHIQUE

On trouve cette espèce depuis le sud-ouest du Québec jusqu'au Yukon ainsi que dans une partie de l'ouest des États-Unis.

MENSURATIONS

Longueur totale : 185 à 239 mm; queue : 80 à 107 mm; pied : 27 à 35 mm; oreille : 13 à 18 mm.

POIDS

Mâles et femelles adultes pèsent de 35 à 53 g; les nouveau-nés, 2 ou 3 g.

CARACTÈRES DISTINCTIFS

Le tamia mineur a un pelage fauve traversé de cinq rayures noires entrecoupées de quatre rayures chamois. Son ventre est blanc et sa queue brun clair. Il se différencie du tamia rayé par sa taille inférieure, sa queue plus longue, son pelage plus gris et ses bandes dorsales plus longues et plus étroites.

HABITAT

Le tamia mineur se rencontre en bordure des forêts de conifères et de feuillus, dans les clairières, aux abords des lacs et des cours d'eau et dans les endroits rocailleux et broussailleux.

GÎTE

À l'occasion, il niche dans un trou de pic abandonné, mais la plupart du temps, il habite un terrier constitué d'une galerie souterraine menant à un nid d'environ 15 cm de diamètre. Ce nid, tapissé d'écorces, de feuilles, de poils et de plumes, est souvent aménagé au-dessus d'une réserve de graines transportées là par l'animal. À l'instar du tamia rayé, il hiberne tout l'hiver dans son terrier, du début de novembre au début d'avril. Son sommeil profond est entrecoupé de courtes périodes d'activité où il se nourrit à même les réserves qu'il a amassées.

REPRODUCTION
Les femelles n'ont en général qu'une seule portée par année, rarement deux, composée de 4 à 7 petits (moy. 5 à 6). L'accouplement a lieu en avril ou mai et les jeunes naissent après une gestation de 28 à 30 jours. Peu développés à la naissance, ils quittent leur mère à 2 mois et atteignent la maturité sexuelle le printemps suivant.

RÉGIME ALIMENTAIRE
En été, le tamia mineur se gave de fruits sauvages dont il ne mange que les graines : framboises, mûres, bleuets, fraises, cerises, etc. De petits amas de pulpe de fruits laissés sur les roches et les souches sont des signes clairs de sa présence. Il se nourrit aussi de noix, de glands, de pépins de pommes, de sauterelles, de coléoptères et de larves d'insectes variés, dont les chenilles. Il constitue souvent dans son terrier une réserve de noix et de graines qu'il transporte dans ses abajoues.

COMPORTEMENT SOCIAL
Solitaire, sauf en période de reproduction, le tamia mineur pourchasse les intrus qui s'aventurent près de son nid. Son cri territorial habituel est un «tchip, tchip» aigu semblable à celui des oiseaux.

LONGÉVITÉ
L'espèce vit jusqu'à 3 ou 4 ans en milieu naturel, mais peut atteindre l'âge de 6 ans en captivité.

PRÉDATEURS
Le tamia mineur est victime de nombreux prédateurs, dont les buses, l'hermine et les belettes, le lynx roux, le renard roux, le coyote et, parfois, les chouettes, les hiboux et les serpents.

NOTES
Ce petit rongeur est essentiellement diurne. Habile grimpeur, on le voit fréquemment dans les branches basses des arbres.

Fred Bruemmer

Marmotte commune

Marmota monax **Famille des sciuridés**

Siffleux

Woodchuck, Groundhog, Marmot

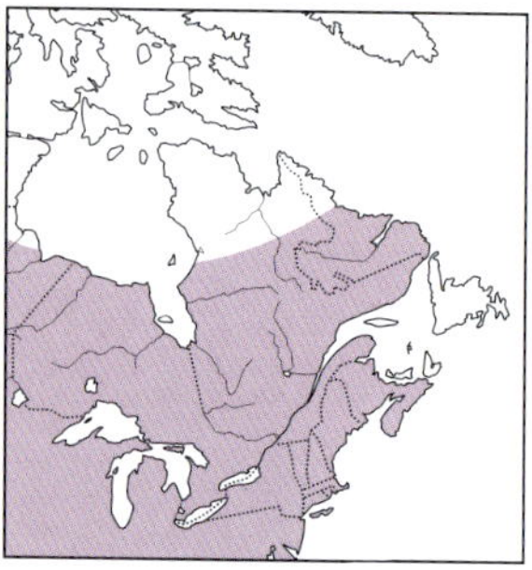

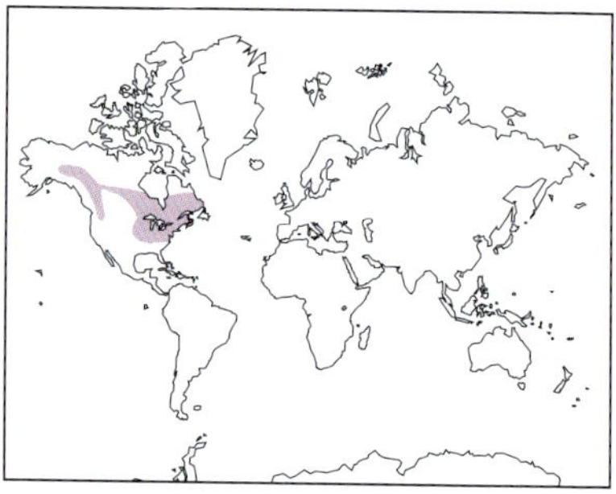

RÉPARTITION GÉOGRAPHIQUE

Cette espèce se rencontre dans le nord-est de l'Amérique du Nord, le centre du Canada et une partie des montagnes rocheuses jusqu'en Alaska.

MENSURATIONS

Longueur totale : 457 à 657 mm; queue : 105 à 163 mm; pied : 65 à 92 mm; oreille : 25 à 40 mm.

POIDS

Mâles et femelles adultes pèsent de 2,85 à 7 kg. Leur poids varie énormément selon la saison, atteignant un maximum à l'automne. Les mâles sont légèrement plus gros que les femelles. Les nouveau-nés pèsent de 25 à 30 g.

CARACTÈRES DISTINCTIFS

La marmotte commune a le dos brun foncé et le ventre brun pâle. Ses épaules et ses pattes de devant sont rousses, ses pieds noirs. Elle a de petites oreilles rondes et des pattes courtes et robustes. Son corps est trapu, et sa tête large et plate.

HABITAT

La marmotte commune fréquente les pâturages, les terrains accidentés parsemés de souches et de cailloux, les forêts clairsemées et les pentes rocheuses. Elle préfère les terrains sablonneux et bien drainés. Elle élit souvent domicile sur les talus bordant les autoroutes.

GÎTE

Le terrier de la marmotte commune est creusé à flanc de colline ou sur un terrain plat bien drainé. Il est constitué de 2 à 5 entrées reliées à diverses chambres par un réseau de tunnels. Les chambres

Claude Ponthieux

mesurent environ 38 cm de diamètre et sont quelquefois tapissées de feuilles et d'herbes sèches. Elles sont toujours gardées propres par l'animal, qui enterre ses fèces à l'extérieur ou à un endroit précis du terrier. Fin septembre, la marmotte se retire dans son nid et entre en hibernation. Elle passe l'hiver dans une profonde léthargie, au cours de laquelle la température de son corps passera de 37 °C à moins de 4 à 14 °C et son rythme cardiaque de 80 à 4 ou 5 pulsations par minute. Cette léthargie est entrecoupée tous les 4 à 6 jours de courtes périodes de réveil. Durant l'hibernation, la marmotte perd de 20 à 37 % de son poids. Mais c'est au moment des premières sorties du terrier, en février ou mars, que la perte de poids est le plus marquée; la nourriture se fait alors encore rare.

REPRODUCTION

Les femelles s'accouplent en mars ou avril, et n'ont qu'une seule portée par année. Les petits, au nombre de 2 à 9 (moy. 4 à 5), naissent après une gestation de 28 à 32 jours. À la naissance, ils sont nus, aveugles et sourds. Ils ouvrent les yeux au bout de 17 à 26 jours et entendent vers l'âge de 30-33 jours. Les jeunes, appelés parfois sifflotins, effectuent leurs premières sorties environ 4 semaines après la naissance, quittent le terrier familial vers l'âge de 3 mois et deviennent matures au cours de leur deuxième année.

RÉGIME ALIMENTAIRE

La marmotte commune se nourrit essentiellement de plantes vertes : trèfle, luzerne, renoncule, pissenlit, plantain. Elle ne dédaigne pas l'écorce et les ramilles de certains arbustes ni, à l'occasion, les fruits et les légumes des jardins et certains insectes. Contrairement aux écureuils et aux tamias, la marmotte commune n'amasse pas de nourriture. Elle accumule plutôt une réserve de graisse qui représente à l'automne jusqu'à 55 % de sa masse totale.

COMPORTEMENT SOCIAL

Solitaire, la marmotte commune établit des relations de dominance avec ses voisins. Elle signale sa présence sur un territoire en frottant les glandes odorantes des commissures de sa bouche contre les pierres et les morceaux de bois bordant les sentiers ainsi qu'à l'entrée des terriers qu'elle explore.

LONGÉVITÉ

La longévité de la marmotte commune est de 4 à 6 ans à l'état sauvage, et de 8 à 10 ans en captivité.

PRÉDATEURS

Ses principaux prédateurs sont le renard roux, le chien et le coyote, le lynx roux, l'ours noir, le vison d'Amérique et diverses espèces d'oiseaux rapaces. On lui fait la chasse pour limiter les dégâts qu'elle cause aux cultures. Les marmottes communes qui habitent le long des routes sont souvent frappées par les voitures.

NOTES

En été, la marmotte commune s'active tôt le matin ou en début de soirée. Aimant le soleil, elle se prélasse de longues heures, étendue à l'entrée de son terrier. Lorsqu'elle est dérangée, elle pousse un sifflement strident caractéristique avant de réintégrer son gîte, d'où son nom commun de siffleux.

La marmotte commune est généralement peu appréciée des agriculteurs. Ses terriers occasionnent des bris à la machinerie agricole et des blessures au bétail. Elle ronge l'écorce et les racines des arbres fruitiers ou ornementaux, écrase les jeunes pousses et grignote les fruits et les légumes des jardins potagers. En contrepartie, la marmotte commune assure par son fouissage une certaine aération du sol. La terre excavée, plus riche en nitrates et en minéraux de toutes sortes, se mélange aux excréments de l'animal et devient plus fertile. Le terrier de la marmotte abrite d'autre part une foule d'autres animaux : opossum d'Amérique du Nord, musaraignes, lapin à queue blanche, coyote, renard roux, renard gris, raton laveur, mouffette rayée, hermine, belette à longue queue.

Michel Quintin

Écureuil gris ou noir

Sciurus carolinensis
Gray or Black Squirrel

Famille des sciuridés

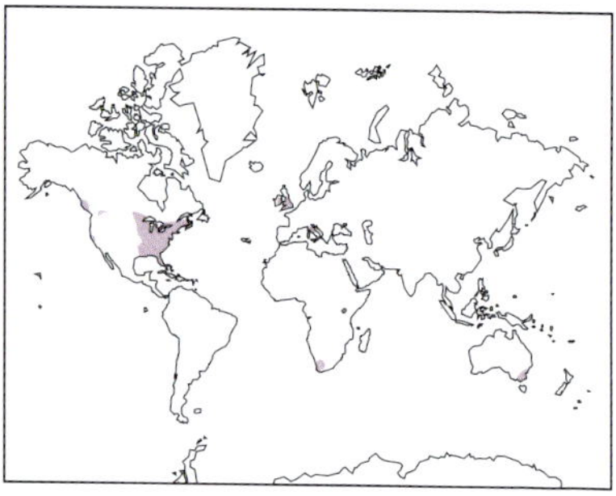

RÉPARTITION GÉOGRAPHIQUE

L'écureuil gris s'observe presque partout dans l'est de l'Amérique du Nord, depuis le sud du Québec jusqu'en Floride. L'espèce a été introduite au Montana, en Saskatchewan et dans certaines villes de la côte ouest, de même qu'en Grande-Bretagne, en Afrique du Sud et en Australie.

MENSURATIONS

Longueur totale : 430 à 540 mm; queue : 200 à 252 mm; pied : 60 à 75 mm; oreille : 25 à 35 mm.

POIDS

Mâles et femelles adultes sont de taille identique et pèsent entre 340 et 680 g. Les nouveau-nés pèsent entre 15 et 18 g.

CARACTÈRES DISTINCTIFS

Cette espèce a le dos gris cendré et le ventre blanc. Les pieds, les flancs, le museau et la queue sont parfois teintés de brun. L'écureuil noir est une variété mélanique de l'écureuil gris, au pelage entièrement noir, parfois teinté de roux. Certaines années où les populations d'écureuils sont abondantes, les individus albinos (blancs) ou de couleur cannelle sont assez communs dans le sud-ouest du Québec.

HABITAT

L'écureuil gris habite la forêt de feuillus et la forêt mixte. Très commun dans les régions urbaines du sud du Canada, il fréquente les parcs et les pelouses et s'approche volontiers des habitations. La dimension de son domaine vital dépend de plusieurs variables. Son territoire est plus grand dans les secteurs plus pauvres en nourriture et plus restreint dans les endroits où les populations sont plus denses. Le domaine occupé par les mâles peut atteindre plus de 20 ha en période de reproduction; celui des femelles, 6 ha.

Michel Quintin

GÎTE

L'écureuil gris passe l'hiver et élève ses petits dans un arbre creux, un trou de pic abandonné, sous un bâtiment ou dans un grenier. En été, il s'abrite aussi dans des nids de feuilles et de brindilles qu'il construit dans les arbres, à 10 ou 15 m du sol.

REPRODUCTION

L'accouplement a lieu entre le début de février et la fin de juin, et l'espèce produit 1 ou 2 portées par année après une gestation de 40 à 45 jours. Les petits, au nombre de 1 à 9 (moy. 2 à 3), naissent entre mars et août. Nus et aveugles à la naissance, ils ouvrent les yeux à 28 ou 30 jours et sont sevrés à l'âge de 8 à 10 semaines. Les femelles sont généralement matures à 10 ou 11 mois, parfois plus tôt; les mâles, au bout de 11 à 18 mois. En période de rut, les mâles entrent sur le territoire des femelles. On assiste alors à des poursuites effrénées dans les arbres. Seuls les dominants pourront s'accoupler. Pendant l'élevage des petits, les femelles deviennent agressives et défendent leur nid contre tout intrus. Si elles sont dérangées, elles transporteront leurs petits un à un vers un autre abri.

RÉGIME ALIMENTAIRE

L'écureuil gris se nourrit de glands, de noisettes, de fleurs et de fruits. Il broute les bourgeons et ronge l'écorce interne de divers arbres et arbustes et lèche la sève des érables. Il mange aussi des graines, des champignons, des insectes, des petits oiseaux et des oeufs. À la fin de l'été et en automne, il cache dans l'humus, entre les racines ou dans le creux des arbres, quantité de noix qu'il retrouvera plus tard grâce à son odorat bien développé.

COMPORTEMENT SOCIAL

L'écureuil gris est relativement grégaire. On remarque au sein des populations locales une hiérarchie stable et bien structurée que domine un gros mâle assez âgé. Les affrontements sont rares, mais l'écureuil cherche souvent à impressionner ses congérères par des cris, des gestes et des postures de menace. Au printemps et à l'automne, lorsque la nourriture abonde, il partage parfois son site d'alimentation.

LONGÉVITÉ

À l'état sauvage, il vit en moyenne de 6 à 10 ans. Un individu habitant un parc urbain aurait vécu au moins 20 ans. En captivité, l'espèce peut vivre 23 ans.

PRÉDATEURS

L'homme chasse et trappe l'écureuil gris pour sa fourrure et sa chair ou pour s'en débarrasser lorsqu'il fait du tort aux plantations. Ce rongeur craint aussi le chat domestique, le renard roux, le renard gris, le raton laveur, le lynx roux, le vison d'Amérique, les buses, les chouettes et les hiboux.

NOTES

Essentiellement diurne, l'écureuil gris est actif toute l'année. L'été, on l'observe le plus souvent tôt le matin et en fin d'après-midi. L'hiver, il est inactif les jours de tempête et de grand froid et s'affaire habituellement au milieu du jour.

L'écureuil gris grimpe aisément aux arbres. Bien qu'il soit surtout arboricole, il circule souvent sur le sol, à la recherche de nourriture. On reconnaît son passage aux débris de noix qu'il laisse derrière lui et aux trous qu'il creuse dans l'humus ou la neige. À l'exemple de certains oiseaux et assez curieusement d'ailleurs, l'écureuil gris prend parfois des bains de fourmis. Il creuse dans une fourmilière et s'y étend de tout son long. Soudain, il se roule et virevolte en tous sens, prenant un évident plaisir à se faire mordre par les fourmis. L'acide formique sécrété par ces insectes l'aiderait à se débarrasser des petits parasites (acariens) qui se logent dans son pelage.

Bien qu'il soient sédentaires, les écureuils gris entreprennent sporadiquement de grandes migrations. Certains automnes, on en a vu des centaines, voire des milliers, pressés par la surpopulation et le

Daniel Dupont

manque de nourriture, traverser en masse des routes, des lacs et des cours d'eau.

À cause de l'habitude qu'il a de ronger les fils électriques ou téléphoniques, les bourgeons et l'écorce de certains arbres, et de déterrer les bulbes de plantes ornementales, l'écureuil gris cause parfois des dégâts importants. Il est possible de prévenir ces problèmes en entourant le tronc des arbres ornementaux d'une feuille de tôle de 60 cm de large, ou d'un entonnoir de métal inversé. On peut l'empêcher de circuler sur les fils en les recouvrant de petites sections de tuyaux de plastique de 60 cm de longueur et de 3 à 5 cm de diamètre, tournant librement autour du fil. On l'éloignera du grenier et des larmiers en obstruant toutes les ouvertures avec un grillage et en laissant une lampe allumée dans l'entretoit. L'écureuil gris se rend malgré tout fort utile en participant au reboisement des forêts. En effet, la majorité des noix qu'il a cachées dans le sol mais n'a pas retrouvées germent tôt ou tard.

Écureuil roux

Tamiasciurus hudsonicus **Famille des sciuridés**
Red Squirrel

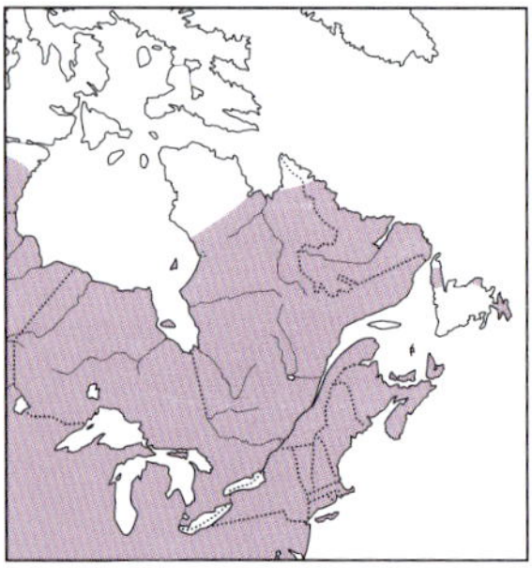

RÉPARTITION GÉOGRAPHIQUE
On trouve cette espèce presque partout au Canada et en Alaska à l'exception d'Anticosti. Elle fut introduite à Terre-Neuve en 1963. L'écureuil roux est présent dans le nord-est des États-Unis ainsi que dans les Rocheuses.

MENSURATIONS
Longueur totale : 280 à 350 mm; queue : 95 à 150 mm; pied : 40 à 57 mm; oreille : 17 à 26 mm.

POIDS
Mâles et femelles adultes pèsent de 140 à 250 g. Les mâles sont légèrement plus lourds que les femelles. Les nouveau-nés pèsent de 5 à 7 g.

CARACTÈRES DISTINCTIFS
En été, son pelage est d'un brun olivâtre tandis qu'en hiver il est roux orangé. Il a le tour de l'oeil et le ventre blancs. L'écureuil roux se distingue de l'écureuil gris par sa couleur rousse et sa taille nettement plus petite.

HABITAT
L'écureuil roux habite les forêts de conifères et les forêts mixtes comprenant des pins blancs et des pruches. Il est très commun dans les érablières. Son domaine s'étend en général sur 1,5 ha, mais le territoire effectivement défendu par l'animal ne dépasse guère la moitié de cette surface.

GÎTE
Dans la forêt subarctique, il s'abrite dans des terriers aménagés à même les cavités naturelles du sol et se creuse, en hiver, des tunnels

Michel Quintin

dans la neige. Plus au sud, il habite aussi des nids de feuilles et de brindilles tapissés d'écorce effilochée et construits dans les arbres entre 3 et 20 m du sol. Il niche parfois dans un trou de pic ou un nid abandonné de corneille ou de buse.

REPRODUCTION

Entre avril et août, la femelle donne naissance à 1 ou 2 portées comprenant de 3 à 8 petits (moy. 5 à 6). La gestation est de 35 à 45 jours. Nus et aveugles à la naissance, les jeunes ouvrent les yeux au bout de 26 à 36 jours, sortent du nid pour la première fois vers 33 jours, sont sevrés à 2 mois et atteignent la maturité sexuelle vers 13 ou 15 mois.

RÉGIME ALIMENTAIRE

Son régime varie selon l'habitat qu'il fréquente. Dans la forêt boréale, il consomme surtout des cônes de conifères. Plus au sud, il se nourrit de glands, de graines, de noisettes, des bourgeons, fleurs et fruits d'une grande variété d'espèces végétales, et de champignons. Il ne dédaigne pas les oeufs ou les oisillons et les larves d'insectes. Au printemps, il lui arrive d'arracher de petits bouts d'écorce sur les arbres pour lécher la sève qui s'en écoule et dont il raffole.

À la fin de l'été, l'écureuil roux amasse des cônes et des noix dans des caches ou les dissimule un à un dans les recoins humides du sol. Dans les sous-bois, des amas de cônes déchiquetés sont des indices sûrs de sa présence. Il accroche parfois des champignons aux branches des arbres pour les faire sécher.

COMPORTEMENT SOCIAL

Agressif et peu sociable, il défend férocement son nid et ses caches de nourriture contre les autres écureuils et les oiseaux. Il proclame sa présence sur un territoire par un cri strident et prolongé: «chir-r-r, chir-r-r».

LONGÉVITÉ

En milieu naturel, la longévité de l'espèce est de 3 ou 4 ans. En captivité, un écureuil roux a atteint l'âge de 14 ans.

PRÉDATEURS

L'écureuil roux est victime d'un grand nombre de prédateurs, dont la martre d'Amérique, le vison d'Amérique, les belettes, le pékan, le lynx roux, le lynx du Canada, le renard roux, le renard gris et diverses espèces de buses et de hiboux.

NOTES

Ce petit rongeur audacieux réagit promptement à la présence d'un prédateur ou d'un observateur insolite en poussant un cri d'alerte aigu («tchic, tchic, tchic»), en tambourinant avec ses pieds et en agitant sa queue frénétiquement. C'est un habile grimpeur capable de sauter d'une branche à l'autre comme un acrobate.

Il est actif toute l'année. En été, on le voit tôt le matin ou à la fin de l'après-midi. L'hiver, il s'active surtout vers midi, profitant des chauds rayons du soleil. Les jours de tempête, il reste au nid.

Petit polatouche

Glaucomys volans **Famille des sciuridés**
Écureuil volant
Southern Flying Squirrel

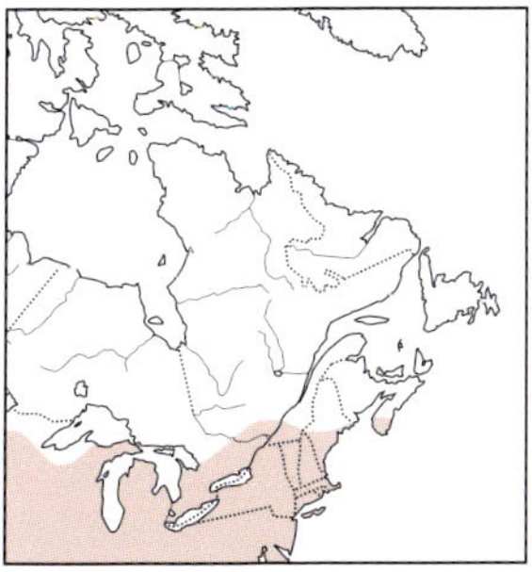

RÉPARTITION GÉOGRAPHIQUE
On trouve cette espèce dans l'extrême sud-ouest du Québec et le sud-est de l'Ontario de même que dans tout l'est des États-Unis, au Mexique et en Amérique centrale jusqu'au Honduras.

MENSURATIONS
Longueur totale : 211 à 257 mm; queue : 81 à 120 mm; pied : 26 à 33 mm; oreille : 13 à 20 mm.

POIDS
Mâles et femelles adultes sont de taille identique et pèsent de 52 à 70 g. Le poids des nouveau-nés est de 3 à 5 g.

CARACTÈRES DISTINCTIFS
Il a le dos gris ardoise et brun et le ventre blanc. Très semblable au grand polatouche, il s'en distingue par sa taille inférieure et par les poils de son abdomen, qui sont blancs jusqu'à la base. Chez son cousin, ces mêmes poils sont gris à la base.

HABITAT
Le petit polatouche habite parfois les forêts mixtes de pins et de feuillus, mais préfère les forêts de feuillus comprenant hêtres, érables, chênes, noyers ou peupliers. On le trouve souvent à proximité d'un point d'eau.

GÎTE
Le petit polatouche niche de préférence dans les trous de pics abandonnés, en particulier ceux du pic mineur, et construit quelquefois des nids de feuilles, de brindilles et d'écorces dans les arbres, les larmiers des maisons, les nids et les nichoirs d'oiseaux.

REPRODUCTION

La femelle a 1 ou 2 portées par année, de 2 à 7 petits chacune (moy. 3 à 4). La période de mise bas s'étend de mars à août et la durée de la gestation est de 40 jours. Nus, aveugles et sourds à la naissance, les jeunes commencent à manger de la nourriture solide à 38 jours et effectuent leurs premiers vols planés à 60 jours. Ils atteignent la maturité sexuelle vers l'âge de 9 mois. Les femelles, qui élèvent seules leur progéniture, réagissent promptement aux cris de détresse de leurs petits. Si elles sont dérangées pendant la nidification, elles transportent leurs petits un à un dans un lieu sûr.

RÉGIME ALIMENTAIRE

Rongeur omnivore, le petit polatouche se nourrit aussi bien de noix, de graines, de fleurs et de fruits que de champignons, d'oeufs, d'oisillons, d'insectes et d'autres invertébrés. Il amasse des noix et des graines qu'il cache dans le sol en prévision de l'hiver. On décèle sa présence par les écales de noix qu'il laisse choir au sol après les avoir ouvertes de façon caractéristique en y pratiquant une ouverture circulaire.

COMPORTEMENT SOCIAL

Grégaire, le petit polatouche se nourrit souvent en groupes d'une dizaine d'individus et partage un nid avec des congénères, hiver comme été.

LONGÉVITÉ

L'espèce vit en moyenne 4 ou 5 ans en milieu naturel, mais peut atteindre 13 ans en captivité.

PRÉDATEURS

Ses principaux prédateurs sont les hiboux, la martre d'Amérique, le vison d'Amérique, les belettes, le lynx roux et le raton laveur. Dans les régions habitées par l'homme, il est souvent victime du chat domestique.

STATUT DES POPULATIONS

Le petit polatouche est considéré comme vulnérable au Canada. La coupe des vieux arbres lui cause énormément de tort car il a l'habitude de nicher dans les troncs creux. On peut favoriser le rétablissement de cette espèce en installant des nichoirs de 15 cm de côté sur 30 cm de hauteur pourvus d'une ouverture de 4,5 cm de diamètre.

NOTES

Bien qu'il soit actif toute l'année, le petit polatouche est rarement observé dans la nature à cause de ses moeurs nocturnes. Véritable acrobate, il plane d'un arbre à l'autre en étendant son patagium, membrane musculaire tendue entre ses membres et ses flancs. En vol, il peut virer à 90 ou 180 degrés pour éviter les obstacles. Les petits cris aigus qu'il émet en planant et qui ressemblent au pépiement d'un oiseau laissent croire qu'il se guide par écholocation.

Steve Maslowski / Valan Photos

Grand polatouche

Glaucomys sabrinus **Famille des sciuridés**

Écureuil volant, assapan
Northern Flying Squirrel

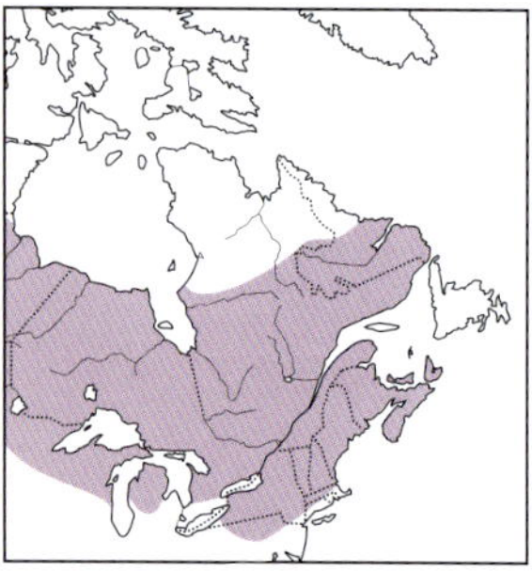

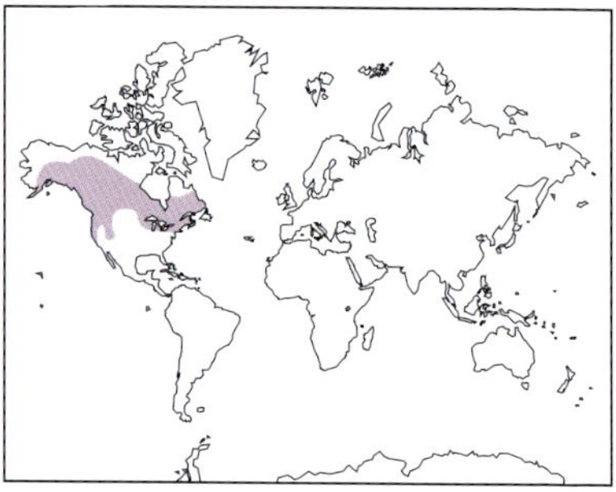

RÉPARTITION GÉOGRAPHIQUE

Cette espèce se voit dans une grande partie du Canada et du nord des États-Unis. Elle est absente de Terre-Neuve et d'Anticosti.

MENSURATIONS

Longueur totale : 245 à 368 mm; queue : 108 à 180 mm; pied : 34 à 45 mm; oreille : 16 à 25 mm.

POIDS

Mâles et femelles adultes sont de taille identique et pèsent de 75 à 200 g. Les nouveau-nés pèsent de 4,7 à 6 g.

CARACTÈRES DISTINCTIFS

Le grand polatouche a le dos brun cannelle et le ventre blanc. On le distingue du petit polatouche par sa grande taille et les poils de son abdomen, qui sont gris à la base.

HABITAT

Cet écureuil volant fréquente les forêts de conifères et les forêts mixtes comprenant des bouleaux et des peupliers. Il fait souvent son nid à proximité des cours d'eau.

GÎTE

Il niche dans les trous de pics et les cavités des arbres ou se construit dans un conifère un nid d'écorces effilochées et de brindilles qu'il tapisse de mousse et d'herbes. Il lui arrive de s'abriter dans les greniers ou les mansardes. L'hiver, il n'hiberne pas, mais réduit passablement son activité; il reste au nid les nuits de tempête et de grand froid. Il creuse parfois dans la neige des trous et des galeries qui ressemblent aux tunnels tracés par les belettes.

Michel Quintin

REPRODUCTION

L'espèce produit 1 ou 2 portées par année composées de 2 à 6 petits (moy. 3). Les naissances ont lieu d'avril à août et la gestation est de 37 à 42 jours. Nus, sourds et aveugles à la naissance, les jeunes ouvrent les yeux à 32 jours, commencent à sortir du nid vers 40 jours et sont sevrés à 8 ou 9 semaines. Ils tentent leurs premiers vols planés à 4 mois et atteignent la maturité sexuelle au printemps suivant. La mère élève seule ses petits.

RÉGIME ALIMENTAIRE

Le grand polatouche se nourrit de cônes de pins, d'épinettes et de sapins, de champignons et de lichens arboricoles. Son régime comprend aussi des bourgeons, des graines, des fruits, des insectes et, à l'occasion, des oeufs et des oisillons. Comme les autres écureuils arboricoles, il amasse des réserves de cônes, de noix et de graines qu'il entrepose dans les arbres creux ou au pied des arbres pour l'hiver.

COMPORTEMENT SOCIAL

De nature très sociable, le grand polatouche se nourrit en groupes et partage souvent son nid.

LONGÉVITÉ

La longévité de l'espèce est en moyenne de 3 ou 4 ans en milieu naturel, mais peut atteindre 10 ans en captivité.

PRÉDATEURS

Le grand duc, la chouette rayée, le gerfaut, la buse à queue rousse, la martre d'Amérique, le raton laveur, le loup gris, le renard roux, le lynx roux, le lynx du Canada et le chat domestique comptent parmi ses principaux prédateurs.

NOTES

Les nuits éclairées, on peut voir le grand polatouche s'élancer dans le vide du haut d'un arbre et planer parfois sur une distance de 50 m et plus. Durant le vol, sa queue aplatie agit comme gouvernail et stabilisateur tandis que la large membrane musculaire (appelée patagium) dépliée entre ses flancs et ses membres lui sert de surface portante. Bien qu'il soit surtout arboricole, il cherche souvent sa nourriture au sol. Difficile à observer à l'état sauvage à cause de ses habitudes nocturnes, le grand polatouche signale sa présence en émettant des gloussements aigus. On croit qu'il s'oriente dans une certaine mesure par écholocation.

Castor du Canada

Castor canadensis
American Beaver

Famille des castoridés

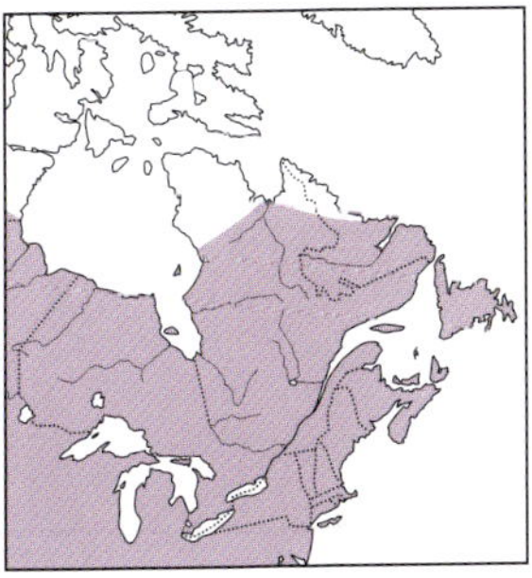

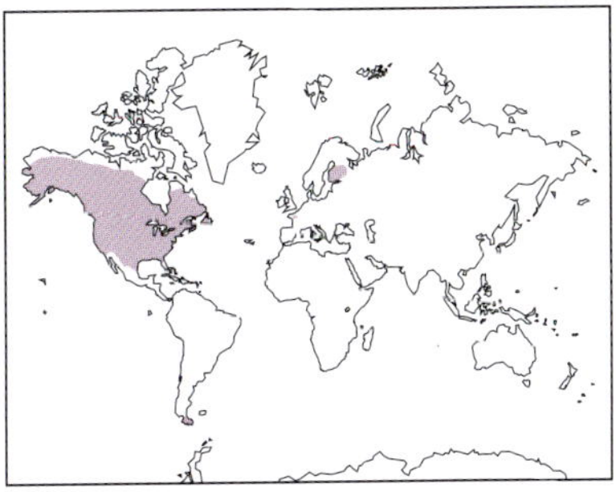

RÉPARTITION GÉOGRAPHIQUE

On le trouve presque partout au Canada et aux États-Unis. Il a été introduit en Finlande en 1937, en Union soviétique avant 1950, en Terre de Feu en 1948 et en France au cours des années 1970.

MENSURATIONS

Longueur totale : 875 à 1 250 mm; queue : 230 à 530 mm; pied : 150 à 190 mm; oreille : 23 à 29 mm.

POIDS

Mâles et femelles adultes sont à peu près de même taille et pèsent de 11 à 35 kg; certains individus pourraient atteindre 45 kg. Le poids des nouveau-nés est de 227 à 630 g.

CARACTÈRES DISTINCTIFS

Le castor du Canada a le pelage brun foncé. Il porte une queue écailleuse, large et aplatie en forme d'aviron.

HABITAT

Il fréquente les cours d'eau, les étangs, les marais et les lacs des régions boisées. Dans un habitat propice, une famille de castors peut occuper un territoire de 2,6 à 5,2 km^2 de superficie. Le long d'un cours d'eau bien défini, on trouve en général une ou deux familles par kilomètre.

GÎTE

Le castor du Canada contrôle le niveau des cours d'eau qu'il fréquente en construisant des barrages de troncs, de branches, de boue et parfois de pierres. Dans les cours d'eau à fort débit, quelques barrages secondaires situés en amont protègent le barrage principal. La nappe d'eau ainsi formée lui permet d'accéder plus facilement aux arbres environnants tout en gardant submergées les entrées de son abri. Il loge dans une hutte conique, construite non loin de la berge. Cette hutte est constituée d'un amoncellement de branches et de boue au centre duquel il creuse avec ses dents une chambre d'environ 1 m de diamètre sur 0,5 m de hauteur, à laquelle il accède par une ou deux entrées situées sous l'eau. Il peut aussi se creuser un terrier dans la rive d'un cours d'eau. Le castor abat les arbres qu'il utilise pour ses constructions et pour se nourrir en rongeant le tronc avec ses incisives. Il préfère les petits arbres, mais certains n'ont pas moins de 38 cm de diamètre. En général, le diamètre et la hauteur moyenne des arbres abattus diminuent en relation inverse de la distance qui les sépare du cours d'eau le plus proche. Il est faux de croire que le castor puisse prévoir l'angle de chute de l'arbre qu'il veut abattre. En fait, le rongeur a tendance à s'éloigner ou à se jeter à l'eau dès que l'arbre se met à tomber, ce qui ne l'empêche pas d'être parfois tué. Le castor creuse parfois des canaux entre l'étang et les sites d'alimentation. Ces canaux, mesurant souvent 1 m de largeur sur 60 cm de profondeur, peuvent avoir plusieurs dizaines de mètres de longueur et s'étendre au pied d'une colline boisée. Le castor les creuse et les entretient en grattant le sol avec les pattes antérieures. Ces canaux facilitent le transport des vivres. Le castor doit parfois endiguer un cours d'eau avoisinant pour en maintenir le juste niveau. Il entretient aussi les sentiers qui conduisent de la berge aux sites d'abattage. Il coupe et enlève la végétation qui pourrait lui nuire lorsqu'il transporte les troncs et les branches d'arbres vers le cours d'eau. Dans certaines régions, le castor relie les sites d'alimentation à l'étang par de longs tunnels qu'il creuse dans la berge sur une distance pouvant atteindre 10 m. Ces tunnels partiellement remplis d'eau permettent au castor de regagner l'élément aquatique au moindre danger.

REPRODUCTION

L'espèce ne produit qu'une portée de 1 à 8 petits par année (moy. 3 à 4). L'accouplement a généralement lieu en janvier ou février. Les petits naissent en mai ou juin après une gestation de 103 à 107 jours. À la naissance, ils ont un pelage bien fourni et les yeux

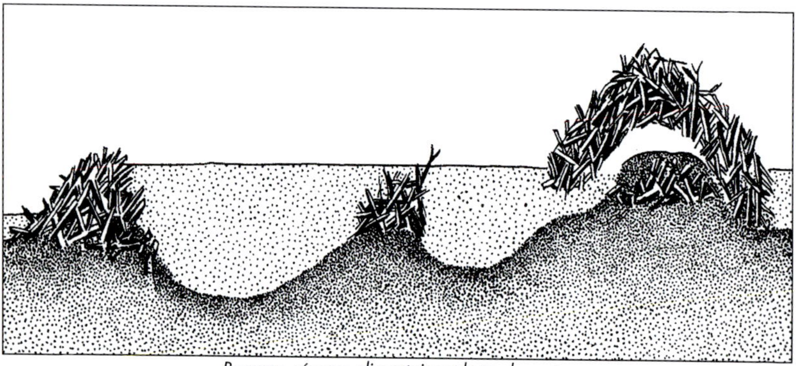

Barrage, réserve alimentaire et hutte du castor

Michel Quintin

déjà ouverts. Sevrés à l'âge de 8 à 10 semaines, certains jeunes atteignent la maturité sexuelle à 15 mois, mais la plupart ne s'accouplent qu'à l'âge de 30 mois. Ils quittent le groupe familial à 2 ans.

RÉGIME ALIMENTAIRE

Le castor du Canada se nourrit des feuilles, de l'écorce et des ramilles de la plupart des espèces ligneuses qui poussent près de l'eau, ainsi que de la tige et des racines de diverses plantes aquatiques. Ses espèces préférées sont le peuplier faux-tremble, le bouleau blanc, les aulnes, la vallisnérie, les nénuphars. À l'instar des lagomorphes et de plusieurs autres rongeurs, le castor pratique la caecotrophie, mécanisme par lequel les produits d'une première digestion, plus verts et plus humides que les excréments véritables, sont saisis à la sortie de l'anus et ingérés de nouveau pour être digérés une seconde fois. Cette activité a généralement lieu le jour à l'intérieur de la hutte ou du terrier. Vers la fin de l'été, le castor se constitue une réserve de nourriture en prévision de l'hiver. Pour ce faire, il fabrique d'abord un radeau en entremêlant plusieurs grosses branches à la surface de l'eau. Ce radeau comporte souvent des branches déjà écorcées ou des tiges d'espèces ligneuses moins appréciées. L'animal saisit ensuite des plantes aquatiques, des ramilles bien feuillues et des branches qu'il ancre par la tige au fond de l'étang, sous le radeau, jusqu'à ce qu'un amas inextricable se soit formé. Parfois, il ajoute des branches écorcées ou de la boue sur le radeau pour le faire couler. De cette manière, le radeau non comestible se retrouvera éventuellement pris dans la glace de l'étang, la nourriture restant disponible sous l'eau tout l'hiver.

Barrage

COMPORTEMENT SOCIAL

Il vit en familles de 2 à 14 individus comprenant un couple d'adultes, qui restent ensemble toute leur vie, les jeunes d'un an et les petits de l'année (parfois appelés castoreaux). Les membres d'une famille signalent aux étrangers leur présence sur un territoire en construisant le long des canaux et des sentiers qu'il fréquentent des monticules de boue et de débris végétaux qu'ils imprègnent de castoreum, sécrétion odorante provenant de glandes situées près de l'anus. Ces monticules ont jusqu'à 60 cm de hauteur.

LONGÉVITÉ

Dans son milieu naturel, le castor du Canada dépasse rarement l'âge de 10 ans, mais certains individus ont pu atteindre les 24 ans. En captivité, il peut vivre plus de 20 ans.

PRÉDATEURS

Recherché par l'homme, qui le trappe pour sa fourrure, le castor du Canada est aussi victime de la loutre de rivière, du loup gris, du coyote, du carcajou, de l'ours noir, du pékan, du vison d'Amérique, du lynx du Canada, du lynx roux et du couguar.

NOTES

Au printemps, en été et à l'automne, le castor du Canada déploie une activité crépusculaire ou nocturne. Durant l'hiver, aux endroits où les étangs restent gelés pendant plusieurs mois, son cycle d'activité s'étend sur 26 à 29 heures. Il ne sort de sa hutte que pour quérir de la nourriture à même les réserves de branchages qu'il a accumulées au fond de son étang ou pour cueillir quelque rhizome de plante aquatique.

Hutte

Habile nageur, le castor peut atteindre la vitesse de 5 km/h et rester sous l'eau jusqu'à 15 minutes. Ses oreilles et ses narines sont munies de replis valvulaires qui se ferment lorsque l'animal plonge, empêchant l'eau de pénétrer les méats. Les lèvres bien garnies de fourrure se joignent derrière les incisives quand il ronge, ce qui élimine tout risque d'avaler de l'eau ou de s'étouffer avec les débris végétaux. En présence d'un danger, il frappe de la queue la surface de l'eau avant de plonger. Le castor transporte les branches et les troncs d'arbres en les saisissant dans ses mâchoires et en les traînant. Les plus gros troncs sont débités en sections. Il transporte la boue ou les pierres nécessaires à ses constructions en coinçant son fardeau entre son menton et ses pattes antérieures : il nage alors à l'aide de ses pattes de derrière et se déplace sur le sol en posture bipède.

Le castor inspecte régulièrement ses barrages. Sa lente vérification, faite à la nage, est surtout visuelle, mais le bruit de l'eau qui coule semble attirer son attention. Toute fuite est immédiatement colmatée avec de la boue et des branchages. Les barrages de castor causent parfois des inondations sur les routes, les voies ferrées et les terres agricoles. Il est possible de contrôler le niveau d'eau d'un étang de castors en installant un tuyau en «T», de façon que l'animal ne puisse l'obstruer. On peut aussi construire un prébarrage pour inciter le castor à le compléter et éviter ainsi qu'il ne bouche les ponceaux des routes.

Souris sylvestre

Peromyscus maniculatus **Famille des cricétidés**
Deer Mouse

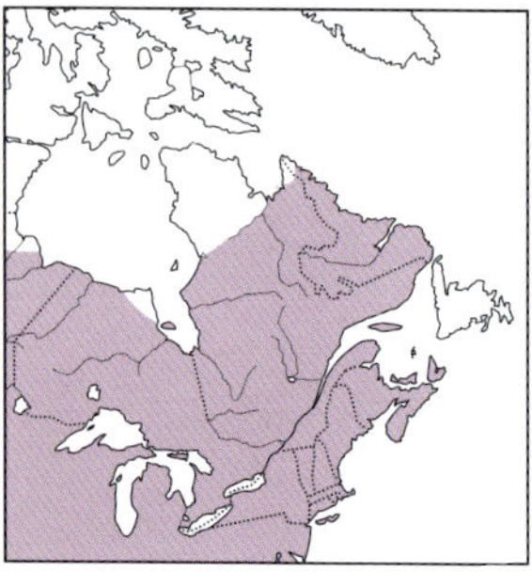

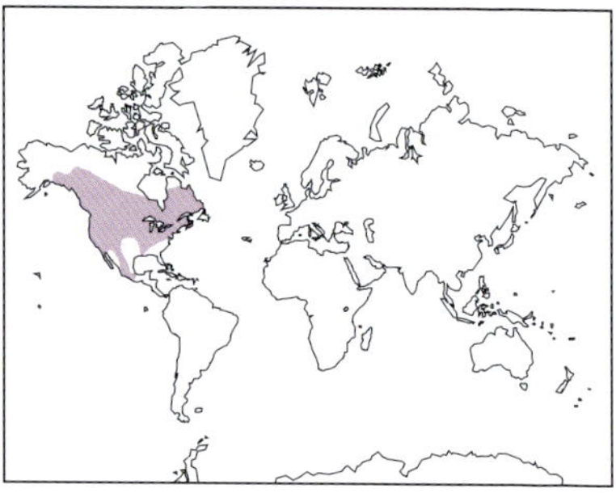

RÉPARTITION GÉOGRAPHIQUE
On la trouve presque partout au Canada, aux États-Unis et dans une grande partie du Mexique.

MENSURATIONS
Longueur totale : 119 à 206 mm; queue : 47 à 114 mm; pied : 16 à 23 mm; oreille : 11 à 23 mm.

POIDS
Les adultes des deux sexes sont de taille identique et pèsent entre 10 et 32 g. Le poids des nouveau-nés est de 1,1 à 2,4 g.

CARACTÈRES DISTINCTIFS
Cette espèce a le dos brun, les flancs et le ventre blancs. Contrairement à la souris à pattes blanches, la souris sylvestre a généralement la queue aussi longue ou plus longue que le corps. Sa queue est bicolore et se termine par un petit pinceau de poils. La partie proximale des poils de sa gorge est grise. Il est toutefois difficile de distinguer ces deux espèces avec certitude par de seuls critères morphologiques.

HABITAT
La souris sylvestre habite les forêts de conifères et de feuillus. Elle préfère les sols secs et bien drainés et les endroits où la couverture végétale est dense. On la trouve souvent dans les maisons de campagne isolées.

GÎTE
La souris sylvestre creuse rarement des terriers. Son nid sphérique d'environ 10 cm de diamètre est fait d'herbes et de feuilles sèches, de poils et de plumes. Il est aménagé à l'abri d'une souche, sous une

Michel Quintin

pierre, dans une touffe d'herbes ou dans le creux d'un arbre. Cette espèce niche parfois dans les branches basses d'un arbre, dans un buisson ou même dans un nid d'oiseau abandonné. Il lui arrive d'installer son nid dans un bâtiment ou une maison près de la forêt.

REPRODUCTION

Les femelles peuvent avoir de 2 à 4 portées par année. Les petits, dont le nombre varie entre 1 et 8 (moy. 4 à 6), naissent entre la fin de mars et la mi-septembre, après une gestation d'environ 23 jours. Nus et aveugles à la naissance, les souriceaux ouvrent les yeux à 12 ou 13 jours et sont sevrés à 23 jours. De façon générale, les femelles deviennent matures au bout de 40 à 50 jours; les mâles, une dizaine de jours plus tard. À l'approche de la mise bas, la femelle gestante devient très territoriale et chasse le mâle. Elle redevient en chaleur quelques jours après la naissance de ses petits et accepte à nouveau la présence du mâle qui l'accouple et demeure avec elle pour participer au soin des jeunes. Peu avant de donner naissance à une autre portée, la femelle chasse le mâle et les jeunes maintenant sevrés. Ces derniers s'installent quelques jours ensemble à proximité du nid maternel jusqu'à ce que les petits se dispersent vers l'âge de un mois. À l'occasion, quelques femelles parturientes se réunissent et élèvent ensemble leur progéniture.

RÉGIME ALIMENTAIRE

La souris sylvestre se nourrit des graines de diverses plantes herbacées, de petits fruits, (fraises, framboises, airelles, cerises, pommettes, baies d'aubépines), de noix, de glands, de samares, de graines de conifères, de champignons souterrains et de bourgeons. Elle mange aussi de grandes quantités de larves de la tenthrède du mélèze (mouche-à-scie), des chenilles, des araignées, des vers, des escargots et des centipèdes. À l'automne, elle accumule des réserves de graines et de noix qu'elle transporte dans ses petites abajoues internes et cache tout près de son nid. Plus d'un litre de graines diverses peut ainsi être accumulé au même endroit.

COMPORTEMENT SOCIAL

De nature sociable, la souris sylvestre niche parfois en petits groupes en hiver. Ces colonies regroupent parfois plus de 15 individus apparentés ou non et même quelques animaux d'autres espèces comme la souris sauteuse ou la souris à pattes blanches. Les individus de domaines voisins établissent entre eux des relations de dominance et les affrontements sont rares.

LONGÉVITÉ

Elle peut atteindre l'âge de 32 mois en milieu naturel. Un individu a déjà vécu 8 ans et 4 mois en captivité.

PRÉDATEURS

L'espèce a de nombreux prédateurs : belettes, hermine, mouffette rayée, vison d'Amérique, raton laveur, renard roux, renard gris, coyote, loup gris, grande musaraigne, chat domestique, hiboux, corneille d'Amérique et couleuvres.

NOTES

La souris sylvestre est surtout nocturne. Elle est active toute l'année sauf durant les nuits très froides de l'hiver où elle reste au nid. Pendant la saison froide, elle circule généralement sous la neige, à la surface du sol. Les nuits où il fait plus doux, il lui arrive de sortir sur la neige à la recherche de nourriture. Elle laisse alors sur la neige des traces caractéristiques ponctuées de l'empreinte régulière de sa longue queue. Elle grimpe aisément aux arbres, se servant de sa queue semi-préhensile comme d'un cinquième membre. Cette souris possède un instinct de retour au gîte très développé : un individu libéré à plus de 3 km de son lieu de capture y est retourné en moins de 2 jours. Cette espèce peut être porteuse de l'hantavirus, une maladie transmissible aux humains. Il faut donc la manipuler avec précaution. Pour éviter qu'elle entre dans la maison, il faut boucher toute ouverture avec l'extérieur ayant plus de 6 mm de diamètre. On évitera les dégâts dans le garde-manger en entreposant la nourriture et le sucre dans des contenants de métal.

Souris à pattes blanches

Peromyscus leucopus
White-footed Mouse

Famille des cricétidés

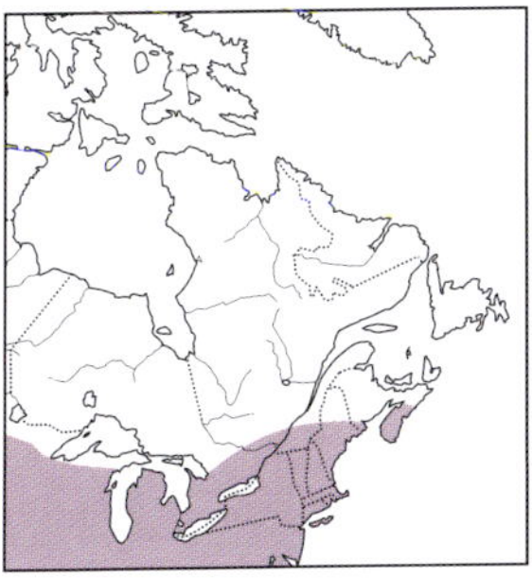

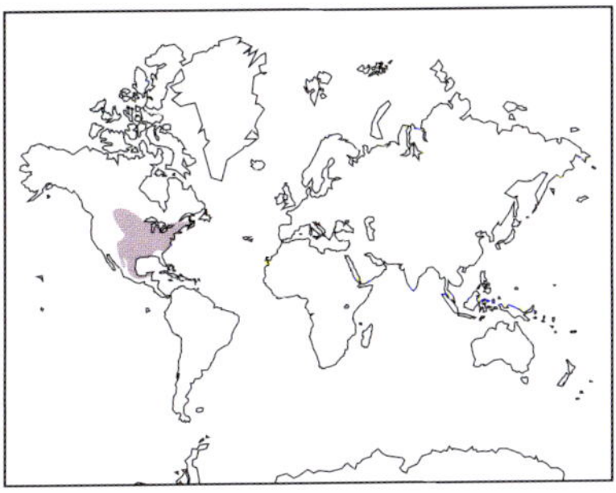

RÉPARTITION GÉOGRAPHIQUE

Au Canada, elle habite l'extrême sud de l'Alberta, de la Saskatchewan, de l'Ontario et du Québec ainsi que la Nouvelle-Écosse. On la trouve aussi dans tout l'est des États-Unis et du Mexique.

MENSURATIONS

Longueur totale : 145 à 198 mm; queue : 60 à 105 mm; pied : 18 à 23 mm; oreille : 15 à 19 mm.

POIDS

Mâles et femelles adultes sont de taille identique et pèsent entre 12 et 31 g. Les nouveau-nés pèsent entre 1,4 et 2,4 g.

CARACTÈRES DISTINCTIFS

Les adultes ont une fourrure brun cannelle sur la tête, le dos et les flancs; les pattes et le ventre sont blancs. La souris à pattes blanches ressemble beaucoup à la souris sylvestre mais sa queue est généralement plus courte que le reste de son corps, elle est moins distinctement bicolore et son extrémité est peu poilue. Les poils de sa gorge sont entièrement blancs. Il est toutefois difficile de distinguer ces deux espèces avec certitude par de seuls critères morphologiques.

HABITAT

On l'observe dans les forêts de feuillus et les régions broussailleuses au sol bien drainé. Elle a une prédilection pour les boisés de chênes, de noyers ou de tilleuls. On la rencontre parfois dans les prairies et les champs.

GÎTE

La souris à pattes blanches ne fait pas de terrier, mais creuse parfois une petite excavation sous une souche ou une pierre et utilise souvent les tunnels et les sentiers creusés par d'autres petits mammifères. Son nid est une petite sphère d'herbes et de feuilles séchées d'environ 18 cm de diamètre, tapissée de mousse, d'écorce effilochée, de poils et de plumes. Il est aménagé sous une souche, entre les racines d'un arbre, dans un fourré, un terrier de marmotte, un hangar ou un tas de pierres. Elle niche souvent dans un nid d'oiseau ou un nid d'écureuil abandonné et cherche parfois sa nourriture dans les arbres et les buissons. La souris à pattes blanches dépose souvent ses excréments dans son nid ou tout à côté, de telle sorte qu'elle doit changer régulièrement de lieu de nidification et utiliser plusieurs abris différents.

REPRODUCTION

Les femelles peuvent avoir jusqu'à 4 portées par année. Les souriceaux, dont le nombre varie de 1 à 9 (moy. 4 à 5), voient le jour entre la fin de mars et la fin d'octobre, après une gestation de 22 à 25 jours. Nus et aveugles à la naissance, ils ouvrent les yeux à 11 ou 12 jours, sont sevrés entre 22 et 28 jours et peuvent se reproduire à 6 ou 7 semaines. À l'époque de la reproduction, les femelles sont agressives; elles défendent les abords de leur nid au cours des premiers jours de l'élevage des petits. La femelle redevient en chaleurs quelques jours après la mise bas et accepte alors la présence du mâle. Ce dernier accouple la femelle et participe au soin des nouveau-nés. La mère quitte le mâle et les petits, au moment du sevrage, et s'installe dans un nouveau nid peu avant la naissance de la portée suivante.

RÉGIME ALIMENTAIRE

Considérée comme omnivore, elle se nourrit d'insectes et d'autres petits invertébrés, de graines, de noix, de petits fruits et de trèfles. À l'automne, elle amasse quantité de graines et de noix qu'elle transporte dans ses abajoues internes et met en réserve dans des cavités naturelles du sol, sous une souche ou dans un arbre creux, à proximité de son nid. Ces réserves peuvent contenir jusqu'à 2,5 litres de graines de toutes sortes.

COMPORTEMENT SOCIAL

Même si elle ne semble pas aussi sociable que la souris sylvestre, la souris à pattes blanches partage parfois son nid avec des congénères en hiver.

LONGÉVITÉ

En milieu naturel, peu d'individus vivent au-delà de 4 ou 5 mois, mais certains peuvent atteindre l'âge de 22 mois.

PRÉDATEURS

La souris à pattes blanches est la proie des buses, des hiboux et de nombreux autres carnivores, dont les belettes, le vison d'Amérique, le renard gris, le renard roux, la mouffette rayée, le raton laveur, la grande musaraigne et le chat domestique.

Michel Quintin

NOTES

La souris à pattes blanches est active toute l'année, sauf pendant les nuits les plus froides de l'hiver. Elle est surtout nocturne et passe la journée dans son nid. Il lui arrive de s'introduire et de nicher dans un chalet ou une maison de campagne et de se nourrir dans le garde-manger qu'elle souille de ses excréments. Pour éviter les dégâts, il faut entreposer la nourriture et le sucre dans des contenants de métal hermétiques. On l'empêchera d'entrer dans la maison en bouchant toute ouverture ayant plus de 6 mm de diamètre. Habile grimpeuse, elle utilise sa queue comme appui ou comme balancier.

Campagnol-à-dos-roux de Gapper

Clethrionomys gapperi **Famille des cricétidés**
Southern Red-backed Vole

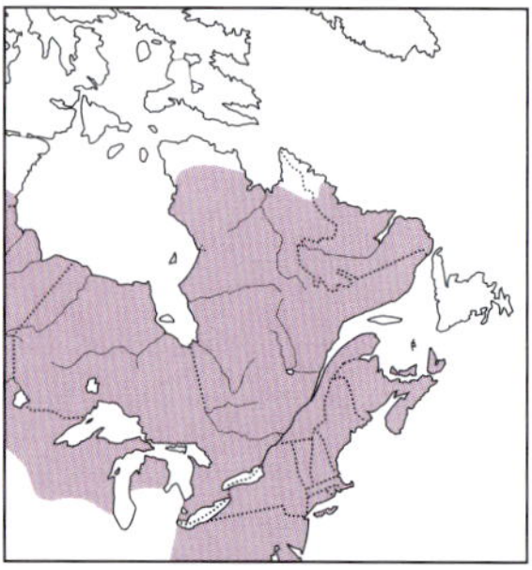

RÉPARTITION GÉOGRAPHIQUE
On trouve cette espèce presque partout au Canada sauf dans la toundra, à Anticosti et à Terre-Neuve. Elle occupe aussi une bonne partie du nord des États-Unis et la chaîne des Rocheuses.

MENSURATIONS
Longueur totale : 116 à 158 mm; queue : 30 à 50 mm; pied : 17 à 21 mm; oreille : 13 à 17 mm.

POIDS
Les mâles et les femelles adultes sont de taille identique et pèsent de 19 à 42 g. Leur poids fluctue au cours de l'année et atteint un maximum à la fin de l'été. Les nouveau-nés pèsent de 1,7 à 2,3 g.

CARACTÈRES DISTINCTIFS
Le campagnol-à-dos-roux de Gapper porte une rayure dorsale marron qui va du front à la base de la queue. Il a la face, les flancs, l'abdomen et les pattes gris pâle. Certains spécimens ont le dos noir et les flancs gris. Contrairement aux campagnols-lemmings, ses incisives supérieures ne sont pas striées.

HABITAT
On le rencontre dans la forêt mixte ou la forêt de conifères à proximité des cours d'eau, des marécages et des tourbières. Il fréquente les zones de broussailles, les clairières et les endroits ombragés où l'humus est épais. Il abonde particulièrement dans les boisés jonchés d'arbres tombés ou déracinés ainsi qu'en bordure des forêts.

GÎTE
Son nid sphérique, de 75 à 100 mm de diamètre, est constitué d'herbes, de feuilles, d'écorces, de brindilles et de mousse, et cons-

Robert C. Simpson / Valan Photos

truit à l'abri d'une racine, d'une bille ou d'une souche, ou dans la fourche d'un arbre. Ses sentiers et ses terriers ne sont pas aussi élaborés que ceux du campagnol des champs, mais il utilise souvent les réseaux de tunnels et de sentiers tracés par d'autres espèces : campagnols, taupes et musaraignes.

REPRODUCTION

La période de reproduction du campagnol-à-dos-roux de Gapper s'étend de la fin de l'hiver à la fin de l'automne. La femelle a 2 ou 3 portées comprenant de 1 à 8 petits (moy. 4 à 6). La gestation dure de 17 à 19 jours. Les nouveau-nés sont nus et aveugles, ils ouvrent les yeux au bout de 12 à 15 jours et sont sevrés entre le 17ᵉ et le 21ᵉ jour. Les femelles atteignent la maturité sexuelle à l'âge de 2 à 4 mois. Elles élèvent seules leurs petits, défendent leur nid contre les intrus et déménagent leur progéniture dans un autre abri si elles sont dérangées.

RÉGIME ALIMENTAIRE

Ce rongeur se nourrit de pousses tendres, des pétioles, des bourgeons et des graines d'une grande variété de plantes et d'arbustes. Son régime comprend aussi des noix, des baies, des champignons souterrains du genre *Endogone*, et parfois aussi des insectes, des araignées et des limaces. L'hiver, il ronge l'écorce et les racines des arbustes. En prévision de la saison froide, le campagnol-à-dos-roux de Gapper amasse de petites réserves de noix, de bulbes et de pétioles qu'il entrepose dans des caches souterraines. Des amas de pétioles jonchant le sol sont des indices de sa présence.

COMPORTEMENT SOCIAL

Le campagnol-à-dos-roux de Gapper forme parfois de petites colonies en hiver. L'été, mâles et femelles s'associent au moment du rut seulement; ils vivent séparément pendant l'élevage des jeunes.

LONGÉVITÉ

L'espèce a une longévité moyenne de 10 à 12 mois en milieu naturel, mais peut atteindre l'âge de 20 mois.

PRÉDATEURS

Ce campagnol a pour principaux prédateurs les buses, les hiboux, le raton laveur, les belettes, le renard roux, le coyote, la mouffette rayée, la martre d'Amérique, le vison d'Amérique et l'ours noir. On en a trouvé dans l'estomac de certains poissons.

NOTES

Le campagnol-à-dos-roux de Gapper est actif toute l'année. En hiver, il circule sous la neige. Il s'active à toute heure du jour, mais surtout la nuit, à l'aube et au crépuscule. Ses périodes d'activité de 2 heures sont entrecoupées de périodes de repos d'environ 1 heure. Il est particulièrement actif pendant et après la pluie. Habile grimpeur, il circule parfois sur les branches basses des arbres et des arbustes.

Dans les vergers, le campagnol à dos roux ronge parfois le pied des arbres fruitiers tels que les pommiers et les cerisiers. Il lui arrive aussi de ronger les jeunes plants de pins sylvestres en plantations. On peut protéger ces arbres en les entourant d'un grillage d'acier à mailles fines, d'une tôle ou d'un bout de tuyau en plastique.

Campagnol des bruyères

Phenacomys intermedius **Famille des cricétidés**
Phénacomys d'Ungava
Heather Vole, Mountain Phenacomys

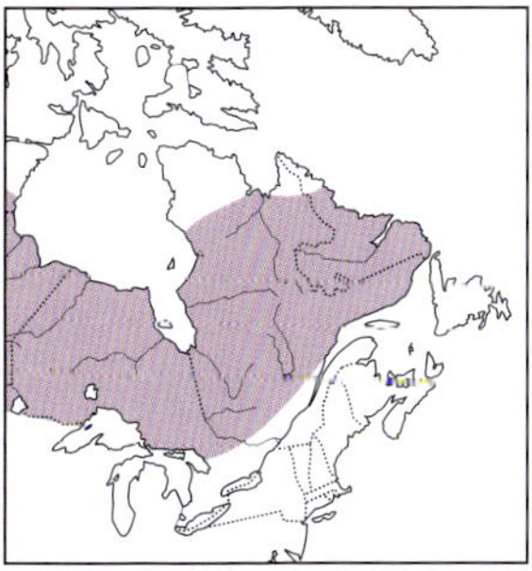

RÉPARTITION GÉOGRAPHIQUE

On rencontre le campagnol des bruyères dans presque tout le Canada, du Labrador au Yukon, et dans le nord-ouest des États-Unis, depuis le sud des Rocheuses jusqu'au nord du Nouveau-Mexique.

MENSURATIONS

Longueur totale : 125 à 160 mm; queue : 27,5 à 40 mm; pied : 17 à 19 mm; oreille : 12 à 16 mm.

POIDS

Les adultes des deux sexes pèsent de 27 à 45,6 g; les nouveau-nés, de 2 à 2,7 g.

CARACTÈRES DISTINCTIFS

Il a le dos brun, l'abdomen gris argenté et les pattes blanches. Il ressemble beaucoup au campagnol des champs, mais s'en distingue par sa taille et sa queue plus courtes. Contrairement aux campagnols-lemmings, ses incisives supérieures ne sont pas striées.

HABITAT

Le campagnol des bruyères habite les clairières parsemées de broussailles et de bruyères et les sous-bois herbeux des forêts de conifères près du sommet des montagnes. On le trouve surtout dans les endroits secs situés à proximité des cours d'eau.

GÎTE

En été, il niche au fond d'un terrier, à l'abri d'une racine ou d'une souche. Un réseau peu élaboré de galeries et de sentiers rayonne à moins d'un mètre autour du nid. L'hiver, il circule sous la neige et s'abrite dans un amas de brindilles et de lichens qu'il réunit en masse sphérique (d'environ 15 cm de diamètre) sur le sol, à l'abri d'un rocher ou d'un arbre.

REPRODUCTION

L'espèce produit au moins 2 portées par année, parfois 3. Les jeunes, au nombre de 2 à 8 (moy. 4 à 5), naissent entre la mi-juin et septembre après une gestation de 19 à 24 jours. Nus et aveugles à la naissance, ils ouvrent les yeux à 13 jours et sont sevrés vers 17-19 jours. Les femelles atteignent la maturité sexuelle au bout de 4 à 6 semaines et peuvent se reproduire l'année de leur naissance; elles élèvent seules leurs petits. Les jeunes mâles ne sont pas féconds avant le printemps suivant.

RÉGIME ALIMENTAIRE

L'été, il se nourrit de baies, de graines, d'herbes et de laîches. Durant la nuit, il récolte des pousses tendres de saule, de bleuet ou de bouleau nain qu'il empile à l'entrée de son terrier près du nid. Il pourra consommer cette réserve de nourriture pendant le jour à l'abri des prédateurs jusqu'à ce qu'il retourne fourrager le soir venu. Les provisions qu'il accumule en prévision de l'hiver peuvent contenir jusqu'à 2,7 litres de feuillage et de brindilles. En hiver, il ronge l'écorce et les bourgeons d'une variété d'arbustes et d'arbrisseaux.

COMPORTEMENT SOCIAL

Pendant la saison de reproduction, les mâles sont agressifs les uns envers les autres. Les femelles au nid sont également agressives à l'endroit des intrus. Ces petits rongeurs déposent leurs fèces très odorantes à proximité des sentiers et des tunnels. En hiver, pour affronter les rigueurs du froid, les campagnols se rassemblent parfois à plusieurs dans le même nid.

LONGÉVITÉ

Le campagnol des bruyères peut vivre au moins 2 ans en milieu naturel.

PRÉDATEURS

Il est la proie des buses, des hiboux, des belettes et de la martre d'Amérique.

NOTES

Le campagnol des bruyères demeure actif toute l'année. Il s'affaire surtout au crépuscule et durant la nuit.

R.L. Peterson

Campagnol sylvestre

Microtus pinetorum **Famille des cricétidés**
Pine Vole, Woodland Vole

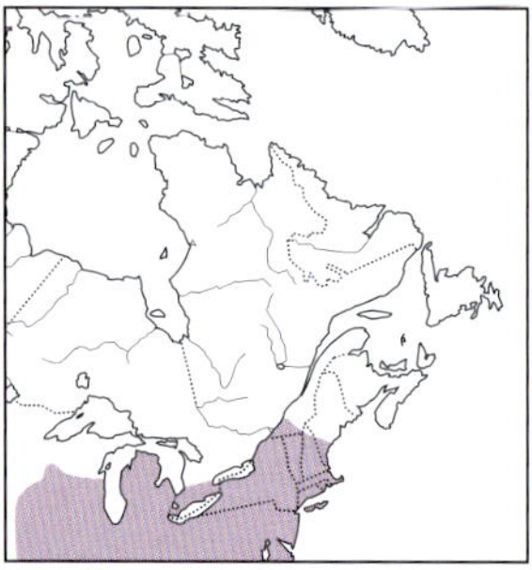

RÉPARTITION GÉOGRAPHIQUE
Au Canada, on ne trouve cette espèce que dans l'extrême sud du Québec et de l'Ontario. Elle est toutefois largement répandue dans une grande partie de l'est des États-Unis.

MENSURATIONS
Longueur totale : 110 à 132 mm; queue : 16 à 25 mm; pied : 14 à 18 mm; oreille : 7 à 9 mm.

POIDS
Les adultes des deux sexes pèsent entre 19 et 37 g et sont de taille identique. Le poids des nouveau-nés varie de 1,9 à 3,2 g.

CARACTÈRES DISTINCTIFS
Le campagnol sylvestre a généralement le dos brun rougeâtre et l'abdomen plus pâle. Au contraire des campagnols-lemmings, ses incisives supérieures ne sont pas striées. Il a la queue plus courte que celle du campagnol des champs.

HABITAT
On rencontre surtout ce rongeur dans les forêts de feuillus offrant une bonne couverture végétale et un sol bien drainé et couvert d'humus. On le trouve aussi en bordure des forêts, dans les vergers et les champs.

GÎTE
Il s'abrite dans un nid sphérique composé d'herbes et de feuilles de 15 à 18 cm de diamètre et aménagé dans un terrier, au fond d'une galerie, ou sous un tronc d'arbre. Il passe le plus clair de son temps dans un réseau de tunnels et de galeries de 30 à 35 mm de diamètre qu'il creuse avec ses griffes et ses dents entre 5 et 30 cm sous la surface du sol. Il circule souvent dans les galeries de la taupe à

Robert C. Simpson / Valan Photos

queue velue. En surface, les galeries du campagnol sylvestre ressemblent à celles du condylure à nez étoilé. La nuit, il sort parfois en surface.

REPRODUCTION

La période de reproduction s'étend de la fin de janvier à la mi-novembre, mais la plupart des naissances se produisent entre la fin de mars et juillet. L'espèce peut produire jusqu'à 4 portées annuelles, mais se limite probablement à 1 ou 2 dans nos régions. Les petits, au nombre de 1 à 6 (moy. 2 à 3), naissent après une gestation de 20 à 24 jours. Aveugles et couverts à la naissance de poils très fins et clairsemés, les jeunes ouvrent les yeux après 9 à 12 jours et sont sevrés au bout de 17 à 21 jours. Les mâles s'accouplent pour la première fois vers 52 jours; les femelles vers 77 jours.

RÉGIME ALIMENTAIRE

Le campagnol sylvestre se nourrit de racines, de bulbes, de feuilles, des tiges, des fruits et des graines d'une grande variété de plantes et d'arbustes. En hiver, il ronge l'écorce et les racines des arbres. Il entasse souvent de la nourriture dans son terrier.

COMPORTEMENT SOCIAL

Le campagnol sylvestre est une espèce monogame qui vit en colonies où plusieurs adultes mâles et femelles et leurs petits partagent un réseau de galeries. Parfois, plusieurs femelles élèvent leur progéniture dans un même nid. Pendant la période de reproduction, les femelles semblent attirées par une phéromone émanant des glandes situées sur les flancs des mâles.

LONGÉVITÉ

Sa longévité est inconnue, mais elle se compare sans doute à celle du campagnol des champs.

PRÉDATEURS

Ses principaux prédateurs sont les buses, les hiboux, le renard roux, le coyote, la mouffette rayée, l'opossum d'Amérique du Nord, le vison d'Amérique, le raton laveur, les belettes, le chat domestique, le chien et l'homme.

NOTES

Bien qu'elle soit commune dans l'est des États-Unis, cette espèce est difficile à voir et rarement observée au Québec. Les quelques mentions qui la concernent datent des années 1970.

Le campagnol sylvestre est actif toute l'année et à toute heure du jour ou de la nuit. Il cause souvent des dégâts dans les vergers en s'attaquant aux racines et au pied des arbres. On peut prévenir ces méfaits en protégeant le pied des arbres au moyen d'une tôle ou d'un bout de tuyau en plastique.

Campagnol des champs

Microtus pennsylvanicus **Famille des cricétidés**

Campagnol des prés, mulot
Meadow Vole

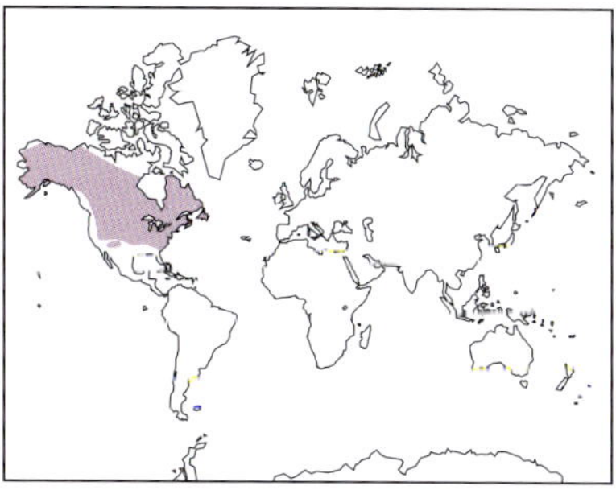

RÉPARTITION GÉOGRAPHIQUE

Cette espèce est répandue presque partout au Canada à l'est des Rocheuses, en Alaska et dans le nord des États-Unis.

MENSURATIONS

Longueur totale : 120 à 200 mm; queue : 36 à 65 mm; pied : 18 à 25 mm; oreille : 11 à 16 mm.

POIDS

Mâles et femelles adultes sont de même taille et pèsent de 20 à 68 g. Leur poids diminue légèrement en hiver. Les nouveau-nés pèsent de 1,6 à 3 g.

CARACTÈRES DISTINCTIFS

En été, le pelage du campagnol des champs est d'un gris presque noir teinté de brun. En hiver, il est plus long et légèrement plus pâle. Contrairement au campagnol des rochers, le campagnol des champs a la tête entièrement brune ou grise. Il se distingue du campagnol sylvestre et du campagnol-lemming de Cooper par sa queue plus longue et son poil plus rude.

HABITAT

Le campagnol des champs préfère les prés humides. On le trouve aussi dans les champs en friche, les clairières, les broussailles, les marécages et les marais salants.

GÎTE

Le campagnol des champs aménage dans les hautes herbes et les broussailles des réseaux complexes de terriers et de sentiers d'environ 3 cm de diamètre où l'herbe a été soigneusement coupée. Son nid est une sphère d'herbes séchées de 15 à 20 cm de diamètre installée sous une planche ou une pierre, dans une touffe d'herbe ou des broussailles. L'hiver, il circule sous la neige et fait son nid à la surface du sol.

REPRODUCTION

Ce rongeur prolifique se reproduit entre avril et octobre, parfois même jusqu'en février. Au cours de cette période, la femelle a habituellement de 3 à 6 portées, parfois plus. Les petits, au nombre de 1 à 11 (moy. 4 à 6), naissent après une gestation de 21 jours. Nus, aveugles et sourds à la naissance, ils ouvrent les yeux à 8 jours et sont sevrés à 12 ou 14 jours. Les femelles sont matures dès l'âge de 25 jours; les mâles, vers 35 jours.

RÉGIME ALIMENTAIRE

Il se nourrit de la tige des feuilles et des fruits de la plupart des plantes qui poussent dans son habitat : mil, plantain, trèfle, luzerne, etc. Son régime comprend aussi des graines, des bulbes, des noix, des baies et parfois des insectes. En hiver, il ronge l'écorce des racines, des tiges et des ramilles des petits arbres. Comme les lièvres, les lapins et plusieurs autres rongeurs, il pratique la caecotrophie. Il se fait parfois des réserves de graines et de racines qu'il entrepose à la surface du sol en prévision de l'hiver. Des amas de tiges d'herbes jonchant le sol sont d'autres indices de sa présence. Il laisse aussi de petites crottes brun foncé.

COMPORTEMENT SOCIAL

Bien qu'il vive en colonies, le campagnol des champs est peu sociable. En dehors de la période de rut, la femelle repousse les avances des mâles et défend un petit territoire autour de son nid. Lorsqu'elle est en chaleur, elle les appelle en poussant de petits cris aigus et accepte le premier venu. Les mâles circulent assez librement dans le réseau de galeries de la colonie et sont agressifs entre eux. L'agressivité est également élevée entre individus de colonies voisines. L'hiver, plusieurs campagnols se rassemblent parfois dans un même nid pour mieux affronter les rigueurs du froid.

LONGÉVITÉ

L'espèce vit rarement au-delà de 16 mois en milieu naturel, mais peut atteindre l'âge de 3 ans en captivité.

PRÉDATEURS

Il est la proie d'un très grand nombre de prédateurs : grande musaraigne, belettes et hermine, martre d'Amérique, vison d'Amérique, mouffette rayée, opossum d'Amérique du Nord, renard roux, coyote, lynx roux, ours noir, buses et hiboux, corneille d'Amérique, geai bleu, pies-grièches, goélands, grand héron, couleuvres et même certains poissons.

STATUT DES POPULATIONS

Les populations de campagnols des champs fluctuent considérablement et de façon cyclique, atteignant un sommet tous les 3 ou 4 ans.

Robert C. Simpson / Valan Photos

NOTES

Il est actif toute l'année et à toute heure du jour et de la nuit. En été, il s'affaire surtout durant la nuit, mais à l'arrivée du temps froid, à l'automne et en hiver, il s'active davantage durant le jour, profitant des heures les plus chaudes de la journée. Ce rongeur cause des dégâts considérables aux récoltes de toutes sortes, aux arbres fruitiers et aux arbustes d'ornement dont il gruge le pied en hiver. On peut restreindre les dommages en protégeant le pied des arbres avec un grillage, une tôle, un bout de tuyau en plastique ou du papier goudronné.

Campagnol des rochers

Microtus chrotorrhinus — **Famille des cricétidés**
Campagnol à nez jaune
Rock Vole, Yellownose Vole

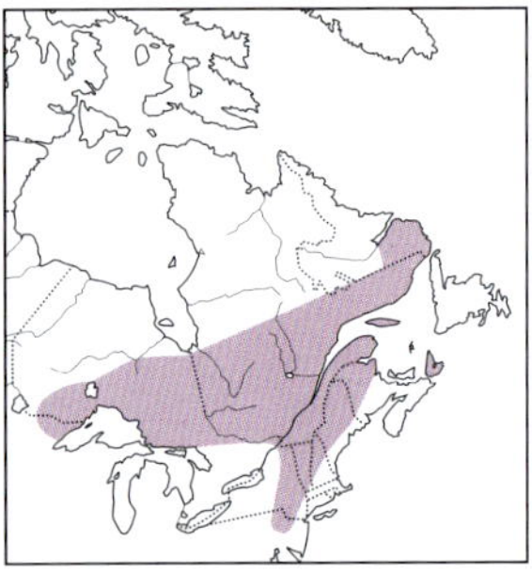

RÉPARTITION GÉOGRAPHIQUE

Cette espèce est répandue dans les montagnes du centre du Québec et de l'Ontario ainsi que dans les Appalaches, depuis la Caroline du Nord jusqu'en Gaspésie.

MENSURATIONS

Longueur totale : 132 à 185 mm; queue : 34 à 64 mm; pied : 18 à 24 mm; oreille : 12 à 18 mm.

POIDS

Mâles et femelles adultes sont de taille identique et pèsent de 27 à 48 g. Les nouveau-nés pèsent environ 2 g.

CARACTÈRES DISTINCTIFS

Le campagnol des rochers a le dos brun ou bistre et le ventre gris. Il se distingue des autres campagnols par son museau orangé ou roux et la tache de poils fauves sur sa croupe.

HABITAT

On le trouve dans la forêt de conifères ou la forêt mixte, sur les talus humides et entre les rochers couverts de mousse, au pied des falaises et près des points d'eau. Il est également présent parmi les fougères des petites clairières et dans les zones de transition entre les milieux ouverts et la forêt mature. Il fréquente aussi les milieux fraîchement coupés.

GÎTE

Il se creuse des terriers peu profonds et se fraie des sentiers entre les rochers, où il passe le plus clair de son temps.

Roger W. Barbour

REPRODUCTION

La période de reproduction s'étend de la fin de mars à octobre. Au cours de cette période, l'espèce produit 2 ou 3 portées de 1 à 7 petits chacune (moy. 3 à 4), après une gestation de 19 à 21 jours. Les nouveau-nés ouvrent les yeux entre le 11e et le 14e jour. Les jeunes se reproduisent avant la fin de leur premier été.

RÉGIME ALIMENTAIRE

Le campagnol des rochers se nourrit de la tige, des feuilles et des fruits de diverses plantes, dont le cornouiller, la mitrelle et le bleuet. Il mange aussi des champignons souterrains et des chenilles. Ce rongeur emmagasine des réserves de brindilles en prévision de l'hiver.

COMPORTEMENT SOCIAL

L'espèce vit en petites colonies isolées.

PRÉDATEURS

On lui connaît plusieurs prédateurs, dont les oiseaux de proie, le lynx roux et la grande musaraigne.

STATUT DES POPULATIONS

C'est l'un des mammifères les plus rarement observés et les moins étudiés dans l'est du Canada.

NOTES

Cet animal est actif à toute heure du jour ou de la nuit et pendant toute l'année. Contrairement aux autres campagnols, il a l'habitude de déféquer toujours aux mêmes endroits.

Rat-musqué commun

Ondatra zibethicus **Famille des cricétidés**
Muskrat

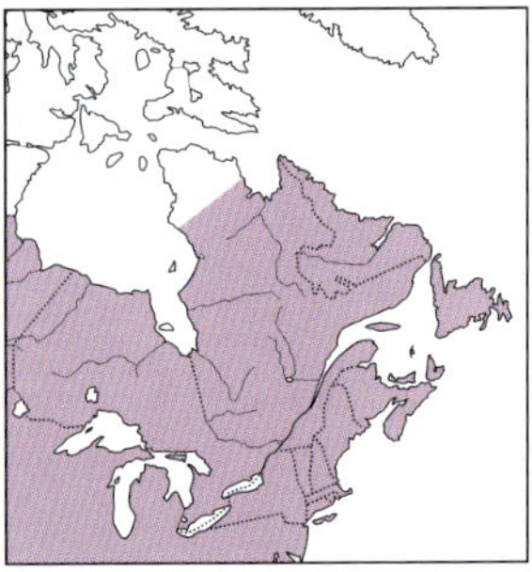

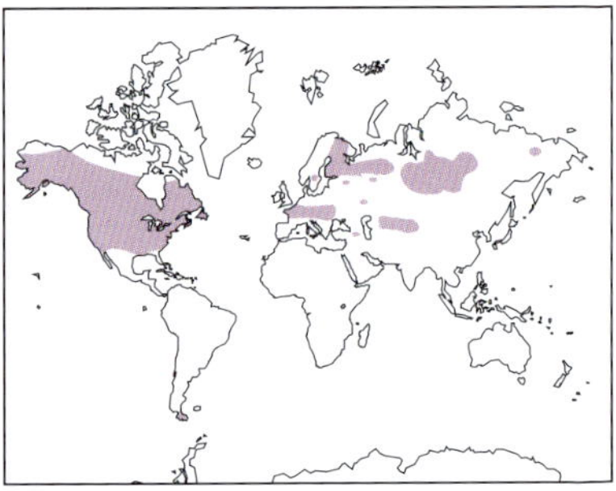

RÉPARTITION GÉOGRAPHIQUE
Cette espèce se rencontre partout au Canada et aux États-Unis. Elle a été introduite en Europe en 1905 et occupe maintenant une grande partie de l'Eurasie, de même que certaines régions de la Scandinavie, de l'ancienne Union soviétique et de la Chine.

MENSURATIONS
Longueur totale : 477 à 636 mm; queue : 200 à 282 mm; pied : 68 à 92 mm; oreille : 20 à 25 mm.

POIDS
Mâles et femelles adultes sont de taille quasi identique et pèsent de 800 à 1 580 g. Leur poids fluctue selon la saison et atteint son maximum à l'automne. Les nouveau-nés pèsent 21 g environ.

CARACTÈRES DISTINCTIFS
Le rat-musqué commun a le dos brun foncé et le ventre gris argenté. Il possède une longue queue écailleuse, aplatie latéralement.

HABITAT
Il fréquente les marécages, les étangs, les rivières, les ruisseaux et les lacs ainsi que les canaux de drainage agricole.

GÎTE
Durant l'été, il habite un terrier constitué d'un réseau de galeries reliant plusieurs chambres creusées dans la rive des canaux ou des rivières qu'il fréquente. Le terrier possède souvent plusieurs entrées situées en dessous du niveau de l'eau. En hiver, il niche dans une hutte conique de 60 à 120 cm de hauteur construite à l'automne avec des débris végétaux et de la boue déposés en amas sur une souche ou une touffe de végétation émergente. Il construit aussi des huttes

Michel Quintin

d'alimentation plus petites et des cloches d'herbes gelées dissimulant des trous de plongée creusés dans la glace.

REPRODUCTION

La période de reproduction s'étend du début d'avril à la fin de septembre. Au cours de cette période, les femelles produisent 2 portées (quelquefois 3) comprenant chacune de 2 à 11 petits (moy. 6 à 7). La durée de la gestation est de 25 à 30 jours. Nus et aveugles à la naissance, les petits sont sevrés au bout de 21 à 28 jours, quittent le nid familial vers 30 ou 35 jours et atteignent la maturité sexuelle à 1 an.

RÉGIME ALIMENTAIRE

Durant l'été, le rat-musqué commun se nourrit des feuilles, des tiges et des parties succulentes de diverses plantes aquatiques : quenouille, roseau, carex, nénuphar, sagittaire, potamot, rubannier. En hiver, il se repaît de la partie submergée de ces mêmes plantes. En certains endroits, les mollusques, les grenouilles, les tortues ou les salamandres font aussi partie de son menu. Débris végétaux flottant le long des rives ou fragments de coquilles de mollusques sur les berges sont des indices de sa présence.

COMPORTEMENT SOCIAL

Pendant la saison de reproduction, il vit en petits groupes familiaux. En hiver, jusqu'à 6 individus partagent la même hutte. Le rat-musqué s'éloigne rarement à plus de 180 m de son nid et marque son territoire en déposant ses crottes et les sécrétions musquées de ses glandes anales sur des morceaux de bois flottant ou des mottes de terre. Il vit souvent en association avec le castor, utilisant sa hutte et pigeant dans ses réserves de nourriture.

LONGÉVITÉ

L'espèce vit en moyenne 3 ou 4 ans en milieu naturel et pourrait atteindre 10 ans en captivité.

PRÉDATEURS

Le vison d'Amérique et le raton laveur sont ses principaux prédateurs. Dans l'eau, le rat-musqué commun peut aussi être happé par un brochet, une loutre de rivière ou une tortue serpentine; sur terre, il peut être victime du renard roux, du coyote, du loup gris, de l'ours noir, du lynx du Canada, du grand duc, du gerfaut ou de l'aigle. Il est très recherché des trappeurs.

NOTES

Le rat-musqué commun est actif toute l'année. Il s'alimente au crépuscule et pendant la nuit; on l'observe parfois en fin d'après-midi. Excellent nageur, le rat-musqué peut rester jusqu'à 20 minutes sous l'eau et atteindre une vitesse de 5 km/h. En cas de danger, il plonge en claquant la queue sur la surface de l'eau. Ce claquement est toutefois beaucoup moins sonore que celui du castor.

En raison de leurs activités de fouissage et de leurs habitudes alimentaires, les rats-musqués communs causent occasionnellement des dommages importants aux berges des cours d'eau ainsi que dans les zones agricoles. Il est parfois nécessaire de les piéger pour limiter les dégâts. Leur fourrure fait l'objet d'un important commerce.

Hutte du rat-musqué commun

Campagnol-lemming de Cooper

Synaptomys cooperi **Famille des cricétidés**
Southern Bog Lemming

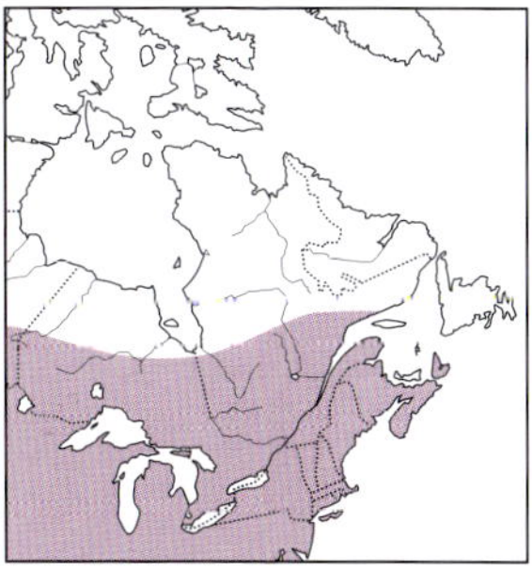

RÉPARTITION GÉOGRAPHIQUE

On le trouve dans le sud-est du Canada et le nord-est des États-Unis.

MENSURATIONS

Longueur totale : 99 à 139 mm; queue : 14 à 24 mm; pied : 16 à 21 mm; oreille : 10 à 15 mm.

POIDS

Les mâles et les femelles adultes sont de taille identique et pèsent de 14 à 40 g; les nouveau-nés, de 2,5 à 4,3 g.

CARACTÈRES DISTINCTIFS

Ce campagnol-lemming a le dos brun clair et l'abdomen gris argenté, la face grise et les pattes brun foncé. L'espèce se distingue du campagnol des champs par sa queue plus courte. Contrairement aux campagnols, ses incisives sont marquées d'une rayure longitudinale. Elle vit généralement plus au sud et diffère du campagnol-lemming boréal par sa taille plus petite et ses incisives inférieures relativement massives et de teinte orange foncé.

HABITAT

Le campagnol-lemming de Cooper fréquente les tourbières, les marais herbeux et les forêts mixtes humides. Il préfère les endroits où le sol est couvert d'une épaisse couche d'humus. Son domaine vital occupe de 0,04 ha à plus de 0,32 ha. En période d'abondance, on dénombre jusqu'à 51 individus par hectare.

GÎTE

Son nid d'herbes séchées est de forme sphérique et peut mesurer jusqu'à 18 cm de diamètre. Il est construit au fond d'un terrier, 10 à 15 cm sous la surface du sol, ou en surface, à l'abri d'une touffe de végétation ou d'une souche. L'animal creuse des terriers dans l'humus et se fraie des sentiers à la surface du sol. Ceux-ci sont souvent jonchés de brins d'herbes et de feuilles de laîche empilées en petits tas, ainsi que de petites crottes vert clair de forme ovale.

REPRODUCTION

Il se reproduit d'avril à septembre. Au cours de cette période, les femelles ont jusqu'à 3 ou 4 portées, de 1 à 8 petits chacune (moy. 2 à 5). La gestation est de 23 à 26 jours. Les petits ouvrent les yeux à 10 ou 11 jours, sont sevrés au bout de 16 à 21 jours et atteignent la maturité sexuelle vers 5 semaines.

RÉGIME ALIMENTAIRE

Il se nourrit d'herbes et de laîches, de baies, de champignons souterrains, d'écorces, de racines et parfois d'insectes (coléoptères) et d'escargots.

COMPORTEMENT SOCIAL

Cet animal vit en petites colonies où chaque membre protège les environs de son nid. Durant le rut, les glandes latérales des mâles se gonflent (elles servent vraisemblablement à marquer le territoire). Ce rongeur est plutôt bruyant : il caquette pour se montrer menaçant, pousse de petits cris lors des rencontres nuptiales ou des sons graves pour appeler ses petits.

LONGÉVITÉ

Le campagnol-lemming de Cooper peut vivre au moins 8 mois en milieu naturel et plus de 29 mois en captivité.

PRÉDATEURS

Il est la proie d'un grand nombre de mammifères carnivores (raton laveur, renard roux, renard gris, belette à longue queue, mouffette rayée, opossum), des buses, des hiboux et des couleuvres.

STATUT DES POPULATIONS

C'est une espèce assez rare qui ne se rencontre que sporadiquement dans des habitats propices.

NOTES

Le campagnol-lemming de Cooper est actif toute l'année et à toute heure du jour, mais s'affaire surtout à l'aube et au crépuscule. Il grimpe habilement aux arbustes et nage bien.

R.L. Peterson

Campagnol-lemming boréal

Synaptomys borealis **Famille des cricétidés**
Northern Bog Lemming

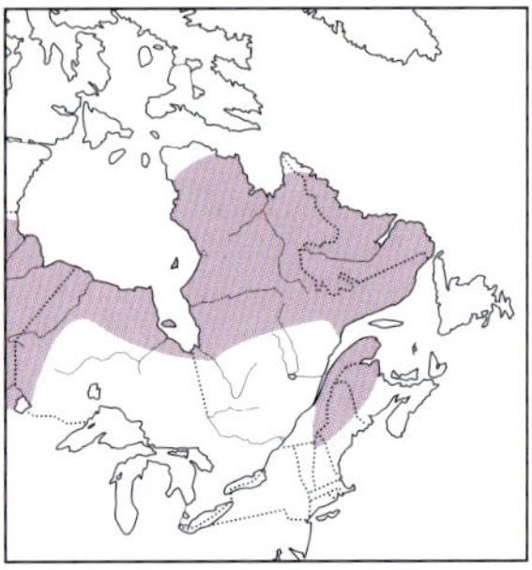

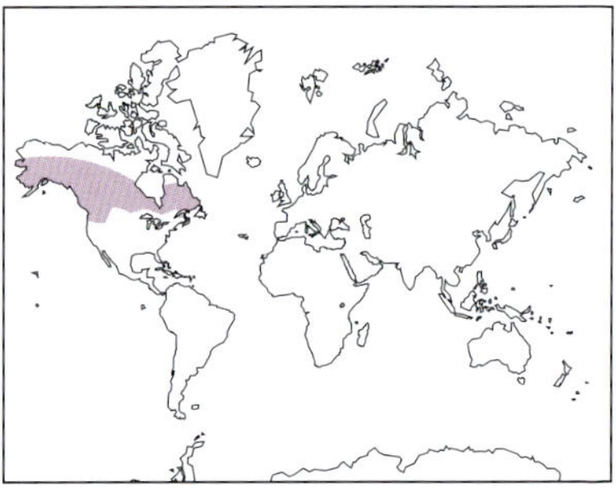

RÉPARTITION GÉOGRAPHIQUE

L'espèce est répandue dans tout le nord de l'Amérique du Nord. On en trouve une population isolée en Gaspésie et au Nouveau-Brunswick et vers le sud jusqu'au nord du New Hampshire et du Maine.

MENSURATIONS

Longueur totale : 110 à 150 mm; queue : 19 à 27 mm; pied : 16 à 22 mm; oreille : 11 à 16 mm.

POIDS

Mâles et femelles adultes sont de taille identique et pèsent de 18 à 60 g. Les nouveau-nés pèsent environ 3 g.

CARACTÈRES DISTINCTIFS

Ce lemming a le dos brun et l'abdomen grisâtre. Les mâles ont souvent une tache blanche sur les flancs. Il se distingue du campagnol-lemming de Cooper par les poils roux qui garnissent la base de ses oreilles, par ses incisives inférieures moins massives et de teinte orange pâle et, dans une certaine mesure, par son aire de distribution, plus nordique. Les femelles de S. *borealis* possèdent 4 paires de mamelles, comparativement à trois paires chez S. *cooperi*. Ses incisives supérieures striées permettent aussi de le distinguer des campagnols.

HABITAT

Il habite les tourbières à sphaigne, les forêts de conifères humides et les prairies humides de la toundra.

GÎTE

Son nid est une petite sphère d'herbes d'environ 20 cm de diamètre qu'il aménage sous terre pendant l'été et à la surface du sol en hiver.

Courtoisie du Musée canadien de la nature

Il se constitue des réseaux de sentiers et creuse des terriers dans la mousse et l'humus.

REPRODUCTION

On connaît peu de choses sur la reproduction du campagnol-lemming boréal, sinon qu'elle a lieu entre mai et août et que chaque portée compte de 2 à 8 petits (moy. 4 à 5).

RÉGIME ALIMENTAIRE

Il se nourrit d'herbes, de laîches et de champignons souterrains du genre *Endogone*. Il a l'habitude de réunir en tas des brins d'herbe et de laîche d'environ 4 cm le long des sentiers qu'il fréquente.

COMPORTEMENT SOCIAL

Cet animal sociable vit en petites colonies qui fréquentent un réseau commun de sentiers.

LONGÉVITÉ

On ne sait rien de la durée de vie de cette espèce.

PRÉDATEURS

Le campagnol-lemming boréal est probablement la proie de plusieurs mammifères carnivores et d'oiseaux rapaces.

NOTES

Ce petit rongeur est actif toute l'année et à toute heure du jour ou de la nuit.

Lemming d'Ungava

Dicrostonyx hudsonius
Ungava Lemming

Famille des cricétidés

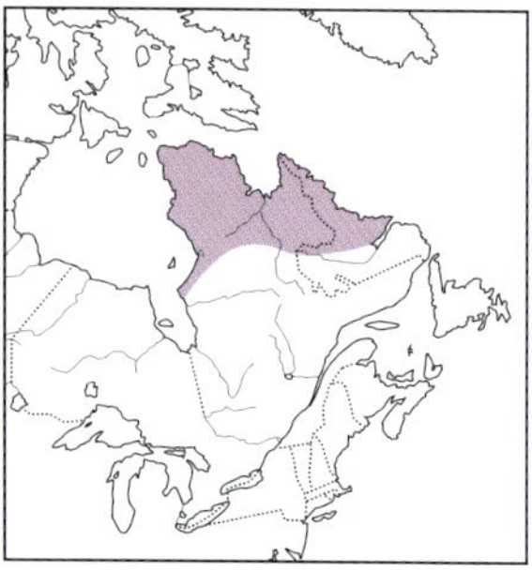

RÉPARTITION GÉOGRAPHIQUE
Son aire de distribution s'étend au nord du Québec, dans la péninsule de l'Ungava et sur certaines îles de l'est de la baie d'Hudson, ainsi qu'au Labrador.

MENSURATIONS
Longueur totale : 125 à 167 mm; queue : 10 à 22 mm; pied : 18 à 24 mm; oreille : 5 à 9 mm.

POIDS
Mâles et femelles adultes sont de taille identique et pèsent de 25 à 68 g; les nouveau-nés, de 2,7 à 4,8 g.

CARACTÈRES DISTINCTIFS
Ce lemming est tout blanc en hiver. En été, il a le dos grisâtre marqué d'une mince rayure longitudinale gris foncé. Ses flancs et sa gorge sont jaune clair; ses pattes, sa queue et son abdomen, gris argenté.

HABITAT
Il fréquente les terrains arides recouverts de lichens dans la toundra.

GÎTE
Le lemming d'Ungava habite un réseau compliqué de galeries et de sentiers menant à des terriers peu profonds tapissés d'herbes, de plumes ou de poils. En hiver, il aménage son nid sous la neige, à la surface du sol.

REPRODUCTION
Les femelles ont 2 ou 3 portées par année. Les petits, au nombre de 1 à 7 (moy. 3 à 4) naissent entre le début de mars et la mi-septembre

B.T. Aniskowicz

après une gestation de 19 à 21 jours. Les femelles sont matures vers l'âge de 4 semaines, les mâles vers 7 semaines. Le mâle élève les petits avec la mère.

RÉGIME ALIMENTAIRE

En été, il se nourrit de diverses plantes vertes, de graines et de baies. Durant l'hiver, il s'alimente de bourgeons, de brindilles, d'écorce, de mousses et de racines.

COMPORTEMENT SOCIAL

Le lemming d'Ungava vit en groupes d'individus qui fréquentent les mêmes réseaux de sentiers.

LONGÉVITÉ

Sa longévité est d'un ou deux ans en milieu naturel.

PRÉDATEURS

Il est victime de nombreux prédateurs, dont le renard arctique, l'hermine, le loup gris, le harfang des neiges, le hibou des marais, le goéland bourgmestre, les labbes et le gerfaut.

STATUT DES POPULATIONS

Les populations de lemmings sont sujettes à des fluctuations cycliques atteignant un sommet tous les 3 ou 4 ans.

NOTES

Ce lemming est actif à toute heure du jour ou de la nuit et durant toute l'année. En hiver, les griffes des 3e et 4e doigts de ses pattes antérieures allongent et s'élargissent, facilitant le creusage dans la neige dure. Contrairement à la croyance populaire, ces animaux ne s'engagent pas dans des migrations-suicides où ils se jettent à la mer. Par contre, il leur arrive de s'aventurer sur les champs de glace loin de la terre ferme ou de traverser des rivières et des cours d'eau lorsque les populations sont nombreuses et que la nourriture se fait rare. Certains spécialistes considèrent le lemming d'Ungava comme une sous-espèce du lemming variable (*Dicrostonyx torquatus*).

Rat surmulot

Rattus norvegicus **Famille des muridés**

Rat de Norvège, rat brun, rat d'égout
Norway Rat

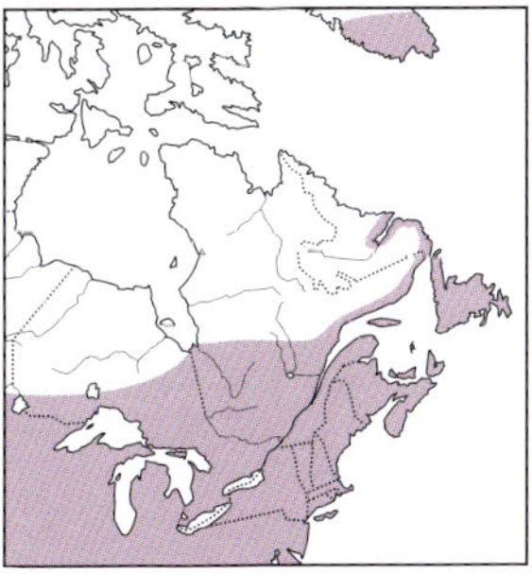

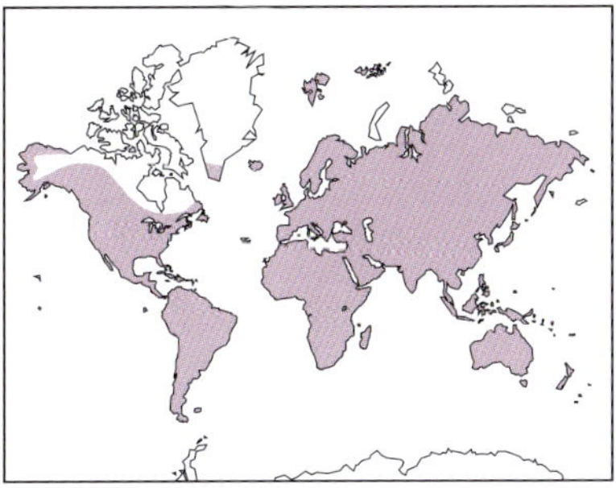

RÉPARTITION GÉOGRAPHIQUE

Originaire d'Asie centrale, le rat surmulot a envahi toute l'Europe avant d'être introduit en Amérique vers 1776. En peu de temps, il s'est dispersé dans toutes les régions habitées du continent américain. On le trouve partout au monde.

MENSURATIONS

Longueur totale : 315 à 460 mm; queue : 122 à 215 mm; pied : 30 à 45 mm; oreille : 15 à 20 mm.

POIDS

Les adultes pèsent entre 195 et 485 g. Les mâles sont légèrement plus gros que les femelles. Les nouveau-nés peuvent peser de 5 à 7 g.

CARACTÈRES DISTINCTIFS

Il a un pelage gris brunâtre et une longue queue effilée couverte d'écailles.

HABITAT

Le rat surmulot est un parasite de l'homme. Il habite les villes, les fermes et les champs à proximité des habitations. On le trouve dans les granges, les silos, les entrepôts portuaires, les dépotoirs et le long des cours d'eau. Il s'introduit dans les maisons, les magasins et les canalisations d'égout.

GÎTE

Avec ses dents et ses griffes robustes, il creuse de longues galeries de 5 à 10 cm de diamètre sous les bâtiments, dans les dépotoirs ou les champs avoisinants, et y aménage un nid de brindilles, de feuilles, de papier et de chiffon. Parfois il niche sous des caisses d'emballage dans un bâtiment ou un amas de déchets.

REPRODUCTION

Il se reproduit toute l'année mais surtout au printemps et à l'automne. Les rates produisent de 3 à 12 portées par année (moy. 5 à 6). Les ratons, au nombre de 2 à 22 (moy. 7 à 8), naissent après une gestation de 21 à 22 jours. Nus et aveugles à la naissance, ils ouvrent les yeux au bout de 14 à 18 jours, et sont sevrés à l'âge de 3 ou 4 semaines. Ils parviennent à maturité vers l'âge de 80 à 85 jours, parfois plus tôt. On a calculé qu'un couple de rats et sa progéniture pourraient, dans des conditions optimales, engendrer jusqu'à 20 millions de descendants en 3 ans.

RÉGIME ALIMENTAIRE

Le rat surmulot est omnivore. Il se nourrit de grains, de légumes, de fruits, de beurre, de fromage, de viande, de déchets et même de savon. Il s'introduit dans les fermes et s'attaque aux petits animaux : poules, canards, agneaux et porcelets. Il lui arrive d'entreposer de la nourriture dans une chambre de son terrier.

COMPORTEMENT SOCIAL

Ce rat vit en groupes hiérarchisés dominés par les plus gros mâles. Ceux-ci réunissent autour d'eux quelques femelles et défendent un territoire qu'ils explorent constamment et délimitent par des marques odorantes. Des densités élevées de rats occasionnent des conflits dans la colonie, forçant parfois les individus de rangs inférieurs à émigrer en groupes.

LONGÉVITÉ

Il peut vivre 3 ans à l'état sauvage et bien davantage en captivité.

PRÉDATEURS

Le rat surmulot est un véritable fléau pour l'homme, qui tente de s'en débarrasser par tous les moyens. Il est aussi la proie de plusieurs autres prédateurs, dont le chat et le chien domestiques, les renards, le coyote, la mouffette rayée, le vison d'Amérique, les belettes, le grand duc, la chouette rayée et le harfang des neiges.

NOTES

Le rat surmulot est actif toute l'année. Il est surtout nocturne, mais on l'observe parfois en plein jour. Il peut mener une existence semi-aquatique puisqu'il nage aussi bien sous l'eau qu'à la surface et circule dans les conduites d'eau et les égouts. Habile grimpeur grâce à sa queue semi-préhensile, il émet des ultrasons qui, croit-on, lui servent à se guider par écholocation dans l'obscurité. Le rat surmulot cause des dégâts considérables, mangeant et souillant la nourriture entreposée, rongeant les fils, les canalisations d'eau et divers objets utiles et s'attaquant à la volaille et aux petits animaux de ferme. Il s'en prend parfois aux enfants dans les ruelles. C'est un porteur de maladies virales, bactériennes ou parasitaires comme la fièvre typhoïde, la leptospirose, la salmonellose, la tularémie et la trichinose. Extrêmement difficile à exterminer, le rat surmulot doit son succès à la robustesse de sa constitution et à son extrême prolificité. Son odorat très fin lui permet aussi de détecter d'infimes

Miche Quintin

concentrations de substances toxiques. Si vous constatez sa présence dans votre demeure, faites appel à un exterminateur spécialisé. Par mesure préventive, évitez de laisser traîner de la nourriture ou des déchets, utilisez des poubelles qui ferment solidement et bouchez toutes les ouvertures par lesquelles il pourrait entrer dans la maison. Le rat blanc ou rat de laboratoire, largement utilisé pour la recherche médicale, est une variété albinos du rat surmulot.

Souris commune

Mus musculus **Famille des muridés**
House Mouse

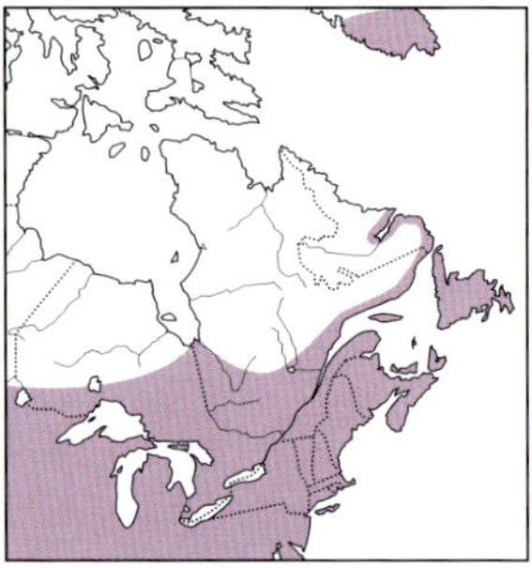

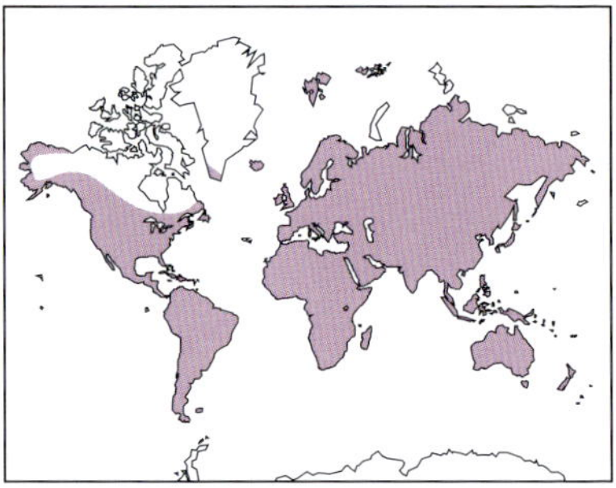

RÉPARTITION GÉOGRAPHIQUE
Originaire d'Asie et d'Europe, la souris commune s'est introduite au Canada au XVIIe siècle, traversant l'Atlantique à bord des voiliers des explorateurs français. Depuis, elle a peuplé presque toutes les régions habitées de la planète.

MENSURATIONS
Longueur totale : 140 à 200 mm; queue : 65 à 105 mm; pied : 15 à 21 mm; oreille : 11 à 18 mm.

POIDS
Les mâles et les femelles adultes sont de taille identique et pèsent de 12 à 30 g. Le poids des nouveau-nés est d'environ 1,5 g.

CARACTÈRES DISTINCTIFS
Son pelage est brun ocre sur le dos et gris foncé sur le ventre. Elle se reconnaît facilement à sa longue queue écailleuse presque nue et à son odeur particulière.

HABITAT
Parasite de l'homme, la souris commune habite les maisons, les granges, les greniers, les établissements commerciaux et les restaurants. On la trouve aussi dans les prairies et les champs où la couverture végétale est dense, à proximité des habitations.

GÎTE
Elle aménage son nid d'herbes, de papier et de tissu déchiqueté dans un amas de déchets, sous un tas de pierres, dans une boîte ou une armoire, sous le plancher ou dans les murs d'un bâtiment. Durant l'été, la souris commune creuse souvent des terriers dans les champs; en hiver ou lorsque les populations sont nombreuses, elle cherche à s'abriter dans les bâtiments.

Michel Quintin

REPRODUCTION

La souris commune peut se reproduire tout au long de l'année, mais elle le fait surtout au printemps et à la fin de l'été. Les femelles ont de 5 à 8 portées par année, comprenant jusqu'à 12 petits chacune (moy. 5 à 7). La gestation est de 19 à 21 jours. Nus, aveugles et peu développés à la naissance, les souriceaux ouvrent les yeux à l'âge de 10 ou 12 jours, sont sevrés à 3 semaines et parviennent à maturité au bout de 6 à 8 semaines. Deux ou trois femelles occupent parfois le même nid et élèvent ensemble leur progéniture.

RÉGIME ALIMENTAIRE

Elle se nourrit de tout ce qu'elle trouve : graines, céréales, légumes, fruits, champignons, racines, déchets, viande, insectes.

COMPORTEMENT SOCIAL

Elle vit en petits groupes ouverts formés d'un mâle et d'une dizaine de femelles qui défendent un territoire commun et en marquent les limites avec des gouttelettes d'urine.

LONGÉVITÉ

L'espèce a une longévité de 1 ou 2 ans en milieu naturel, mais peut vivre au moins 6 ans en captivité.

PRÉDATEURS

Outre l'homme, la souris commune craint le chat et le chien domestiques, les couleuvres, les buses, les hiboux, les belettes, l'opossum d'Amérique du Nord, la mouffette rayée, le raton laveur, le renard roux, le renard gris, le coyote et le rat surmulot.

NOTES

De moeurs nocturnes, la souris commune est active toute l'année. Elle nage bien et grimpe habilement, s'aidant de sa queue semi-préhensile. Elle émet des petits cris aigus et, parfois (pour des raisons inconnues), des sons qui font penser au chant du canari. Elle cause d'importants dégâts dans les maisons, rongeant boiseries, livres et objets de cuir, de carton ou de plastique. Elle souille le sol, les armoires et contamine la nourriture entreposée dans les garde-manger, les silos et les greniers avec ses petites crottes ovoïdes. Elle peut transmettre diverses maladies virales ou bactériennes dont la fièvre typhoïde et la salmonellose. On peut l'empêcher d'entrer dans la maison en obstruant avec un matériau résistant toutes les ouvertures qui ont plus de 6 mm de diamètre. La souris blanche ou souris de laboratoire est une variété albinos de la souris commune.

Souris-sauteuse des champs

Zapus hudsonius **Famille des dipodidés**

Meadow Jumping Mouse

RÉPARTITION GÉOGRAPHIQUE

On note sa présence dans presque tout le Canada, au sud de la limite des arbres, ainsi que dans le nord-est des États-Unis. Elle est absente de Terre-Neuve et d'Anticosti.

MENSURATIONS

Longueur totale : 182 à 227 mm; queue : 105 à 142 mm; pied : 26 à 32 mm; oreille : 11 à 17 mm.

POIDS

Les adultes, mâles et femelles, pèsent de 10 à 24,8 g et atteignent leur poids maximum à l'automne peu avant d'entrer en hibernation. Les femelles sont légèrement plus grosses que les mâles. Les nouveau-nés pèsent de 0,7 à 1 g.

CARACTÈRES DISTINCTIFS

Cette souris-sauteuse a la queue très longue et de grands pieds postérieurs. Elle a le dos marqué d'une large bande brun olive, les flancs de couleur ocre et le ventre jaunâtre. Elle se distingue de la souris-sauteuse des bois par sa taille plus petite et sa queue à bout généralement foncé.

HABITAT

La souris-sauteuse des champs fréquente les prés humides parsemés de buissons. On la trouve aussi sur la berge des cours d'eau, au bord des marécages, dans les bosquets et à la lisière des bois. Elle occupe un domaine dont la dimension varie de 0,1 à plus de 0,6 ha.

GÎTE

Son nid est une sphère d'herbes d'environ 10 cm de diamètre. Il est aménagé au fond d'un terrier creusé sous une bille, une planche, une racine ou une touffe d'herbe, dans un endroit sec et bien drainé. Elle hiberne d'octobre à mai et acquiert environ 6 g de graisse en prévision de cette période d'inactivité. Dès qu'elle atteint un poids suffisant, elle se blottit dans son nid, enroulée sur elle-même. La température de son corps chute de plusieurs degrés. Elle reste inactive tout l'hiver à l'exception de courtes périodes de réveil lors des journées plus chaudes. Généralement, les mâles émergent de leur terrier avant les femelles.

REPRODUCTION

La femelle a généralement 2 portées par année entre le début de juin et la fin d'août. Les jeunes, au nombre de 2 à 9 (moy. 5 à 6), naissent après une gestation de 17 à 21 jours. À la naissance, les souriceaux sont nus et aveugles. Leurs yeux s'ouvrent vers 25 jours et ils sont sevrés quelques jours plus tard. Les jeunes femelles nées au début de l'été pourraient se reproduire 2 mois plus tard, mais la plupart ne s'accouplent qu'au printemps suivant.

RÉGIME ALIMENTAIRE

Elle se nourrit d'herbes dont elle coupe la tige pour en atteindre les graines, de baies, de petits fruits et de champignons souterrains du genre E*ndogone*. Elle mange aussi des insectes, des vers et des limaces.

COMPORTEMENT SOCIAL

Elle est plutôt solitaire, bien qu'elle semble se mêler volontiers à ses congénères. On croit qu'elle est plus nomade que la plupart des autres souris et campagnols.

LONGÉVITÉ

La souris-sauteuse des champs peut vivre au moins 2 ans à l'état sauvage et 5 ans en captivité.

PRÉDATEURS

Les hiboux, les buses, le chat domestique, le vison d'Amérique, les belettes, le renard roux et le coyote sont les principaux prédateurs de la souris-sauteuse des champs, qui est parfois victime aussi d'une grosse grenouille ou d'une couleuvre. On en a déjà retrouvé une dans l'estomac d'un brochet.

NOTES

De moeurs essentiellement nocturnes, la souris-sauteuse des champs semble préférer les soirées chaudes et humides. On la voit parfois le jour. Contrairement à ce qu'on pourrait croire, elle se déplace lentement sur quatre pattes ou par petits bonds de 3 à 15 cm dans ses pérégrinations habituelles. Si elle est poursuivie ou qu'elle détecte un danger, elle peut faire plusieurs bonds avant de s'immobiliser dans les herbes ou les buissons. Ses bonds sont moins spectaculaires que ceux de la souris-sauteuse des bois, atteignant rarement plus d'un mètre de longueur. Elle grimpe aisément aux arbustes et nage aussi bien sous l'eau qu'en surface. Elle est

Roger W. Barbour

habituellement silencieuse, mais il lui arrive, tout comme à la souris-sauteuse des bois, de faire du bruit en tambourinant le sol avec sa queue.

Souris-sauteuse des bois

Napaeozapus insignis
Woodland Jumping Mouse

Famille des dipodidés

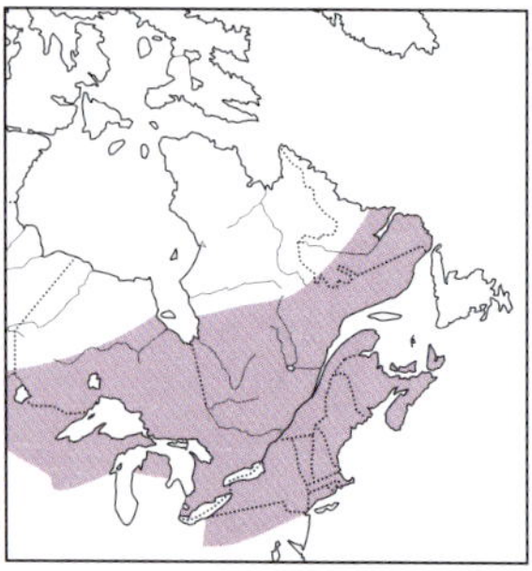 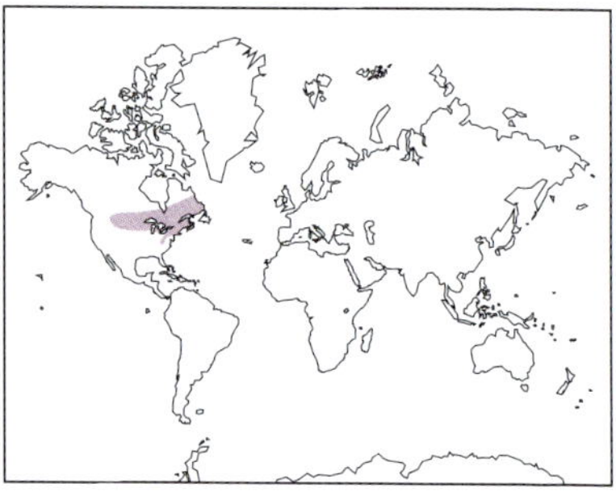

RÉPARTITION GÉOGRAPHIQUE

Cette espèce se rencontre dans une grande partie de l'est du Canada ainsi qu'en Nouvelle-Angleterre et dans la chaîne des Alleghenies jusqu'au nord de la Géorgie.

MENSURATIONS

Longueur totale : 204 à 260 mm; queue : 115 à 165 mm; pied : 28 à 34 mm; oreille : 13 à 18 mm.

POIDS

Mâles et femelles adultes pèsent de 15 à 34 g et atteignent leur poids maximum à l'automne au moment d'entrer en hibernation. Les mâles sont légèrement plus petits que les femelles. Les nouveau-nés pèsent de 0,87 à 1 g.

CARACTÈRES DISTINCTIFS

Son dos porte une large bande brun chamois, ses joues et ses flancs sont jaune doré, son ventre blanc. La souris-sauteuse des bois a le corps et les oreilles plus grands que la souris-sauteuse des champs et une touffe de poils blancs orne le bout de sa queue.

HABITAT

Elle fréquente les forêts de feuillus ou de conifères. On la trouve dans les endroits frais et humides, souvent à proximité des cours d'eau, où poussent herbes et broussailles. Elle occupe un domaine de 0,4 à 3,6 ha.

GÎTE

Son nid d'herbes et de feuilles est aménagé sous une souche, dans les broussailles ou dans un terrier (de 5 cm de diamètre) dont elle bouche l'entrée avec de la terre et de l'humus avant de s'y installer. La souris-sauteuse des bois hiberne d'octobre à mai. Sa masse

Michel Quintin

corporelle augmente sensiblement vers la fin de l'été en prévision de cette période d'inactivité. Les mâles adultes entrent les premiers en hibernation, suivis des femelles et des jeunes mâles immatures.

REPRODUCTION

La période d'accouplement s'étend de mai à août. Une ou deux portées naissent chaque année entre juin et septembre après une gestation de 23 à 25 jours. Les petits, au nombre de 2 à 7 (moy. 4 à 5), sont nus et aveugles à la naissance. Ils ouvrent les yeux à 26 jours et sont sevrés à 34 jours. Il atteignent la maturité sexuelle au cours de leur second été.

RÉGIME ALIMENTAIRE

Ce rongeur se nourrit de champignons souterrains du genre Endogone, de la tige, des feuilles, des racines, des graines et des fruits d'une grande variété de plantes. Son régime comprend aussi des larves et des nymphes d'insectes, y compris des chenilles, et des insectes adultes dont les papillons, les sauterelles et les criquets.

COMPORTEMENT SOCIAL

La souris-sauteuse des bois est plutôt sociable. Elle forme parfois de petites colonies reliées entre elles par des réseaux de sentiers.

LONGÉVITÉ

L'espèce vit jusqu'à 3 ou 4 ans en milieu naturel.

PRÉDATEURS

Les principaux prédateurs de la souris-sauteuse des bois sont les buses et les hiboux, la mouffette rayée, les belettes, le vison d'Amérique, le lynx roux, le renard roux et le chat domestique.

NOTES

Active surtout la nuit, elle quitte parfois son terrier peu avant midi ou tôt en soirée, les jours nuageux ou pluvieux. Cette souris-sauteuse se déplace sur quatre pattes ou en bondissant sur ses pattes de derrière comme un kangourou. Sa longue queue lui sert alors de balancier. Ses bonds ont habituellement de 0,6 à 0,9 m de longueur et de 0,3 à 0,6 m de hauteur, mais ils peuvent être longs de 3,7 m. Si elle est poursuivie, elle bondit dans les buissons et s'y cache sans bouger. Elle grimpe aisément aux arbustes et nage bien.

Porc-épic d'Amérique

Erethizon dorsatum
American Porcupine

Famille des éréthizontidés

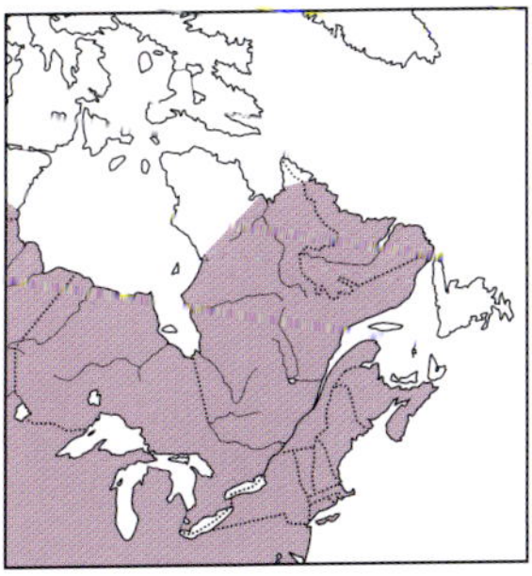

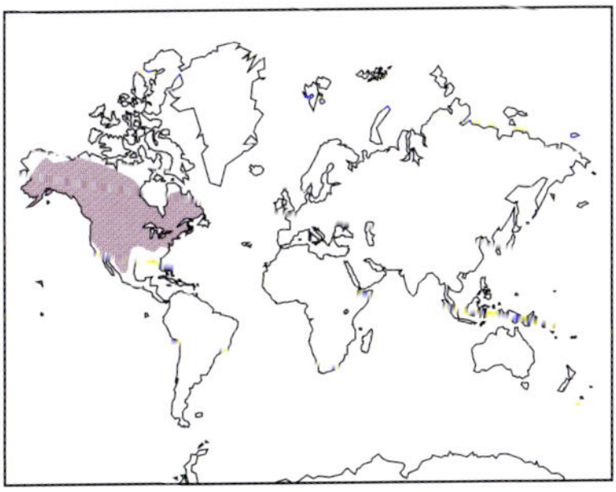

RÉPARTITION GÉOGRAPHIQUE

Cette espèce habite presque tout le Canada continental au sud de la limite des arbres. Aux États-Unis, on la trouve dans l'ouest ainsi qu'en Nouvelle-Angleterre.

MENSURATIONS

Longueur totale : 630 à 1 030 mm; queue : 148 à 300 mm; pied : 75 à 91 mm; oreille : 20 à 42 mm; hauteur à l'épaule : 300 mm.

POIDS

Les adultes pèsent de 3,3 à 9,5 kg et les mâles sont plus gros que les femelles. Certains individus pourraient atteindre 18 kg. À la naissance, les petits pèsent de 340 à 640 g.

CARACTÈRES DISTINCTIFS

Le porc-épic d'Amérique est entièrement noir à l'exception de certains piquants dont l'extrémité est blanc crème. On le reconnaît aisément aux longs poils durs et piquants qui lui recouvrent le dos et la queue (il en possède plus de 30 000).

HABITAT

Le porc-épic d'Amérique fréquente les forêts matures, les petits bois et les bosquets de résineux et de feuillus, les pentes rocailleuses et les éboulis.

GÎTE

En été, il passe la journée en haut d'un gros arbre. Immobile, il est difficile à voir parmi les branches. L'hiver, il niche sous les amas de pierres, au pied des arbres déracinés, dans les crevasses ou les arbres creux. Il n'hiberne pas. Tout au plus restera-t-il dans sa tanière pendant les tempêtes. On reconnaît ses sites de repos aux amoncellements de crottes sur le sol et à la forte odeur d'urine qui s'en dégage.

REPRODUCTION

Mâles et femelles s'accouplent entre la fin d'octobre et décembre. L'unique petit (rarement 2) naît entre la mi-mai et la fin de juillet, après une gestation de 205 à 217 jours. À la naissance, le petit est déjà bien formé et a les yeux ouverts. Ses piquants sèchent et durcissent en quelques heures. À 2 jours, il grimpe déjà aux arbres; à 2 semaines, il est sevré. Il atteint la maturité sexuelle au cours de son deuxième ou troisième automne.

RÉGIME ALIMENTAIRE

En hiver, le porc-épic d'Amérique ronge l'écorce interne de nombreux arbres, dont la pruche, le mélèze, le sapin, l'épinette et l'érable. Durant l'été, il se nourrit des bourgeons et des chatons de saules, d'aulnes ou de peupliers, des feuilles et des tiges d'arbustes et de plantes diverses, y compris les nénuphars. Il est friand de sel et se plaît à ronger les objets de bois ou de cuir laissés près des habitations. Il raffole de la colle utilisée dans le contre-plaqué et cause parfois des dégâts aux embarcations ou aux habitations. Il est possible de limiter les dommages en capturant l'animal vivant (l'attirer avec des pommes) et en le transportant à bonne distance du lieu de capture.

COMPORTEMENT SOCIAL

Solitaires durant l'été, mâles et femelles se retrouvent à l'automne au moment du rut. Leurs grognements et leurs cris aigus s'entendent alors de loin. L'hiver, jusqu'à 8 individus peuvent partager une tanière.

LONGÉVITÉ

En milieu naturel, le porc-épic d'Amérique vit en général de 5 à 7 ans. Une femelle aurait vécu près de 11 ans à l'état sauvage. En captivité, l'espèce peut vivre au moins 10 ans.

PRÉDATEURS

Le pékan est le principal prédateur du porc-épic d'Amérique, que menacent aussi le carcajou, le lynx roux, le lynx du Canada et parfois le loup gris, le coyote, le renard roux, l'ours noir, le vison d'Amérique, la martre d'Amérique, le grand duc et l'aigle royal. Le porc-épic d'Amérique se fait fréquemment tuer par les voitures, parce qu'il a l'habitude de traverser nonchalamment les routes et de s'immobiliser en posture défensive à l'approche d'un danger.

NOTES

Quelquefois actif le jour, il se nourrit surtout la nuit, rongeant l'écorce des arbres avec ses incisives de façon caractéristique. Il laisse aussi des traces de griffe sur l'écorce des arbres. Bon nageur et habile grimpeur, le porc-épic se déplace lentement au sol en suivant des sentiers de 25 cm de largeur le long desquels on trouve des taches

Michel Quintin

d'urine, des crottes dispersées (18-20 mm sur 10-13 mm) et des piquants. S'il est menacé, il hérisse les longs poils durs de son dos et de sa queue, tourne lentement le dos vers l'assaillant et le frappe de sa queue redoutable. Ses piquants se détachent si facilement au moindre contact qu'on a parfois la fausse impression qu'il les lance. Leur extrémité est recouverte de petits aiguillons qui gonflent aussitôt dans la chair, ce qui les rend difficiles à enlever.

Ordre des carnivores fissipèdes

Famille des canidés

Coyote
Loup gris
Renard arctique
Renard roux
Renard gris

Famille des ursidés

Ours noir
Ours blanc

Famille des procyonidés

Raton laveur

Famille des mustélidés

Martre d'Amérique
Pékan
Hermine
Belette pygmée
Belette à longue queue
Vison d'Amérique
Carcajou
Mouffette rayée
Loutre de rivière

Famille des félidés

Couguar
Lynx du Canada
Lynx roux

LES CARNIVORES FISSIPÈDES

Le groupe des carnivores fissipèdes comprend les mammifères terrestres qui se nourrissent principalement de chair. Si effectivement la plupart des espèces de ce sous-ordre s'alimentent de chair fraîche ou de charogne, plusieurs mangent aussi des fruits, des noix, des insectes et des vers.

Les carnivores sont presque tous de redoutables prédateurs. Depuis la minuscule belette pygmée jusqu'à l'énorme ours blanc, chacun occupe une niche écologique particulière et s'attaque à des proies de tailles et de conditions diverses, en fonction de son gabarit, de sa force et de son mode de vie. Tous sont dotés d'une dentition remarquablement bien adaptée au mode de vie du prédateur ou du charognard. Leurs incisives sont petites et pointues; leurs canines, longues, coniques et recourbées, sont terriblement efficaces pour mordre et saisir les proies. La dernière prémolaire supérieure et la première molaire inférieure ont des arêtes tranchantes et s'articulent étroitement l'une sur l'autre pour déchirer la viande. Ce sont les dents carnassières.

Les carnivores fissipèdes ont généralement cinq doigts aux pattes antérieures et quatre ou cinq doigts aux pattes postérieures. La plupart sont terrestres et parcourent chaque jour de longues distances à la recherche de nourriture. Quelques-uns grimpent aux arbres avec agilité, d'autres passent beaucoup de temps dans l'eau. Les ours et les ratons laveurs marchent sur la plante des pieds et ont une démarche lourdaude : ils sont plantigrades. Les autres espèces sont pour la plupart digitigrades : elles se déplacent rapidement et avec aisance en se tenant sur le bout des doigts. La plupart des félins ont aussi des griffes rétractiles, qu'ils rentrent dans une sorte de gaine lorsqu'ils se déplacent et qu'ils sortent au moment d'attaquer, pour grimper aux arbres ou gratter le sol. Certains mustélidés arboricoles comme la martre et le pékan ont pour leur part des griffes semi-rétractiles qui favorisent leurs déplacements dans les arbres.

Les carnivores ont une ouïe très fine qui leur permet de détecter un bruissement de feuilles, le mouvement d'une souris sous la neige ou le cri lointain d'un congénère. S'affairant de jour comme de nuit, ils ont des yeux particulièrement sensibles à la lumière; en effet, leurs yeux sont dotés d'une membrane appelée *tapetum lucidum* qui, à la façon d'un miroir, permet à la rétine d'absorber une plus grande quantité de lumière. C'est cette membrane qui fait briller les yeux des carnivores lorsqu'on les éclaire brusquement avec une lampe dans l'obscurité.

L'odorat est probablement le sens le plus affiné chez ces animaux. Pour un carnivore, l'odorat est important non seulement pour dépister une proie, mais aussi pour détecter la présence et identifier le statut sexuel d'un congénère et reconnaître les membres de sa propre famille. Plusieurs espèces ont des glandes sécrétant des matières odorantes que l'animal dépose le long des sentiers qu'il fréquente. L'urine et les matières fécales sont souvent utilisées pour signaler sa présence ou délimiter un territoire de chasse.

Chasser pour se nourrir n'est pas chose facile. La plupart des carnivores mènent une vie solitaire et ne partagent pas les fruits de leur chasse. D'autres vivent en petits groupes familiaux et chassent à plusieurs. En période d'abondance, la majorité des espèces se constituent des réserves, cachant dans la neige ou l'humus les proies surnuméraires. De la même façon, elles cachent ou dévorent en plusieurs repas la carcasse des gros animaux.

Certains carnivores solitaires, comme les ours et les belettes, ont un mode de reproduction bien particulier. Après la fécondation, les blastocytes (ovules fécondés) restent à l'état dormant pendant plusieurs mois. Ils ne s'implantent dans la paroi de l'utérus et ne se développent qu'à la fin de la gestation, de telle sorte que les petits naissent au moment où les conditions sont le plus favorables. Ce phénomène permet aux animaux de s'accoupler au printemps ou en été, saisons moins contraignantes sur le plan énergétique. Chez beaucoup de carnivores, les nouveau-nés sont peu développés et sans défense. Ils demeurent avec leurs parents durant une longue période au cours de laquelle ils apprendront à chasser et à se débrouiller seuls.

Mis à part le blaireau d'Amérique (*Taxidea taxus*), aucun carnivore n'hiberne. La plupart sont actifs toute l'année mais, en hiver, quelques espèces, comme la mouffette rayée, le raton laveur et les ours, peuvent passer plusieurs semaines à l'abri, dormant d'un sommeil profond pendant lequel leur métabolisme ralentit légèrement.

Dans l'est du Canada, on trouve une vingtaine d'espèces de carnivores terrestres représentant cinq familles : les canidés (coyote, loup gris, renards), les ursidés (ours), les procyonidés (raton laveur), les mustélidés (belettes, mouffette rayée, loutre de rivière), et les félidés (couguar, lynx).

Ces prédateurs sont appelés animaux à fourrure par le public. Depuis son arrivée en Amérique, l'homme a trappé et chassé la plupart de ces espèces pour leur fourrure, au point, dans certains cas, de mettre leur survie en péril. Certaines espèces comme le loup gris et le couguar, qui s'attaquent au cerf de Virginie, à l'orignal et aux animaux de la ferme, ont aussi fait l'objet d'une lutte sans merci qui les a éliminées des régions urbaines et rurales.

Tous ces prédateurs, nous l'oublions trop souvent, jouent un rôle majeur dans le contrôle naturel des populations de rongeurs et d'herbivores, qui, en leur absence, se multiplieraient jusqu'à mettre en danger leur propre existence.

Coyote

Canis latrans
Coyote

Famille des canidés

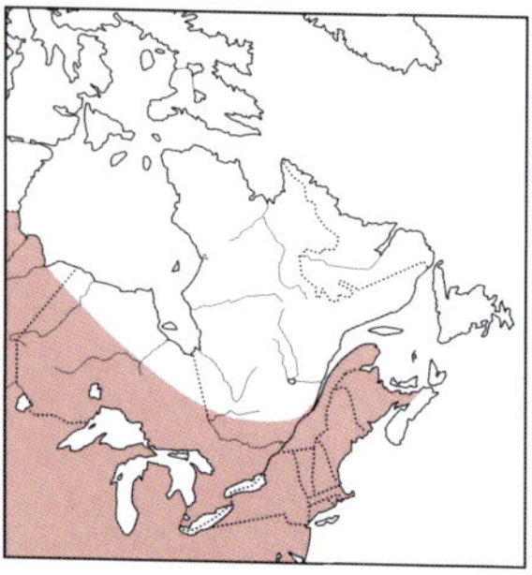

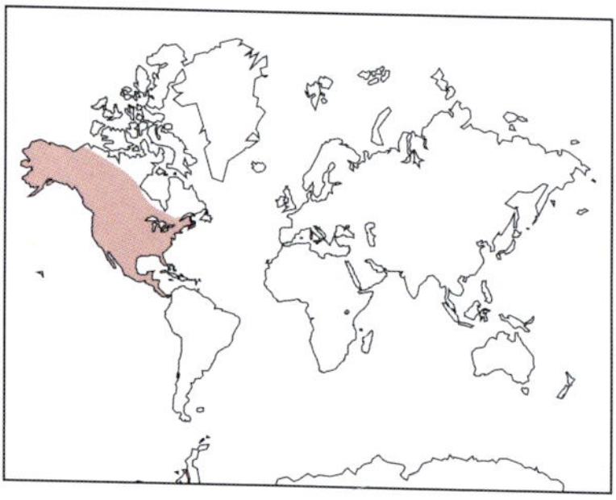

RÉPARTITION GÉOGRAPHIQUE

Le coyote se rencontre presque partout dans l'ouest et le centre des États-Unis, ainsi que dans l'ouest et le sud-est du Canada. Au Québec, on le trouve pratiquement partout au sud du Saint-Laurent et sur la rive nord du Saint-Laurent jusqu'à Sept-Îles. Dans l'est, sa présence a été notée au Tennessee, en Louisiane, en Ohio, au New Jersey, ainsi que dans les États de New York et de la Nouvelle-Angleterre. L'espèce est également présente au Mexique et en Amérique centrale.

MENSURATIONS

Longueur totale : 1 140 à 1 410 mm; queue : 275 à 395 mm; pied : 170 à 220 mm; oreille : 95 à 125 mm; hauteur à l'épaule : 580 à 660 mm.

POIDS

Les adultes pèsent entre 9 et 23 kg. Les mâles sont légèrement plus gros que les femelles. Les nouveau-nés pèsent de 283 à 453 g.

CARACTÈRES DISTINCTIFS

Le pelage du coyote est en général gris jaunâtre. Ses pattes antérieures, son museau et le revers de ses oreilles sont de couleur fauve. Il a souvent le bout de la queue noir, le ventre et la gorge blancs. Le coyote est plus petit que le loup gris et a les oreilles plus pointues. Le bout de son museau a moins de 25 mm de largeur et les coussinets plantaires de ses pattes postérieures ont un diamètre généralement inférieur à 32 mm. Lorsqu'il court, il porte la queue plutôt basse. Les chiens et les hybrides chien-coyote ont le museau relativement plus court et plus large, et le devant de leurs pattes antérieures n'est pas marqué d'une ligne verticale foncée.

Michel Quintin

HABITAT

On trouve le coyote dans les régions rurales et à proximité des villes. Il fréquente les champs, les buissons, les marais et les zones de broussailles à proximité des jeunes peuplements de feuillus et de conifères. L'étendue de son domaine, de 7 à 80 km² de superficie, varie selon l'abondance de la nourriture, l'époque de l'année et le statut social de l'animal. Il se déplace parfois sur de très longues distances.

GÎTE

Les petits viennent au monde dans un terrier constitué d'un tunnel de 30 cm de diamètre et de 1,5 à 7,5 m de long menant à une chambre de 1 m de diamètre. Le terrier est creusé dans une pente broussailleuse ou dans un fourré. Parfois, il est aménagé à même le terrier abandonné d'un autre mammifère. Le même gîte est utilisé d'année en année et parfois deux femelles y élèvent ensemble leur progéniture. Le terrier n'est utilisé que pendant l'élevage des petits. En hiver, le coyote se couche directement sur le sol ou dans la neige, à l'abri d'une souche, d'un arbre ou d'une grosse pierre.

REPRODUCTION

L'accouplement a lieu entre février et avril. L'unique portée annuelle comprend généralement de 1 à 8 petits (moy. 5 à 6) mais une femelle a déjà produit 17 rejetons. Les petits naissent en avril ou mai après une gestation de 60 à 66 jours (moy. 63 jours). Aveugles et sans défense à la naissance, ils ouvrent les yeux au bout de 12 à 16 jours, consomment pour la première fois vers l'âge de 3 semaines de la nourriture prédigérée que les parents régurgitent et sont sevrés à 5 ou 7 semaines. Plus tard, ils apprennent à chasser en accompagnant les parents dans leurs chasses quotidiennes. Ils parviennent à maturité à 1 ou 2 ans.

RÉGIME ALIMENTAIRE

Le coyote se nourrit surtout de mammifères : campagnols, souris, marmotte commune, porc-épic d'Amérique, lièvres, lapins, raton laveur et cerf de Virginie. Il s'en prend aux oiseaux qui nichent sur le sol et consomme parfois du poisson, des amphibiens, des crustacés, des insectes, des fruits, des glands et de la charogne. Le coyote attaque rarement des proies plus grosses que lui s'il est seul. Il lui arrive d'enterrer pour plus tard des carcasses à peine entamées, mais il mange habituellement en entier les animaux qu'il tue. Il s'attaque aux élevages de bovins, de moutons et de volailles.

COMPORTEMENT SOCIAL

Le coyote vit seul, en paire ou encore en petits groupes familiaux de 3 ou 4 individus ou plus. Il possède un répertoire vocal élaboré. Son cri le plus connu est un hurlement accompagné d'une série de jappements qu'il semble émettre pour appeler ou avertir ses congénères. Il communique également par voie olfactive, signalant sa présence lors de ses déplacements en grattant le sol et en déposant de l'urine, des excréments et des sécrétions anales en des endroits bien visibles.

LONGÉVITÉ

À l'état sauvage, le coyote vit rarement plus de 6 ou 8 ans, bien que certains individus aient atteint l'âge de 14 ou 15 ans. En captivité, l'espèce peut vivre 21 ans.

PRÉDATEURS

Le coyote est souvent victime d'un chasseur ou d'un trappeur. Il est à l'occasion la proie du chien, du loup gris, du couguar, de l'ours noir, du lynx du Canada et du lynx roux.

STATUT DES POPULATIONS

Au cours des dernières décennies, le coyote a su tirer profit du déboisement et du développement agricole et son aire de distribution dans l'est du Canada s'est largement étendue vers le nord. Arrivé au Québec vers les années 1940, il a été observé dans le Bas-Saint-Laurent au début des années 1970.

NOTES

Le coyote est actif toute l'année, du crépuscule à l'aube. Il s'affaire parfois le jour, particulièrement en été. On peut prévenir les attaques des coyotes en protégeant les animaux de ferme avant la mise bas et en gardant les jeunes animaux en enclos.

Loup gris

Canis lupus
Loup des bois
Gray Wolf, Timber Wolf

Famille des canidés

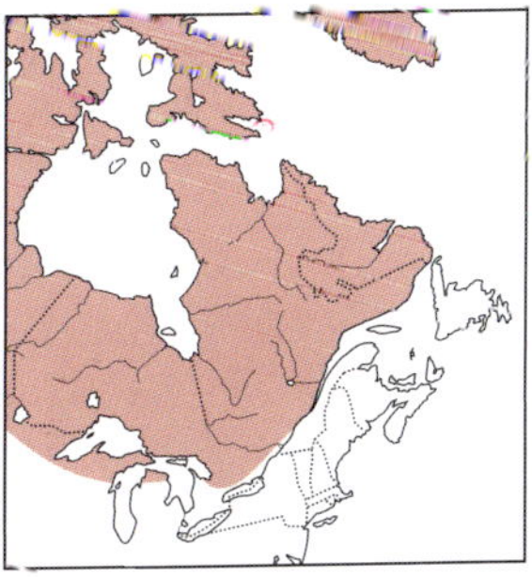

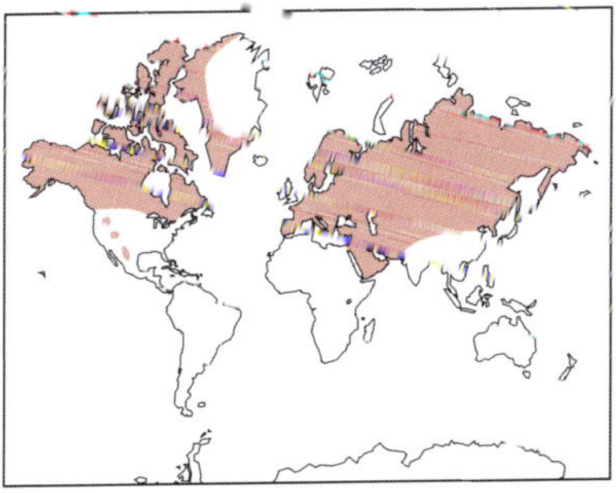

RÉPARTITION GÉOGRAPHIQUE

Le loup gris est présent dans les grandes forêts conifériennes, la toundra et les steppes du nord de l'Amérique du Nord, de l'Europe et de l'Asie. Dans le nord-est de l'Amérique du Nord, on ne le trouve plus qu'en Ontario et au Québec.

MENSURATIONS

Longueur totale : 1 590 à 1 650 mm; queue : 390 à 480 mm; pied : 255 à 290 mm; oreille : 100 à 140 mm; hauteur à l'épaule : 660 à 970 mm. Certains spécimens du Labrador dépassent ces tailles.

POIDS

Les adultes pèsent généralement entre 18 et 42 kg. Les mâles sont plus gros que les femelles. Les nouveau-nés pèsent de 350 à 450 g.

CARACTÈRES DISTINCTIFS

Son pelage varie du blanc au noir, mais il est généralement gris cendré. Le loup gris est plus gros que le coyote et a les oreilles plus arrondies. Le bout de son museau a généralement 25 mm ou plus de largeur et les coussinets plantaires de ses pattes de derrière ont plus de 38 mm de diamètre. Lorsqu'il court, il porte la queue assez haute.

HABITAT

Le loup gris fréquente une très grande variété d'habitats. On le rencontre depuis les forêts mélangées du sud jusque dans la toundra arctique, en passant par la forêt boréale et la forêt subarctique. Il habite un territoire qui peut avoir de 39 km² à plus de 13 000 km² de superficie. Les animaux d'une même meute se rassemblent chaque jour au même site, dans une petite clairière, à proximité d'un point d'eau. Plusieurs sentiers convergent vers cet endroit, qui sert de lieu de repos pendant le jour et d'aire de rassemblement avant la chasse.

GÎTE
Les louveteaux naissent dans un tronc creux ou une crevasse, sous une souche ou dans une tanière creusée sur un monticule ou aménagée à même un terrier abandonné de marmotte ou de renard. Un amas de terre fraîchement remuée marque l'entrée de la tanière. Celle-ci peut avoir 36 à 67 cm de largeur par 31 à 50 cm de hauteur. Elle s'ouvre sur un tunnel de 2 à 9 m de long qui débouche sur une chambre d'environ 1 m de diamètre. En hiver, le loup gris se couche à même le sol, dans la neige, enroulé sur lui-même.

REPRODUCTION
L'accouplement a lieu en février ou mars et une seule portée voit le jour chaque année. Les petits, au nombre de 1 à 14 (moy. 5 à 7), naissent en avril ou mai après une gestation de 63 jours. Aveugles et sans défense, les nouveau-nés ouvrent les yeux à l'âge de 11 à 15 jours. Ils acceptent la nourriture prédigérée par les parents à partir de l'âge de 3 semaines et sont sevrés au bout de 5 à 8 semaines. Ils parviennent à maturité vers 2 ou 3 ans. Pendant les 2 premiers mois, la louve ne quitte pas ses petits et se fait nourrir par le mâle et les autres membres du groupe. Par la suite, les jeunes sont transportés au lieu de rendez-vous habituel de la meute.

RÉGIME ALIMENTAIRE
Le loup gris se nourrit surtout de gros mammifères, particulièrement en hiver : cerf de Virginie, orignal, caribou des bois, boeuf musqué. Il est facilement distancé par les animaux les plus agiles et s'attaque de préférence aux spécimens très jeunes, âgés ou malades ou à ceux dont les mouvements sont gênés par la neige. Il s'attaque aussi aux animaux en excellente santé. Quand la nourriture abonde, il lui arrive d'enterrer ses restes de repas pour plus tard. En été, il ajoute à son régime des petits mammifères, dont le castor d'Amérique, le lièvre d'Amérique et les campagnols, des oiseaux, du poisson, des insectes et des petits fruits. Il s'attaque rarement aux animaux de ferme et encore moins à l'homme.

COMPORTEMENT SOCIAL
Le loup gris vit en meutes comprenant habituellement 5 à 8 membres, parfois plus, regroupés autour d'un mâle dominant. Certains individus vivent seuls. Souvent les loups hurlent pour rassembler les membres de la meute et proclamer leur présence sur un territoire donné. Ils marquent aussi leur territoire en urinant, en déféquant ou en grattant le sol à des endroits choisis.

LONGÉVITÉ
Le loup gris vit rarement plus de 10 ans à l'état sauvage, mais peut atteindre l'âge de 19 ans en captivité.

PRÉDATEURS
Le loup gris n'a pas de prédateurs sauf l'homme et, peut-être, le couguar.

Maxime St-Amour

STATUT DES POPULATIONS

À l'origine, l'espèce peuplait tout l'hémisphère Nord. Elle est aujourd'hui disparue de la plupart des régions habitées et menacée d'extinction à bien des endroits aux États-Unis. Autrefois présent presque partout dans l'est du Canada, le loup gris a été l'objet d'une chasse impitoyable. On ne le trouve plus aujourd'hui que dans les grandes forêts nordiques et la toundra. Malgré cela, l'espèce n'est pas considérée comme menacée au Canada et le piégeage en est encore permis.

NOTES

Le loup gris chasse habituellement durant la nuit et se repose le jour. Au pas de course, il atteint 50 km/h sur de courtes distances, mais il peut franchir au trot jusqu'à 72 km par jour sans arrêter. On considère cette espèce comme l'ancêtre du chien domestique. Certains chercheurs croient même que le loup et le chien appartiennent à la même espèce.

Renard arctique

Alopex lagopus
Arctic Fox

Famille des canidés

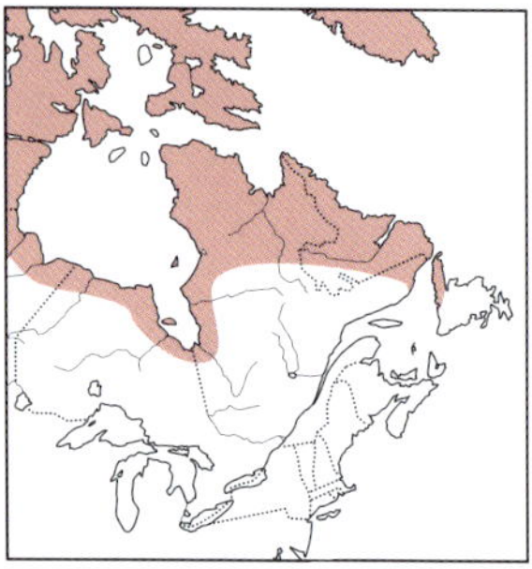

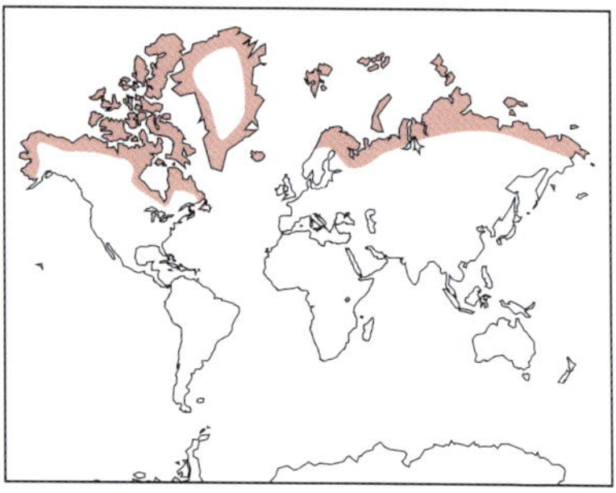

RÉPARTITION GÉOGRAPHIQUE
Cette espèce circumpolaire s'observe dans les régions arctiques de l'Europe, de l'Asie et de l'Amérique du Nord.

MENSURATIONS
Longueur totale : 800 à 1 100 mm; queue : 275 à 425 mm; pied : 130 à 160 mm; oreille : 55 à 70 mm; hauteur à l'épaule : 250 à 300 mm.

POIDS
Les adultes, mâles et femelles, pèsent de 2,5 à 4 kg. Les mâles sont légèrement plus gros que les femelles. Le poids des animaux fluctue durant l'année, atteignant un maximum à la fin de l'été. Les nouveau-nés pèsent entre 60 et 90 g.

CARACTÈRES DISTINCTIFS
L'espèce revêt deux colorations en hiver : la blanche et la bleue. Le pelage du renard bleu va du bleu-noir au gris perle. En été, les deux variétés sont d'un brun ardoisé ou jaunâtre. Contrairement au renard roux dont l'extrémité blanche de la queue contraste avec le reste du corps, le renard arctique a la queue de couleur uniforme.

HABITAT
Le renard arctique fréquente la toundra alpine et la toundra arctique. On le trouve depuis la limite des arbres jusque sur la banquise. Il s'aventure souvent le long des rivages. Pendant l'élevage des jeunes, un couple de renards occupe un domaine qui peut varier de 2 à 30 km^2. À l'automne et en hiver, le renard arctique est moins sédentaire. Il s'avance parfois très loin sur les glaces, suivant les ours blancs dans leurs chasses et se nourrissant à même les carcasses des victimes. Lorsque la nourriture est rare, il lui arrive de descendre loin vers le sud, au-delà de la limite des arbres. Certains renards arctiques

Michel Quintin

aperçus occasionnellement sur l'île d'Anticosti, à Terre-Neuve ou sur l'île du Cap-Breton, ont probablement voyagé sur des glaces dérivant du nord.

GÎTE

Il élève ses petits dans une crevasse entre les rochers ou une tanière creusée dans la berge d'un cours d'eau, sur une petite butte ou dans un esker. Généralement réutilisé année après année, son gîte possède plusieurs entrées de 20 à 30 cm de diamètre, souvent parsemées de carcasses d'oiseaux ou de lemmings. En hiver, le renard arctique se couche dans la neige, enroulé sur lui-même, couvrant son museau et ses pattes avec sa queue.

REPRODUCTION

L'accouplement a lieu entre février et avril et l'espèce ne produit qu'une portée par année. Le nombre de jeunes varie énormément d'une année à l'autre, en fonction de l'abondance de la nourriture. Les petits, au nombre de 2 à 25 (moy. [illegible]) voient le jour entre avril et juin après une gestation de 51 à 54 jours. À la naissance, les renardeaux n'ont pas de dents, sont aveugles, sourds et couverts d'un épais duvet brun foncé. Ils ouvrent les yeux au bout de 14 à 16 jours, commencent à sortir du terrier à 3 ou 4 semaines, sont sevrés à 6 ou 7 semaines et atteignent la maturité à 9 ou 10 mois. Le mâle participe aux soins des petits en défendant le nid et en apportant à la renarde les fruits de sa chasse.

RÉGIME ALIMENTAIRE
Ce renard se nourrit surtout de lemmings et de campagnols. Son régime comprend aussi des oeufs, des oiseaux, des poissons, des insectes, des algues, des baies, des herbages et de la charogne. Il s'attaque aux jeunes lièvres arctiques et parfois aussi aux jeunes phoques. Quand la nourriture abonde, le renard peut accumuler des réserves, enfouissant parfois plusieurs proies au même endroit dans la neige ou le pergélisol.

COMPORTEMENT SOCIAL
Le renard arctique mène une vie solitaire sauf pendant le rut et l'élevage des petits. En hiver, on voit parfois plusieurs bêtes regroupées autour d'une carcasse.

LONGÉVITÉ
Le renard arctique peut vivre 8 ou 10 ans à l'état sauvage et atteindre l'âge de 15 ans en captivité.

PRÉDATEURS
Il a peu de prédateurs à part l'homme, qui le chasse pour sa fourrure, le chien de traîneau, le loup gris et le harfang des neiges, qui capturent parfois un petit.

STATUT DES POPULATIONS

Les populations de renards arctiques sont sujettes à des fluctuations cycliques de 3 ou 4 ans, qui suivent d'un an les sommets des populations de lemmings.

NOTES

Il est actif toute l'année et à toute heure du jour, mais surtout au crépuscule et pendant la nuit. Bien adapté à la vie en milieu polaire, le renard arctique a un museau, des oreilles et des pattes courtes ainsi qu'un corps trapu et arrondi qui contribuent à réduire les pertes de chaleur. Ses coussinets plantaires sont très vascularisés et couverts de poils, ce qui les protège sur les surfaces gelées. Ses pattes seraient également dotées d'un système d'échange calorique vasculaire à contre-courant. Parmi les mammifères, c'est lui qui a la fourrure la plus isolante. Celle-ci, longue et soyeuse, est très recherchée, particulièrment dans la variété bleue. Le renard arctique ne craint pas l'homme et s'approche volontiers des campements et des habitations. Il lui arrive d'aboyer ou de glapir à la façon d'un petit chien.

Renard roux

Vulpes vulpes
Red Fox

Famille des canidés

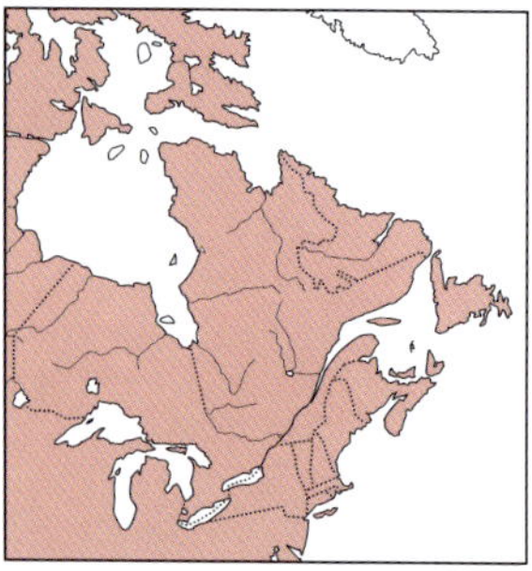

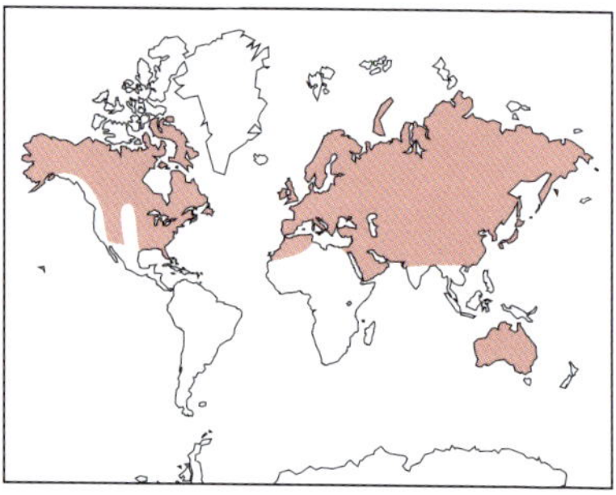

RÉPARTITION GÉOGRAPHIQUE

On trouve cette espèce depuis le nord de la Floride jusque dans l'Arctique, de même qu'en Europe, en Afrique du Nord et en Asie. Elle a été introduite en Australie à la fin du XIXe siècle.

MENSURATIONS

Longueur totale : 945 à 1 170 mm; queue : 330 à 450 mm; pied : 155 à 185 mm; oreille : 75 à 95 mm; hauteur à l'épaule : 380 à 410 mm.

POIDS

Les adultes pèsent entre 2,7 et 7,2 kg; les mâles sont légèrement plus gros que les femelles. Les nouveau-nés pèsent de 71 à 120 g.

CARACTÈRES DISTINCTIFS

On note plusieurs variétés de coloration chez le renard roux, mais dans tous les cas le bout de la queue est blanc, alors que chez le renard gris, le dessus et l'extrémité de la queue sont noirs. La variété rouge jaunâtre ou rouge foncé est la plus commune. Chez la variété argentée, la base des poils est noire et leur extrémité est blanche. La variété noire est presque entièrement noire et la variété croisée a le pelage brun rougeâtre mêlé de noir ou de blanc et les épaules foncées.

HABITAT

Le renard roux fréquente toutes sortes d'habitats et s'approche volontiers des habitations. Il vit dans les champs bordés de haies arbustives, les buissons, les taillis, les îlots boisés et les lisières des grandes forêts. Il occupe habituellement un domaine de moins de 9 km de diamètre et couvre en moyenne 12 ou 13 km dans ses chasses quotidiennes.

P u[illegible]reault

GÎTE

Le renard roux s'abrite et élève ses petits dans un arbre creux, sous un tas de pierres, dans un terrier de marmotte abandonné ou dans une tanière qu'il creuse lui-même. L'entrée, de 30 cm de diamètre environ, s'ouvre sur un tunnel de 3 à 9 m de long qui s'enfonce jusqu'à 3 m sous la surface. La tanière comporte habituellement plusieurs issues. Elle est aménagée à proximité d'un champ ou d'un cours d'eau, parfois même dans une clairière ou un pré. En hiver, le renard roux ne fait pas de nid, mais se couche dans la neige, le dos en rond, le nez et les pattes cachés sous la queue.

REPRODUCTION

L'accouplement a lieu en janvier ou février et l'espèce ne produit qu'une portée par année. Les petits, au nombre de 1 à 12 (moy. 4 à 5), naissent en mars ou avril après une gestation de 51 à 53 jours. À la naissance, les renardeaux sont aveugles et sans défense. Ils ouvrent les yeux au bout de 13 à 15 jours, sont sevrés à l'âge de 3 à 5 semaines et quittent leurs parents à 4 mois. Les renardes sont matures à 10 mois.

RÉGIME ALIMENTAIRE

Le renard roux se nourrit d'à peu près tout ce qu'il trouve. Son régime se compose surtout de petits mammifères : lièvres, lapins, taupes, musaraignes, écureuils, souris et campagnols. Il mange aussi des insectes, des oiseaux, des fruits, des noix, des graines et de la charogne. En hiver, il creuse des trous dans la neige pour capturer des campagnols ou se nourrir de petits fruits tombés des arbres. Après avoir repéré une proie sous la neige grâce à son ouïe ou son odorat, le renard peut aussi bondir en l'air et défoncer la neige avec ses pattes de devant. Comme les autres canidés, il cache souvent de la nourriture sous la neige ou dans l'humus. Creusant un trou peu profond avec ses pattes, il y dépose une ou plusieurs proies et les recouvre de terre, de feuilles ou de neige avec son museau. Lorsque la cache est vide, il la marque en urinant dessus. Le renard, qui chasse un peu à la manière du chat, cause parfois des dégâts dans les poulaillers. On peut prévenir ces dommages en obstruant toutes les ouvertures possibles avec un bon grillage. Il se rend cependant très utile en détruisant quantité de souris et de campagnols.

COMPORTEMENT SOCIAL

Le renard roux vit seul en automne et en hiver, mais dès janvier les adultes forment des couples qui resteront liés durant l'élevage des petits. Il signale sa présence sur un territoire en urinant et en déféquant ça et là. Ses doigts sont munis de glandes qui imprègnent le sol d'une odeur forte.

LONGÉVITÉ

Le renard roux peut vivre 10 ans à l'état sauvage et 12 ans en captivité.

Michel Quintin

PRÉDATEURS

L'homme lui fait la chasse pour sa fourrure de grande valeur. Il est parfois victime du chien, du lynx roux, du coyote, du loup gris, du lynx du Canada, de l'ours noir et du carcajou.

STATUT DES POPULATIONS

Bien qu'il soit particulièrement abondant dans les régions rurales et à proximité des villes, le renard roux est difficile à observer à cause de ses moeurs nocturnes et de sa grande timidité.

NOTES

Le renard roux est actif toute l'année et chasse généralement la nuit, mais on l'observe parfois à l'aube ou au crépuscule. La piste d'un renard qui trotte est quasi rectiligne comme celle d'un chat. On doit se méfier d'un renard qui s'approche de nous sans crainte puisque cet animal est souvent porteur du virus de la rage.

Renard gris

Urocyon cinereoargenteus **Famille des canidés**

Gray Fox, Tree Fox

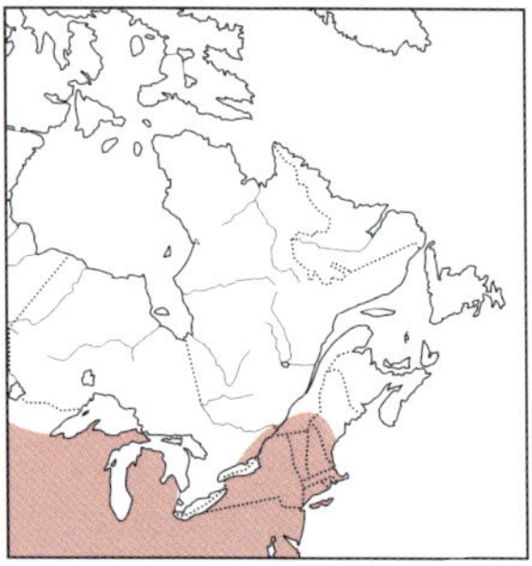

RÉPARTITION GÉOGRAPHIQUE

L'extrême sud de l'Ontario et du Québec constitue la limite nord de la distribution de cette espèce dans l'est du Canada. On trouve le renard gris partout dans l'est et le sud-ouest des États-Unis, au Mexique, en Amérique centrale et au nord de l'Amérique du Sud.

MENSURATIONS

Longueur totale : 800 à 1 130 mm; queue : 275 à 430 mm; pied : 100 à 150 mm; oreille : 75 mm; hauteur à l'épaule : 360 à 380 mm.

POIDS

Les adultes pèsent de 3 à 7 kg et les mâles sont légèrement plus gros que les femelles. Les nouveau-nés pèsent environ 86 g.

CARACTÈRES DISTINCTIFS

Le renard gris a le dos gris et une partie du cou, des flancs et des pattes de teinte cannelle. Il se distingue du renard roux par sa stature plus petite et par sa queue, dont le dessus et l'extrémité sont noirs (le renard roux a le bout de la queue blanc).

HABITAT

Le renard gris habite les forêts de feuillus et les zones de broussailles. On le trouve également dans les régions agricoles parsemées de petits bois et de champs en friche.

GÎTE

Il s'abrite toute l'année et élève ses petits dans un terrier aménagé dans une cavité naturelle, dans un amas de pierres, sous une souche ou dans un arbre creux.

Steve Maslowski / Valan Photos

REPRODUCTION

La période de l'accouplement s'étend de janvier à mai et les petits viennent au monde entre mars et juillet, après une gestation de 53 à 62 jours (moy. 59). L'unique portée annuelle comprend jusqu'à 7 petits (moy. [illegible]). Les nouveau-nés sont aveugles et nus. Ils sont sevrés à 3 mois et commencent à chasser seuls à 4 mois. La plupart des jeunes femelles deviennent matures à 10 mois, mais plusieurs ne sont réceptives qu'au cours de leur seconde année. Tout indique que cette espèce est monogame et que le mâle participe aux soins de la progéniture même s'il ne partage pas le terrier maternel.

RÉGIME ALIMENTAIRE

Le renard gris est le plus omnivore de tous les canidés d'Amérique du Nord. Sa proie principale est le lapin à queue blanche, mais il s'attaque aussi aux oiseaux et à divers rongeurs, campagnols, souris, ou écureuils. Il mange également des criquets et des sauterelles, ainsi que des fruits (plaquemines, raisins sauvages, pommettes, noisettes, cerises, baies, maïs) et des herbes. Comme le renard roux, il a l'habitude de cacher ses proies dans le sol meuble ou dans la mousse.

COMPORTEMENT SOCIAL

Le renard gris vit seul ou en couple. Il souligne sa présence sur un territoire en déposant bien en vue ses fèces et son urine sur une pierre ou une souche, dans un endroit dégagé ou surélevé ou encore le long d'un sentier.

LONGÉVITÉ

Très peu de renards gris vivent au-delà de 4 ou 5 ans, bien que certains individus aient atteint l'âge de 14 ou 15 ans à l'état sauvage.

PRÉDATEURS

Le renard gris est trappé pour sa fourrure. Outre l'homme, il a pour principaux prédateurs l'aigle royal, le coyote, le lynx roux et le chien.

STATUT DES POPULATIONS

Cette espèce est considérée comme vulnérable en Ontario et au Québec.

NOTES

Le renard gris est surtout nocturne ou crépusculaire, mais on le voit parfois en plein jour. Il grimpe souvent aux arbres pour se nourrir, se reposer ou fuir un danger, sautant de branche en branche avec aisance. Au sol, il peut atteindre la vitesse de 45 km/h sur une courte distance.

Ours noir

Ursus americanus **Famille des ursidés**

Ours baribal
American Black Bear

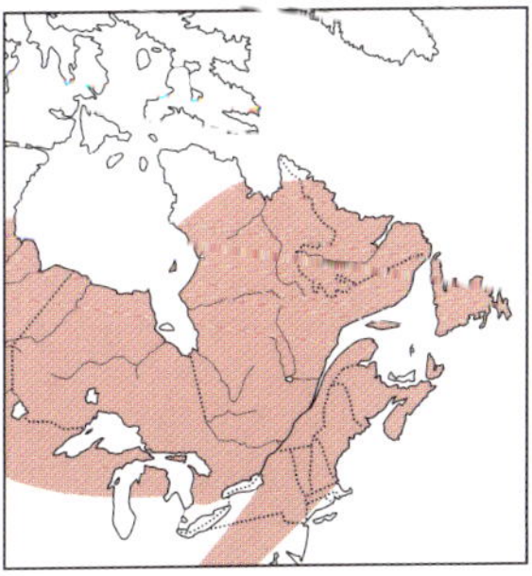

RÉPARTITION GÉOGRAPHIQUE
On trouve l'ours noir dans toutes les régions boisées du Canada et des États-Unis ainsi que dans les régions montagneuses du Mexique.

MENSURATIONS
Longueur totale : 1 370 à 1 880 mm; queue : 72 à 177 mm; pied : 195 à 365 mm; oreille : 120 mm; hauteur à l'épaule : 660 à 910 mm. Les femelles sont plus petites que les mâles.

POIDS
Le poids des mâles adultes est de 115 à 270 kg; celui des femelles, de 92 à 140 kg. Il fluctue selon l'âge, la qualité de l'habitat et la période de l'année, atteignant un maximum à l'automne. Les nouveau-nés pèsent de 170 à 280 g.

CARACTÈRES DISTINCTIFS
Dans nos régions, l'ours noir a un pelage généralement noir avec parfois une tache blanche sur la poitrine. Des individus au pelage brun ou de couleur cannelle sont parfois observés dans le nord-ouest du Québec.

HABITAT
L'ours noir fréquente les forêts denses de feuillus et de conifères, les brûlis, les broussailles et parfois même la toundra. On le rencontre à proximité des ruisseaux, des rivières ou des lacs, ou en bordure des marécages. Les mâles occupent un domaine vital d'environ 60 à 173 km². Celui des femelles varie de 5 à 50 km².

GÎTE
Il fait son nid dans une crevasse ou sous un arbre renversé. Il lui arrive aussi d'élargir un trou et de le tapisser de feuilles, de mousse

et de brindilles. Entre le début d'octobre et la fin de novembre, l'ours noir mange de moins en moins et se cherche une tanière où passer l'hiver. Durant l'hiver, lorsqu'il dort, la température de son corps et son rythme cardiaque s'abaissent légèrement. Son sommeil est léger et un bruit fort réussit parfois à le réveiller. Subsistant à même ses propres réserves de graisse, il sort de sa léthargie à la fonte des neiges, en mars ou avril.

REPRODUCTION

L'accouplement a lieu en juin ou juillet, mais les blastocytes (ovules fécondés) ne s'implantent dans l'utérus qu'environ 18 semaines plus tard et se développent ensuite pendant 6 à 8 semaines. Les petits, au nombre de 1 à 6 (moy. 2 à 3), naissent en janvier ou février pendant le repos hivernal de leur mère, après une gestation totale de 7 à 7 mois et demi. À la naissance, ils sont nus, aveugles et peu développés. Ils mesurent à peine 20 cm. Les oursons resteront avec leur mère de 16 à 18 mois. Matures à 3 ou 4 ans, les ourses mettent bas tous les 2 ans.

RÉGIME ALIMENTAIRE

Au printemps, l'ours noir se nourrit de la tige, des bourgeons et des racines de diverses plantes herbacées, de petits mammifères et de charogne. Il s'attaque également aux jeunes cervidés. Durant l'été, il retourne les pierres et les troncs d'arbres tombés ou éventre les souches pourries à la recherche d'abeilles, de guêpes, de fourmis et de termites. Il mange aussi des poissons, des baies et des fruits sauvages. À l'automne, il ajoute à son menu les noisettes, les glands et les faînes. Il raffole du miel et cause souvent des dégâts aux ruches.

COMPORTEMENT SOCIAL

L'ours noir est solitaire sauf pendant le rut, l'élevage des petits ou lorsque la nourriture abonde à un endroit précis.

LONGÉVITÉ

En milieu naturel, la longévité de l'ours noir dépasse rarement 10 à 15 ans. Certains peuvent vivre 25 ans.

PRÉDATEURS

Outre l'homme, il a peu de prédateurs, sauf le loup gris, le coyote, le couguar et possiblement l'ours blanc.

NOTES

L'ours noir s'active environ 30 minutes après le lever du soleil; son activité s'intensifie jusque vers 11 heures, diminue légèrement entre midi et 15 heures et reprend entre 15 et 19 heures, pour décliner avec la fin de l'ensoleillement. Cette activité diurne lui permet de localiser plus facilement les petits fruits dont il se nourrit à la fin de l'été et à l'automne. La période de repos du milieu du jour est vouée à la digestion. Dans les régions habitées, il se nourrit parfois durant la nuit, de manière à réduire la probabilité de rencontrer un humain. Il lacère et arrache l'écorce de certains conifères ou feuillus pour en lécher la sève ou, en période de reproduction, pour signaler

Michel Quintin

sa présence sur un territoire. Il a aussi l'habitude de se frotter contre les gros arbres pour se gratter, laissant parfois des touffes de poils accrochées à l'écorce. Grimpant volontiers aux arbres pour fuir un danger ou se nourrir, il laisse le long des troncs des traces de griffes caractéristiques. Habile nageur, c'est aussi un coureur rapide; il peut atteindre jusqu'à 55 km/h sur de courtes distances.

L'ours noir est un animal imprévisible et dangereux. Bien que ce ne soit pas chose courante, il lui arrive d'attaquer un être humain sans provocation. Il est recommandé de ne jamais lui donner de nourriture et, dans son voisinage, d'entreposer la nourriture et les déchets alimentaires hors de sa portée, dans des contenants solides et hermétiques et surtout de minimiser les odeurs associées à la nourriture et aux ordures. On peut protéger les ruches en les entourant d'une clôture électrique à bétail.

Conseils de sécurité en présence d'un ours noir

1. Restez calme et évaluez la situation.
2. Ne criez pas et ne faites pas de mouvements brusques. Parlez-lui doucement.
3. Laissez-lui toujours un corridor de fuite. Ne le coincez pas. Laissez-lui suffisamment d'espace pour qu'il fasse demi-tour.
4. Ne vous enfuyez pas en courant sauf si vous pouvez rapidement gagner un endroit sûr. La course peut encourager l'ours à vous suivre et à vous prendre pour une proie. N'oubliez pas qu'il est un excellent coureur et un excellent nageur.
5. Évitez de le regarder dans les yeux car il peut percevoir ce geste comme une menace.
6. Reculez lentement tout en le gardant à l'œil pour connaître sa position.
7. S'il avance, jetez des objets devant vous pour le distraire.
8. Monter dans un arbre peut être une solution car la plupart des ours adultes n'y grimpent pas spontanément, sauf pour se nourrir à l'automne.
9. Il est recommandé de ne pas faire le mort avec l'ours noir. Restez plutôt attentif à la situation et soyez prêt à lui faire face en cas d'attaque.
10. Si l'ours attaque, défendez-vous avec tout ce qui vous tombe sous la main : roches, bâton, rame, hache, etc. Haussez la voix, criez et gesticulez car vous devez l'impressionner.

Source : Société de la faune et des parcs du Québec

Ours blanc

Ursus maritimus **Famille des ursidés**

Ours polaire

Polar Bear

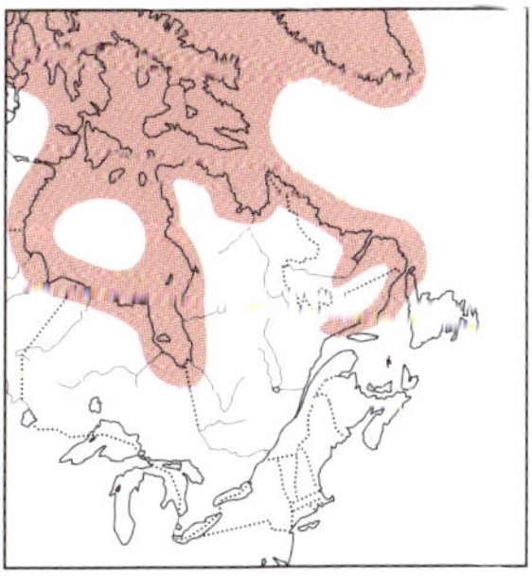

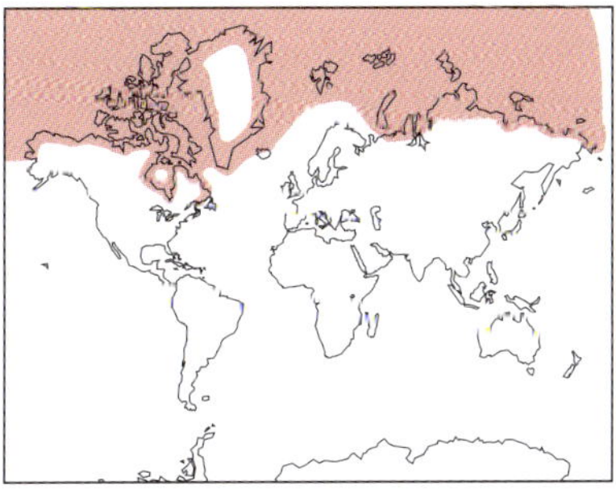

RÉPARTITION GÉOGRAPHIQUE

On trouve cette espèce circumpolaire dans le nord de l'Amérique du Nord ainsi que dans l'extrême nord de l'Europe et de l'Asie.

MENSURATIONS

Longueur totale : 1 500 à 3 000 mm; queue : 75 à 130 mm; pied : 250 à 400 mm; oreille : 90 à 150 mm; hauteur à l'épaule : 1 200 à 1 600 mm.

POIDS

Les adultes pèsent de 345 à 500 kg. Certains mâles peuvent atteindre 700 kg. Plus petites, les femelles atteignent environ les 2/3 du poids et de la taille des mâles. Le poids des nouveau-nés est de 680 à 900 g.

CARACTÈRES DISTINCTIFS

Cet ours a le pelage blanc jaunâtre, le bout du museau et les lèvres noirs.

HABITAT

En hiver, l'ours blanc fréquente les banquises à proximité de l'eau libre. Avec la fonte des glaces, il se rapproche de la terre ferme. On peut le voir le long des côtes ou sur les glaciers et les collines rocailleuses près de la mer, particulièrement sur certaines îles.

GÎTE

En été, l'ours blanc se repose dans des trous creusés dans la neige ou dans le sol, à l'abri du soleil et des insectes. En novembre, les ourses gestantes se réfugient dans une tanière creusée dans un banc de neige ou un amoncellement de glace et y passent l'hiver dans un sommeil léthargique. Elles accouchent de leurs petits durant leur sommeil hivernal et restent cachées jusqu'en mars ou avril. La plupart des juvéniles, des mâles adultes et des femelles non gestantes restent actifs tout l'hiver.

REPRODUCTION

L'accouplement a lieu entre mars et juin. Les femelles n'ont qu'une portée tous les 2 ou 3 ans, comprenant de 1 à 4 petits (moy. 2). La durée de la gestation est de 195 à 265 jours et les petits naissent en décembre ou janvier. Comme chez l'ours noir, les embryons ne se développent effectivement qu'au cours des 10 dernières semaines de la gestation. Aveugles et couverts de petits poils à la naissance, les oursons restent avec leur mère pendant 30 mois et atteignent la maturité sexuelle entre 4 et 7 ans.

RÉGIME ALIMENTAIRE

En hiver, il se nourrit surtout de phoque annelé, de phoque barbu et de phoque commun, de jeunes morses et de poissons. En été, il se nourrit aussi de charogne (baleines échouées), de lemmings, d'oeufs et d'oiseaux aquatiques, d'algues et d'invertébrés marins, de baies et de plantes herbacées. Il capture les jeunes phoques en défonçant l'abri construit par leur mère sous la neige et chasse les adultes étendus sur la glace en s'approchant d'eux furtivement. Il lui arrive de rester à l'affût sur la glace près d'un trou de respiration et d'attendre qu'un phoque s'y présente. Contrairement à la croyance populaire, on n'a jamais vu d'ours blanc en liberté se couvrir le museau avec une patte lorsqu'il est à l'affût. Il tue habituellement ses victimes d'un puissant coup de patte, mais peut aussi saisir avec ses mâchoires des phoques, des oiseaux ou des poissons en eau libre. Une carcasse de phoque lacérée et dépouillée de sa graisse est un signe de son passage. L'estomac de l'ours blanc adulte peut contenir jusqu'à 70 kg de nourriture.

COMPORTEMENT SOCIAL

L'ours blanc mène une vie solitaire, sauf pendant le rut alors que les mâles se rapprochent des femelles et lorsque les mères élèvent leurs petits. Entre la fin de juin et la fin de juillet, lorsque la glace se fait rare, on note des rassemblements d'ours blancs à certains endroits le long des côtes. On a déjà observé une quarantaine d'ours autour d'une carcasse de baleine échouée. Les femelles accompagnées de petits de moins de un an ont tendance à éviter la compagnie des mâles adultes, pour prévenir toute prédation possible à leur endroit.

Comme tous les jeunes carnivores, les oursons passent beaucoup de temps à jouer. Poursuites, combats ludiques, pirouettes favorisent leur développement physique et leur apprentissage. Les affrontements entre mâles adultes prennent la forme de combats féroces où les animaux se dressent sur leurs pattes de derrière et cherchent à mordre la nuque de leur adversaire.

Les ours blancs ont un répertoire vocal plutôt limité. Les adultes émettent des grognements et des soufflements lors des interactions

Fred Bruemmer

agressives et les jeunes émettent des couinements et des gémissements pour attirer l'attention de leur mère.

LONGÉVITÉ

En milieu naturel, sa longévité moyenne est de 15 à 20 ans. En captivité, l'ours blanc peut vivre près de 40 ans.

PRÉDATEURS

Mis à part l'homme, l'ours blanc a peu d'ennemis. Il est parfois victime d'un gros morse ou d'un épaulard. Dans l'arctique, l'ours blanc est chassé à des fins de subsistance par les Inuits et les Amérindiens qui en apprécient la fourrure et la chair. Au Canada, environ 600 ours blancs sont ainsi tués annuellement à des fins de subsistance. Une quinzaine d'ours sont également tués par des chasseurs guidés par des Inuits. Les déversements de pétrole qui peuvent survenir dans l'habitat de l'ours blanc et la pollution par les organochlorés qui s'accumulent dans les graisses et les organes internes sont des causes de mortalité chez ces animaux.

NOTES

L'ours blanc est actif le jour comme la nuit. Il peut nager à plus de 11 km/h, agitant ses pattes antérieures et laissant traîner ses membres postérieurs, et rester sous l'eau jusqu'à 2 minutes. On l'observe souvent loin des côtes. On évalue à 15 000 le nombre d'ours blancs au Canada. Les chercheurs s'accordent pour dire que le réchauffement global de la planète provoquera une réduction graduelle du couvert de glace et de l'habitat de l'ours blanc, entraînant à long terme une réduction des populations de cet animal.

Raton laveur

Procyon lotor
Chat sauvage
Raccoon

Famille des procyonidés

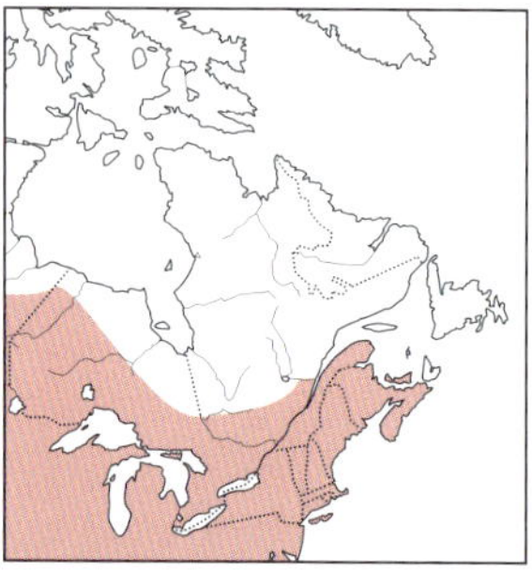

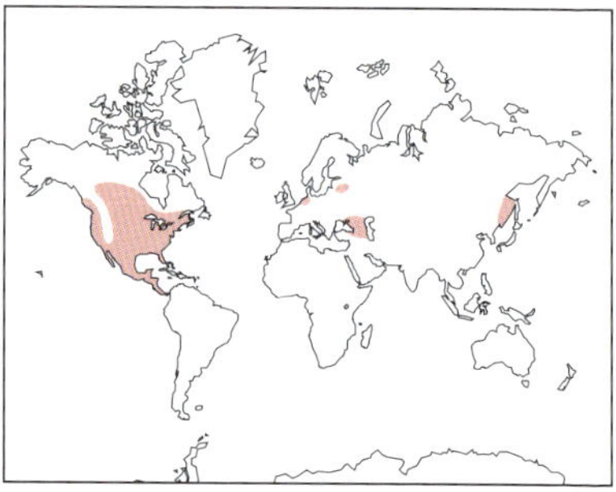

RÉPARTITION GÉOGRAPHIQUE

Cette espèce occupe le sud du Canada et une grande partie des États-Unis, du Mexique et de l'Amérique centrale. Elle a été introduite sur le territoire de l'ancienne Union soviétique et en Allemagne.

MENSURATIONS

Longueur totale : 655 à 960 mm; queue : 200 à 275 mm; pied : 100 à 125 mm; oreille : 48 à 58 mm.

POIDS

Les adultes pèsent généralement entre 5 et 12 kg, mais un gros mâle peut peser jusqu'à 28 kg. Leur poids fluctue selon la saison, atteignant un maximum à l'automne. Les mâles sont plus gros que les femelles. Le poids des nouveau-nés est de 57 à 85 g.

CARACTÈRES DISTINCTIFS

Le raton laveur a le pelage poivre et sel et porte autour des yeux un masque noir bordé de blanc. Sa queue est rayée de blanc et de noir.

HABITAT

Le raton laveur fréquente la forêt mixte, la forêt de feuillus et les régions agricoles. On le trouve en bordure des forêts, le long des cours d'eau et dans les marécages. Il peut vivre dans les parcs des villes et des banlieues.

GÎTE

Il s'abrite dans un arbre creux, une souche, une caverne, un terrier de marmotte abandonné, une grange ou un hangar et change souvent d'abri. Vers la mi-novembre, les ratons laveurs se réfugient dans leur gîte et y passent l'hiver en état de torpeur. Comme l'ours noir, ils cessent de manger et survivent à même les réserves de graisse qu'ils

Michel Quintin

ont accumulées pendant l'été. Contrairement à ce qu'on a longtemps cru, la température de leur corps et leur métabolisme demeurent élevés et ils se réveillent de temps à autre durant leur sommeil hivernal. Les mâles sortent de leur gîte à la fin de janvier, les femelles vers la mi-mars.

REPRODUCTION

Les femelles s'accouplent en janvier ou février et n'ont qu'une seule portée par année. Les petits, au nombre de 1 à 7 (moy. 4 à 5), naissent en avril ou mai après une gestation de 63 jours. À la naissance, ils sont aveugles et ont le dos et les flancs poilus. Leurs yeux s'ouvrent à 3 semaines et ils sont sevrés à 4 mois. Les ratonneaux peuvent se reproduire à l'âge de 1 ou 2 ans. Ils passent leur premier hiver avec leur mère et ne se dispersent qu'au début de l'été suivant. Les ratonnes s'occupent seules de l'élevage des jeunes.

RÉGIME ALIMENTAIRE

Le raton laveur se nourrit de tout ce qu'il trouve mais préfère les petits animaux aquatiques : palourdes, moules, écrevisses, poissons, grenouilles, tortues. Il s'alimente également de petits mammifères, en particulier de jeunes rats-musqués communs, d'insectes, d'oeufs, de fruits, de baies sauvages, de maïs et de déchets. La croyance populaire voulant que le raton laveur lave sa nourriture avant de la manger vient du fait qu'il se nourrit généralement d'animaux aquatiques et frotte souvent sa nourriture entre ses mains comme pour la pétrir. Des amas de coquilles de palourdes sur la rive d'un cours d'eau ou des tiges rompues dans les champs de maïs sont des signes de sa présence.

COMPORTEMENT SOCIAL

Solitaires, les mâles adultes évitent le contact d'autres mâles et signalent leur présence sur un territoire en laissant des marques odorantes.

LONGÉVITÉ

Le raton laveur peut vivre 12 ou 13 ans en milieu naturel. En captivité, le record de longévité est de 22 ans et demi.

PRÉDATEURS

Recherché par l'homme pour sa fourrure, le raton laveur est aussi la proie de la martre d'Amérique, du lynx roux, du couguar, du coyote, du loup gris et du renard roux. Le grand duc capture parfois un petit.

NOTES

Son sens du toucher est très développé et ses pattes ressemblent à des mains miniatures. Il peut facilement tourner le bouton d'une porte et saisir de petits objets. Le raton laveur nage bien et grimpe aux arbres avec aisance. Il peut descendre d'un arbre tête première. Rarement observé durant le jour, il quitte son gîte peu après le coucher du soleil et reste actif toute la nuit.

Dans les années 1920, la fourrure du raton laveur servait à confectionner les fameux «capots de chat». Aujourd'hui on s'en sert encore dans la confection de paletots ou de chapeaux. Le nom de chat sauvage lui a sans doute été attribué par les premiers colons européens qui le confondirent avec le chat sauvage d'Europe (*Felis silvestris*) qui possède aussi une queue annelée. Son nom commun anglais vient de *Aroughcoune*, un mot utilisé par les Algonquins de Virginie et signifiant «qui gratte avec ses mains».

Le raton laveur cause souvent des dommages aux cultures et dans les basses-cours. On peut l'empêcher d'entrer dans les potagers en les entourant d'une clôture électrique ou d'une clôture à neige. Il ne s'attaquera pas aux ruches si elles sont installées sur des poteaux métalliques de 1 m de haut. Il importe de garder les déchets qui sont à sa portée dans des contenants solides et étanches et d'obstruer les ouvertures où il pourrait s'introduire.

Martre d'Amérique

Martes americana **Famille des mustélidés**

American Marten, Pine Marten

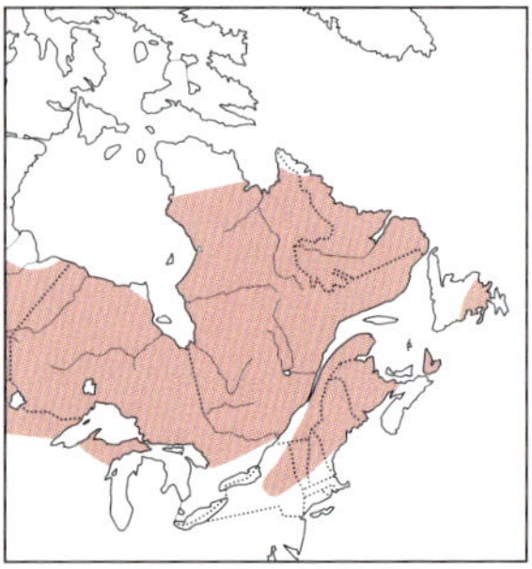

RÉPARTITION GÉOGRAPHIQUE

Autrefois, la martre d'Amérique était présente presque partout dans l'est du Canada. Elle a maintenant disparu de l'Île-du-Prince-Édouard et d'une bonne partie du sud-est de l'Ontario et du Québec. L'espèce est très rare à Terre-Neuve et en Nouvelle-Écosse. On la trouve encore dans les forêts conifériennes du centre et de l'ouest du Canada, de l'Alaska et du nord des États-Unis.

MENSURATIONS

Longueur totale : 490 à 675 mm; queue : 135 à 220 mm; pied : 70 à 98 mm; oreille : 34 à 48 mm.

POIDS

Les mâles adultes pèsent de 450 à 1 500 g; les femelles, de 425 à 950 g. Le poids des nouveau-nés est d'environ 24 à 40 g.

CARACTÈRES DISTINCTIFS

Le pelage de la martre d'Amérique varie du brun foncé presque noir au jaune pâle. Elle est plus petite que le pékan et sa gorge est orangée. Elle se distingue du vison par sa queue plus touffue et son pelage plus pâle.

HABITAT

La martre d'Amérique habite de préférence les grandes forêts de conifères. Elle fréquente aussi les forêts mixtes de conifères et de feuillus. Lorsque la nourriture abonde, les mâles occupent un domaine d'une superficie moyenne de 2 à 3 km^2, sensiblement plus vaste que celui des femelles qui ne fait en moyenne que 0,8 km^2. En période de disette, le domaine d'un mâle peut atteindre 38 km^2.

Denis Faucher

GÎTE

Elle s'abrite tout au long de l'année et élève sa progéniture dans une cavité du sol, un arbre creux ou un trou de grand pic qu'elle garnit de feuilles et d'herbes. Elle établit parfois son gîte sous une souche renversée ou dans un fourré.

REPRODUCTION

L'accouplement a lieu en juillet et août et l'espèce ne produit qu'une portée par année comprenant de 1 à 5 petits (moy. 3 à 4). Les petits naissent en mars ou avril après une gestation qui peut varier de 220 à 276 jours. Les embryons ne s'implantent dans la paroi utérine que 27 jours avant la fin de la gestation. Les nouveau-nés sont aveugles, sourds et couverts d'un fin duvet jaunâtre. Ils entendent à 24 jours et ouvrent les yeux à 39 jours. Ils sont sevrés à l'âge de 6 ou 7 semaines et quittent leur mère à 3 mois. Certains jeunes parviennent à maturité vers 15 ou 17 mois, mais la plupart ne s'accouplent qu'à 2 ou 3 ans.

RÉGIME ALIMENTAIRE

Son régime alimentaire se compose surtout de petits mammifères : écureuil roux, grand polatouche, souris, campagnols, musaraignes, lapin à queue blanche et lièvre d'Amérique. Elle mange aussi des oeufs et des oiseaux, des amphibiens, des insectes, des noix, des fruits, des crustacés et ne dédaigne pas la charogne. À l'occasion, elle cache dans le sol ou dans la neige les proies qu'elle a tuées en surplus. En hiver, il lui arrive de creuser des tunnels dans la neige à la recherche de nourriture.

COMPORTEMENT SOCIAL

La martre mène une vie solitaire sauf pendant le rut et l'élevage des petits. Les mâles et les femelles ont une glande abdominale et deux glandes anales qui sécrètent un liquide musqué. À l'époque du rut, les femelles urinent fréquemment et frottent leur glande abdominale contre les troncs et les branches des arbres ou sur les pierres pour signaler leur présence. Elles émettent aussi une sorte de cliquetis.

LONGÉVITÉ

À l'état sauvage, la martre ne vit probablement pas plus de 6 ou 8 ans, mais on a vu un individu atteindre l'âge de 17 ans et 9 mois en captivité.

PRÉDATEURS

La martre est recherchée pour sa fourrure soyeuse. Outre l'homme, elle craint le pékan, le lynx roux, le lynx du Canada, le grand duc et l'aigle royal.

STATUT DES POPULATIONS

Cette espèce est considérée comme menacée à Terre-Neuve et vulnérable en Nouvelle-Écosse. L'exploitation forestière et le piégeage ont grandement affecté les populations de martres dans ces régions. Ailleurs dans l'est du Canada, l'espèce n'est pas en difficulté.

NOTES

La martre est active toute l'année. Elle est surtout nocturne, mais on la voit parfois à l'aube et en fin d'après-midi. Bien adaptée à la vie arboricole, elle a des griffes semi-rétractiles qui l'aident à grimper aux arbres. Ses pieds relativement larges par rapport à sa masse corporelle lui permettent de marcher dans la neige très légère sans trop enfoncer. Très curieuse de nature, la martre se laisse facilement prendre au piège. Elle s'approche souvent des campements et on peut la faire sortir de sa cachette en poussant des petits cris.

Pékan

Martes pennanti
Martre de Pennant
Fisher

Famille des mustélidés

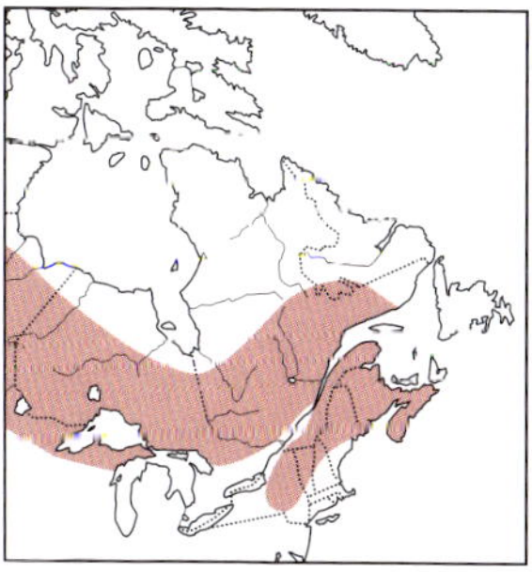

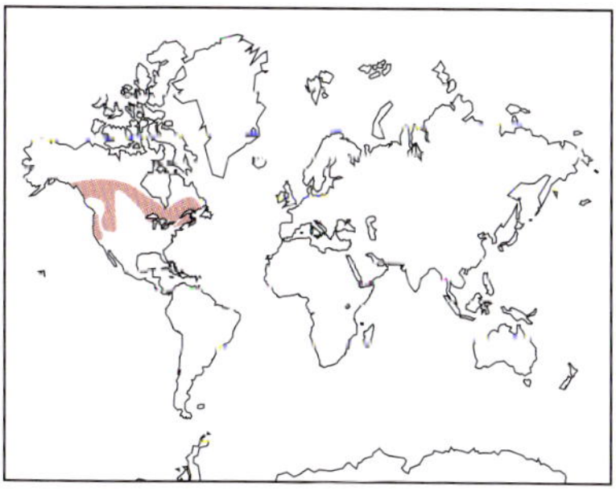

RÉPARTITION GÉOGRAPHIQUE

On le trouve dans les forêts du sud du Canada, du nord de la Nouvelle-Angleterre et de l'État de New York. On le rencontre aussi dans les Rocheuses jusqu'en Utah et dans les forêts du nord de la Californie.

MENSURATIONS

Longueur totale : 703 à 1 073 mm; queue : 253 à 400 mm; pied : 87 à 143 mm; oreille : 40 à 52 mm.

POIDS

Les mâles adultes pèsent de 2,6 à 5,5 kg; les femelles, de 1,3 à 3,1 kg. Les jeunes pèsent environ 40 g à l'âge de 3 jours.

CARACTÈRES DISTINCTIFS

Le pékan a le corps et la queue brun foncé et la tête grisâtre. Il se distingue de la martre par sa taille beaucoup plus grande et son pelage plus foncé.

HABITAT

Le pékan fréquente les forêts denses de conifères et de feuillus. Il occupe généralement un domaine de 6 à 40 km^2, dont l'étendue peut augmenter en hiver lorsque la nourriture est rare.

GÎTE

Le pékan change souvent de gîte. Il s'abrite toute l'année [illegible] un arbre creux, sous une souche, dans un éboulis ou un trou dans le sol tapissé de feuilles. Il utilise parfois le gîte d'un porc-épic et se creuse à l'occasion un terrier dans la neige.

REPRODUCTION
L'espèce ne produit qu'une portée par année comprenant de 1 à 6 petits (moy. 3). L'accouplement a lieu en mars ou avril, quelques jours après la naissance des jeunes. Fertilisés au moment de l'accouplement, les ovules ne s'implantent dans l'utérus que 10 ou 11 mois plus tard. Ils se développent ensuite pendant environ 30 jours. À la naissance, les petits sont aveugles, sourds, et sont couverts d'un duvet grisâtre. Ils ouvrent les yeux au bout de 49 à 53 jours et sont sevrés à l'âge de 2 à 4 mois. Ils quittent leur mère à 5 mois et atteignent leur maturité à 1 ou 2 ans.

RÉGIME ALIMENTAIRE
Le pékan se nourrit surtout de lièvre d'Amérique, d'écureuil roux, de campagnols, de musaraignes et de porc-épic d'Amérique. Il mange à l'occasion des petits oiseaux, des insectes, des poissons, des fruits, des noix et de la charogne. Lorsqu'il est en quête d'une proie, le pékan peut parcourir de grandes distances. Il circule dans les sentiers battus par les lièvres d'Amérique et visite les gîtes occupés par les porcs-épics d'Amérique dont il est un des rares prédateurs. Agile et rapide, il attaque et mord le porc-épic au visage jusqu'à ce que ce dernier n'ait plus la force de se défendre. Il le renverse ensuite et le dévore en lui déchirant l'abdomen. Pour cela le porc-épic doit se trouver au sol. Si l'animal est juché dans un arbre, le pékan grimpe au-dessus de lui et le force à descendre.

COMPORTEMENT SOCIAL
Le pékan mène une existence solitaire sauf pendant la courte période du rut ou l'élevage des petits. Il signale sa présence sur un territoire particulier en déposant sur les souches et les rochers les sécrétions musquées de ses glandes anales. À l'époque du rut, on trouve parfois des dépôts noirâtres semblables à des crottes le long des sentiers qu'il emprunte.

LONGÉVITÉ
Le pékan peut vivre 10 ou 11 ans à l'état sauvage ou en captivité.

PRÉDATEURS
L'homme lui fait la chasse pour sa fourrure. Ses principaux prédateurs sont probablement le grand duc, le lynx roux, le lynx du Canada et l'ours noir.

STATUT DES POPULATIONS
Bien que l'exploitation forestière et le piégeage intensif aient entraîné une diminution des populations de pékan, l'espèce n'est pas en difficulté dans nos régions.

NOTES
Le pékan est actif toute l'année et à toute heure du jour ou de la nuit, mais surtout à l'aube et au crépuscule. S'il est dérangé ou se sent menacé, il fait le gros dos, grogne, chuinte et crache comme un chat. Habile grimpeur, il se déplace dans les arbres en sautant d'une

Esther Schmidt / Valan Photos

branche à l'autre et se hisse aisément sur les souches et les troncs d'arbres. Il possède des griffes semi-rétractiles et peut tourner ses pieds postérieurs à près de 180 degrés lorsqu'il descend le long d'un tronc d'arbre tête première.

Hermine

Mustela erminea **Famille des mustélidés**

Ermine, Stoat, Short-tailed Weasel

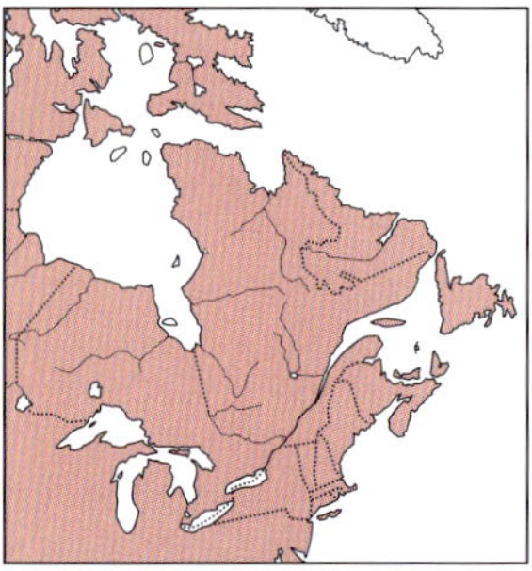

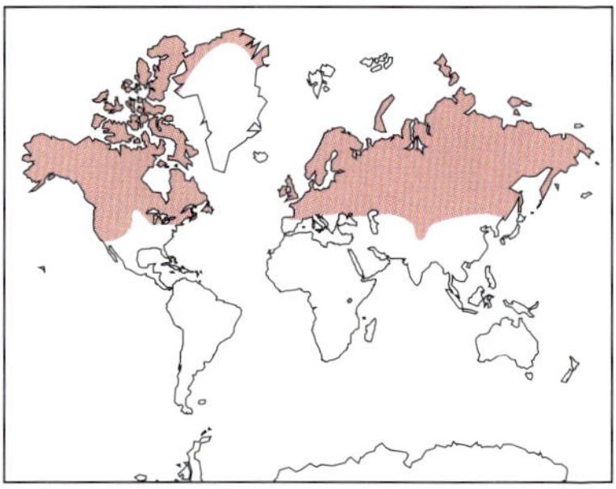

RÉPARTITION GÉOGRAPHIQUE

En Amérique du Nord, on trouve l'hermine depuis le centre des États-Unis jusque dans la toundra. On la rencontre également au Groenland ainsi que dans le nord de l'Europe et de l'Asie.

MENSURATIONS

Longueur totale : 220 à 323 mm; queue : 45 à 100 mm; pied : 25 à 47 mm; oreille : 14 à 22 mm.

POIDS

Les mâles sont presque deux fois plus gros que les femelles et pèsent de 80 à 182 g. Les femelles adultes pèsent de 45 à 75 g. Le poids des nouveau-nés est d'environ 1,7 à 2 g.

CARACTÈRES DISTINCTIFS

En été, l'hermine a le dos brun foncé, l'abdomen et la face interne des pattes blanc crème. L'hiver, son pelage est tout blanc sauf le bout de la queue qui est noir. L'hermine est plus petite qu'une belette à longue queue du même sexe. Elle est plus grande et a la queue plus longue que la belette pygmée.

HABITAT

L'hermine se tient surtout dans les zones de repousse, les broussailles, les tourbières et les prairies parsemées de buissons.

GÎTE

Elle s'abrite et élève ses petits dans un nid tapissé d'herbes, de feuilles, de poils et de plumes, et aménagé sous une bille ou une souche, dans un éboulis de roches, ou entre les racines d'un arbre. Elle choisit parfois le nid abandonné d'un campagnol ou d'un tamia. En hiver, elle passe le plus clair de son temps sous la neige où elle creuse parfois des tunnels.

Michel Quintin

REPRODUCTION

Cette espèce ne produit qu'une portée par année, composée habituellement de 4 à 13 petits (moy. 6 à 7), mais elle a parfois jusqu'à 18 rejetons. L'accouplement a lieu en juillet et août et les jeunes voient le jour entre la mi-avril et la mi-mai après une gestation de 8 à 10 mois (moy. 280 jours). Les embryons ne s'implantent pas immédiatement dans la paroi de l'utérus et ne se développent effectivement qu'au cours du dernier mois de la gestation. Les nouveau-nés sont aveugles et ont le dos et la nuque couverts d'une fine crinière de duvet blanc. Ils ouvrent les yeux vers 35 jours et sortent du nid quelques jours plus tard. Les femelles sont matures à 2 ou 3 mois, mais les mâles ne s'accouplent que le printemps suivant.

RÉGIME ALIMENTAIRE

Elle se nourrit surtout de petits mammifères : campagnols, souris, lemmings, musaraignes et tamias. Elle mange aussi des oiseaux et leurs oeufs, des amphibiens et divers invertébrés. Elle s'attaque parfois au lapin à queue blanche ou à un jeune lièvre d'Amérique. Malgré sa petite taille, l'hermine est un prédateur redoutable. Son corps long et effilé lui permet de circuler aisément dans les tunnels et les galeries creusés par les campagnols. Lorsqu'elle détecte un petit mammifère ou un oiseau, l'hermine s'en approche furtivement; d'un geste vif, elle le saisit à la base du crâne et lui perce la nuque avec ses canines. Elle lèche le sang qui s'écoule des plaies de sa victime, ce qui explique pourquoi on a longtemps cru qu'elle suçait le sang. On croit à tort que l'hermine tue par plaisir. En fait, elle a l'habitude d'entreposer le fruit de ses chasses dans des endroits abrités, en prévision des périodes difficiles.

COMPORTEMENT SOCIAL

L'hermine mène une vie solitaire sauf pendant la saison de reproduction. Elle signale sa présence sur un territoire en déposant bien en évidence sur une pierre ou une souche de petites crottes longues et spiralées.

LONGÉVITÉ

La longévité moyenne de l'hermine à l'état sauvage est de 12 à 18 mois, mais certains individus ont atteint l'âge de 5 ou 6 ans.

PRÉDATEURS

L'hermine est recherchée par l'homme pour sa fourrure. Elle est aussi victime des oiseaux de proie diurnes et nocturnes, des renards et des chats domestiques.

NOTES

L'hermine est active toute l'année. C'est un animal surtout nocturne, qu'on peut à l'occasion observer le jour. Elle se déplace habituellement par petits bonds d'environ 50 cm, mais elle peut faire des sauts de 150 à 180 cm de long. Elle grimpe assez bien aux arbres, quoique rarement à plus de 3 ou 4 m du sol. Bonne nageuse, elle poursuit parfois sa proie jusque dans l'eau. Lorsqu'elle est surprise ou dérangée, l'hermine émet un liquide nauséabond sécrété par ses glandes anales. Bien qu'elle occasionne parfois des ennuis aux aviculteurs en s'introduisant dans les poulaillers, l'hermine rend de grands services en contrôlant les populations de petits rongeurs.

Belette pygmée

Mustela nivalis — **Famille des mustélidés**
Petite belette
Least Weasel

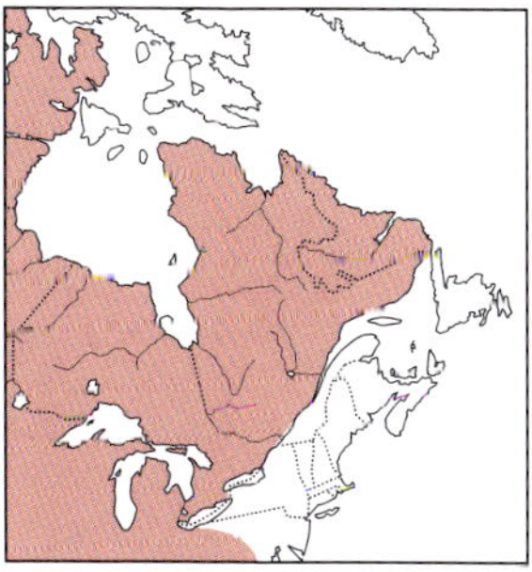

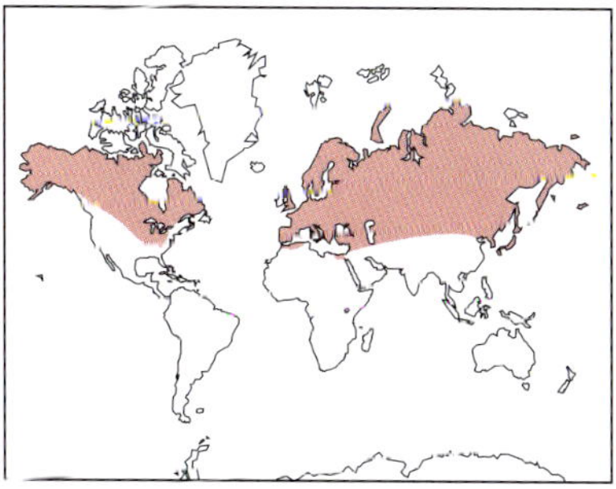

RÉPARTITION GÉOGRAPHIQUE

La belette pygmée se voit en Alaska et presque partout au Canada, mais elle est absente du sud du Québec, des Provinces maritimes et de la Nouvelle-Angleterre. On note sa présence dans les États du centre-nord des États-Unis et dans le sud des Appalaches. On la rencontre également en Europe, en Afrique du Nord et en Asie.

MENSURATIONS

Longueur totale : 172 à 206 mm; queue : 23 à 38 mm; pied : 19 à 23 mm; oreille : 10 à 15 mm.

POIDS

Les adultes pèsent entre 38 et 50 g et les mâles sont plus gros que les femelles. Les nouveau-nés pèsent en moyenne 1,4 g.

CARACTÈRES DISTINCTIFS

En hiver, son pelage est tout blanc à l'exception de quelques poils noirs au bout de la queue. En été, elle a le dos et les flancs bruns et l'abdomen blanc. La belette pygmée est plus petite que l'hermine et la belette à longue queue.

HABITAT

Cette espèce fréquente surtout les régions marécageuses, mais on la trouve aussi dans les prés humides, les champs et les broussailles. Elle occupe un domaine d'une superficie approximative d'un hectare et s'éloigne rarement à plus de 100 m de son gîte.

GÎTE

Comme les autres belettes, elle s'abrite généralement dans le terrier et le nid d'herbes d'un campagnol ou d'un tamia, qu'elle tapisse avec le poil de ses victimes. L'entrée de son terrier a un diamètre de 2,5 cm et son nid un diamètre d'environ 10 cm.

REPRODUCTION
Contrairement aux autres belettes, la belette pygmée peut produire 2 et parfois 3 portées par année comprenant chacune entre 1 et 6 petits (moy. 5). La gestation est de 35 à 37 jours et l'implantation des embryons n'est pas différée. Les petits peuvent naître presque tous les mois de l'année. Nus, aveugles et sourds à la naissance, ils ouvrent les yeux au bout de 26 à 29 jours et sont sevrés à l'âge de 5 à 7 semaines. Les femelles sont matures avant la fin de leur première année. Pendant le rut et l'élevage des petits, la femelle pousse de temps à autre une sorte de trille pour attirer les mâles ou appeler sa progéniture.

RÉGIME ALIMENTAIRE
Elle se nourrit surtout de souris et de campagnols. Elle mange aussi des oeufs, des petits oiseaux et des insectes et s'attaque parfois aux jeunes lièvres d'Amérique et aux lapins à queue blanche. Son agilité et sa petite taille lui permettent de circuler dans les terriers de souris et de campagnols et de poursuivre ces rongeurs jusque dans leur nid. Comme les autres belettes, elle tue ses victimes en les mordant à la base du crâne et empile souvent plusieurs carcasses de souris dans une cachette souterraine.

COMPORTEMENT SOCIAL
Elle mène une vie solitaire sauf en période de reproduction. Elle signale sa présence sur un territoire en déposant à divers endroits les sécrétions musquées de ses glandes anales.

LONGÉVITÉ
La belette pygmée dépasse rarement l'âge de 1 an à l'état sauvage mais peut vivre de 6 à 8 ans en captivité.

PRÉDATEURS
Ses principaux prédateurs sont le renard roux, la belette à longue queue, les hiboux et le chat domestique.

STATUT DES POPULATIONS
Malgré l'étendue de sa distribution, la belette pygmée est généralement considérée comme rare à cause de ses habitudes discrètes et de sa petite taille. Il est possible qu'elle soit plus abondante que les données le laissent croire.

NOTES
La belette pygmée est sans doute le plus petit carnivore d'Amérique du Nord. Active toute l'année, elle est surtout nocturne bien qu'on la voie parfois durant la journée. Lorsqu'elle est menacée, la belette pygmée se défend férocement. Elle grogne, chuinte et cherche à mordre.

Maslowski / Photo Researchers

Belette à longue queue

Mustela frenata
Long-tailed Weasel

Famille des mustélidés

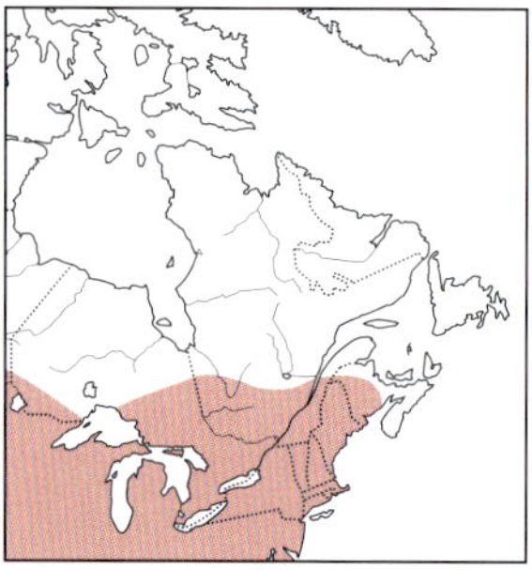

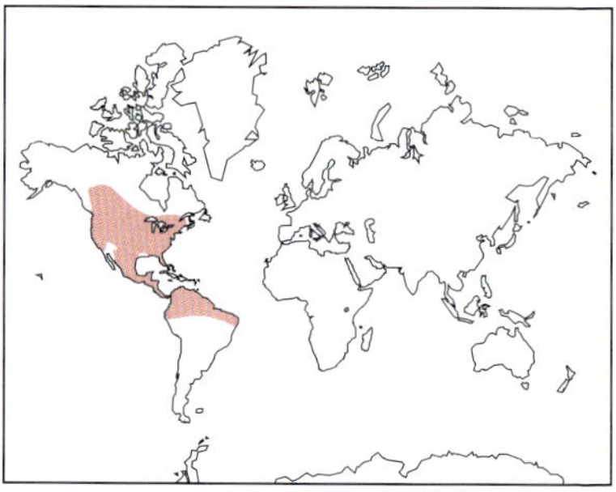

RÉPARTITION GÉOGRAPHIQUE
Le sud du Canada constitue la limite nord de la répartition de cette espèce qui se retrouve jusqu'au nord de l'Amérique du Sud.

MENSURATIONS
Longueur totale : 280 à 456 mm; queue : 80 à 160 mm; pied : 29 à 51 mm; oreille : 15 à 23 mm.

POIDS
Les mâles adultes pèsent entre 100 et 267 g; les femelles, de 85 à 130 g. Le poids moyen des nouveau-nés est de 3,1 g.

CARACTÈRES DISTINCTIFS
En été, la belette à longue queue a le dos et les pattes brunes et son abdomen est blanchâtre. L'hiver, elle est toute blanche, à l'exception du bout de la queue qui est noir. Son pelage passe graduellement du brun au blanc à l'automne, à mesure que les jours raccourcissent, et redevient brun au printemps lorsque les jours allongent. Elle est plus grande et a la queue plus longue que l'hermine et la belette pygmée.

HABITAT
Elle habite la lisière des forêts, les broussailles et les clairières à proximité d'un cours d'eau. On la trouve aussi dans les régions agricoles.

GÎTE
La belette à longue queue creuse rarement son propre terrier. Elle s'abrite généralement dans une cavité naturelle du sol, sous une souche ou dans un tas de pierres ou encore dans un terrier de tamia abandonné. Son nid est tapissé d'herbes sèches et de poils de souris et comporte plusieurs entrées.

Steve Maslowski / Valan Photos

REPRODUCTION

L'espèce ne produit qu'une portée par année comprenant entre 1 et 12 petits (moy. 6 à 8). L'accouplement a lieu en juillet et août et les petits naissent en avril ou mai après une gestation de 205 à 337 jours (moy. 279 jours). L'implantation des embryons dans la paroi utérine est différée et ceux-ci ne se développent qu'au cours des 24 derniers jours de la gestation. Les nouveau-nés sont aveugles et presque nus. Ils ouvrent les yeux entre 35 et 37 jours et sont sevrés à 5 ou 6 semaines. Les femelles sont matures à 3 ou 4 mois; les mâles, à 1 an. En période de reproduction, les femelles poussent une sorte de trille. Le mâle participe aux soins des petits en apportant de la nourriture au nid.

RÉGIME ALIMENTAIRE

La belette à longue queue se nourrit surtout de petits mammifères : musaraignes, souris, campagnols, rats, tamias, écureuils, chauves-souris, belette pygmée, jeunes lièvres d'Amérique et jeunes lapins à queue blanche. Elle mange aussi des oiseaux et leurs oeufs, des grenouilles, des couleuvres, des vers, des insectes et de la charogne. Elle s'attaque parfois aux oiseaux de basse-cour. Prédateur redoutable, elle tue ses victimes d'un mouvement rapide en les mordant à la base de la nuque et en les étreignant contre elle entre ses pattes.

COMPORTEMENT SOCIAL

Solitaire sauf pendant le rut et l'élevage des petits, la belette à longue queue signale sa présence sur un territoire en déposant à divers endroits les sécrétions musquées de ses glandes anales.

LONGÉVITÉ

Cette espèce dépasse rarement 5 ou 6 ans à l'état sauvage mais peut vivre plus de 10 ans en captivité.

PRÉDATEURS

Ses principaux prédateurs sont le chat domestique, le chien, le coyote, le renard roux, les buses et les hiboux. Elle est parfois victime d'un trappeur.

STATUT DES POPULATIONS

Ces dernières années, l'activité humaine a considérablement réduit l'habitat de la belette à longue queue et le nombre d'individus de cette espèce au Canada.

NOTES

La belette à longue queue est active toute l'année, chassant surtout la nuit mais parfois le jour. Elle grimpe avec aisance et peut poursuivre un écureuil dans les arbres. Lorsqu'elle est menacée, elle pousse des cris aigus et chuinte en découvrant les dents.

Vison d'Amérique

Mustela vison **Famille des mustélidés**

Mink

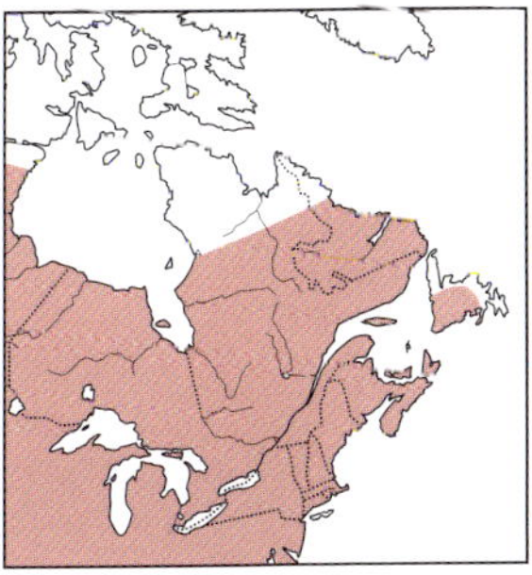

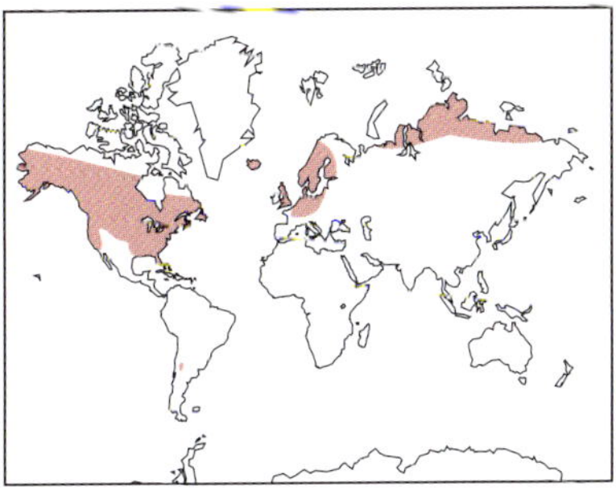

RÉPARTITION GÉOGRAPHIQUE

Cette espèce est essentiellement nord-américaine. On la rencontre presque partout au Canada et aux États-Unis. Des individus échappés d'élevages se sont établis en Grande-Bretagne, en Islande, en Scandinavie, sur le territoire de l'ancienne Union soviétique et en Argentine.

MENSURATIONS

Longueur totale : 410 à 620 mm; queue : 130 à 210 mm; pied : 54 à 68 mm; oreille : 15 à 25 mm.

POIDS

Les mâles adultes pèsent de 565 à 1 250 g; les femelles, de 500 à 950 g. Le poids des nouveau-nés est d'environ 9,4 g.

CARACTÈRES DISTINCTIFS

Le pelage du vison d'Amérique est uniformément brun foncé. Il porte une tache blanche sur le menton et parfois aussi sur la poitrine et l'abdomen. Il se distingue de la martre d'Amérique par son pelage plus foncé.

HABITAT

Le vison fréquente les forêts et les broussailles à proximité des cours d'eau et des lacs. On le trouve aussi dans les marais et le long des côtes. On le voit parfois en milieu urbain, le long des cours d'eau

GÎTE

Le vison s'abrite parfois dans un tronc creux, mais préfère nicher au fond d'un terrier de 10 à 15 cm de diamètre et de 2,4 à 3,6 m de longueur, comportant jusqu'à 5 entrées situées sous le niveau de l'eau ou à proximité d'un cours d'eau. Il utilise souvent le terrier abandonné d'un castor du Canada ou d'un rat-musqué commun, mais peut creuser lui-même son abri.

REPRODUCTION

Cette espèce s'accouple en février ou mars et ne produit qu'une portée par année. Les petits, au nombre de 2 à 10 (moy. 3 à 4), naissent en avril ou mai, après une gestation moyenne de 51 jours. La gestation est plus longue chez les femelles jeunes que chez les plus âgées et varie de 39 à 75 jours. L'embryon subit une implantation différée et ne s'attache à la paroi de l'utérus que 30 ou 32 jours avant la mise bas. À la naissance, les petits ont les yeux fermés et sont nus ou couverts d'un fin duvet blanc. Ils ouvrent les yeux à 25 jours, sont sevrés à l'âge de 5 ou 6 semaines et parviennent à maturité à 10 mois.

RÉGIME ALIMENTAIRE

Le vison se nourrit de poissons, de grenouilles, de serpents, d'écrevisses et d'autres invertébrés. Il mange aussi des oiseaux, en particulier des canards, et s'attaque à divers petits mammifères : campagnols, rats-musqués communs, lapins et lièvres d'Amérique. Contrairement aux belettes, il ne pénètre pas dans les tunnels des souris et des campagnols. Comme elles, il a toutefois l'habitude d'entreposer plusieurs proies dans un tronc creux, sous une souche ou entre les racines d'un arbre. Il s'introduit parfois dans les poulaillers et les établissements de pisciculture.

COMPORTEMENT SOCIAL

Le vison est solitaire et peu sociable, sauf au moment de la reproduction ou lorsqu'une mère élève ses petits. Le mâle participe parfois aux soins de la portée. L'espèce signale sa présence sur un territoire de chasse particulier en déposant à divers endroits les sécrétions musquées de ses glandes anales.

LONGÉVITÉ

L'espèce vit en moyenne de 3 à 6 ans à l'état sauvage, mais peut atteindre l'âge de 11 ans en captivité.

PRÉDATEURS

Le vison est souvent victime des trappeurs qui le recherchent pour sa fourrure. Il peut aussi être la proie d'un chien, d'un renard roux, d'un lynx roux ou d'un grand duc.

NOTES

Le vison est actif toute l'année, mais reste à l'abri les jours de tempête ou de grand froid. Surtout nocturne, il s'affaire parfois à l'aube ou à la tombée du jour. Le vison a les pattes légèrement palmées. En raison de son mode de vie semi-aquatique, on le considère comme un intermédiaire entre les belettes et la loutre de rivière. Il peut plonger à une profondeur de 4,5 à 5,4 m et capturer des poissons sous l'eau. Sa vision sous-marine est moins précise que

Stephen J. Krasemann / Valan Photos

celle de la loutre de rivière, mais lui permet néanmoins de détecter des proies en mouvement.

En dépit de ses adaptations à la vie aquatique, le vison passe beaucoup de temps à chasser sur la terre ferme. Il se hisse sur les souches et les billes en explorant son territoire et peut même grimper aux arbres en cas de danger. Au sol, il se déplace par petits bonds en arquant fortement le dos à chaque pas. Il lui arrive de glisser sur les pentes enneigées à la manière de la loutre. Menacé, il grogne, chuinte et émet un liquide nauséabond sécrété par ses glandes anales.

La fourrure du vison a une grande importance économique. La plupart des peaux qu'on trouve sur le marché proviennent d'élevages, qui en obtiennent de nombreuses variétés au moyen de croisements.

Carcajou

Gulo gulo **Famille des mustélidés**
Glouton
Wolverine

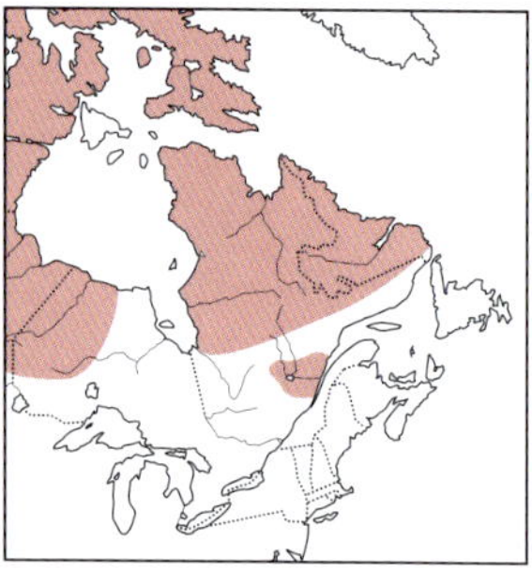

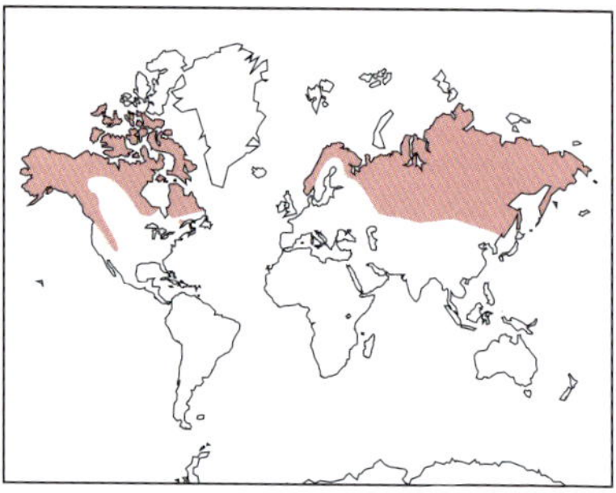

RÉPARTITION GÉOGRAPHIQUE

Autrefois présent presque partout dans l'est du Canada, on ne le trouve plus aujourd'hui qu'en petit nombre dans le nord-ouest de l'Ontario et dans le nord du Québec où certains spécimens continuent d'être observés occasionnellement. L'espèce est toutefois plus abondante dans l'ouest du Canada et en Alaska. Elle a une distribution circumpolaire. Outre l'Amérique du Nord, on la trouve en Scandinavie et en Eurasie.

MENSURATIONS

Longueur totale : 800 à 1 075 mm; queue : 170 à 250 mm; pied : 165 à 205 mm; oreille : 45 à 55 mm; hauteur à l'épaule : 330 à 460 mm.

POIDS

Les femelles adultes pèsent entre 7,5 et 11 kg, les mâles de 12 à 16 kg. Les nouveau-nés pèsent environ 84 g.

CARACTÈRES DISTINCTIFS

Cette espèce ressemble à un petit ours auquel on aurait ajouté une longue queue bien fournie. Son pelage brun foncé est marqué de deux larges bandes jaunâtres qui partent des épaules et se rejoignent à la base de la queue.

HABITAT

Le carcajou fréquente la grande forêt de conifères et la toundra. Il occupe habituellement un domaine d'environ 400 km^2 qu'il patrouille en suivant régulièrement les mêmes sentiers.

GÎTE

Il s'abrite habituellement sous une souche, dans un buisson ou même à l'intérieur d'une carcasse d'animal. Parfois il se couche en rond dans la neige, sous un arbre.

Stephen J. Krasemann / Valan Photos

REPRODUCTION

L'accouplement a lieu entre mai et juillet et l'espèce ne produit qu'une portée par année. Certaines femelles ne procréent qu'une fois tous les 2 ou 3 ans. Les petits, au nombre de 1 à 5 (moy. 2 à 3), naissent entre la fin de janvier et le début d'avril, après une gestation de 7 à 9 mois. Les embryons subissent une implantation différée. Ils ne se développent qu'au cours des 30 à 40 derniers jours de la gestation. Les nouveau-nés ont les yeux fermés et leur corps est couvert d'un fin pelage frisé. Ils sont sevrés à 9 ou 10 semaines et deviennent matures à 1 ou 2 ans.

RÉGIME ALIMENTAIRE

Le carcajou se nourrit de carcasses de gros animaux morts de causes naturelles ou tués par les ours ou les loups. Il réussit parfois à tuer un caribou des bois ou un orignal ralenti par la neige ou affaibli par la maladie. Il mange aussi des campagnols, des lièvres, des larves d'insectes, des oeufs, des oiseaux et des baies; il s'attaque parfois au castor du Canada, au renard roux et au porc-épic d'Amérique. Il lui arrive aussi de cacher de la nourriture sous la neige. Bien adapté à la vie de charognard, le carcajou a des dents et des mâchoires robustes qui lui permettent de broyer de gros os et de manger de la viande gelée. Comme il n'est pas très efficace à la chasse, il dévore souvent des animaux pris au piège. Parfois il s'introduit dans les cabanes, ce qui ne lui attire guère la sympathie des trappeurs. Son odorat très fin lui permet de détecter la présence de nourriture sous une épaisse couche de neige.

COMPORTEMENT SOCIAL

Le carcajou est un animal solitaire. Il ne défend pas de territoire, mais signale sa présence en déposant sur le sol ou un tronc d'arbre, le long des sentiers qu'il fréquente, les sécrétions musquées de ses glandes anales. Parfois, il gratte le sol à la manière d'un chien ou ronge l'écorce de certains arbres.

LONGÉVITÉ

Le carcajou peut vivre au moins 10 ans à l'état sauvage. En captivité, il peut atteindre l'âge de 17 ans.

PRÉDATEURS

Il a peu de prédateurs à part l'homme qui le trappe pour sa fourrure, le loup gris et possiblement le couguar.

STATUT DES POPULATIONS

Une partie importante de l'habitat naturel du carcajou a été détruite ou fragmentée en raison du développement urbain, des exploitations agricoles et des activités forestières. La baisse des populations de carcajous est aussi attribuable à la chasse, au piégeage et à l'utilisation d'appâts empoisonnés destinés aux loups. La rareté du carcajou pourrait aussi être expliquée par la baisse des populations de loups gris. Les carcasses d'animaux tués par ces derniers sont en effet pour lui une source importante de nourriture. Le carcajou est en danger de disparition dans tout l'est du Canada.

NOTES

Le carcajou est actif toute l'année et à toute heure du jour ou de la nuit. Cet animal solitaire, féroce et redoutable est à l'origine de nombreux contes et légendes indigènes. Il est plantigrade comme les ours et possède des griffes semi-rétractiles. Il grimpe habilement aux arbres et nage avec facilité. Il se déplace plutôt lentement, mais peut parcourir de très longues distances à la recherche de nourriture.

Mouffette rayée

Mephitis mephitis **Famille des mustélidés**

Bête puante

Striped Skunk

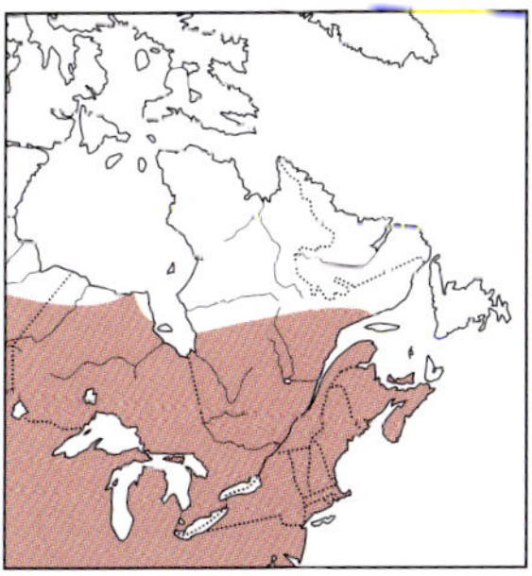 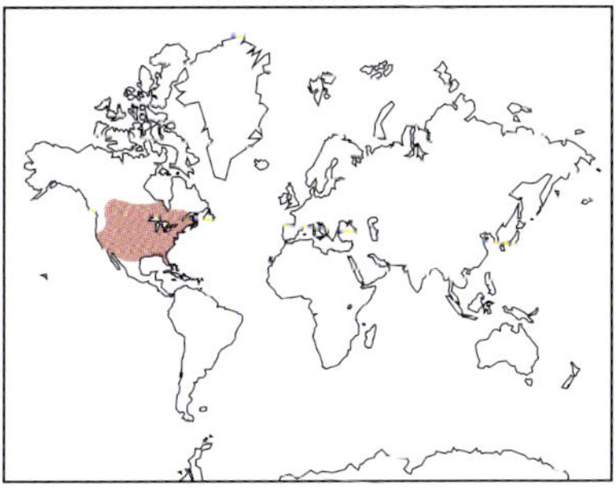

RÉPARTITION GÉOGRAPHIQUE

Cette espèce se rencontre dans tout le sud du Canada à l'est des Rocheuses, à l'exception de Terre-Neuve, et partout aux États-Unis jusqu'au nord du Mexique.

MENSURATIONS

Longueur totale : 540 à 775 mm; queue : 175 à 280 mm; pied : 60 à 82 mm; oreille : 25 à 35 mm.

POIDS

Mâles et femelles adultes pèsent de 0,8 à 5,3 kg et atteignent leur poids maximum à l'automne. Les mâles sont légèrement plus gros que les femelles. Le poids des nouveau-nés est de 26 à 41 g.

CARACTÈRES DISTINCTIFS

La mouffette rayée a le pelage noir. Son dos est marqué de deux larges rayures blanches qui se rejoignent au niveau de la nuque. Elle exhale une odeur nauséabonde.

HABITAT

La mouffette rayée fréquente des habitats très variés. On la trouve dans les forêts mixtes ou feuillues, les prairies et les régions agricoles. Cette espèce a largement profité du déboisement pour étendre son aire de distribution.

GÎTE

Elle se cache parfois dans un terrier abandonné de marmotte ou de renard et aménage souvent son propre abri dans un tas de pierres, sous une souche ou sous un bâtiment. Son terrier comporte jusqu'à 5 entrées débouchant sur un tunnel de 3 à 4,5 m de long et menant à une chambre tapissée d'herbes et de feuilles, environ 1 m sous la surface du sol. De la fin novembre à la mi-février, la mouffette rayée cesse de s'alimenter et vit de ses réserves de graisse. Elle n'hiberne pas, mais ralentit ses activités et entre dans un état de torpeur. Les femelles et leurs petits se réunissent par groupes (jusqu'à 20 individus) dans des terriers communautaires où ils passeront l'hiver en compagnie d'un seul mâle adulte. Les autres mâles nichent seuls, sortant parfois les jours de dégel.

REPRODUCTION

Les femelles ne produisent qu'une seule portée par année comprenant de 2 à 10 petits (moy. 5 à 6). L'accouplement a lieu en février ou mars et les jeunes naissent en mai, après une gestation de 62 à 66 jours. Les nouveau-nés sont aveugles et couverts d'un fin duvet. Ils sont sevrés à 6 ou 7 semaines et atteignent la maturité sexuelle à 7 mois.

RÉGIME ALIMENTAIRE

La mouffette rayée se nourrit d'insectes, de déchets, de fruits, de graines et de noix, de plantes herbacées, de petits mammifères, d'oiseaux, de reptiles et d'amphibiens.

COMPORTEMENT SOCIAL

Cette espèce est généralement solitaire sauf à l'époque de la reproduction et en hiver.

LONGÉVITÉ

En milieu naturel, la longévité maximum serait de 6 ou 7 ans, mais en général elle ne dépasse pas 3 ou 4 ans. La mouffette rayée peut vivre 10 ans en captivité.

PRÉDATEURS

Le grand duc est son principal prédateur. Elle craint aussi le lynx roux, le lynx du Canada, le renard roux, le coyote, le pékan et le couguar. Elle se fait souvent frapper par les voitures parce qu'elle se fige lorsqu'elle se sent menacée.

NOTES

La mouffette rayée s'active durant la nuit et se repose durant le jour. Elle possède un moyen de défense extrêmement efficace. Devant une menace, elle lève la queue, tourne le dos à l'adversaire et projette dans sa direction un jet de liquide fétide à l'odeur musquée et persistante qui brûle les yeux et provoque parfois une cécité temporaire. Ce liquide jaunâtre est sécrété par deux glandes anales qui, en se contractant, peuvent projeter leur contenu avec une précision étonnante à plus de 6 m de distance. Un nettoyage à l'ammoniaque, à l'essence ou au jus de tomates vient habituellement à bout de cette odeur.

Michel Quintin

La mouffette rayée se rend utile en détruisant quantité d'insectes. En revanche, elle est souvent atteinte de la rage. C'est le principal vecteur de ce virus en Amérique du Nord. Pour éviter qu'elle niche sous un bâtiment, on doit en obstruer toutes les issues ou l'entourer d'un grillage enfoncé dans la terre. On réussit parfois à la déloger en déposant de la naphtaline dans son abri ou en y laissant une lampe allumée.

Loutre de rivière

Lutra canadensis **Famille des mustélidés**

River Otter

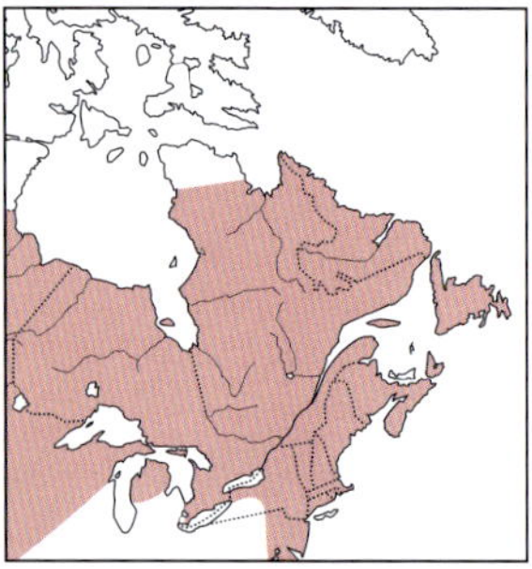

RÉPARTITION GÉOGRAPHIQUE

On la rencontre partout au Canada et en Alaska, sauf dans les régions densément peuplées et dans les Prairies. Elle occupe aussi le nord-ouest et l'est des États-Unis jusqu'en Floride.

MENSURATIONS

Longueur totale : 900 à 1 300 mm; queue : 300 à 500 mm; pied : 110 à 140 mm; oreille : 10 à 25 mm.

POIDS

Les adultes, mâles et femelles, pèsent entre 5 et 11,4 kg, parfois jusqu'à 13,7 kg. La femelle est légèrement plus petite que le mâle. Le poids des nouveau-nés est d'environ 130 g.

CARACTÈRES DISTINCTIFS

La loutre est couverte d'un pelage brun foncé. Elle a la queue et le corps allongés. Ses oreilles sont petites et arrondies, et son museau porte de longues moustaches blanchâtres.

HABITAT

La loutre de rivière fréquente les lacs, les rivières, les marais et les baies maritimes.

GÎTE

Elle niche habituellement toute l'année dans un terrier tapissé d'herbes, de feuilles et de brindilles. Son gîte est creusé dans la berge d'une rivière ou entre les racines d'un arbre bordant un cours d'eau et débouche généralement sous la surface de l'eau. La loutre peut aussi chercher refuge dans la hutte abandonnée d'un castor du Canada ou d'un rat-musqué commun.

Jean-Guy Lavoie

REPRODUCTION

L'espèce ne produit qu'une portée par année, de 1 à 6 petits (moy. 2 à 3). Les naissances ont généralement lieu en mars ou avril, mais peuvent se produire de janvier à mai. Les femelles tombent en chaleur environ 3 semaines après la mise bas et demeurent réceptives jusqu'à l'accouplement, dans un délai maximum de 42 à 46 jours. La durée de la gestation varie de 9 mois et demi à 12 mois et demi. Les embryons restent à l'état latent pendant plusieurs mois et ne s'implantent dans l'utérus qu'environ 2 mois avant la mise bas. Les nouveau-nés n'ont pas de dents, sont aveugles et couverts de poils poils. Ils ouvrent les yeux à 5 semaines et vont à l'eau pour la première fois à l'âge de 10 ou 12 semaines. Ils demeurent avec leur mère pendant un an. Les femelles s'accouplent pour la première fois à 2 ans.

RÉGIME ALIMENTAIRE

La loutre de rivière se nourrit surtout d'alevins et de petits poissons : cyprins, crapets, catostomes, épinoches, truites et saumoneaux. Elle mange aussi des écrevisses, des palourdes et autres mollusques, des grenouilles, des tortues et des insectes aquatiques. Elle s'attaque parfois aux canards et aux rats-musqués communs. Il lui arrive de capturer des truites et des saumons, mais la plupart du temps elle s'attaque à des poissons plus lents et moins combatifs comme la carpe ou le catostome. Lorsqu'elle attrape de petites proies, la loutre se retourne sur le dos pour les manger dans l'eau. Les grosses prises sont traînées sur la rive avant d'être dévorées. Deux loutres de rivière unissent parfois leurs efforts pour rabattre les poissons vers une baie peu profonde.

COMPORTEMENT SOCIAL

D'un tempérament sociable, la loutre de rivière n'est agressive qu'au moment du rut; à cette période, des mâles peuvent s'affronter pour une femelle. Elle signale sa présence sur un territoire en urinant et en déféquant sur une pierre, un buisson ou une motte de terre qu'elle façonne en grattant le sol.

LONGÉVITÉ

La loutre de rivière vit probablement de 8 à 10 ans à l'état sauvage, mais peut atteindre exceptionnellement l'âge de 23 ans en captivité.

PRÉDATEURS

Mis à part l'homme qui recherche sa fourrure, la loutre de rivière a peu d'ennemis sauf, peut-être, le loup gris, le coyote, le lynx du Canada, le lynx roux et le grand duc.

NOTES

La loutre de rivière est active toute l'année. Elle chasse surtout la nuit, mais on l'observe parfois à l'aube ou en fin d'après-midi. Elle est bien adaptée à la vie en milieu aquatique. Son corps et sa queue sont allongés et ses pattes sont palmées. Il semble qu'elle puisse rester sous l'eau plus de 4 minutes, mais la plupart de ses immersions durent moins de 50 secondes. En plongée, elle ferme ses narines et ses oreilles qui sont pourvues de valvules musculaires. Sa vue semble relativement bonne sous l'eau, où ses longues moustaches facilitent également la localisation des proies.

La loutre de rivière peut couvrir jusqu'à 10 km de rivière en une nuit. Elle s'arrête fréquemment sur la berge pour se reposer ou se rouler dans l'herbe pour sécher sa fourrure. Malgré ses courtes pattes, la loutre de rivière se déplace agilement sur le sol. Elle effectue des séries de bonds et de glissades qui laissent dans la neige des traces caractéristiques. Extrêmement enjouée, elle aime glisser sur la glace ou les pentes couvertes d'herbe ou de neige et s'ébattre dans l'eau, seule ou avec ses congénères. En captivité, les loutres de rivière adultes gardées en petits groupes se livrent fréquemment à des luttes et à des poursuites amicales.

Couguar

Felis concolor **Famille des félidés**

Lion de montagne, puma

Cougar, Mountain Lion

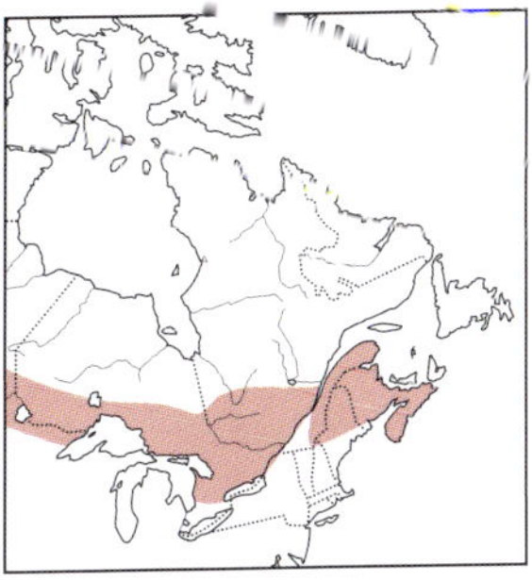

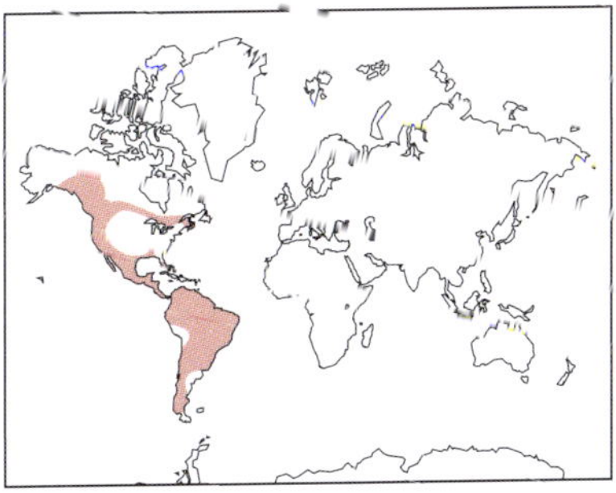

RÉPARTITION GÉOGRAPHIQUE

L'aire de répartition du couguar s'étend depuis le Yukon jusqu'au Chili, soit dans l'ouest du Canada et des États-Unis ainsi qu'en Floride, en Alabama, en Louisiane et au Texas. La variété de l'est du Canada serait présente en très petit nombre en Ontario, au Québec, au Nouveau-Brunswick et en Nouvelle-Écosse, de même qu'au nord de la Nouvelle-Angleterre.

MENSURATIONS

Longueur totale : 1 500 à 2 743 mm; queue : 534 à 900 mm; pied : 200 à 295 mm; oreille : 75 à 100 mm; hauteur à l'épaule : 640 à 780 mm.

POIDS

Les mâles adultes pèsent habituellement entre 63 et 103 kg, mais peuvent atteindre 124 kg. Les femelles pèsent de 35 à 60 kg et les nouveau-nés entre 250 et 500 g.

CARACTÈRES DISTINCTIFS

Le couguar a un pelage uni et de couleur fauve. Sa queue est très longue.

HABITAT

Le couguar habite les forêts de conifères et les forêts mixtes. Il fréquente les régions montagneuses, les vallées boisées, les zones marécageuses et parfois même les régions agricoles. Dans l'est, son habitat correspond de façon générale à celui du cerf de Virginie. Son territoire s'étend en général sur 40 à 90 km^2, mais il excède parfois de beaucoup cette superficie.

GÎTE
Ce félin s'abrite et donne naissance à ses petits dans un gîte rudimentaire : entre les racines d'un arbre, dans une crevasse ou une caverne, sous une corniche ou dans un fourré.

REPRODUCTION
Le couguar ne produit qu'une portée tous les 2 ans. L'accouplement peut avoir lieu en toute saison, mais la plupart des jeunes naissent entre juin et septembre après une gestation de 90 à 96 jours. Les nouveau-nés, au nombre de 1 à 6 (moy. 2 à 3), ont les yeux fermés et sont couverts d'un pelage tacheté. Ils ouvrent les yeux au bout de 9 à 14 jours, sont sevrés à 4 ou 5 semaines et acquièrent le pelage uniforme des adultes à 6 mois. Ils restent avec leur mère jusqu'à l'âge de 1 ou 2 ans, le temps d'apprendre à chasser. La mère protège ses petits contre les attaques des mâles adultes. La plupart des femelles sont matures vers 2 ans et demi. Le mâle ne rejoint la femelle que pour l'accouplement et celle-ci élève seule sa progéniture.

RÉGIME ALIMENTAIRE
Le castor du Canada et le cerf de Virginie sont les proies préférées du couguar. Ce prédateur redoutable mange aussi des campagnols, des petits oiseaux, des canards, des mouffettes rayées, des lièvres d'Amérique, des porcs-épics d'Amérique, des poissons et des insectes. Dans certaines régions, il s'attaque parfois à l'orignal et, plus rarement, aux animaux domestiques : bovins, cheval, mouton, volaille. Il ne s'en prend à l'homme que s'il est très affamé. Le couguar chasse à l'affût, sur un promontoire ou dans un arbre qui surplombe un sentier, attendant patiemment le passage d'une proie. Il lui arrive aussi de s'approcher d'elle silencieusement pour l'abattre à l'issue d'une brève course. Les grosses proies meurent généralement d'une morsure à la nuque ou à la gorge. Le couguar traîne habituellement sa victime sous un arbre ou dans les buissons avant de la dévorer. Les restes sont recouverts de neige, de feuilles ou de brindilles et sont consommés plus tard.

COMPORTEMENT SOCIAL
Le couguar mène une vie solitaire et entre rarement en contact avec ses congénères. Il parcourt jusqu'à 40 km par jour et signale sa présence en urinant et en déféquant à divers endroits le long des sentiers qu'il fréquente et en grattant le sol et l'écorce de certains arbres.

LONGÉVITÉ
À l'état sauvage, le couguar peut vivre de 15 à 18 ans. En captivité, il peut atteindre l'âge de 19 ans.

PRÉDATEURS
L'homme est le principal prédateur du couguar. Les jeunes sont parfois victimes d'un mâle adulte.

Michel Quintin

STATUT DES POPULATIONS

L'aire de distribution du couguar en Amérique du Nord s'étendait autrefois sur tout le territoire occupé par le cerf de Virginie. La chasse dont il a fait l'objet pendant près de deux siècles pourrait avoir causé sa disparition sur une grande partie de ce territoire. Au cours des 30 dernières années, sa présence a été signalée par de nombreux observateurs dignes de foi dans toutes les provinces de l'est du Canada sauf à Terre-Neuve et à l'Île-du-Prince-Édouard. La plupart des observations ont été faites dans des régions peu habitées. Un couguar de l'Est a été tué en 1992 dans le nord-ouest du Québec. Il est probable que l'espèce ait tiré profit de l'accroissement du nombre de cerfs de Virginie et de l'extension récente de leur distribution dans l'est du Canada. La situation du couguar a été si critique par le passé que l'espèce est encore considérée en voie de disparition.

NOTES

Le couguar est actif durant toute l'année. Il chasse surtout la nuit, mais s'affaire parfois à l'aube et en fin de journée. Comme les autres félins, le couguar a des griffes rétractiles. Il grimpe aisément aux arbres et peut faire des sauts de plus de 6 m. Il est habituellement silencieux, mais peut rugir, chuinter et grogner s'il se sent menacé. Les femelles miaulent lorsqu'elles sont en chaleur.

Lynx du Canada

Felis lynx
Loup-cervier
Lynx, Canada Lynx

Famille des félidés

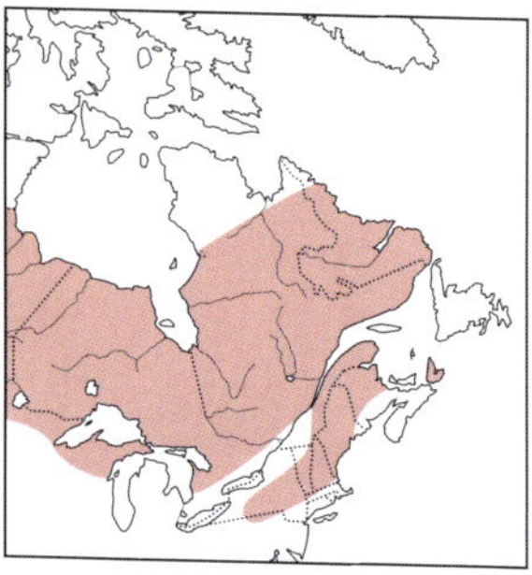

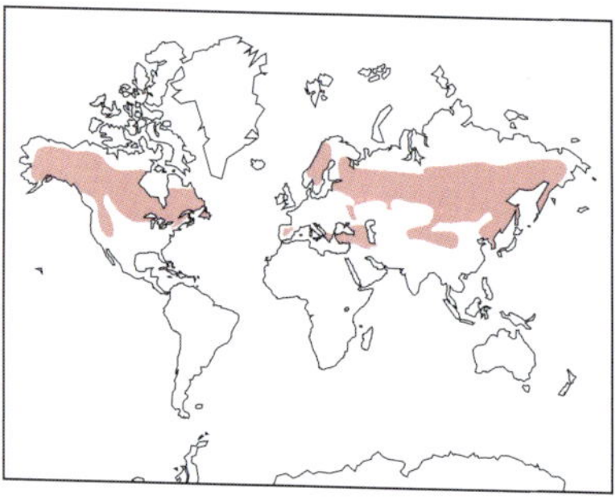

RÉPARTITION GÉOGRAPHIQUE

Cette espèce a une répartition holarctique. La variété américaine (*canadensis*) se rencontre dans les forêts du Canada, de l'Alaska, de l'extrême nord-est des États-Unis et des Rocheuses jusqu'au Colorado. Une sous-espèce très voisine (*pardina*) habite l'Europe et l'Asie.

MENSURATIONS

Longueur totale : 736 à 1 070 mm; queue : 50 à 130 mm; pied : 190 à 260 mm; oreille : 70 à 80 mm; hauteur à l'épaule : 480 à 600 mm.

POIDS

Les mâles adultes pèsent entre 6,4 et 17,3 kg; les femelles, de 4,9 à 11,8 kg. Le poids des nouveau-nés est de 197 à 211 g.

CARACTÈRES DISTINCTIFS

Le lynx du Canada a de longues touffes de poils au bout des oreilles. En été son pelage est brun fauve mêlé de noir; en hiver il est plus grisâtre. Il est plus gros que le lynx roux, ses pattes sont plus longues et l'extrémité de sa queue est entièrement noire.

HABITAT

Le lynx du Canada habite la grande forêt de conifères. On le trouve aussi dans les terrains marécageux et les broussailles où le lièvre abonde. Il occupe un vaste domaine dont la superficie varie de 11 à 50 km^2 et atteint parfois plus de 240 km^2.

GÎTE

Il s'abrite habituellement dans un gîte rudimentaire aménagé dans une crevasse, un tronc creux, à l'abri d'une souche, dans un fourré ou sous les branches d'un arbre.

Michel Quintin

REPRODUCTION

L'accouplement a lieu entre le début de mars et le début d'avril et l'espèce ne produit qu'une portée par année. Les petits, au nombre de 1 à 6 (moy. 3 à 4), naissent en mai ou juin après une gestation de 63 à 74 jours. À la naissance, ils sont aveugles et couverts d'un pelage grisâtre marqué de bandes et de rayures foncées. Ils ouvrent les yeux à l'âge de 10 à 17 jours et commencent à manger de la viande à 30 jours. Les jeunes sont généralement sevrés à 12 semaines, mais certains sont allaités pendant plus de 6 mois. Ils restent avec leur mère durant leur premier hiver et se dispersent en mars. Bien qu'ils soient matures à 1 an, ils ne s'accouplent probablement pas avant l'âge de 2 ans.

RÉGIME ALIMENTAIRE

Le lièvre d'Amérique constitue l'essentiel de son régime alimentaire. Il se nourrit également d'écureuils roux, de tamias, de souris, de campagnols, d'oeufs, de tétras des savanes, de gélinottes huppées, de canards et de passereaux. Il mange parfois du poisson et se nourrit à même les carcasses d'animaux déjà morts, en particulier les cerfs de Virginie et les orignaux. Il s'attaque parfois aux renards, aux jeunes caribous des bois, au cerf de Virginie, au castor du Canada, au rat-musqué commun et aux animaux domestiques. Il peut rester à l'affût plusieurs minutes sur un promontoire ou à proximité d'un sentier, guettant le passage d'une proie. Il chasse également en se jetant brusquement sur sa proie au terme d'une approche furtive. Après s'en être repu, il enfouit généralement les restes sous la neige ou dans l'humus.

COMPORTEMENT SOCIAL

Le lynx du Canada mène une vie solitaire sauf pendant le rut et l'élevage des petits. En dehors de la période de reproduction, il évite en général tout contact avec ses congénères et signale sa présence en grattant le sol et en urinant de temps à autre sur une souche, un buisson, une branche ou un monticule de neige.

LONGÉVITÉ

Le lynx du Canada dépasse rarement 15 ans à l'état sauvage mais peut atteindre l'âge de 22 ans en captivité.

PRÉDATEURS

Mis à part l'homme, qui le chasse pour sa fourrure, les seuls ennemis naturels du lynx du Canada sont le couguar et le loup gris.

STATUT DES POPULATIONS

Les populations de lynx du Canada sont sujettes à des fluctuations périodiques qui correspondent de très près au cycle démographique de 10 ans de leur proie principale, le lièvre d'Amérique. On peut retracer sur deux siècles ces cycles d'abondance grâce aux rapports des prises d'animaux à fourrure de la Compagnie de la baie d'Hudson. L'espèce est vulnérable au piégeage et à la perte d'habitat, surtout dans les creux de cycles.

NOTES

Actif toute l'année sauf durant les grosses tempêtes, le lynx du Canada est essentiellement nocturne. Il parcourt chaque nuit jusqu'à 19 km, suivant les sentiers tracés par les lièvres et explorant leurs zones d'occupation. Lorsque les lièvres sont rares, les lynx du Canada ont tendance à quitter leurs terrains de chasse habituels et à se regrouper là où les proies sont encore abondantes, parfois au terme de très longs déplacements. Avec ses coussinets plantaires larges et velus et ses doigts reliés par une palmure, le lynx du Canada peut se déplacer sans bruit et sans trop enfoncer dans la neige. Il traverse aisément les cours d'eau à la nage, grimpe aux arbres avec facilité, mais galope plutôt lourdement. Son flair est médiocre, sa vue et son ouïe sont par contre très fines. Plutôt craintif, le lynx du Canada ne s'approche des campements et des habitations que s'il est très affamé et n'attaque l'homme que dans des circonstances exceptionnelles.

Lynx roux

Felis rufus
Lynx bai
Bobcat

Famille des félidés

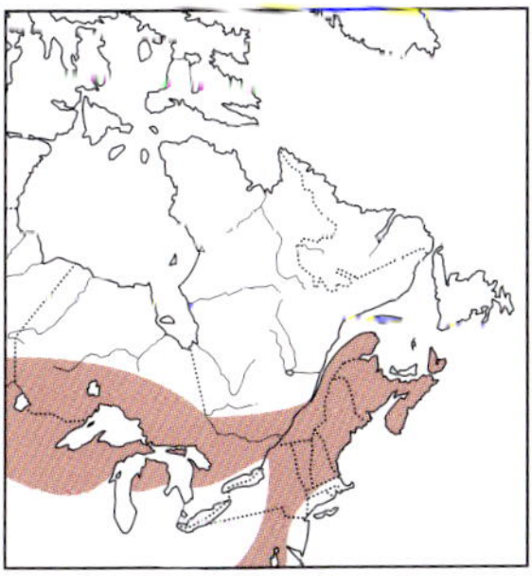

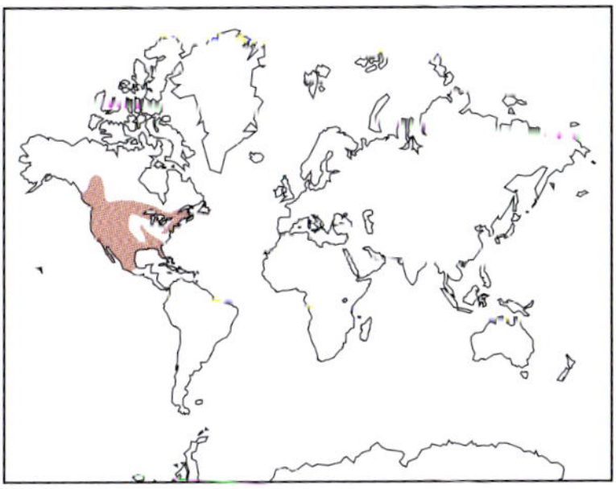

RÉPARTITION GÉOGRAPHIQUE

On trouve le lynx roux depuis le sud du Canada jusqu'en Amérique centrale.

MENSURATIONS

Longueur totale : 740 à 1 065 mm; queue : 51 à 138 mm; pied : 180 à 325 mm; oreille : 70 à 80 mm; hauteur à l'épaule : 500 à 580 mm.

POIDS

Le poids des femelles adultes est de 5,1 à 11,6 kg; celui des mâles, de 6,7 à 17,2 kg. À la naissance, les petits pèsent de 120 à 800 g.

CARACTÈRES DISTINCTIFS

Le lynx roux a le dos brun fauve couvert de nombreuses taches noires, le ventre blanc tacheté de noir et les membres fauves rayés de noir. Son pelage d'été est plus roux que celui d'hiver qui est plutôt grisâtre. Il se distingue du lynx du Canada par sa taille plus petite, des membres plus courts et une queue légèrement plus longue dont l'extrémité porte plusieurs raies foncées, et, en dessous, une tache blanche.

HABITAT

Le lynx roux s'adapte aux milieux les plus divers. Il fréquente la bordure des marais, les taillis, les flancs de collines rocailleuses, les zones agricoles et quelquefois les abords des villes. Il occupe un domaine vital dont la superficie dépasse rarement 50 km^2.

GÎTE

Le jour, il se couche occasionnellement dans un arbre ou sur un promontoire. Les petits naissent dans une cavité naturelle, un tronc creux ou une anfractuosité de rocher tapissée de feuilles et d'herbes séchées.

REPRODUCTION

Bien que les mâles soient féconds toute l'année, les femelles ne sont réceptives que vers la fin de l'hiver. Elles donnent naissance entre la fin avril et la mi-mai à une portée de 1 à 7 petits (moy. 2 à 3), après une gestation de 50 à 70 jours (moy. 62 jours). Les nouveau-nés sont couverts d'un pelage soyeux. Leurs yeux s'ouvrent vers l'âge de 10 jours. Ils sont sevrés à 7 ou 8 semaines et atteignent la maturité sexuelle entre 12 et 18 mois. Les jeunes restent avec leur mère de 4 à 6 mois au cours desquels ils apprendront à chasser et à se débrouiller seuls.

RÉGIME ALIMENTAIRE

Lièvres, lapins, souris, écureuils et musaraignes composent le gros de son régime alimentaire. Prédateur opportuniste, il se nourrit aussi d'insectes, d'oiseaux et de reptiles et s'attaque occasionnellement au porc-épic d'Amérique, au cerf de Virginie et aux petits animaux de ferme. Habile grimpeur, il guette souvent ses proies à l'affût, caché dans les branches basses d'un arbre surplombant un sentier; ou encore il s'en approche furtivement à la manière d'un chat domestique. Il lui arrive de recouvrir ses restes de repas de feuilles et de litière, en vue d'une prochaine visite.

COMPORTEMENT SOCIAL

Le lynx roux est un animal solitaire. Il fréquente un territoire bien délimité sur lequel il signale sa présence en marquant le sol, les buissons ou les rochers de son urine, de ses fèces et d'un liquide visqueux sécrété par ses glandes anales. Parfois, il taillade aussi l'écorce des arbres pour aiguiser ses griffes ou marquer son territoire.

LONGÉVITÉ

Dans son milieu naturel, le lynx roux vit de 12 à 15 ans. En captivité, le record de longévité est de 32 ans.

PRÉDATEURS

Le couguar et le coyote sont les principaux prédateurs du lynx roux. Le grand duc et le renard roux s'attaquent parfois à ses petits. Recherché pour sa fourrure, il est souvent victime d'un trappeur.

STATUT DES POPULATIONS

Au Québec et dans le nord-est des États-Unis, on note une baisse notable des effectifs de cette espèce. Cette raréfaction s'explique par l'exploitation importante dont elle fait l'objet, ainsi que par la perte d'habitats propices et la concurrence que lui livre le coyote.

NOTES

Le lynx roux s'affaire surtout au crépuscule ou durant la nuit. Il est vrai qu'il s'attaque parfois à la volaille et aux moutons et qu'il est souvent porteur de la rage; néanmoins, le lynx roux se rend utile en contrôlant les populations de petits rongeurs.

Stephen J. Krasemann / Valan Photos

Ordre des artiodactyles

Famille des cervidés

Cerf de Virginie
Orignal
Caribou des bois

Famille des bovidés

Boeuf musqué

LES ARTIODACTYLES

L'ordre des artiodactyles réunit les mammifères à sabots ou ongulés qui ont deux ou quatre doigts à chaque pied. Chez ces animaux, le poids du corps est réparti le long d'un axe passant directement entre les troisième et quatrième doigts de chaque pied, formant un sabot fourchu. Quand ils existent, les deux autres orteils, appelés ergots, sont plus petits et situés plus haut sur la patte. Ils ne touchent le sol que lorsque l'animal circule dans la boue ou la neige molle.

On trouve des populations naturelles d'artiodactyles sur tous les continents sauf en Antarctique et en Australie. De par le monde, cet ordre est représenté par des espèces aussi diversifiées que le porc, l'hippopotame, le chameau, le cerf, la girafe, l'antilope, le bison, les bovins et la chèvre.

Dans l'est du Canada, on compte quatre espèces d'artiodactyles représentant deux familles : les cervidés, regroupant le cerf de Virginie, l'orignal et le caribou des bois, et les bovidés, représentés par le boeuf musqué, récemment introduit avec succès dans le nord du Québec.

Toutes ces espèces sont herbivores. Leurs incisives supérieures sont absentes et remplacées par une plaque cartilagineuse. À la différence des lagomorphes et des rongeurs, qui tranchent net les ramilles dont ils se nourrissent, les cervidés et les bovidés arrachent les tiges et les brindilles en les pinçant entre leurs incisives inférieures et leur palais. Les canines sont absentes ou atrophiées; les prémolaires et les molaires sont aplaties et servent à moudre les matières végétales.

La plupart des artiodactyles sont des ruminants. Leur estomac se divise en trois ou quatre compartiments dont le premier, appelé panse ou rumen, loge des micro-organismes (bactéries et protozoaires) qui digèrent la cellulose. Quand ils broutent, les ruminants entreposent dans leur rumen toute la nourriture qu'ils absorbent. Quelque temps après, la nourriture passe dans la deuxième partie de l'estomac, le réseau, pour y être réduite en petites boulettes. Celles-ci remontent une à une dans la bouche pour être mâchées une seconde fois et digérées complètement.

À cause de leur taille relativement grande et de leur chair savoureuse, les ruminants sont des proies attirantes pour beaucoup de grands carnivores et un gibier de choix pour bien des chasseurs. Ils sont heureusement dotés de sens affinés qui les préviennent du moindre danger. Leur long museau capte les odeurs les plus subtiles et leurs oreilles, longues et mobiles, s'orientent indépendamment l'une de l'autre, détectant ainsi les sons de plusieurs directions à la fois. Des yeux protubérants et bien en retrait sur les côtés de la tête donnent à l'animal une vue presque circulaire quand il broute.

Les jeunes ruminants viennent au monde dans un état de développement avancé. Ils ont les yeux ouverts, le corps couvert de poils et sont capables de marcher quelques minutes à peine après leur naissance. Chez certaines espèces, dont le boeuf musqué et le caribou, les petits suivent leur mère dans ses déplacements dès le premier jour. Chez d'autres, comme le cerf de Virginie, les faons restent cachés dans les broussailles pendant quelques jours au cours desquels ils sont visités régulièrement par la mère.

Plusieurs artiodactyles portent des cornes ou un panache, fort utiles contre les prédateurs ou pour affirmer leur supériorité sur un rival. Chez les cervidés, les mâles et parfois aussi les femelles, dans le cas des caribous, portent des bois qui se renouvellent chaque année. Les bois sont de véritables prolongements des os frontaux. Pendant leur croissance, ils sont recouverts d'une peau veloutée, riche en vaisseaux sanguins. Vers la fin de l'été, peu avant le rut, le sang cesse d'affluer dans le bois et celui-ci cesse de se développer. La peau se dessèche, tombe en lambeaux, et l'os se découvre. À la fin de l'hiver, les cellules à la base du bois meurent, provoquant sa chute.

Chez les bovidés, mâles et femelles possèdent une paire de cornes creuses persistantes qui recouvrent le prolongement osseux des os frontaux.

Pendant la saison du rut, les cervidés mâles paradent, mettant leur silhouette et leur panache en évidence. De temps à autre, deux mâles entrecroisent leurs panaches et s'affrontent dans des combats rituels qui causent parfois de graves blessures aux belligérants. Chacun cherche à en imposer à l'autre pour l'empêcher de courtiser les femelles de son harem. De la même façon, deux boeufs musqués mâles s'élancent parfois tête contre tête à la manière des mouflons. Heureusement, leurs cornes massives et les os épais de leur front absorbent le choc sans difficulté.

On retrouve chez les artiodactyles, plus particulièrement dans la famille des bovidés, les ancêtres des bovins, du mouton et de la chèvre domestique.

Cerf de Virginie

Odocoileus virginianus **Famille des cervidés**

Chevreuil, chevreuil de Virginie, cariacou

White-tailed Deer

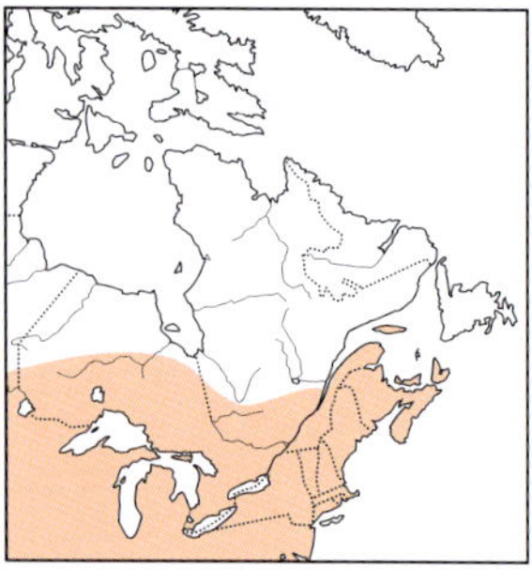

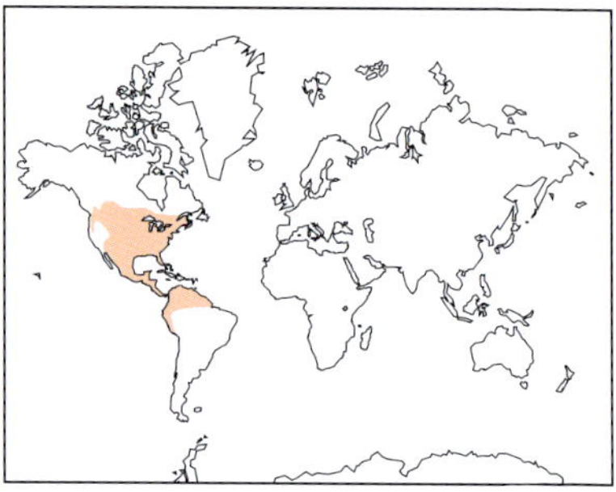

RÉPARTITION GÉOGRAPHIQUE

On trouve cette espèce depuis le sud de la baie d'Hudson jusqu'au nord de l'Amérique du Sud. Dans l'est du Canada, le cerf de Virginie a été introduit dans l'île d'Anticosti en 1896 et dans l'Île-du-Prince-Édouard en 1949.

MENSURATIONS

Longueur totale : 160 à 215 cm; queue : 15 à 36 cm; pied : 48 à 54 cm; sabot : 5 à 7 cm; oreille : 14 à 24 cm; hauteur à l'épaule : 90 à 120 cm; panache : jusqu'à 76 cm de longueur.

POIDS

Le poids des mâles adultes varie de 85 à 170 kg, celui des femelles de 57 à 113 kg. Les nouveau-nés pèsent de 1,5 à 6,7 kg.

CARACTÈRES DISTINCTIFS

En été, le pelage du cerf de Virginie est brun rougeâtre; en hiver, il devient gris-brun. En général, seuls les mâles portent un panache, dont la croissance débute en avril et se poursuit tout l'été. En septembre, les mâles perdent le velours qui recouvre leurs bois et, parfois, frottent leur panache (ramure) contre les arbres. Les bois tombent en janvier ou février.

HABITAT

Le cerf de Virginie fréquente les champs abandonnés, les vergers, les zones de repousse et les éclaircies de la forêt de feuillus et de la forêt mixte. En hiver, lorsque la neige est épaisse, les cerfs se réunissent dans des peuplements de conifères offrant couvert et nourriture. Ils tracent dans ces «ravages» un réseau de sentiers qui relient les sites de repos et les aires d'alimentation.

Michel Quintin

GÎTE

Son lit est une dépression ovale peu profonde dans les feuilles, l'herbe ou la neige.

REPRODUCTION

L'accouplement a lieu entre le début d'octobre et la fin de novembre. En mai et juin, les biches donnent naissance à 1, 2 ou 3 petits (moy. 1 à 2), après une gestation de 195 à 212 jours (moy. 201 jours). Les faons ont un pelage tacheté jusqu'à l'âge de 5 mois. Ils restent cachés pendant 3 ou 4 semaines, avant de suivre régulièrement leur mère dans ses déplacements. Certaines femelles atteignent la maturité sexuelle à 6 ou 7 mois, mais la plupart, comme les mâles, ne se reproduisent pas avant 18 mois. Le front des mâles est couvert de glandes sudoripares qui s'activent davantage chez les plus dominants au moment du rut. Ils frottent ces glandes contre les arbres et déposent sur les branches de la salive ainsi que les sécrétions de leurs glandes préorbitales. À cette époque, pour attirer les femelles, les mâles urinent et grattent le sol avec leurs sabots et leur panache dans des endroits découverts.

RÉGIME ALIMENTAIRE

Durant l'été, le cerf de Virginie se nourrit des feuilles et des ramilles d'une grande variété de plantes herbacées, d'arbres et d'arbustes, de fruits et de champignons. L'hiver, il broute les ramilles de cèdre, de vinaigrier, d'érable à épis, de noisetier, de saule, de chèvrefeuille ou de sapin, de même que des lichens arboricoles. Lorsqu'il broute, le cerf arrache les ramilles en les pinçant entre son palais et ses incisives inférieures. Si la neige est peu épaisse, il gratte jusqu'au sol pour brouter les plantes herbacées.

COMPORTEMENT SOCIAL

En été, les cerfs de Virginie vivent seuls ou en petits groupes composés de quelques mâles ou de femelles avec leurs petits. En hiver, ils se rassemblent dans les ravages. Les glandes que possèdent ces animaux sur le front, au coin des yeux, entre les sabots et sur la face interne des pattes postérieures sécrètent des substances odorantes qui jouent un rôle important dans leur vie sociale. Ce marquage olfactif favorise la communication entre les femelles en chaleur et les mâles en rut et informe les femelles et les autres mâles de la condition et du rang social des mâles. On connaît au cerf de Virginie 13 cris et bruits différents émis selon les circonstances.

LONGÉVITÉ

En milieu naturel, peu de cerfs de Virginie dépassent l'âge de 6 ou 8 ans; le record de longévité est de 16 ans et demi. En captivité, certains individus ont vécu plus de 20 ans.

PRÉDATEURS

Mis à part l'homme, le cerf de Virginie est la proie du loup gris, du coyote, du couguar et des chiens errants. Le lynx roux, le lynx du Canada et l'ours noir s'attaquent parfois aux faons.

NOTES

Actif à l'aube, au crépuscule et au début de la nuit, le cerf de Virginie passe de longues heures à ruminer, couché dans les taillis, laissant à son lever une dépression ovale dans l'herbe ou la neige. Toujours aux aguets, il s'esquive sans bruit à l'arrivée d'un prédateur. S'il est surpris, il détale en bondissant, exposant la touffe de poils blancs qui orne le dessous de sa queue.

Le cerf de Virginie endommage parfois les arbres ornementaux et fruitiers dont il broute les bourgeons et les rameaux. Il s'alimente occasionnellement dans les champs cultivés et les potagers. On peut prévenir ces méfaits en érigeant une clôture de 2 ou 3 m de hauteur autour des endroits à protéger.

Orignal

Alces alces
Élan d'Amérique
Moose

Famille des cervidés

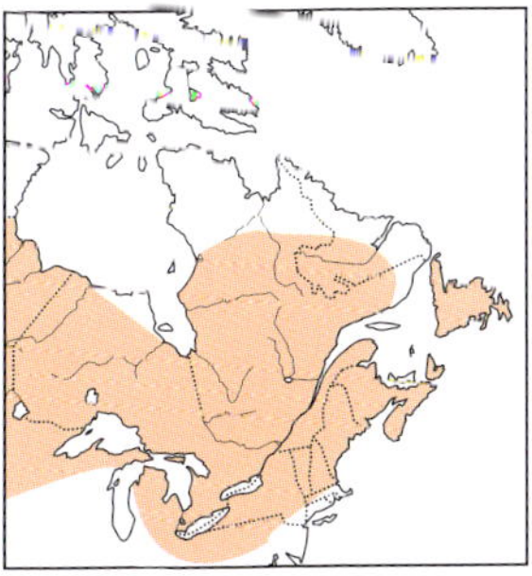

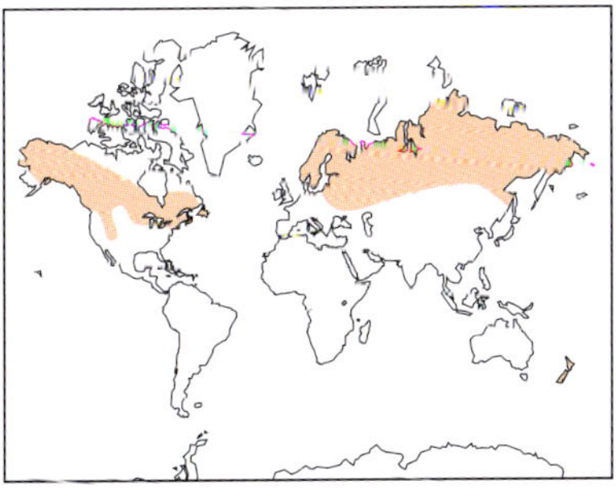

RÉPARTITION GÉOGRAPHIQUE

L'espèce a une distribution holarctique. On la trouve dans le nord de l'Amérique du Nord et de l'Eurasie. Elle a été introduite en Nouvelle-Zélande.

MENSURATIONS

Longueur totale : 200 à 290 cm; queue : 6 à 15 cm; pied : 72,5 à 83 cm; sabot : 12,7 à 17,8 cm; oreille : 25 à 27,5 cm; hauteur à l'épaule : 169 à 192 cm. La ramure des mâles peut atteindre 1,8 m d'envergure. Les mâles sont légèrement plus grands que les femelles.

POIDS

Le poids des mâles adultes varie de 329 à 635 kg; celui des femelles, de 227 à 408 kg. Les nouveau-nés pèsent de 11 à 16 kg.

CARACTÈRES DISTINCTIFS

L'orignal a le dos brun foncé, presque noir, et le ventre brun. La face interne des membres varie de gris à blanc crème. Il est très haut sur pattes. Ses épaules sont surmontées d'une sorte de bosse, et son menton porte une longue barbiche appelée fanon. Seuls les mâles portent des bois, qu'ils perdent chaque année entre décembre et février. La croissance de leur nouveau panache débute au printemps et se poursuit tout l'été.

HABITAT

L'orignal habite les forêts mixtes de conifères et de feuillus, et en particulier les sapinières à bouleau blanc ou à bouleau jaune, où il occupe un domaine de 5 à 10 km^2 de superficie. Il fréquente les éclaircies, les brûlis et les zones de coupe intensive de même que les marécages et les étangs. En hiver, les orignaux se rassemblent parfois en petits groupes de 2 à 8 dans des secteurs boisés où la neige est moins épaisse. Dans ces lieux, appelés «ravages», ils tracent un réseau de sentiers qu'ils quittent rarement quand la neige est abondante.

GÎTE

Il se repose dans les broussailles ou à l'abri des conifères et laisse dans la neige ou dans la mousse l'empreinte ovale de son corps.

REPRODUCTION

L'orignal ne produit qu'une portée par année, de 1 à 3 petits (moy. 1 à 2). La période du rut s'étend de la mi-septembre au début d'octobre et se prolonge parfois jusqu'à la fin de novembre. Les petits naissent pour la plupart à la fin de mai ou au début de juin, après une gestation de 240 à 246 jours, et sont sevrés à 4 ou 5 mois. Les faons atteignent la maturité sexuelle vers 16 ou 18 mois. Cependant les femelles s'accouplent rarement avant l'âge de 2 ans et demi et les mâles avant 5 ou 6 ans. Les femelles gestantes chassent leurs jeunes de l'année précédente entre 10 et 15 jours avant de donner naissance à leur nouvelle portée. À l'époque du rut, les femelles poussent des cris d'appel (brames) qui portent à plus de 3 km. Les mâles émettent pour leur part des cris rauques et brefs, frayent leurs bois aux arbres et s'affrontent en croisant leurs panaches. À l'aide de leurs pattes, ils creusent des dépressions dans le sol humide, où ils urinent et se vautrent pour y attirer les femelles. Ces souilles constituent d'importants points de rencontres entre mâles et femelles. Ces dernières s'y vautrent aussi à l'occasion.

RÉGIME ALIMENTAIRE

En hiver, l'orignal broute les branches, les ramilles et l'écorce d'une grande variété d'arbres, dont le sapin baumier, l'érable à épis, le bouleau, le tremble et le saule. On reconnaît les sites d'alimentation aux arbres dont les petites branches semblent avoir été arrachées ou dont l'écorce a été broutée. En été, l'orignal se nourrit du feuillage de ces arbres, de plantes herbacées et de plantes aquatiques comme le nénuphar, la vallisnérie, les prêles et les sagittaires. Il passe plusieurs heures par jour dans l'eau à se nourrir, la tête submergée pour saisir les plantes. L'orignal consomme parfois des petites plantes à plus de 5 m de profondeur. Il lui arrive de plonger pour atteindre sa nourriture, restant sous l'eau près d'une minute s'il le faut. Il est particulièrement attiré par les sources naturelles d'eau minérale.

COMPORTEMENT SOCIAL

L'orignal est foncièrement solitaire, excepté à l'époque du rut et en hiver.

LONGÉVITÉ

Il peut vivre 20 ans en milieu naturel. En captivité, le record est de 27 ans.

Robert Baronet

PRÉDATEURS
Le loup gris est son principal prédateur après l'homme. L'ours noir, le carcajou et le couguar réussiraient parfois à capturer un petit.

NOTES
L'orignal est le plus gros représentant de la famille des cervidés. Il est actif surtout à l'aube ou au crépuscule, mais se déplace souvent la nuit.

Caribou des bois

Rangifier tarandus caribou **Famille des cervidés**
Renne
Woodland Caribou

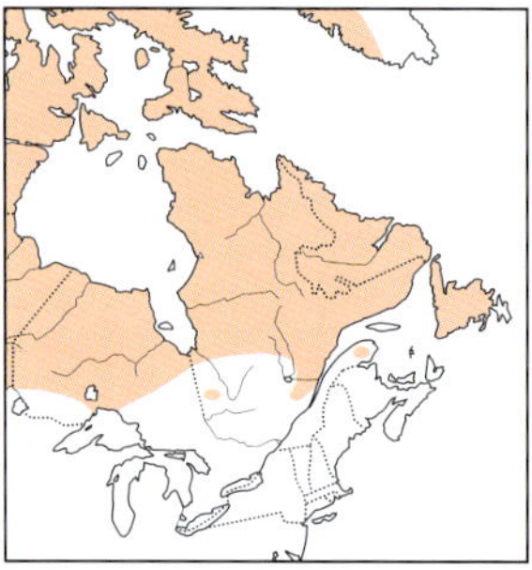

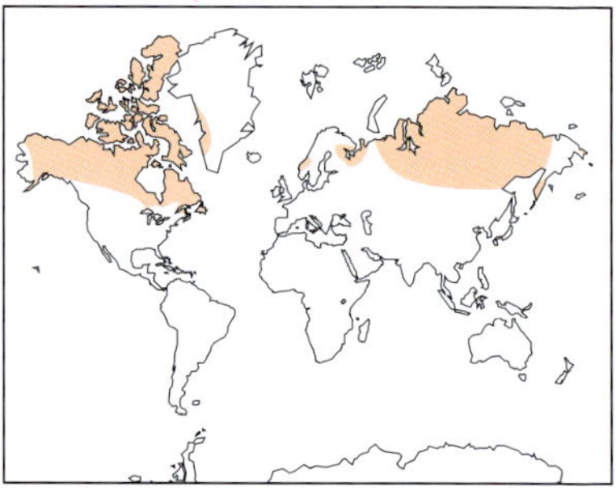

RÉPARTITION GÉOGRAPHIQUE

On trouve au Canada 5 races ou sous-espèces de caribou. Le caribou des bois, qui habite la forêt boréale depuis Terre-Neuve jusqu'à la Colombie-Britannique, est la plus grande de ces races et la seule qu'on observe dans l'est du Canada. Les autres variétés (celles de Grant, de Peary et de la toundra) fréquentent le nord du Yukon, les Territoires du Nord-Ouest et le nord-ouest du Groenland. Un troupeau de rennes d'Europe a été introduit dans le delta du Mackenzie en 1935. Cette sous-espèce européenne se voit en Norvège, en Finlande et dans le nord de l'ancienne URSS. À la fin du XIXe siècle, l'aire de répartition du caribou des bois couvrait tout l'est du Canada et s'étendait jusqu'au nord du New Hampshire. Les populations du sud ont grandement régressé à la suite d'une chasse abusive et l'unique population survivant au sud du Saint-Laurent se trouve en Gaspésie.

MENSURATIONS

Longueur totale : 173 à 247 cm; queue : 12,5 à 22,5 cm; pied : 50 à 60 cm; sabot : 7,5 à 13,5 cm; oreille : 11 à 15 cm; hauteur à l'épaule : 104 à 140 cm; panache (ramure) : jusqu'à 120 cm de longueur.

POIDS

Les mâles adultes pèsent de 121 à 250 kg; les femelles de 90 à 158 kg; les nouveau-nés, de 4,5 à 7,8 kg.

CARACTÈRES DISTINCTIFS

Le caribou des bois est généralement brun avec du blanc sur la gorge, le cou et la croupe. Comme les mâles, la plupart des femelles portent un panache. En janvier, la plupart des mâles ont perdu leurs

Robert B[illegible]

bois. Les femelles par contre ne perdent les leurs qu'en mai ou juin, quelques jours après avoir mis bas. Bien qu'ils diffèrent par certains détails de leur anatomie, le caribou et le renne ne forment qu'une seule et même espèce.

HABITAT

Le caribou des bois fréquente la forêt boréale de conifères, la taïga subarctique et la toundra arctique ou alpine, où le lichen pousse en abondance. Au printemps, les femelles gestantes, parfois accompagnées de leur jeune de 1 an, quittent leur troupeau et se regroupent sur les terrains de vêlage pour mettre bas. Dans ces lieux habituellement dépourvus d'arbres pousse une végétation propre à la toundra arctique. Après la mise bas, les femelles rejoignent les pâturages d'été, vastes terrains plats balayés par le vent où les insectes sont moins abondants. À l'automne, les caribous forment de grands rassemblements mixtes et se mettent en route vers les lieux d'hivernage.

GÎTE

Il se couche à même le sol, dans la mousse ou la neige.

REPRODUCTION

La période du rut s'étend de la fin de septembre au mois de novembre. Les mâles s'affrontent alors en entrecroisant leurs panaches, chacun cherchant à regrouper autour de lui un harem de 10 à 15 femelles. Les femelles donnent naissance en mai ou juin à 1 petit (rarement 2), après une gestation de 227 à 230 jours. Précoce, le nouveau-né peut courir moins de 90 minutes après sa naissance et commence à brouter à 2 semaines. Les femelles et les mâles atteignent la maturité sexuelle à l'âge de 18 à 30 mois.

RÉGIME ALIMENTAIRE

Le caribou broute la tige des plantes herbacées et les ramilles de divers arbres et arbustes, dont les saules, les bouleaux et les bleuets. En hiver, son régime comprend essentiellement des lichens terrestres et arboricoles. Il se nourrit aussi de champignons. Pour atteindre sa nourriture, il creuse des cratères dans la neige avec ses sabots.

COMPORTEMENT SOCIAL

Le caribou vit en hardes composées de 10 à 50 individus du même sexe. Ces hardes se réunissent parfois pour former des troupeaux de plusieurs centaines d'individus. Sous la conduite de femelles ou de mâles expérimentés, les hardes se déplacent sans cesse d'un pâturage à l'autre.

LONGÉVITÉ

En milieu naturel, le caribou peut vivre de 12 à 15 ans. En captivité, il peut atteindre l'âge de 27 ans.

PRÉDATEURS

L'homme, le loup gris et l'ours noir sont les principaux prédateurs du caribou des bois. Le lynx du Canada, le coyote, le carcajou et l'aigle royal s'attaquent parfois aux petits.

STATUT DES POPULATIONS

Le nord du Québec et le Labrador abritent les deux plus importants troupeaux de caribous au monde, soit près d'un million d'individus. En revanche, les populations des Maritimes et de la Gaspésie sont considérées comme menacées. Les petites hardes qu'on rencontre dans les Laurentides et en Abitibi sont également en difficulté.

NOTES

Un peu comme des raquettes, les larges sabots du caribou facilitent ses déplacements dans la neige épaisse et le muskeg. Les longs poils creux de son pelage emprisonnent l'air et aident l'animal à flotter lorsqu'il doit traverser des cours d'eau à la nage. Diurne, le caribou est actif surtout à l'aube et au crépuscule. Bien qu'il soit myope, il possède un odorat très fin qui lui permet de déceler la présence des prédateurs.

Boeuf musqué

Ovibos moschatus
Ovibos
Muskox

Famille des bovidés

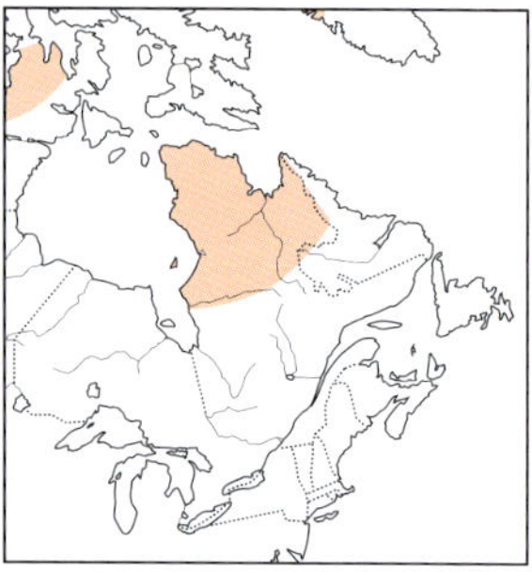

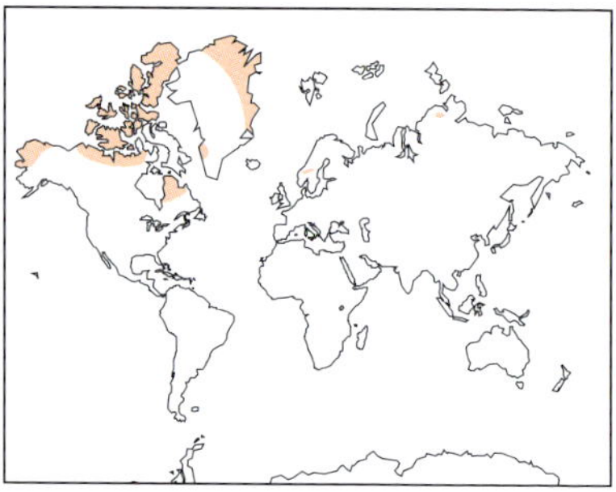

RÉPARTITION GÉOGRAPHIQUE

Le boeuf musqué est originaire du Canada septentrional, des îles de l'Arctique, du nord-est du Groenland et de l'Alaska. L'espèce a été introduite dans le nord du Québec entre 1973 et 1983, ainsi qu'en Norvège et en Sibérie.

MENSURATIONS

Longueur totale : 194 à 246 cm; queue : 6 à 17 cm; pied : 42,5 à 50 cm; sabot : 10 à 13 cm; oreille : 15 à 16 cm; hauteur à l'épaule : 91 à 152 cm; cornes : jusqu'à 75 cm d'envergure et 74 cm de longueur. Les mâles sont plus grands que les femelles.

POIDS

À l'état sauvage, les mâles adultes pèsent de 263 à 341 kg; les femelles, de 163 à 230 kg. En captivité, certains mâles peuvent peser jusqu'à 550 kg; les femelles, jusqu'à 300 kg. Le poids des nouveau-nés varie de 10 à 14 kg.

CARACTÈRES DISTINCTIFS

Cet animal possède un long pelage brun foncé. Les boeufs musqués des deux sexes ont des cornes recourbées qui poussent pendant environ 6 ans. Elles sont moins massives et moins longues chez les femelles que chez les mâles.

HABITAT

Le boeuf musqué habite la toundra arctique. Il est plutôt sédentaire. En été, il fréquente les rives des lacs et des cours d'eau où la végétation pousse en abondance. L'hiver, il se tient sur les pentes exposées au vent, dans les vallées et les basses-terres où la neige est peu profonde.

B.T. Aniskowicz

GÎTE

Il se couche à même le sol, dans la mousse ou la neige.

REPRODUCTION

L'accouplement a lieu en août et septembre. Au moment du rut, les mâles adultes défendent un harem composé de quelques femelles adultes et de leurs petits. Les mâles s'affrontent souvent pour la possession d'un harem ou pour déterminer leur rang hiérarchique. Un affrontement typique débute par une parade où les mâles frottent leurs glandes préorbitaires contre leurs pattes antérieures. Ils avancent lentement l'un vers l'autre, reculent puis s'élancent tête contre tête à la manière des mouflons. Ces bagarres provoquent généralement la fuite du plus faible, mais peuvent aussi lui causer des blessures mortelles. La femelle ne produit habituellement qu'un seul petit tous les 2 ans. Celui-ci vient au monde entre avril et juin, après une gestation de 8 mois et demi. À la naissance, il est couvert d'un épais manteau laineux. Il peut marcher après quelques minutes, et suit sa mère dans ses déplacements quelques heures plus tard. Il commence à brouter à 2 semaines, mais continuera de téter jusqu'à l'âge de 1 an. À l'état sauvage, les femelles sont matures à 3 ou 4 ans; les mâles, un ou deux ans plus tard. En captivité, les jeunes sont matures un an plus tôt.

RÉGIME ALIMENTAIRE

Le boeuf musqué se nourrit d'épilobes, d'herbes, de carex, de mousses et de lichens. Il broute aussi les feuilles et les tiges de saule, de bouleau et de diverses plantes arbustives. L'hiver, il recherche les endroits où la neige est peu épaisse. Il gratte le sol avec ses sabots et brise la glace avec sa tête pour découvrir la végétation dont il s'alimente.

COMPORTEMENT SOCIAL

Le boeuf musqué est grégaire. Il forme, en hiver, de grands troupeaux mixtes qui se fractionnent à l'époque de la mise bas en petits groupes comprenant en moyenne 7 individus.

LONGÉVITÉ

Le boeuf musqué peut vivre 23 ans en milieu naturel. En captivité, la longévité de l'espèce est de 16 à 17 ans.

PRÉDATEURS

L'homme et le loup gris sont ses seuls prédateurs.

STATUT DES POPULATIONS

En 1967, 15 jeunes boeufs musqués capturés sur l'île Ellesmere ont été mis en enclos à Kuujjuaq dans le but d'établir la première ferme d'élevage de l'espèce au Canada. Entre 1973 et 1983, 55 individus ont été libérés dans le nord du Québec, dans les régions de Rivière-à-la-Baleine, Tasiujaq et au nord de Kuujjuaq. L'espèce s'est facilement implantée dans ce secteur. En 2003, la population comptait plus de 1 400 têtes.

NOTES

Le boeuf musqué est couvert d'un pelage très épais qui lui permet d'affronter les froids extrêmes de l'hiver arctique. De longs poils de garde, qui peuvent atteindre 62 cm de longueur, recouvrent une fine toison de poils plus courts appelée «qiviut». Au printemps, le «qiviut» se détache et tombe entre les poils de garde. Certains autochtones utilisent cette fine laine pour confectionner des vêtements.

En été, le boeuf musqué fait alterner l'alimentation et le repos en courtes périodes de 2 heures et demie chacune. Doté d'une vue, d'une ouïe et d'un odorat bien développés, le boeuf musqué est particulièrement sensible au dérangement. Au passage d'un hélicoptère ou d'un avion volant à basse altitude ou à l'approche de loups, de chiens ou de chasseurs, toute la harde se met à courir vers le sommet d'une colline ou un endroit dégagé. Tous les animaux s'arrêtent puis s'alignent pour faire face au danger. S'ils sont encerclés, ils rapprochent leurs croupes en formant un cercle serré à partir duquel les adultes chargent l'ennemi. Tout ce temps, les petits se pressent contre le flanc de leur mère.

Ordre des carnivores pinnipèdes

Famille des phocidés

Phoque commun
Phoque gris
Phoque du Groenland
Phoque à capuchon
Phoque annelé
Phoque barbu

Famille des odobénidés

Morse

LES CARNIVORES PINNIPÈDES

Le sous-ordre des carnivores pinnipèdes, dont le nom signifie littéralement «pieds en forme de nageoires», regroupe les mammifères marins qui sont adaptés à une vie semi-aquatique. Ces animaux ont un corps fusiforme et hydrodynamique et des membres palmés et aplatis en forme de nageoires. Leurs narines sont munies de valvules qui se ferment durant la plongée. Leurs vibrisses sont longues, raides et mobiles. Ils ont tous une épaisse couche de graisse et une fourrure plus ou moins clairsemée qui leur recouvre tout le corps.

On distingue trois familles de pinnipèdes : les otariidés ou otaries, les phocidés ou phoques et les odobénidés ou morses. Les otariidés habitent les mers de l'hémisphère Sud et le Pacifique Nord. Leurs membres antérieurs et postérieurs, qu'ils peuvent ramener sous le corps, sont robustes et leur servent à se déplacer autant sur le sol que dans l'eau. Les membres postérieurs jouent le rôle de gouvernail.

À l'exception du morse, tous les pinnipèdes de l'Atlantique Nord et de l'est de l'Arctique canadien sont des phocidés. Contrairement aux otariidés, leurs oreilles sont dépourvues de pavillon. Leurs membres antérieurs sont courts et servent peu à la locomotion terrestre. Sur la glace ou sur le sol, ils se déplacent maladroitement avec des contorsions, à peine aidés de leurs membres qu'ils ne peuvent replier sous le corps. Ils se laissent parfois glisser sur la glace ou rouler sur le dos pour accélérer leur progression.

La famille des odobénidés ne compte qu'une seule espèce, le morse, qu'on trouve uniquement dans les eaux glacées de l'hémisphère Nord. Ce gros pinnipède a des canines proéminentes qui, avec l'âge, s'allongent en de grosses défenses. Son pelage est réduit, presque absent chez les vieux animaux. Ses membres postérieurs peuvent s'orienter vers l'avant et sous l'axe du corps comme chez les otaries. Cependant, le morse, à cause de son poids, n'a pas l'agilité de ces dernières; il se déplace un peu à la manière des phoques.

C'est dans l'eau que les phoques et les morses sont le plus à l'aise. Habiles nageurs, ils sont capables d'étonnantes prouesses. Les phoques du Groenland, par exemple, se déplacent souvent en sautant hors de l'eau comme des dauphins. Certaines espèces peuvent plonger très profondément pour chercher leur nourriture.

Les pinnipèdes ont des adaptations physiologiques qui leur permettent, comme aux cétacés, de pallier l'absence d'oxygénation durant la plongée. Leurs muscles peuvent emmagasiner de plus grandes réserves d'oxygène que ceux des mammifères terrestres. En plongée, ils ralentissent leur rythme cardiaque et réduisent leur circulation sanguine, ne maintenant au niveau normal que celle qui irrigue le coeur et le cerveau. La plupart des plongées sont suffisamment courtes pour ne pas épuiser les réserves d'oxygène, mais lorsque l'oxygène emmagasiné dans les muscles vient à manquer, la contraction musculaire est alimentée par la dégradation anaérobique des réserves métaboliques.

Les phoques et morses du Québec et de l'est du Canada vivent une bonne partie de l'année dans les eaux glacées baignant différentes formations de glaces (voir glossaire). «Banquise» et «pack» sont des termes équivalents utilisés pour désigner toute étendue de glace de mer autre que la banquise côtière, quelle que soit sa forme ou la façon dont elle est disposée. Selon la concentration des glaces, on parle de pack lâche ou serré. Le pack est souvent en mouvement, porté par les courants et les vents. La banquise côtière, elle, est retenue à la côte. La plupart des pinnipèdes utilisent la glace pour s'y reposer et mettre bas. Le «Front» désigne, par exemple, la banquise serrée qui se forme au nord de Terre-Neuve en hiver et sur laquelle mettent bas les phoques du Groenland et les phoques à capuchon. D'autres espèces, comme le phoque commun, préfèrent la banquise lâche ou l'eau libre.

Les phoques et les morses habitent un milieu hostile. Ils évoluent dans des eaux glaciales et affrontent des froids intenses et des vents violents. Pour résister à l'hypothermie, les phoques ont une épaisse couche de gras et la capacité de restreindre la circulation sanguine dans les nageoires et l'épiderme. Ils peuvent aussi atténuer les pertes de chaleur par un système d'échange thermique entre les veines et les artères de leurs extrémités.

Durant l'été, les pinnipèdes connaissent parfois le problème contraire, soit l'excès de chaleur. Lorsqu'ils se reposent sur le sol, leur isolation les empêche d'évacuer l'énergie calorifique. Ils combattent alors l'hyperthermie en faisant circuler beaucoup de sang dans leurs nageoires, qu'ils étalent au vent.

En hiver cependant, la température de l'eau est plus supportable que celle de l'air et les phoques préfèrent souvent rester à l'eau. Le phoque annelé vit sous la banquise, respirant au moyen de trous qu'il entretient dans les failles de la glace. Les morses, quant à eux, s'entassent les uns contre les autres sur le bord de la banquise près d'un trou qu'ils maintiennent ouvert dans la glace.

Tous les pinnipèdes trouvent leur nourriture sous l'eau, souvent à des profondeurs où leur vue devient insuffisante pour repérer leurs proies. On a rapporté plusieurs cas de phoques ou d'otaries aveugles mais jouissant d'une excellente santé. Or, les vibrisses, qui forment de généreuses moustaches sur leur museau, sont très sensibles au toucher. Des expériences sur le phoque commun ont démontré qu'elles sont suffisamment sensibles pour percevoir les perturbations causées par une proie qui nage à faible distance. Enfin, on a démontré que certaines espèces de phoques et d'otaries n'ont aucune difficulté à s'orienter ou à suivre une proie sous l'eau même si leur vue est obstruée. Certains pinnipèdes produisent des sons qui pourraient être utilisés pour l'écholocation, comme chez les cétacés, mais la preuve reste à faire à ce sujet.

C'est de janvier à juillet qu'on a le plus souvent l'occasion d'observer des phoques. Des événements cruciaux dans leur cycle annuel les forcent à quitter l'eau : la reproduction et la mue. Ils mettent bas en hiver ou au printemps sur les glaces et sur les côtes. Ils s'accouplent quelques jours ou quelques semaines après la mise bas. La mue se produit généralement après la saison des amours. Rapide chez les phoques, elle provoque le détachement de grandes plaques de poils qui entraînent parfois des lambeaux d'épiderme. Cette période est critique pour les phoques car leur isolation est moins efficace qu'à l'ordinaire et la mue les force à rester hors de l'eau. Elle est cependant nécessaire pour la régénération de leur pelage.

Dans l'Arctique et le Nouveau-Québec, la chasse au phoque annelé, au phoque barbu et au morse est un élément important de l'économie inuit. Les chasseurs en tirent la subsistance de leur famille et utilisent les peaux et le cuir pour la confection des vêtements et du matériel. La vente de l'ivoire des défenses de morse, brut ou sculpté, est un important commerce pour l'économie locale, ce qui a suscité quelques inquiétudes pour la conservation de l'espèce. Des règlements permettent maintenant de contrôler ce commerce aux différentes étapes de la vente et de l'exportation.

Dans les eaux du golfe du Saint-Laurent et de l'Atlantique, seuls le phoque du Groenland et, à un moindre degré, le phoque à capuchon ont été chassés intensivement. La courte saison de chasse au phoque du Groenland assurait depuis plus d'un siècle chaque printemps une prise de plus de 150 000 bêtes. Certaines associations de conservation se sont vivement opposées à cette activité pour des motifs d'ordre essentiellement éthique et non par souci de conservation et, en 1982, le Parlement européen a banni dans les pays membres l'importation des produits du phoque. Ce moratoire a réduit les prises à une fraction de leur nombre antérieur. La chasse aux blanchons demeure interdite mais la chasse commerciale aux juvéniles et aux adultes a toutefois repris en 1996. On en capture depuis entre 240 000 et 310 000 par année, pour la plupart des « brasseurs » (jeunes de 25 jours à 13 mois). Malgré cette chasse très importante, la conservation de l'espèce n'est pas mise en jeu, la population ayant atteint en 1999 environ 5,2 millions d'individus.

Les pêcheurs considèrent le phoque commun et le phoque gris comme des fléaux. Ils les accusent avec raison de causer des dommages aux agrès de pêche et, surtout dans le cas du phoque gris, d'être porteurs d'un parasite de la morue. On leur reproche aussi de capturer des quantités considérables de poissons d'intérêt commercial.

PELAGE DES DIFFÉRENTS PHOQUES SELON L'ÂGE ET LE SEXE

PHOQUE COMMUN

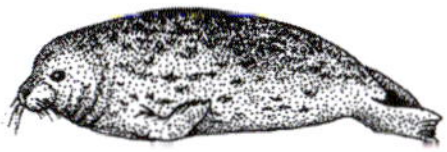
mâle et femelle dans le sud

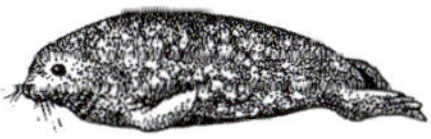
mâle et femelle dans le nord

jeune

PHOQUE GRIS

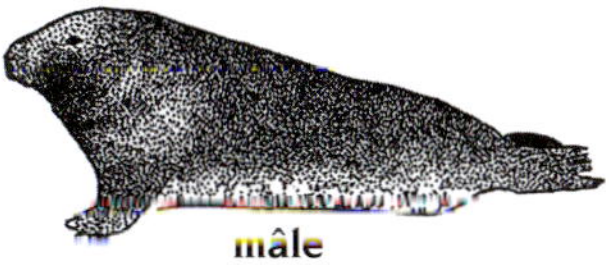
mâle

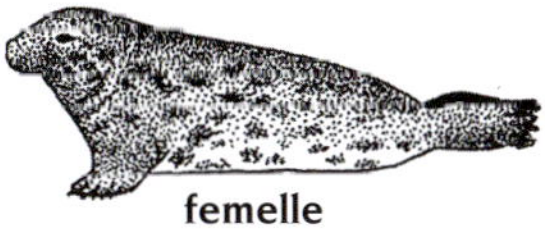
femelle

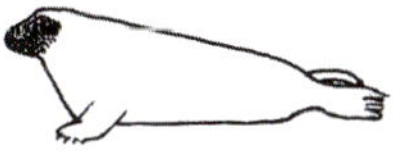
jeune

PHOQUE DU GROENLAND

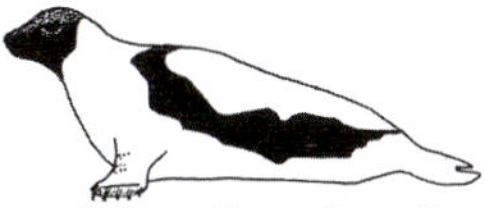
adulte mâle et femelle

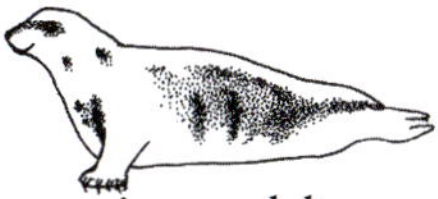
jeune adulte

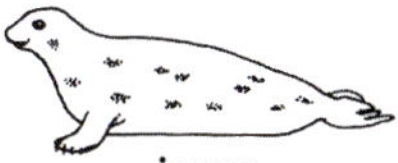
jeune

nouveau-né

PHOQUE À CAPUCHON

mâle

femelle

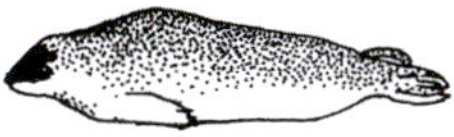
jeune

PHOQUE ANNELÉ

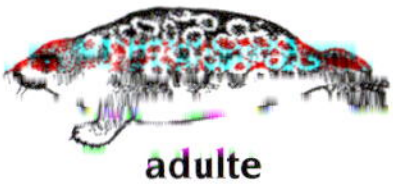
adulte

jeune

PHOQUE BARBU

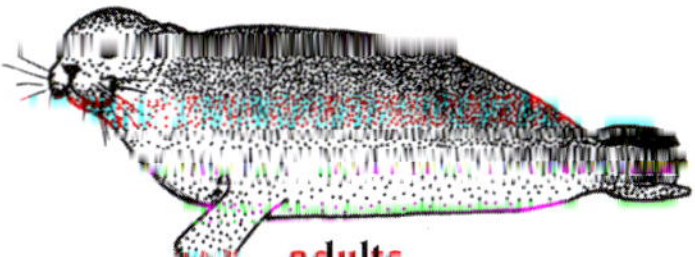
adulte

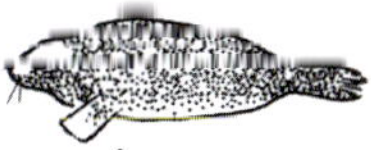
jeune

Phoque commun

Phoca vitulina — **Famille des phocidés**

Phoque veau-marin, loup-marin
Harbour Seal

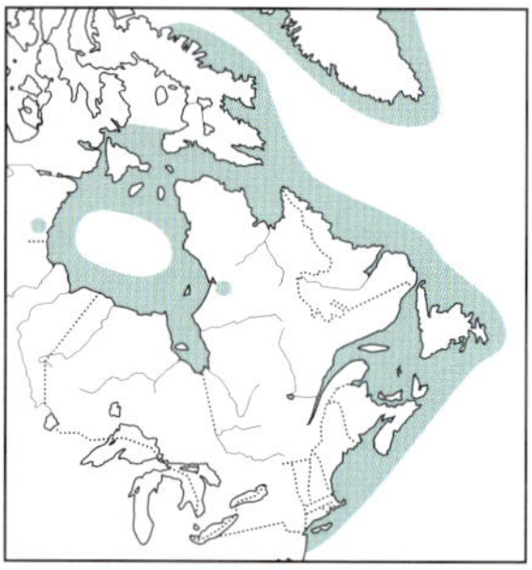

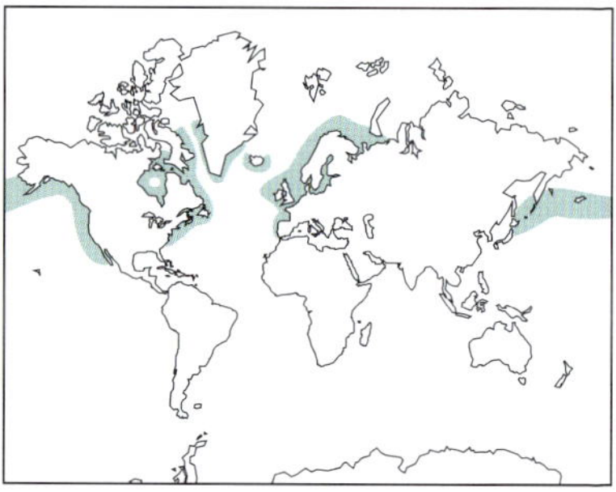

RÉPARTITION GÉOGRAPHIQUE

On trouve cette espèce sur les côtes septentrionales de l'Amérique du Nord, de l'Europe et de l'Asie, ainsi que dans certains lacs d'eau douce. Dans le nord-ouest de l'Atlantique, elle est présente depuis les côtes du sud du Groenland et de la terre de Baffin jusqu'aux côtes de Virginie, dans la baie d'Hudson et certains lacs d'eau douce de l'Ungava et des Territoires du Nord-Ouest, ainsi que dans le golfe et l'estuaire du Saint-Laurent.

MENSURATIONS

Longueur totale : 120 à 180 cm (moyenne – mâle adulte : 154 cm; femelle adulte : 143 cm); nouveau-né : environ 76 cm; jeune sevré : environ 90 cm.

POIDS

Les adultes pèsent entre 45 et 136 kg (moyenne – mâles adultes : 90 kg; femelles adultes : 70 kg). Les nouveau-nés pèsent environ 10 kg et atteignent 28 kg au moment du sevrage.

CARACTÈRES DISTINCTIFS

Son pelage, gris-bleu ou gris jaunâtre, est couvert de petites taches noires et de rayures blanchâtres formant des anneaux et des boucles dispersés plus ou moins distincts. Dans le nord, le pelage foncé prédomine. Le nouveau-né est gris argenté.

Dans l'eau, on le reconnaît à son nez court, dont l'extrémité est à la même distance de l'oeil que l'oreille*, à ses narines rapprochées se joignant presque en un «V» et à sa couleur foncée.

On le distingue du phoque gris par sa petite taille et son nez plus court. Le phoque annelé a des anneaux clairs bien nets sur le dos. Le phoque du Groenland juvénile est tacheté mais son pelage est plus clair et ses taches plus grosses et éparses.

*Les phocidés n'ont pas de pavillon d'oreille, seulement un trou.

Maxime St-Amour

HABITAT

Le phoque commun fréquente les eaux côtières, les baies et l'embouchure des fleuves. Il préfère les eaux peu profondes voisines des petites baies ou à proximité des îlots ou des récifs.

Bien qu'il soit plutôt sédentaire, il quitte parfois l'eau salée pour remonter certains cours d'eau. Quelques lacs du nord du Québec abritent de petites populations.

GÎTE

En été, le phoque commun passe de longues heures sur les barres de sable, les rochers et les récifs découverts par la marée descendante. Au retour de la marée, il quitte son emplacement pour se nourrir ou disputer bruyamment à ses congénères les endroits encore émergés. En hiver, il préfère rester à l'eau, ne sortant que lorsque la température s'adoucit. Il évite donc la banquise et fréquente les eaux libérées des glaces par les courants et les marées.

REPRODUCTION

La femelle met bas un seul petit par année, en mai ou en juin dans le golfe du Saint-Laurent et en juin ou juillet dans l'Arctique, après une gestation d'environ 10 mois qui inclut une période d'implantation retardée de 3 mois. Elle met bas à terre mais, dès la naissance, le petit peut l'accompagner à l'eau et nager à ses côtés. L'allaitement dure environ 1 mois durant lequel le petit triple de poids. La mère allaite aussi bien à l'eau que sur terre. Elle surveille attentivement son petit lorsqu'il est à l'eau. Parfois, elle joue avec lui en roulant sur le dos ou en bondissant hors de l'eau. Elle l'incite à la suivre en frappant l'eau de sa nageoire et en poussant des grognements. Lorsqu'il leur arrive d'être séparés pendant quelque temps, ils reprennent contact en se touchant le museau. La mère abandonne le jeune une fois qu'il est sevré. Le mâle atteint la maturité sexuelle vers l'âge de 6 ans et la femelle, vers 3 ou 4 ans. L'accouplement a lieu le plus souvent dans l'eau, peu après le sevrage. On assiste alors à de nombreuses poursuites. Les mâles s'affrontent et s'infligent souvent des blessures à la tête et au cou durant cette période.

RÉGIME ALIMENTAIRE

Dans les Maritimes, le phoque commun se nourrit principalement de hareng, de plie et d'une espèce de calmar, l'encornet. Il consomme plusieurs autres espèces de poissons (gaspareau, merlu, merluche, maquereau, lançon, capelan, morue et saumon) ainsi que des crevettes et des crabes. Les phoques des lacs des Loups Marins, au Nouveau-Québec, se nourrissent d'omble de fontaine, de touladi et de grand corégone. Ailleurs, on ne connaît pas leur régime alimentaire. Le phoque commun se nourrit autant de jour que de nuit, la vue ne jouant apparemment pas un rôle essentiel à la capture des proies. On pense que ses vibrisses sont assez sensibles pour détecter une proie en fuite à faible distance. Il avale les petits poissons entiers et ramène les plus gros à la surface pour les manger en les tenant avec ses pattes.

COMPORTEMENT SOCIAL

Le phoque commun est grégaire sur la terre ferme mais se nourrit seul en mer. Il forme de petites populations plus ou moins isolées les unes des autres. Durant la saison de reproduction, en août et septembre, quelques dizaines à quelques centaines d'individus se regroupent dans des lieux de rassemblement appelés échoueries.

LONGÉVITÉ

À l'état sauvage, la majorité des phoques communs ne dépassent pas 20 ans. Leur longévité maximale est de 29 ans.

PRÉDATEURS

L'épaulard, les requins et, dans l'Arctique, l'ours blanc s'attaquent parfois au phoque commun. Par ailleurs, on le chasse pour sa peau et parce qu'il endommage les filets de pêche.

STATUT DES POPULATIONS

Jusqu'en 1976, le ministère fédéral des Pêches et Océans a offert des primes pour son abattage. Bien des pêcheurs considéraient l'espèce comme nuisible en raison de la quantité de poisson qu'elle consomme, des dommages qu'elle cause aux engins de pêche et de la

Maxime St-Amour

possibilité qu'elle soit un vecteur du ver de la morue. Les primes ont été éliminées à cause du déclin de la population de la côte est. Le nombre total de phoques communs au Québec et sur les côtes de l'Atlantique a été estimé à environ 13 000 en 1973 et semble avoir augmenté depuis. Cependant, à cause du manque d'inventaires récents, on considère les données insuffisantes pour évaluer le statut de la population nord-est atlantique (évaluation COSEPAC, 1999). Une petite population lacustre occupe les Lacs des Loups Marins du Nunavik et on a jugé sa situation préoccupante du fait de sa petite taille et de son isolement (évaluation COSEPAC, 1996). Les populations de la baie James, de la baie d'Hudson et de l'île de Baffin n'ont pas été évaluées mais il semble qu'elles soient également de taille plutôt réduite.

NOTES

Le phoque commun peut plonger à 200 m et rester immergé une trentaine de minutes, mais ses plongées sont généralement de courte durée, 3 minutes en moyenne, et de faible profondeur.

Phoque gris

Halichoerus grypus **Famille des phocidés**
Tête de cheval
Grey Seal

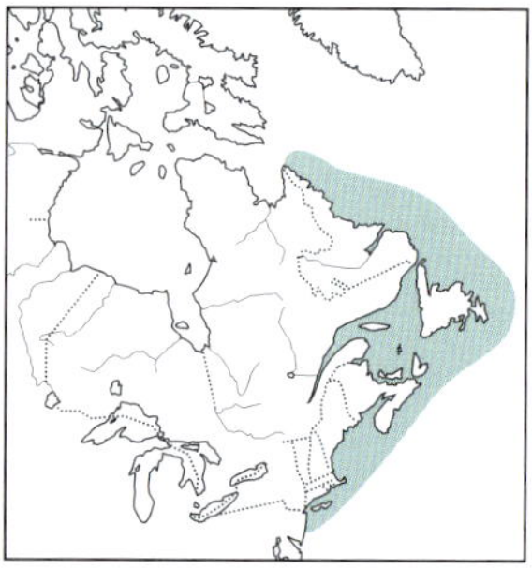

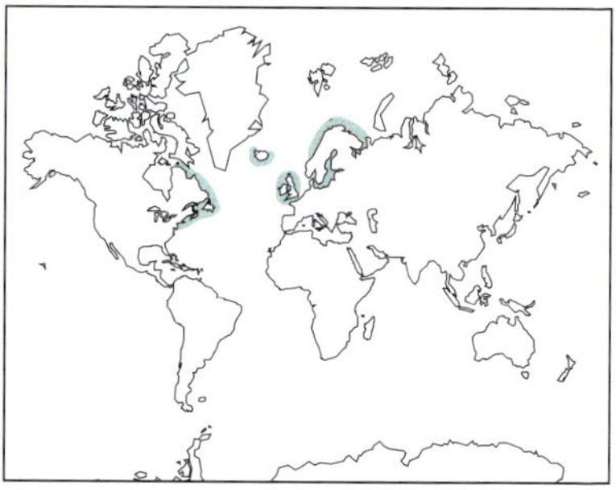

RÉPARTITION GÉOGRAPHIQUE

On trouve cette espèce dans l'Atlantique Nord-Ouest, le long des côtes du Labrador, du golfe du Saint-Laurent et des Maritimes jusqu'au Massachussetts. On la rencontre aussi sur les côtes des îles britanniques, de la Norvège et de l'Islande, ainsi que dans la mer Baltique et la mer Blanche.

MENSURATIONS

Longueur totale : 170 à 310 cm (moyenne – mâle adulte : 235 cm; femelle adulte : 200 cm); nouveau-né : environ 90 cm; jeune sevré : environ 105 cm.

POIDS

Les adultes pèsent entre 100 et 450 kg (moyenne – mâles : 290 kg; femelles : 249 kg). Les nouveau-nés pèsent en moyenne 17 kg et atteignent 58 kg au moment du sevrage.

CARACTÈRES DISTINCTIFS

Le pelage du mâle adulte est noir tacheté de gris pâle; celui de la femelle et du jeune est gris argenté tacheté de noir. Le nouveau-né a le corps blanc et le nez noir et glabre.

On le reconnaît dans l'eau à son long museau aquilin dont l'extrémité est plus distante de l'oeil que l'oreille*, à ses narines bien séparées ayant l'apparence d'un «W» et à sa couleur foncée.

On le distingue des autres phoques par son museau allongé et sa grande taille. Le phoque à capuchon est plus foncé et a la tête noire.

* Les phocidés n'ont pas de pavillon d'oreille, seulement un trou.

HABITAT

Le phoque gris fréquente surtout les eaux tempérées et subarctiques, à proximité des côtes et autour des îles, des îlots rocheux ou

Fred Bruemmer

des bancs de sable. En hiver, on le trouve aussi en bordure de la banquise qui se forme sur les rivages, aux endroits où il peut trouver de l'eau libre de glace. On l'observe parfois au large, dans les zones de hauts-fonds.

GÎTE

Le phoque gris se repose sur les récifs découverts par la marée baissante. En hiver, la température de l'eau est plus supportable que celle de l'air et les phoques préfèrent souvent rester à l'eau.

REPRODUCTION

Chaque année, la femelle donne naissance à un seul petit entre la mi-décembre et la mi-février, après une gestation d'une durée moyenne de 11 mois et demi incluant une implantation retardée d'environ 3 mois. À cette époque, les femelles se rassemblent sur la banquise du détroit de Northumberland ou sur l'île de Sable et d'autres îles de l'Atlantique et du golfe du Saint-Laurent. Pendant 2 ou 3 semaines, elles vont peu à l'eau et allaitent leurs petits, qui triplent de poids au cours de cette brève étape de leur développement. Elles s'accouplent à la fin de cette période, abandonnant les jeunes quand ils sont sevrés. Le mâle atteint la maturité sexuelle à 3 ou 4 ans, mais s'accouple rarement avant l'âge de 8 ans. La femelle est féconde à 4 ou 5 ans. Les gros mâles qui s'infiltrent dans la colonie de reproduction se disputent l'accès au plus grand nombre possible de femelles. Une fois installés parmi les femelles de leur choix, ils menacent, gueule ouverte, et même attaquent tout autre mâle qui s'approche. Ils tentent régulièrement de monter les femelles, qui les repoussent tant qu'elles ne sont pas en chaleur. Les jeunes mâles restent en périphérie et tentent, souvent sans guère de succès, d'intercepter les femelles qui s'éloignent de la colonie.

RÉGIME ALIMENTAIRE

Le phoque gris profite de la marée haute pour se nourrir. Son régime alimentaire comprend surtout des poissons de fond, dont les raies, les plies et les merluches. Il capture aussi du maquereau, du hareng, de la morue et des calmars durant la migration saisonnière de ces espèces vers les côtes, au printemps ou en été.

COMPORTEMENT SOCIAL

Durant la saison de reproduction, en hiver, les phoques gris forment des colonies de plusieurs milliers d'individus. Mâles et femelles se dispersent ensuite, laissant derrière eux les nouveau-nés. Ces derniers restent à terre ou sur la glace quelques semaines durant lesquelles survient la mue. Ils se mettent ensuite à l'eau pour la première fois. D'avril à juin, les adultes se rassemblent à nouveau sur la terre ferme pour la mue. À l'été, ils se séparent pour vivre plus ou moins en solitaires. Les jeunes se dispersent sur de plus grandes distances que les adultes. Il leur arrive parfois de se joindre à d'autres groupes que leurs colonies d'origine. Les adultes, qui migrent sur des distances variables vers leurs lieux d'alimentation, semblent revenir systématiquement aux mêmes endroits pour se reproduire.

LONGÉVITÉ

Bien qu'un individu ait déjà vécu 41 ans en captivité, la majorité des phoques gris ne vivent pas plus de 20 ans à l'état sauvage.

PRÉDATEURS

L'épaulard et les requins s'attaquent parfois au phoque gris. Les pêcheurs lui font la chasse parce qu'il est porteur d'un parasite de la morue et parce qu'il endommage les filets.

STATUT DES POPULATIONS

La population, estimée à plus de 30 000 en 1980 dans l'est du Canada, était en expansion rapide depuis les années 1960 et avait atteint le nombre de 195 000 en 1997. On a estimé en 2003 que la population de l'île de Sable continue d'augmenter tandis que celle du Golfe a diminué du tiers depuis 1997. À cause de sa concurrence avec les pêcheurs pour le poisson, du fait qu'il endommage leurs engins de pêche, et qu'il propage le ver de la morue qui rend la chair du poisson invendable, le ministère fédéral des Pêches et Océans a offert des primes à l'abattage de 1967 à 1984 et a organisé entre 1976 et 1990 des chasses contrôlées. De nos jours, il ne se fait plus qu'une chasse commerciale de faible envergure à partir des îles de la Madeleine et, à un moindre degré, ailleurs dans les Maritimes. On en prélève quelques dizaines à quelques centaines par année.

NOTES

Le phoque gris peut plonger à 200 m et rester submergé 25 minutes.

Phoque du Groenland

Phoca groenlandica **Famille des phocidés**

Loup-marin de glace

Harp Seal

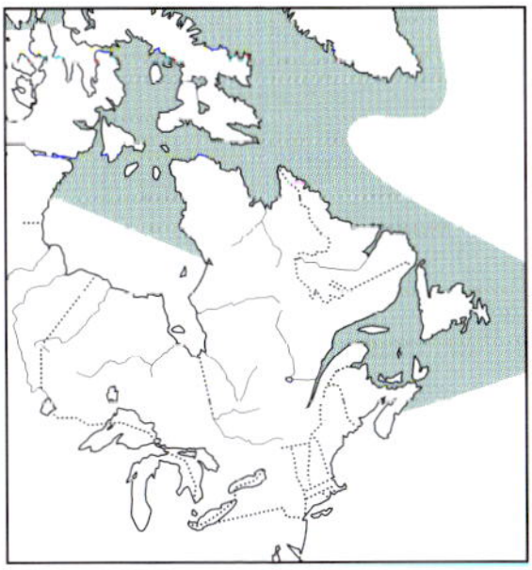

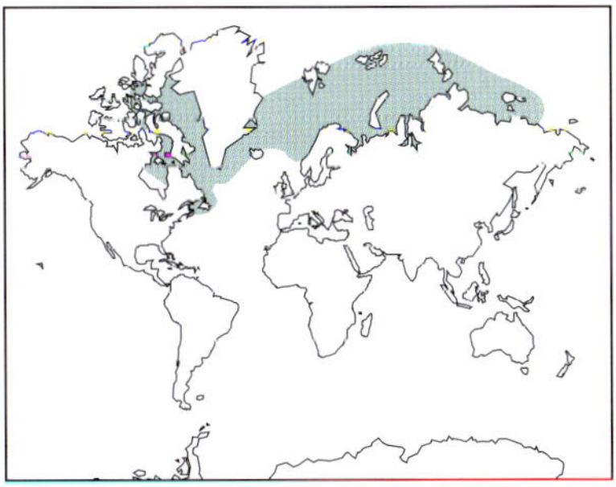

RÉPARTITION GÉOGRAPHIQUE

On trouve cette espèce dans l'Atlantique Nord, dans l'est de l'Arctique, le long des côtes du Labrador, autour de Terre-Neuve et dans le golfe du Saint-Laurent, de même qu'au nord de l'Islande et au large des côtes de l'Europe septentrionale.

MENSURATIONS

Longueur totale : jusqu'à 183 cm (moyenne – mâle adulte : 166 cm; femelle adulte : 162 cm); nouveau-né : environ 85 cm; jeune sevré : environ 115 cm.

POIDS

Les adultes pèsent en moyenne 135 kg, mais peuvent atteindre 182 kg. Les nouveau-nés pèsent environ 11 kg, et les jeunes sevrés, environ 33 kg.

CARACTÈRES DISTINCTIFS

Le mâle a la tête noire ou brun foncé et le corps blanc. Deux larges bandes noires, une de chaque côté du corps, se joignent sur son dos. La femelle est semblable ou plus pâle, et la bande noire de ses flancs est moins bien définie. Le nouveau-né, appelé blanchon, a le poil long et blanc. Durant la mue, son pelage blanc se détache en lambeaux et son allure dépenaillée lui vaut le surnom de «guenillou». Son second pelage, dit «brasseur», est argenté et parsemé de taches plus foncées. Les jeunes d'un an ou plus, appelés «bedlamers» (origine : bête de la mer), ont une peau tachetée plus serrée. Durant les mues suivantes, certaines taches s'accentuent jusqu'à la formation des bandes noires typiques du pelage adulte, tandis que d'autres diminuent ou disparaissent complètement une fois la maturité sexuelle atteinte. On distingue cette espèce des autres par la coloration bien caractéristique de son pelage.

Lorsqu'il se déplace, le phoque du Groenland forme des bandes qu'on peut voir bondir hors de l'eau comme des dauphins. Ce comportement est particulier à l'espèce.

HABITAT

Le cycle annuel du phoque du Groenland est lié à la formation et à la fonte du pack. En hiver et au printemps, le phoque du Groenland fréquente le pack du golfe du Saint-Laurent et de l'Atlantique. Avec la fonte des glaces, il émigre vers les îles de l'Arctique où on le voit pénétrer dans les baies et les fjords durant l'été. En septembre, il commence à migrer vers le sud, atteignant les côtes du Labrador entre octobre et décembre, avant la formation du pack.

GÎTE

En hiver et au printemps, il occupe le pack pour la mise bas, l'accouplement et la mue. En été, dans l'Arctique, il se repose sur les glaces flottantes à la dérive, à proximité de l'eau libre.

REPRODUCTION

La femelle donne naissance chaque année à un seul petit, à la fin de février ou au début de mars, après une gestation d'environ 11 mois et demi comprenant une implantation retardée d'environ 3 mois. Elle l'allaite pendant 9 à 12 jours et l'abandonne pour s'accoupler. Les mâles atteignent la maturité sexuelle vers l'âge de 7 à 8 ans; les femelles, vers l'âge de 4 à 6 ans. Les femelles se rassemblent sur le pack pour la mise bas et l'allaitement des petits. Les mâles se tiennent à proximité, prêts à s'accoupler avec les femelles qui ont sevré leurs jeunes. L'accouplement a lieu dans l'eau.

RÉGIME ALIMENTAIRE

Le phoque du Groenland se nourrit principalement de poissons vivant en bancs, comme le capelan et le hareng, et de crustacés (krill et crevettes). Il prend aussi de la morue franche, du flétan, de la plie, du sébaste et de l'éperlan. Dans l'Arctique, le phoque du Groenland capture la morue arctique (saïda) et une variété de petits crustacés.

COMPORTEMENT SOCIAL

Les phoques du Groenland sont grégaires et migrateurs. Arrivés dans leurs régions d'hivernage au large de Terre-Neuve et dans le golfe, ils se nourrissent jusqu'à ce que les glaces soient formées. À la fin de février, les adultes se rassemblent sur le pack pour la période de reproduction. Ils retournent ensuite à l'eau pendant quelques semaines pour se nourrir, et ressortent à nouveau sur les glaces pour la mue en avril et mai, formant de vastes rassemblements. Ce sont d'abord les mâles et les jeunes qui forment des groupes distincts. Puis les femelles viennent à leur tour changer de pelage sur le pack. Avec le bris des glaces, les adultes et les jeunes entreprennent leur migration vers le nord. Ils pénètrent dans les eaux de l'archipel arctique et de la baie d'Hudson en juillet et en août. Les petits se laissent plutôt dériver vers le sud tant qu'ils ont de la glace pour les porter. En mai, ils gagnent enfin le nord.

Fred Bruemmer

LONGÉVITÉ

À l'état sauvage, quelques individus seulement dépassent l'âge de 35 ans; la plupart n'atteignent pas 25 ans.

PRÉDATEURS

Il peut arriver que l'épaulard ou le requin du Groenland s'attaque au phoque du Groenland. Mais c'est sans conteste l'homme qui tue le plus grand nombre de ces animaux, pour leur fourrure. On les chasse au printemps sur le pack du golfe du Saint-Laurent et des côtes de Terre-Neuve (le «Front»), pendant la période de reproduction. Durant l'été, on les chasse dans l'Arctique, mais à un moindre degré.

STATUT DES POPULATIONS

Il se prenait de 150 000 à 300 000 phoques par année entre 1949 et 1982 sur le Front et dans le golfe, dont 80 p. 100 de nouveau-nés. La fourrure blanche de ces derniers a longtemps eu une grande valeur sur le marché européen. En 1982, le Parlement européen, sous la pression de groupes anti-chasse, a adopté un moratoire sur l'importation des produits de cette chasse. Les prises commerciales ont par la suite été réduites à une fraction de leur volume antérieur. La population, qui augmentait déjà dans les années 1970, est en pleine croissance et a atteint 5,3 millions d'individus en 2003. Un plan de gestion en vigueur depuis 2004 vise à ramener la population à environ 70 % (3,85 millions) du niveau maximum observé.

NOTES

À la nage, il peut atteindre une vitesse de 30 km/h. Il se nourrit principalement en surface, mais peut plonger à une profondeur de 270 m. Ses plongées, de 5 minutes en moyenne, durent un maximum de 16 à 20 minutes.

Phoque à capuchon

Cystophora cristata **Famille des phocidés**

Phoque à crête, dos-bleu (nouveau-né)
Hooded Seal

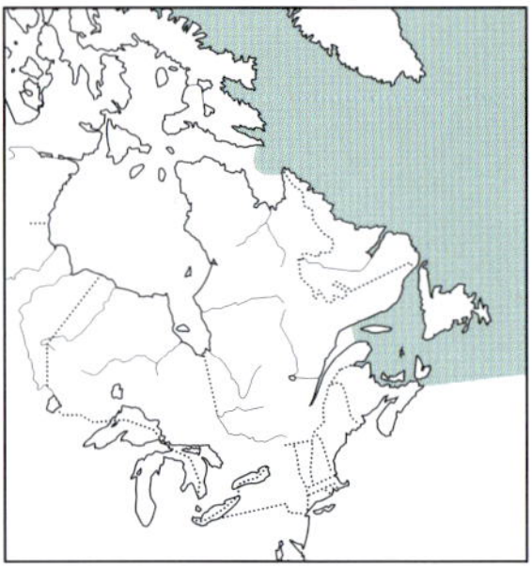

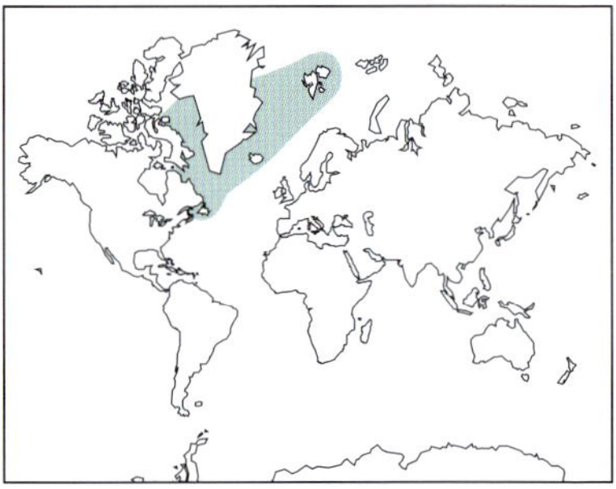

RÉPARTITION GÉOGRAPHIQUE
On trouve cette espèce dans l'Atlantique Nord, la mer du Labrador, la mer de Baffin, le golfe du Saint-Laurent, le détroit du Danemark et autour des îles Jan Mayen et Spitsbergen (situées dans les eaux de l'Arctique entre le Groenland et le continent européen).

MENSURATIONS
Longueur totale : 177 à 350 cm (moyenne – mâle adulte : 250 cm; femelle adulte : 220 cm); nouveau-né : environ 100 cm. Le jeune est sevré après 4 jours d'allaitement; s'il prend du poids en si peu de temps, il n'allonge pas cependant.

POIDS
Le mâle adulte pèse en moyenne 300 kg et au maximum 410 kg; la femelle adulte, 160 kg en moyenne et un maximum de 360 kg; le nouveau-né, environ 20 kg, et le jeune sevré, 40 kg.

CARACTÈRES DISTINCTIFS
L'adulte a le corps gris-bleu tacheté de noir (grosses taches dans le dos, plus petites aux extrémités) et sa tête est noire. Le nouveau-né a le dos bleu ardoisé, les côtés et le ventre gris pâle argenté; il conserve ce pelage jusqu'à la mue de l'année suivante. Le mâle a une courte trompe noire, une membrane flexible appelée *capuchon*, qui s'étend des narines au front et qu'il peut gonfler comme un ballon. On le distingue des autres espèces par sa taille et la coloration bien caractéristique de son pelage.

HABITAT
En hiver, le phoque à capuchon fréquente l'intérieur du pack le long des chenaux formés par les failles de la glace. En été, il gagne les eaux profondes, au large des côtes, et se tient en bordure du pack.

Fred Bruemmer

On lui connaît trois zones de rassemblement près de nos côtes : dans le détroit de Davis, au large de Terre-Neuve et dans le golfe du Saint-Laurent.

GÎTE

Il se repose sur les glaces, passant plus de temps à l'eau en hiver.

REPRODUCTION

La femelle n'a qu'un seul petit par année; elle le met au monde en mars, sur le pack, après une gestation d'environ 11 mois et demi comprenant une implantation retardée d'environ 3 mois. L'allaitement ne dure que 4 jours environ. La mère abandonne ensuite son rejeton pour s'accoupler. Les mâles atteignent la maturité sexuelle entre l'âge de 4 et 6 ans, mais ne s'accouplent vraisemblablement pas avant plusieurs années. Les femelles sont en âge de s'accoupler à 3 ans. À l'époque de la reproduction, les phoques à capuchon forment des groupes bien distincts généralement composés de la femelle, de son petit et d'un ou deux mâles qui se tiennent à proximité. Le mâle et la femelle sont agressifs durant cette période et n'hésitent pas à attaquer l'intrus qui s'aventure trop près. Le mâle notamment, le menace en enflant son capuchon, espèce de trompe élastique qui, une fois gonflée, double le volume de sa tête et le rend fort impressionnant. Il peut aussi gonfler la cloison qui sépare ses narines en un petit ballon rouge très vif. Ses appendices gonflés, le phoque à capuchon secoue violemment la tête en émettant un tintement bruyant. Si ces parades ne suffisent pas à faire reculer un compétiteur, un combat violent entre les deux mâles peut s'ensuivre et leur valoir de vilaines blessures.

RÉGIME ALIMENTAIRE

Le régime du phoque à capuchon comprend principalement des poissons comme le flétan du Groenland, la morue arctique (saïda) et le capelan. Il se compose aussi de sébastes et de harengs ainsi que de pieuvres, de calmars, de crevettes, de moules et d'étoiles de mer. Le phoque à capuchon se nourrit surtout en profondeur, comme l'indique le choix de ses proies.

COMPORTEMENT SOCIAL

Comme les phoques du Groenland, les phoques à capuchon se rassemblent sur le pack pendant la saison de reproduction. Après la reproduction, tous les adultes migrent en petits groupes vers le détroit de Davis. La plupart longent ensuite la côte ouest du Groenland jusqu'au cap Farewell, puis la côte est vers le détroit du Danemark. C'est là, en juin, que ces phoques remontent sur le pack pour la mue annuelle. D'autres groupes demeurent à l'ouest du Groenland pour muer; les phoques du détroit du Danemark les y regoignent à partir de la fin de juillet.

Les petits qui ont été abandonnés par leur mère restent une dizaine de jours sur la banquise, puis suivent le même trajet que les adultes. Vers le mois de septembre, bon nombre de ces phoques se mettent à redescendre vers les bancs de Terre-Neuve, où on les observe en novembre. Ils s'y alimentent pendant l'hiver avant de regagner le pack. Ils sont généralement solitaires en dehors de la période de reproduction et de mue.

LONGÉVITÉ

La plupart des phoques à capuchon vivent moins de 25 ans à l'état sauvage. La longévité maximale de l'espèce est d'environ 35 ans.

PRÉDATEURS

L'épaulard est le principal prédateur naturel du phoque à capuchon. On le chasse pour sa peau au printemps sur le pack, au large de Terre-Neuve et des Îles-de-la-Madeleine.

STATUT DES POPULATIONS

Jusqu'en 1982, les prises ont été d'environ 10 000 à 15 000 par année, mais, à la suite du moratoire européen sur l'importation des produits de cette chasse, elles ne sont plus qu'une fraction de ce nombre. Une population d'environ 500 000 individus fréquente présentement nos eaux.

NOTES

On croit que le phoque à capuchon peut descendre à plus de 1000 m et rester submergé 50 minutes ou plus.

Phoque annelé

Phoca hispida **Famille des phocidés**

Ringed Seal

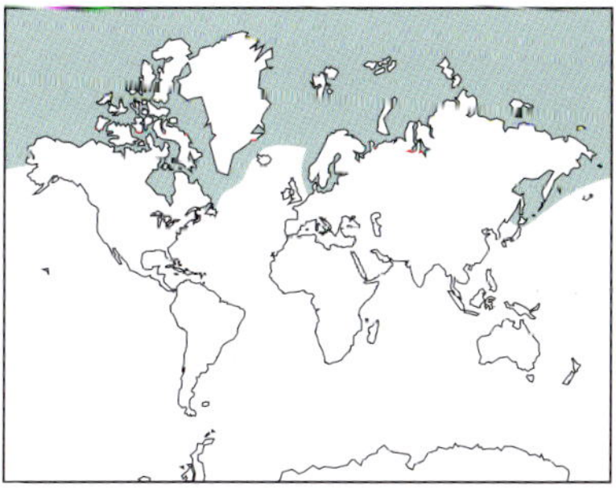

RÉPARTITION GÉOGRAPHIQUE

On rencontre cette espèce dans l'océan Arctique, l'archipel Arctique, la baie d'Hudson et la mer du Labrador. Une population occupe un grand lac d'eau douce, le lac Nettiling, sur la Terre de Baffin. On aperçoit à l'occasion le phoque annelé dans le nord du golfe du Saint-Laurent et sur la côte nord-est de Terre-Neuve. Il s'en trouve une population isolée dans la mer Baltique et, du côté du Pacifique, dans les eaux septentrionales du Japon et dans les mers d'Okhotsk et de Bering.

MENSURATIONS

Longueur totale : 122 à 165 cm (moyenne – mâle adulte : 138 cm; femelle adulte : légèrement plus petite); nouveau-né : environ 66 cm; jeune sevré : environ 82 cm.

POIDS

Le mâle adulte pèse en moyenne 68 kg, atteignant un maximum de 113 kg, tandis que la femelle a un poids légèrement inférieur. Le nouveau-né pèse en moyenne 4,5 kg et atteint 18 kg au sevrage.

CARACTÈRES DISTINCTIFS

L'adulte a le dos gris foncé couvert d'anneaux pâles, et son ventre est argenté. Le jeune est uniformément gris et le nouveau-né est blanc. Son museau est assez court. Dans l'eau, on reconnaît l'adulte à son pelage argenté. On le distingue des autres phoques par sa petite taille et son pelage gris marqué d'anneaux bien distincts. Le phoque commun, qui lui ressemble, a des anneaux et des boucles moins nets et son pelage a une coloration jaunâtre ou brune.

HABITAT

En hiver, les phoques annelés fréquentent principalement la banquise côtière. On en trouve aussi, bien qu'en plus petit nombre, sur le pack consolidé. En été, ils quittent la vieille banquise morcelée à la recherche de glaces plus stables le long des côtes. À cette époque, il arrive qu'on les voie se nourrir au large, quoiqu'ils cherchent plus souvent leur nourriture près du rivage.

GÎTE

Le phoque annelé passe une bonne partie de l'année à l'abri dans la banquise. Avant de mettre bas, la femelle se creuse un abri dans la neige ou utilise les cavités formées par l'enchevêtrement des glaces. Les nouveau-nés y resteront jusqu'à la rupture de la banquise aux environs de juin. Les femelles, qui allaitent leur petit durant ce temps, accèdent à cet abri par un trou sous la banquise. Les mâles aménagent des abris semblables ou entretiennent simplement un trou d'aération dans la glace. Ce type de gîte est particulier à l'espèce.

REPRODUCTION

La femelle donne naissance à un seul petit par année à la fin de mars ou en avril, après une gestation de 12 mois comprenant une implantation retardée d'environ 3 mois. L'accouplement a lieu peu après la mise bas. L'allaitement peut durer entre 1 mois et demi et 2 mois, jusqu'à la rupture de la banquise. La femelle abandonne alors son petit. Le mâle atteint la maturité sexuelle vers l'âge de 7 ans et la femelle vers 6 ans. Les mâles ne forment pas de harem au moment de la reproduction; ils visitent vraisemblablement les femelles solitaires installées dans leurs abris.

RÉGIME ALIMENTAIRE

Le phoque annelé se nourrit principalement de petits crustacés planctoniques : mysides, amphipodes et crevettes. Il capture aussi des morues arctiques (saïdas) et, à l'occasion, des chaboisseaux (petits poissons épineux).

COMPORTEMENT SOCIAL

Les phoques annelés sont en général solitaires. Les groupes qu'ils forment le long de la banquise répondent davantage à la nécessité de s'y échouer pour muer qu'à un appel de l'instinct grégaire. Ils se tolèrent par nécessité. Les adultes sont particulièrement agressifs et défendent leur trou contre les intrus. Durant la saison de reproduction, les mâles émettent une odeur âcre qui aurait pour fonction de marquer leur territoire, mais qui pourrait aussi servir à confondre les prédateurs. Au printemps, alors que la banquise s'amincit et se disloque, les phoques annelés forment parfois des groupes le long des chenaux nouvellement formés et on les voit de plus en plus sur les glaces. La mue annuelle se produit en mai. Durant cette période, l'animal va peu à l'eau et passe la journée à se prélasser sur la glace. Il demeure toutefois vigilant, prêt à plonger dans le trou à la moindre alerte. Le cas échéant, il ne remonte sur la glace qu'après s'être sorti la tête à quelques reprises pour inspecter les alentours.

Fred Bruemmer

LONGÉVITÉ

La longévité maximale est de 43 ans mais la majorité des phoques annelés ne dépassent pas l'âge de 10 ans à l'état sauvage.

PRÉDATEURS

L'ours blanc et le renard arctique sont les principaux prédateurs du phoque annelé, dont se nourrissent aussi les morses à l'occasion. La viande de cet animal représente l'une des principales sources de nourriture des Inuits. Ceux-ci vendent les peaux à des traiteurs de fourrures ou les utilisent localement dans la confection d'anoraks, de culottes, de mitaines et de bottes.

STATUT DES POPULATIONS

Bien qu'on n'en connaisse pas le nombre exact, on croit que les eaux du nord canadien abritent plus d'un million de phoques annelés et il est plus que probable que ce nombre sous-estime de beaucoup la véritable population totale. La chasse que leur font les résidents du nord canadien est importante, avec plus de 50 000 à 65 000 captures par année au cours des années 1980. On a jugé que cette exploitation était soutenable. Le nombre de prises de phoques annelés a diminué quelque peu depuis que le marché des fourrures s'est effondré vers la fin des années 1980.

NOTES

Le phoque annelé peut plonger à 340 m de profondeur et rester immergé 17 minutes, bien qu'il ne demeure normalement qu'environ 3 minutes sous l'eau à la fois.

Phoque barbu

Erignathus barbatus **Famille des phocidés**
Bearded Seal

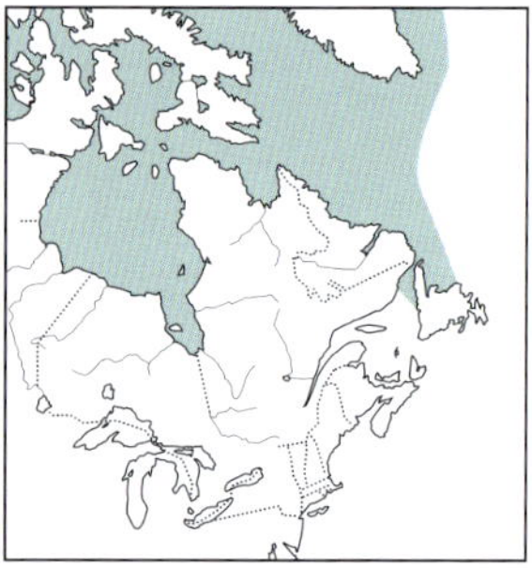

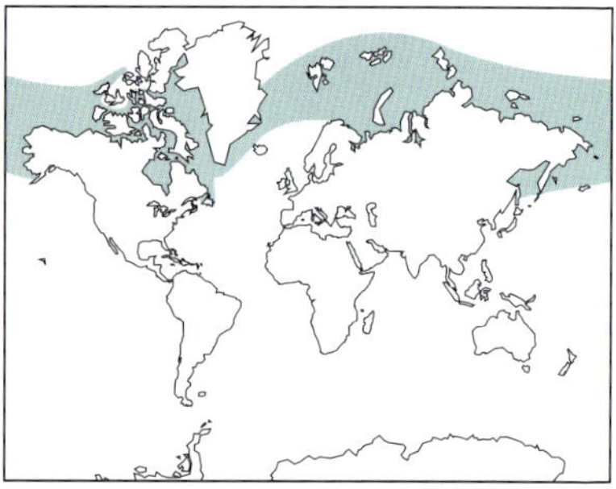

RÉPARTITION GÉOGRAPHIQUE

On trouve cette espèce dans l'océan Arctique, dans l'archipel arctique canadien, la baie d'Hudson, la mer du Labrador et le détroit du Danemark.

MENSURATIONS

Longueur totale moyenne, mâles et femelles adultes : 230 cm (max. 253 cm); nouveau-nés : environ 130 cm; jeunes sevrés : environ 150 cm.

POIDS

Mâles et femelles adultes pèsent en moyenne 250 kg (max. 360 kg), les nouveau-nés, 45 kg, et les jeunes sevrés, 90 kg.

CARACTÈRES DISTINCTIFS

L'adulte a un pelage gris foncé presque noir; le jeune est gris argenté; le nouveau-né a le corps gris-brun tacheté de blanc et la tête blanche. On le reconnaît à son museau large, orné de longues moustaches blanches. Son dos est visible lorsqu'il nage; en plongeant, il arque le dos et montre ses nageoires postérieures (position caractéristique de cette espèce). Ses nageoires pectorales sont carrées, ce qui lui vaut le surnom de *square-flipper* en anglais. On le distingue des autres phoques par sa tête, petite en proportion du corps, ses moustaches blanches et la forme de ses nageoires pectorales.

HABITAT

Le phoque barbu préfère le pack clairsemé et les eaux libres peu profondes et évite en général la banquise côtière, bien qu'il puisse à l'occasion y passer l'hiver en maintenant des trous pour respirer. Il est généralement sédentaire. Ses déplacements sont surtout liés à l'état des glaces. Dans certaines régions, cependant, les glaces se

Fred Bruemmer

déplacent sur de longues distances, emportant avec elles les phoques qui y ont trouvé refuge.

GÎTE

En hiver, le phoque barbu se repose généralement sur les glaces non consolidées flottant à la dérive dans des eaux peu profondes. Il lui arrive parfois de se laisser emprisonner par l'accumulation des glaces en mouvement, ce qui le force à maintenir un trou d'air comme le phoque annelé. Durant l'été, avec le dégel, le phoque barbu se repose sur les bancs de sable et les récifs, et se nourrit sur les hauts-fonds avoisinants.

REPRODUCTION

La femelle donne naissance tous les 1 ou 2 ans à un seul petit, en avril ou mai, après une gestation d'environ 11 mois et demi comprenant une implantation retardée de 2 mois et demi. Cette espèce est solitaire et difficile à observer, aussi la description de ses mœurs est-elle schématique. La mère allaite pendant 12 à 18 jours, puis quitte son petit. Les accouplements ont lieu surtout de la mi avril à la mi mai. Le mâle atteint la maturité sexuelle vers l'âge de 6 ou 7 ans, les femelles, entre 4 et 6 ans.

RÉGIME ALIMENTAIRE

Le régime de cette espèce comprend principalement des crevettes, des mollusques bivalves, comme la coque, et des gastéropodes tels que le buccin. S'ajoutent à son ordinaire d'autres invertébrés, crabes et vers marins (polychètes), ainsi que des poissons comme la morue arctique (saïda), le lançon et le chaboisseau. On pense que ses longues moustaches lui servent à détecter ses proies et qu'il se sert de ses grosses nageoires carrées pour dégager sa nourriture du fond de l'eau.

COMPORTEMENT SOCIAL

Habituellement solitaires, les phoques barbus forment parfois des petits groupes durant la saison de reproduction et peu après, au temps de la mue. Les mâles se tiennent alors autour des femelles et sont assez agressifs entre eux. De mars à juin, ils émettent sous l'eau de remarquables chants modulés en cascades. Ces chants, qui peuvent porter jusqu'à 30 km, serviraient à signaler leur présence aux femelles et à délimiter leur territoire. On observe souvent le phoque barbu seul sur la glace. Lorsqu'il la partage (avec un autre individu, rarement plus), chaque animal s'oriente sur un coin de la glace de façon à faire face à l'eau, prêt à s'y jeter pour échapper à un ours polaire ou à un chasseur éventuel.

LONGÉVITÉ

La plupart des phoques barbus ne vivent pas plus de 20 ans. La longévité maximale est de 30 ans.

PRÉDATEURS

L'épaulard s'attaque parfois au phoque barbu, mais l'ours blanc demeure son principal ennemi. Les chasseurs inuit le capturent pour sa peau robuste avec laquelle ils fabriquent des lignes de harpon, des fouets, des attelages et des semelles de bottes. Ils s'en servaient aussi autrefois pour construire des kayaks et des canots (*umiaks*). La viande fait partie de l'alimentation des Inuits et sert également à nourrir les chiens.

STATUT DES POPULATIONS

On estime qu'une centaine de milliers de phoques barbus occupent les eaux canadiennes. Leurs populations semblent relativement stables.

NOTES

Lorsqu'il plonge, le phoque barbu arque le dos et sort ses nageoires postérieures de l'eau pour se laisser couler verticalement vers le fond. Bien qu'il puisse plonger jusqu'à près de 300 m, il préfère les hauts-fonds. Ses plongée durent en général entre 2 et 4 minutes (maximum 19 min.).

Morse

Odobenus rosmarus **Famille des odobénidés**
Walrus

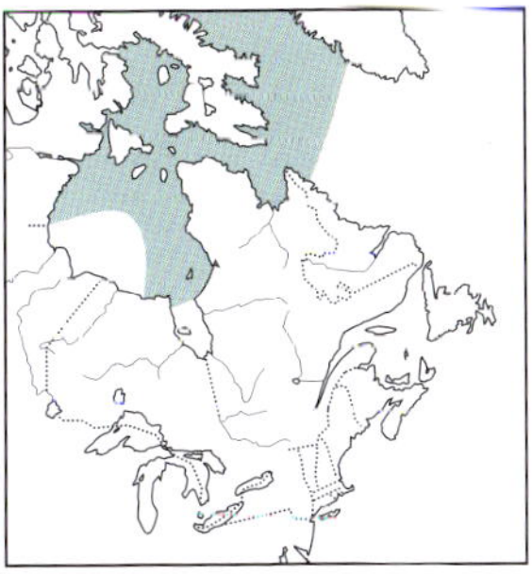

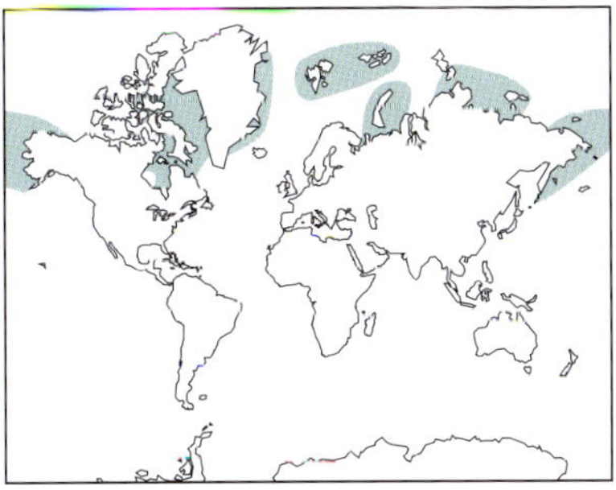

RÉPARTITION GÉOGRAPHIQUE

Cette espèce se rencontre surtout dans l'archipel arctique canadien, la baie d'Hudson, les détroits d'Hudson et de Davis, la mer de Baffin, ainsi que dans les mers de Bering et de Chukchi. De petites populations existent aussi dans les eaux de l'est du Groenland, autour des îles de Svalbard, de Franz Josef Land et de Novaya Zemlya, ainsi que dans la mer de Barents.

MENSURATIONS

Longueur totale moyenne mâle adulte : 306 cm (max. 360 cm); moyenne femelle adulte : 260 cm (max. 310 cm); nouveau-né : environ 122 cm; jeune sevré : environ 204 cm.

POIDS

Le mâle adulte pèse en moyenne 900 kg (max. 1 400 kg) et la femelle, 560 kg (max. 800 kg). À la naissance, le nouveau-né pèse environ 54 kg. Il atteint 340 kg une fois sevré.

CARACTÈRES DISTINCTIFS

Les jeunes et les adultes ont la peau brun noirâtre ou beige rosé, plus ou moins couverte de poils clairsemés. Le morse a un museau très large orné d'épaisses moustaches et il porte deux grosses canines ou défenses blanches. Ces défenses apparaissent très tôt chez les jeunes morses et croissent sans interruption, bien que moins rapidement avec l'âge, atteignant 40 cm chez les vieilles femelles de l'Arctique canadien et 45 cm chez les vieux mâles. Les défenses s'usent avec l'âge et il n'est pas rare d'en voir de cassées. Sa taille, son pelage et ses défenses le distinguent des autres pinnipèdes.

HABITAT

Le morse fréquente surtout les eaux peu profondes de l'Arctique, là où il peut trouver sur le fond les mollusques dont il se nourrit. On le trouve rarement dans des eaux de plus de 100 m de fond. Il se tient en bordure de la banquise côtière en hiver et sur le pack le reste de l'année. Lorsque le dégel le prive de glaces, il se réfugie à terre, sur des îles ou des îlots familiers.

GÎTE

La glace joue un rôle essentiel dans la vie du morse en lui assurant, presque toute l'année, une plate-forme où il peut se reposer entre les plongées. Il lui arrive, en hiver, de maintenir ouvert un trou de respiration dans la glace de la banquise. En été, il se repose sur des îlots rocheux ou des plages de sable ou de gravier.

REPRODUCTION

La femelle a 1 petit tous les 3 ans vers la mi-mai, après une gestation d'environ 12 mois et demi comprenant une implantation retardée d'environ 3 à 4 mois. La mise bas a lieu sur la glace. La mère allaite pendant 1 an et demi et ne s'accouple que l'année suivante. Les liens entre elle et le jeune peuvent se maintenir au-delà de la période d'allaitement, soit jusqu'à l'arrivée du prochain nouveau-né. La saison des amours dure de janvier à mai. Le mâle atteint la maturité sexuelle à l'âge de 6 ans, mais ne s'accouple probablement pas avant l'âge de 15 ans. La femelle atteint la maturité sexuelle au bout de 5 à 12 ans.

RÉGIME ALIMENTAIRE

Le morse se nourrit principalement de mollusques bivalves comme les coques, les myes et les moules, qu'il trouve en fouillant le fond avec son museau. Ses vibrisses lui permettent de détecter les mollusques dans la vase. Quand il en a repéré un, il le saisit entre ses lèvres et en aspire la chair par succion de sa bouche. Il mange aussi des buccins, des concombres de mer, des vers marins et des petites morues arctiques (saïdas). On trouve parfois dans l'estomac de certains morses des lambeaux de chair et de gras de phoque annelé, de phoque barbu, de narval ou de béluga.

La marée n'influe pas sur les périodes de repos ou d'alimentation du morse, mais le climat semble jouer; les périodes d'échouage en masse ont tendance à survenir par temps calme et ensoleillé, surtout l'été. On ne sait rien du cycle d'alimentation de l'espèce.

COMPORTEMENT SOCIAL

On observe rarement un morse tout seul hors de l'eau. Les morses sont en effet grégaires et s'entassent les uns contre les autres sur les glaces flottantes. Il existe une importante ségrégation des animaux selon leur âge et leur sexe. On distingue souvent des groupes composés uniquement de mâles adultes ou de femelles accompagnées de leurs petits. Au printemps, les femelles sur le point d'être en chaleur forment des troupeaux distincts de ceux des femelles en gestation. Quelques gros mâles les suivent à peu de

Fred Bruemmer

distance. Les poursuites et les combats entre mâles sont fréquents à cette époque.

Lorsque les glaces ont fondu, en juillet ou en août, les morses se réunissent en troupeaux de plusieurs centaines à quelques milliers d'individus en des endroits bien précis que les Inuits nomment *uglit*. C'est là, sur des îlots rocheux ou des plages de sable ou de gravier, qu'a lieu la mue annuelle. Les morses passent alors une grande partie de leur temps à se reposer, n'interrompant leur sommeil que lorsqu'un nouveau venu tente de se frayer un chemin au sein du groupe. Dans un groupe, le statut hiérarchique de chaque animal est fonction de sa taille et de la longueur de ses défenses. Les plus gros animaux se tiennent souvent au centre, entourés des jeunes. Les nouveau-nés partagent l'emplacement de leur mère. Pour éviter de se faire écraser, ils cherchent parfois refuge sur son dos. Dans l'eau, les morses sont plus actifs. Ils passent une partie de leur temps à se disputer en jouant.

LONGÉVITÉ

Le morse peut vivre plus de 30 ans, mais en général il ne dépasse probablement pas 20 ans.

PRÉDATEURS

L'ours blanc et l'épaulard s'attaquent parfois aux morses, particulièrement aux jeunes. Les adultes s'avèrent toutefois des adversaires redoutables. Les Inuits les chassent pour la viande. La vente des défenses en ivoire est permise si elles sont le produit de cette chasse de subsistance. L'exportation de l'ivoire est également réglementée.

STATUT DES POPULATIONS

Le morse a été surexploité dans la majeure partie de son aire de distribution, particulièrement dans la partie sud. Alors qu'on le trouvait autrefois jusqu'à l'île de Sable, au large de la Nouvelle-Écosse, et aux Îles-de-la-Madeleine, on ne le rencontre à peu près plus aujourd'hui que dans l'Arctique. Dans l'Arctique canadien, on estime le nombre de morses à une dizaine de milliers d'individus. Sur les côtes du Labrador, les populations sont considérées comme vulnérables.

NOTES

Le morse peut rester sous l'eau pendant plus de 40 minutes et plonger au moins jusqu'à une centaine de mètres. La plupart du temps, il plonge sur des fonds de 10 à 50 m et reste submergé de 5 à 10 minutes.

Le morse, dont la fourrure est clairsemée, diminue considérablement l'irrigation sanguine de son épiderme lorsqu'il est dans l'eau. À l'air, sa peau prend un aspect terne, délavé. S'il survient une hausse de la température ambiante, elle redevient rapidement rose sous l'effet du rétablissement de la circulation normale dans son épiderme.

Ordre des cétacés

Famille des phocénidés

Marsouin commun

Famille des delphinidés

Dauphin à flancs blancs de l'Atlantique
Dauphin à nez blanc
Globicéphale noir
Épaulard

Famille des monodontidés

Béluga
Narval

Famille des ziphiidés

Baleine-à-bec commune

Famille des physétéridés

Cachalot macrocéphale

Famille des balénoptéridés

Petit rorqual
Rorqual commun
Rorqual boréal
Rorqual bleu
Rorqual à bosse

Famille des balénidés

Baleine noire de l'Atlantique nord
Baleine boréale

LES CÉTACÉS

Les cétacés sont, de tous les mammifères, ceux qui ont la plus grande faveur populaire, même si la majorité des gens n'en ont jamais vu de leurs propres yeux. Peu de récits ont autant frappé l'imagination que ceux des chasseurs baleiniers des siècles passés. Depuis les années soixante-dix, les recherches sur l'intelligence des dauphins et les nouvelles alarmantes sur le déclin des populations de baleines, et particulièrement du béluga du Saint-Laurent, ont suscité un intérêt croissant pour les cétacés. D'énigmatiques monstres marins qu'elles étaient autrefois, les baleines sont devenues de nos jours le symbole bien concret de la nouvelle morale écologiste.

Les dauphins, les marsouins et les baleines proprement dites sont l'aboutissement d'une évolution vers la vie aquatique. Contrairement aux castors ou même aux phoques, qui doivent passer une partie de leur vie hors de l'eau, les cétacés sont exclusivement aquatiques. De ce fait, leur anatomie a été fortement modifiée pour s'adapter au milieu marin. Les narines (appelées évents) généralement situées à l'extrémité du museau chez les autres mammifères, sont dans leur cas, à l'exception du cachalot, situées contre la boîte crânienne et orientées vers le haut, ce qui permet aux animaux de respirer sans interrompre leur nage. Le corps des cétacés est recouvert d'une épaisse couche de graisse, ou pannicule, qui sert d'isolant thermique et de réserve nutritive. Le caractère fusiforme du corps et l'épiderme lisse, dépourvu de poils, assurent un déplacement aisé, sans friction. Les membres antérieurs, plus courts, s'aplatissent en forme de nageoires qui servent de gouvernails et de stabilisateurs. Les membres postérieurs ont disparu et la queue les remplace comme organe propulseur. Celle-ci se termine en nageoire fibreuse et rigide horizontale, et non verticale comme celle des poissons. La plupart des cétacés ont aussi une nageoire dorsale plus ou moins développée qui, chez certaines espèces, sert probablement de stabilisateur contre le roulis.

Les cétacés se divisent en deux groupes bien distincts : les odontocètes et les mysticètes. Les odontocètes, ou baleines à dents (du grec *odous – odontos*, dent, et *ketos*, baleine), ont entre une paire et une centaine de paires de dents généralement toutes semblables, simples et pointues. Ce sont les dauphins, les marsouins, les cachalots et les baleines à bec. Il s'agit, sauf pour l'énorme cachalot macrocéphale, le béluga et le narval, dépourvus de nageoire dorsale, de baleines de petite taille et possédant une forte nageoire dorsale. Elles chassent principalement des poissons ou des mollusques qu'elles happent par succion ou bien capturent un à un avec leurs dents.

Le second groupe, celui des mysticètes (du grec *mystax*, moustache, et *ketos*, baleine), réunit en général les baleines de plus de dix mètres (à l'exception du cachalot macrocéphale, qui est un odontocète). Ces baleines sont dépourvues de dents, mais possèdent des plaques cornées qui pendent à leur mâchoire supérieure. Ces plaques, appelées fanons, sont disposées en deux rangs parallèles de chaque côté de la bouche. La longueur et le nombre de fanons varient selon l'espèce. Les fanons s'effilochent vers l'intérieur de la bouche, formant un tamis plus ou moins fin qui correspond généralement à la taille des proies consommées. Les mysticètes se nourrissent en ingérant des bancs entiers de petits poissons ou de crustacés planctoniques, laissant leur gorge se gonfler au point de doubler le volume de leur corps. Ils expulsent ensuite l'eau avec la langue, qui agit comme un piston, tout en retenant la nourriture dans la bouche avec leurs fanons.

Les cétacés possèdent les mêmes caractéristiques que les pinnipèdes pour lutter contre le froid et exécuter des plongées de longue durée. Leurs muscles peuvent emmagasiner de plus grandes réserves d'oxygène que ceux des mammifères terrestres. En plongée, ils ralentissent leur rythme cardiaque et réduisent leur circulation sanguine, ne maintenant au niveau normal que celle qui irrigue le coeur et le cerveau. La plupart des plongées n'épuisent pas les réserves d'oxygène, mais lorsque l'oxygène emmagasiné dans les muscles vient à manquer, la contraction musculaire est alimentée par la dégradation anaérobique des réserves métaboliques. Parce qu'elles vivent constamment immergées, les baleines ont aussi des facultés respiratoires particulières. Ainsi, elles respirent moins fréquemment et plus efficacement que les autres mammifères. À chaque souffle, elles vident complètement leurs poumons et les remplissent de nouveau à pleine capacité. En général, les cétacés ne respirent qu'une ou deux fois par minute en surface et peuvent rester plusieurs dizaines de minutes sous l'eau. Le record a été établi par une baleine-à-bec commune harponnée par des chasseurs et qui n'a refait surface pour respirer qu'au bout de deux heures. Ce cas est toutefois exceptionnel. Les plus longues plongées chez la plupart des cétacés dépassent rarement 30 minutes.

Les cétacés sont dotés d'une bonne vue et d'une ouïe très développée leur permettant de percevoir des sons inaudibles à l'oreille humaine. De nombreuses expériences ont montré comment plusieurs espèces d'odontocètes, dont les dauphins et le béluga, peuvent se servir d'ultrasons pour s'orienter et même capturer leurs proies. Les tissus adipeux et fibreux de leur front bombé (ou «melon») et de leur mâchoire jouent un rôle dans l'émission et la réception de ces sons, lesquels proviennent des voies respiratoires. Plusieurs autres espèces d'odontocètes produisent des sons semblables, ce qui laisse supposer que tous les odontocètes sont capables d'écholocation. Par contre, il semble que les mysticètes ne soient pas dotés de ce mode sensoriel.

Toutes les espèces ne se comportent probablement pas de la même façon mais on croit que, d'une manière générale chez les cétacés odontocètes, les femelles maintiennent des liens avec leurs petits femelles au-delà de l'allaitement et même parfois au-delà de la maturité sexuelle, les rejetons mâles ayant plutôt tendance à se dissocier des femelles à ce stade. Chez l'épaulard et le globicéphale noir, les petits mâles et femelles demeurent dans le groupe maternel probablement toute leur vie. De par leurs moeurs plus solitaires, les femelles cétacés mysticètes ne gardent probablement pas contact avec leur veau au-delà de l'allaitement.

Nos connaissances sur le comportement des cétacés n'ont cessé d'augmenter depuis le début des années 1960. On sait que certaines espèces préfèrent la haute mer ou les grandes profondeurs alors que d'autres fréquentent le plateau continental et pénètrent même dans les baies et les estuaires. La plupart des cétacés sont nomades, parcourant d'énormes distances à la recherche de proies ou de conditions climatiques favorables. Dans l'archipel arctique, la mer du Labrador et le golfe du Saint-Laurent, par exemple, la formation et le retrait des glaces jouent un rôle important dans la distribution saisonnière des baleines et de leurs proies.

La plupart des espèces de cétacés, en particulier les odontocètes, sont sociables, se déplaçant en bandes d'importance et de niveaux d'organisation variés. La structure et la cohésion des groupes est vraisemblablement maintenue par une constante communication entre les membres. Les sons audibles ou même ultrasoniques qu'ils émettent ont indéniablement une fonction de communication. Le sens de ces chants demeure inconnu, mais les chercheurs sont convaincus de leur importance et de leur complexité. Ceux de la baleine à bosse et du béluga, par exemple, sont parmi les plus complexes du monde animal.

Les médias rapportent régulièrement que des individus ou des groupes de baleines se sont échoués sur nos rivages. Les échouages sont parfois décrits pathétiquement comme des «suicides collectifs». Les théories abondent pour expliquer ces événements mais il n'existe pas de consensus bien établi sur leurs causes sauf sur le fait qu'il ne s'agit pas de suicides mais bien d'accidents.

Si leurs origines exactes varient d'un cas à l'autre, ces accidents ont pourtant quelques caractéristiques communes. Les échouages massifs se produisent chez des espèces de baleines qui vivent en haute mer et qui sont de nature très sociable. Chez ces espèces donc, on peut supposer que, si un individu s'échoue, le groupe entier répugnera à l'abandonner à son sort et que tous ses membres finiront par s'échouer.

Cependant, cette hypothèse n'explique pas tous les cas d'échouages massifs, par exemple ceux qui ont lieu sur des dizaines de kilomètres de rivage ou qui durent plusieurs jours. Les échouages collectifs se produisent souvent sur des rivages à faible inclinaison où les baleines se laissent vraisemblablement surprendre par la marée. Sur un fond trop uniforme, leur système d'écholocation est peut-être inefficace. Une fois échouées, elles souffrent de stress physiologique et tombent rapidement en état de choc, ce qui explique la désorientation et la léthargie qu'on remarque chez elles lorsqu'on veut les aider à regagner la mer.

À la suite de l'essor anarchique de la chasse commerciale au cours des trois derniers siècles et de l'invention du moteur et du harpon explosif à la fin du XIXe siècle, les populations de grandes baleines, à l'exception du petit rorqual, ont été décimées les unes après les autres. Reconnaissant enfin la nécessité de préserver ces importantes ressources, la majorité des États participant à cette chasse ont formé en 1946 une commission baleinière internationale, l'International Whaling Commission. Cet organisme n'a pas réussi à empêcher le déclin progressif de nombreux stocks de grandes baleines. Cependant, il a contribué au développement de la recherche sur les cétacés et a assuré la protection des espèces les plus menacées.

En 1986, un moratoire international mettant fin à la chasse commerciale de toutes les espèces de grandes baleines a été institué par la Commission baleinière. Cependant, quelques nations comme la Norvège, l'Islande et le Japon ont poursuivi la chasse commerciale quelques années encore. Par la suite, ces pays ont obtempéré mais ils ont émis des permis de captures scientifiques, autorisant encore plusieurs centaines de prises par année (de petits rorquals pour la plupart) et justifiant leur décision par le besoin de données sur la dynamique des populations en vue de la reprise éventuelle de la chasse commerciale. La chair des spécimens capturés est vendue, en accord avec un règlement de la Commission interdisant le gaspillage. Ces ventes ont poussé certains groupes de conservation à accuser les pays participants de déguiser la chasse commerciale en recherche scientifique.

Durant le moratoire, seules les chasses aborigènes destinées à la consommation locale sont permises, mais dans ce cas des limites sont imposées sur les captures. Selon les règles de la Commission baleinière, les Groenlandais peuvent prendre une centaine de petits rorquals et une vingtaine de rorquals communs, et les Inuits du nord de l'Alaska, une cinquantaine de baleines boréales par année. Des Sibériens ont pris, jusqu'en 1991, 150 baleines grises par année.

Le moratoire international se poursuit toujours car les États membres ne s'entendent pas sur les conditions de reprise de la chasse commerciale. Ce désaccord a poussé la Norvège à annoncer qu'elle reprenait unilatéralement la chasse commerciale au petit rorqual en 1994. En 2003, l'Islande a annoncé son intention de reprendre la chasse dans le nord-est de l'Atlantique. Le Japon continue à prendre des petits rorquals dans l'Antarctique pour ses recherches, s'opposant au statut de sanctuaire déclaré pour la zone en 1994 par une majorité des États membres de la Commission.

Les petites baleines, en majorité des odontocètes, ne relèvent pas de la Commission baleinière. Ces stocks sont gérés soit à l'échelle nationale soit par des ententes entre États voisins. La Commission de l'Est du Pacifique tropical, par exemple, gère la question des prises accidentelles de dauphins au cours des pêches au thon. Une commission conjointe Canada-Groenland sur la conservation et la gestion du narval et du béluga a été créée en 1991. La même année, plusieurs États de l'Atlantique Nord, dont la Norvège et l'Islande, ont formé une commission multinationale sur les mammifères marins. Cette commission cherche à faire pendant à la Commission baleinière, en plus de gérer des espèces non couvertes par cette dernière.

Dans l'est du Canada, il a existé jusqu'en 1972, date à laquelle le gouvernement canadien mettait fin à la chasse commerciale, un certain nombre de stations baleinières pour la chasse aux rorquals, aux globicéphales noirs et aux bélugas. Aujourd'hui, la chasse aux cétacés n'est permise que pour la consommation locale. Elle est pratiquée surtout dans l'Arctique par les chasseurs inuit, qui exploitent depuis des siècles le béluga, le narval et la baleine boréale. Les populations y sont gérées par des comités de cogestion composés de représentants du gouvernement canadien et des chasseurs inuit.

La protection dont jouissent les populations de baleines les plus menacées a permis un redressement démographique chez certaines espèces sans qu'on sache pourquoi, d'autres, comme la baleine noire, ne semblent pas profiter de ce répit. Par ailleurs, les modifications que l'homme fait subir à l'environnement marin en y déversant ses effluents industriels et domestiques, en contrôlant le débit des rivières, en forant le fond marin, en pratiquant une pêche non viable et en augmentant le trafic maritime, sont autant de sujets d'inquiétudes pour l'avenir des cétacés.

1. Globicéphale noir; 2. Épaulard; 3. Baleine noire; 4. Marsouin commun; 5. Rorqual à bosse; 6. Béluga; 7. Petit rorqual; 8. Dauphin à flancs blancs; 9. Rorqual bleu; 10. Rorqual commun.

Marsouin commun

Phocoena phocoena **Famille des phocénidés**

Pourcil

Harbour Porpoise, Common Porpoise

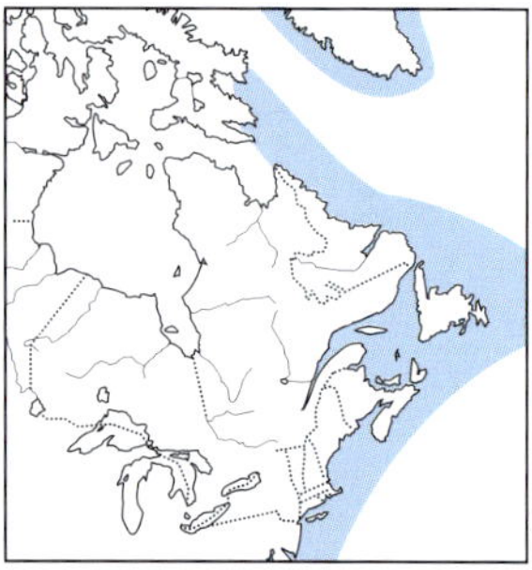

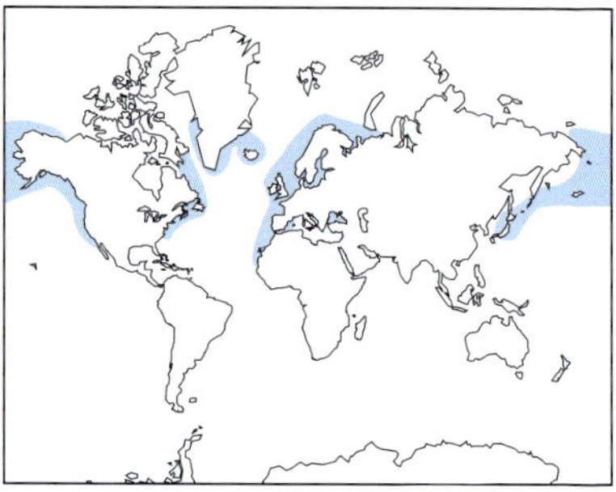

RÉPARTITION GÉOGRAPHIQUE

On trouve cette espèce dans le nord de l'Atlantique et du Pacifique, dans les mers de Bering et de Chukchi, et dans les mers Blanche, Barents, du Nord, Baltique et Noire. Dans l'est de l'Amérique du Nord, on l'observe depuis les côtes du sud de la Terre de Baffin, du Labrador et des Maritimes, jusqu'en Caroline du Nord, ainsi que dans le golfe et l'estuaire du Saint-Laurent.

MENSURATIONS

Longueur totale moyenne mâle adulte : 1,45 m; moyenne femelle adulte : 1,6 m; maximum adulte : 2 m; nouveau-né : environ 0,8 m.

POIDS

Les adultes pèsent entre 45 et 60 kg, atteignant parfois 90 kg. Les nouveau-nés pèsent environ 5 kg.

CARACTÈRES DISTINCTIFS

Cette espèce a le dos et les nageoires noirs, le ventre blanc, les flancs et l'arrière de la tête gris. Elle a le corps trapu et de petite taille et une nageoire dorsale en triangle plus ou moins équilatéral. Elle possède 88 à 112 dents en forme de spatules. Le marsouin commun saute rarement hors de l'eau comme les dauphins. Sa petite taille et sa nageoire dorsale triangulaire le distinguent des autres espèces de cétacés.

HABITAT

Le marsouin commun fréquente le plateau continental dans les eaux subarctiques et tempérées, et plus rarement dans les eaux arctiques. Sa distribution dans nos eaux est étroitement liée à celle des bancs de poissons dont il se nourrit. Dans l'estuaire et le golfe du Saint-Laurent, à Terre-Neuve et dans les Maritimes, les marsouins communs fréquentent par milliers, en été, les baies, les embou-

Roland Lick / Marine Mammal Images

chures de rivières et les eaux peu profondes du littoral. On les voit rarement dans des eaux de plus de 125 m de profondeur. Ils sont particulièrement nombreux dans la baie de Fundy en juillet, peu après la mise bas. La majorité des marsouins quittent cet endroit en octobre. Seuls quelques individus, principalement des mâles et des jeunes immatures, demeurent dans la baie durant l'hiver. Les autres s'éloignent vers le large et le sud, gagnant probablement les grands bancs.

REPRODUCTION

Les femelles peuvent avoir 1 petit par année, en mai ou juin, après une période de gestation de 10 ou 11 mois. Elles mettent bas vraisemblablement au large et apparaissent près des côtes avec leur petit peu après sa naissance. Elles préfèrent alors les eaux peu profondes et les anses protégées du vent et de la vague. La période d'allaitement dure entre 5 et 9 mois, au terme desquels la mère abandonne probablement le jeune. L'accouplement se produit entre juillet et août. Mâles et femelles atteignent la maturité sexuelle à l'âge de 3 ou 4 ans.

RÉGIME ALIMENTAIRE

Le marsouin commun se nourrit surtout de poissons comme le capelan, le hareng, la goberge, le maquereau et la merluche. Il prend aussi des calmars et des crustacés de fond.

COMPORTEMENT SOCIAL

Les marsouins communs sont grégaires. On les observe fréquemment en groupes de 2 à 10 individus; parfois on en voit jusqu'à 20 à la fois, en surface comme en plongée. Ces groupes peuvent se rassembler pour former des troupeaux de plusieurs centaines d'individus, mais ils maintiennent toujours entre eux une certaine distance.

LONGÉVITÉ

Le marsouin commun vit rarement plus de 8 ans. La longévité maximum enregistrée est de 13 ans.

PRÉDATEURS

L'épaulard et deux espèces de requins, le laimargue et le requin blanc, s'attaquent au marsouin commun. L'espèce était chassée autrefois pour sa viande, à Terre-Neuve et dans les Maritimes, mais cette pratique a beaucoup diminué. Par contre, des centaines de marsouins communs se prennent accidentellement chaque année dans des filets de pêche.

STATUT DES POPULATIONS

Le marsouin commun est moins connu du public que les grandes baleines. Sa taille et sa couleur le rendent difficile à discerner dans les vagues. Pourtant, c'est probablement le cétacé le plus commun dans nos eaux. Les très nombreuses prises accidentelles dans les engins de pêche sont une source d'inquiétude mais on n'est pas en mesure d'évaluer exactement leur impact sur la tendance des populations de marsouins. On considère préoccupant l'état des populations de marsouins dans les eaux canadiennes.

NOTES

Le marsouin commun nage lentement, mais il peut atteindre 20 km/h lorsqu'il est poursuivi. Il peut plonger à plus de 200 m; la plupart du temps cependant, il ne descend pas à plus de 60 m. En général, ses plongées durent 1 ou 2 minutes, exceptionnellement jusqu'à 6 minutes. Le marsouin commun est moins enjoué que les dauphins.

Cette espèce évite habituellement les bateaux en marche. Il lui arrive cependant de s'approcher d'une embarcation dont le moteur tourne au ralenti. Les jours calmes et ensoleillés, on voit parfois le marsouin se reposer, immobile, à la surface de l'eau.

Dauphin à flancs blancs de l'Atlantique

Lagenorhynchus acutus **Famille des delphinidés**

Lagénorhynque à flancs blancs, lagénorhynque de l'Atlantique, sauteur, cochon de mer

Atlantic White-sided Dolphin

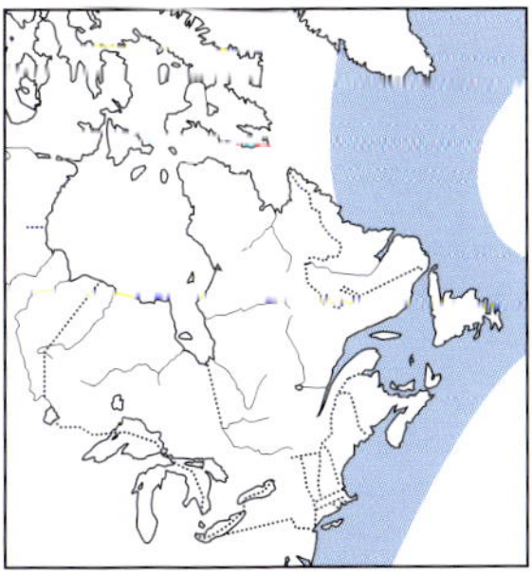

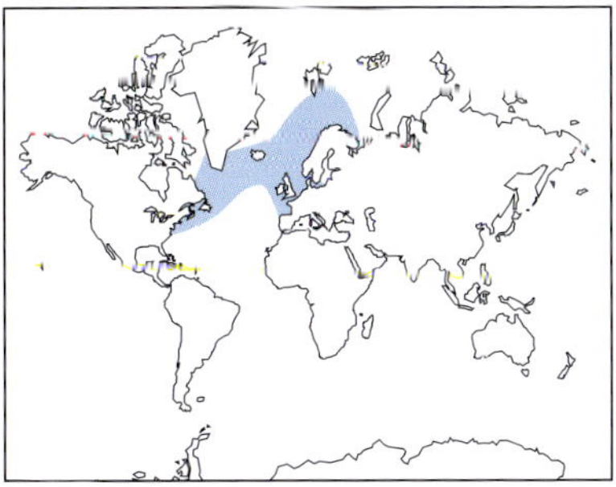

RÉPARTITION GÉOGRAPHIQUE

On rencontre cette espèce dans l'Atlantique Nord, le détroit de Davis, les eaux du sud du Groenland, de l'Islande, et dans les eaux britanniques et scandinaves. Dans l'Atlantique Nord-Ouest, on la trouve du détroit de Davis jusqu'en Caroline du Nord. Elle est particulièrement abondante dans le golfe du Saint-Laurent.

MENSURATIONS

Longueur totale moyenne mâle adulte : 2,45 m (max. 2,67 m); moyenne femelle adulte : 2,2 m (max. 2,36 m); nouveau-né : environ 1,2 m.

POIDS

Les adultes pèsent entre 130 et 230 kg; les nouveau-nés, environ 24 kg. Les femelles sont plus petites que les mâles.

CARACTÈRES DISTINCTIFS

Ce dauphin a le dos et les nageoires noirs, le ventre blanc et les flancs gris ornés d'une bande blanche prolongée vers l'arrière par une bande jaune. Sa nageoire dorsale est haute, pointue et arquée vers l'arrière et ses nageoires pectorales noires se détachent sur le fond blanc du ventre. Il possède 120 à 160 dents minces et pointues. Il nage souvent en groupes. Comme tous les dauphins, il est agile et peut jaillir complètement hors de l'eau. Il n'est pas rare de voir une bande ou un troupeau de ces dauphins pleins de fougue, bondissant et frappant la surface de l'eau avec leur queue. Ils suivent aussi volontiers les bateaux ou les canots à moteur qui les entraînent dans leur sillage. On peut les confondre avec le dauphin commun (*Delphinus delphis*) qui a le museau plus long, pointu et marqué de blanc à la base du front. Le dauphin commun n'a pas de bande jaune sur les flancs. Il ressemble aussi au dauphin à nez blanc qui, lui, a le bec blanc et dont le dos noir est marqué d'une selle grise derrière la nageoire dorsale.

HABITAT

Le dauphin à flancs blancs fréquente surtout les eaux tempérées et subarctiques. Il se tient principalement au large mais, durant l'été, il s'approche du littoral et pénètre dans les baies.

REPRODUCTION

L'accouplement a lieu en juillet et août. Les femelles mettent bas entre mai et août, la plupart en juin et juillet. Elles ont probablement 1 petit tous les 2 ou 3 ans. La gestation dure environ 11 mois et l'allaitement jusqu'à 18 mois. La femelle atteint la maturité sexuelle quand elle mesure environ 2,1 m, soit à 6 ou 8 ans, et le mâle, à environ 2,3 m, soit à 8-9 ans ou plus. Il est probable que les jeunes dauphins quittent les groupes de reproduction après leur sevrage ou en soient expulsés et ne les réintègrent que lorsqu'ils ont atteint la maturité.

RÉGIME ALIMENTAIRE

Le dauphin à flancs blancs se nourrit de calmar, de hareng, de capelan, de lançon, de bar rayé, de maquereau, de salmonidés et de crevettes. Il s'associe parfois au rorqual commun dans sa quête de nourriture. Lorsqu'un rorqual repousse un banc de poissons vers la surface, le dauphin profite de la confusion pour en capturer quelques-uns.

COMPORTEMENT SOCIAL

Très grégaire, le dauphin à flancs blancs forme généralement des troupeaux d'une cinquantaine d'individus en moyenne. Mais les troupeaux de 500 individus ou plus sont assez communs; ils sont composés de petits groupes de 3 à 10 membres qui se déplacent et se nourrissent en formation serrée, se touchant presque par moments.

LONGÉVITÉ

Certains dauphins à flancs blancs peuvent vivre jusqu'à 27 ans, mais la plupart n'atteignent vraisemblablement pas 20 ans.

PRÉDATEURS

On peut probablement compter l'épaulard et les requins parmi les prédateurs du dauphin à flancs blancs. Cette espèce n'est pas chassée au Canada. Cependant, elle a déjà été prise dans le détroit de Davis par des chasseurs norvégiens.

STATUT DES POPULATIONS

Cette espèce est très commune au large de nos côtes. On estime son nombre à plusieurs dizaines de milliers d'individus.

NOTES

On connaît peu de chose sur son comportement. On le voit surtout durant l'été et à l'automne quand il s'approche des côtes et pénètre dans les baies à la recherche de nourriture.

Jean-Guy Lavoie

Comme les globicéphales noirs, avec lesquels ils forment parfois des troupeaux mixtes, il arrive que des dauphins à flancs blancs s'échouent accidentellement sur une plage. La plupart de ceux qui s'échouent en groupes sont des femelles accompagnées de leurs petits et de quelques mâles, alors que la majorité de ceux qui s'échouent seuls sont des jeunes immatures. Ces incidents sont encore bien mal compris. Les échouages se produisent souvent sur des rivages à faible inclinaison où les dauphins se laissent vraisemblablement surprendre par la marée. Sur un fond trop uniforme, leur système d'écholocation est peut-être inefficace. Il est possible aussi, dans certains cas, que le groupe entier s'échoue avec un animal malade et désorienté parce qu'il répugne à l'abandonner à son sort.

Ce sont probablement les animaux exclus des groupes de reproduction qui s'associent momentanément aux troupeaux de globicéphales. On a aussi observé un dauphin à flancs blancs en compagnie de deux épaulards. Parfois, lorsqu'un rorqual commun se déplace à une certaine allure, le dauphin l'accompagne et se laisse entraîner par sa vague de proue. Il peut atteindre des vitesses de pointe de 25 à 55 km/h.

Le temps et la profondeur de plongée de cette espèce ne sont pas connus, mais on sait que ses proies se trouvent généralement à moins de 100 m de profondeur.

Dauphin à nez blanc

Lagenorhynchus albirostris **Famille des delphinidés**

Lagénorhynque à bec blanc, sauteur, cochon de mer
White-beaked Dolphin

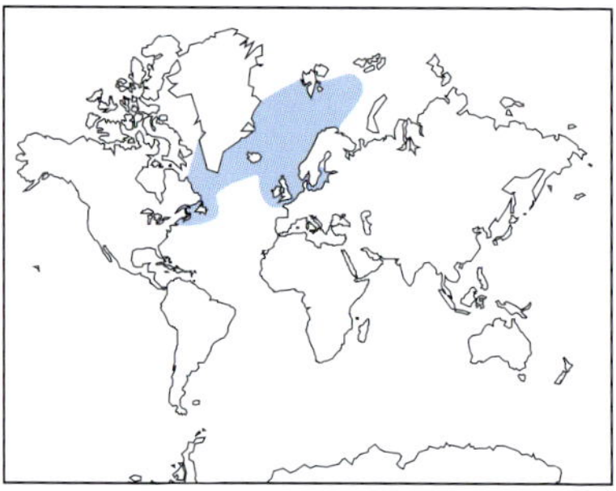

RÉPARTITION GÉOGRAPHIQUE

Le dauphin à nez blanc fréquente l'Atlantique Nord de Cape Cod jusqu'à la mer du Labrador et au détroit de Davis, et du sud du Groenland jusqu'aux eaux britanniques et scandinaves. Il fréquente aussi le golfe du Saint-Laurent.

MENSURATIONS

Longueur totale moyenne des adultes : 2,75 m (max. 3,2 m); nouveau-nés : environ 1,2 m.

POIDS

Les adultes pèsent entre 135 et 275 kg; les nouveau-nés, environ 40 kg.

CARACTÈRES DISTINCTIFS

Ce dauphin a le bec blanc ou gris, et les nageoires noires. Son dos noir est marqué d'une selle grise derrière la nageoire dorsale. Il a les flancs noirs marqués de bandes gris blanc de part et d'autre de la nageoire dorsale, qui est haute, pointue et arquée vers l'arrière. Il possède un bec court et de 88 à 112 dents. Il nage en groupes, bondissant parfois hors de l'eau. On peut le confondre avec le dauphin à flancs blancs et le dauphin commun (*Delphinus delphis*) qui, eux, ont le dos noir et des parties de flancs d'un blanc net.

C'est un animal énergique qui jaillit fréquemment hors de l'eau quand il se déplace. Il lui arrive d'exécuter des pirouettes dans les airs et de se laisser retomber à plat avec force éclaboussements. Il s'approche parfois des bateaux pour nager dans leur vague de proue.

HABITAT

Ce dauphin fréquente les eaux arctiques, subarctiques et tempérées. Il préfère les eaux profondes et froides des hautes latitudes, mais on le voit près des côtes des Maritimes au printemps et à l'automne.

Richard Sears/Valan Photos

On l'a également observé dans le golfe du Saint-Laurent à la fin de l'été et à l'automne, en particulier dans le détroit de Belle-Isle. Le long des côtes du Labrador et dans le détroit de Davis, il est visible surtout durant l'été. Ces observations laissent supposer qu'il migre vers le nord au printemps et vers le sud à l'automne.

REPRODUCTION

On sait bien peu de chose sur la reproduction de cette espèce. L'accouplement a lieu à l'automne et les naissances se produisent vraisemblablement durant l'été après environ 10 mois de gestation.

RÉGIME ALIMENTAIRE

Le dauphin à nez blanc se nourrit de calmar, de poulpe, de morue, de hareng et de capelan. Il prend aussi des mollusques et des crustacés de fond. Comme le dauphin à flancs blancs, il s'associe au rorqual pour capturer sa nourriture. On l'a vu en compagnie du rorqual commun et du rorqual à bosse.

COMPORTEMENT SOCIAL

Les dauphins à nez blanc forment parfois des troupeaux qui peuvent atteindre 1 000 à 1 500 individus. Cependant, on les observe fréquemment en petits groupes de quelques dizaines.

LONGÉVITÉ

On ne connaît pas la longévité de cette espèce.

PRÉDATEURS

Il est probable que seuls les requins et l'épaulard s'attaquent au dauphin à nez blanc, qui n'est pas chassé au Canada.

STATUT DES POPULATIONS

Le nombre de dauphins à nez blanc est estimé à 9 000 dans les eaux de la côte est de Terre-Neuve et de la mer du Labrador, et à environ 2 600 dans le golfe du Saint-Laurent. On ne connaît pas leur nombre au large de la Nouvelle-Écosse. L'évaluation la plus récente des populations de cet animal dans les eaux canadiennes ne fait état d'aucun problème.

NOTES

On sait peu de chose du comportement du dauphin à nez blanc sauf qu'il peut atteindre une vitesse de 35 à 45 km/h. On ne connaît ni la durée ni la profondeur de ses plongées mais on sait que ses proies se trouvent généralement à moins de 100 m de profondeur.

Globicéphale noir

Globicephala melas (G. melaena) **Famille des delphinidés**

Globicéphale noir de l'Atlantique
Long-finned Pilot Whale, Pothead, Blackfish

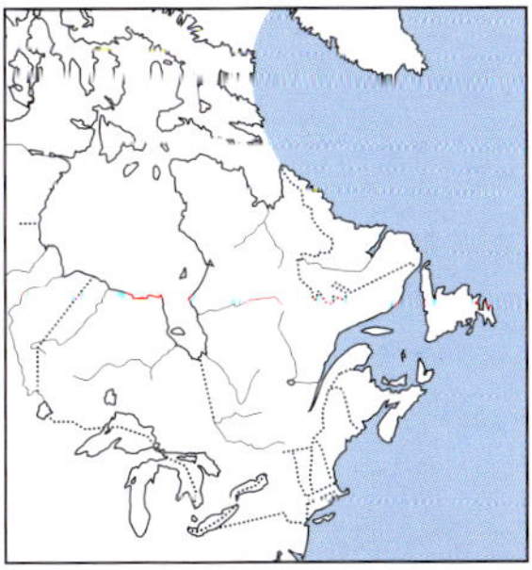

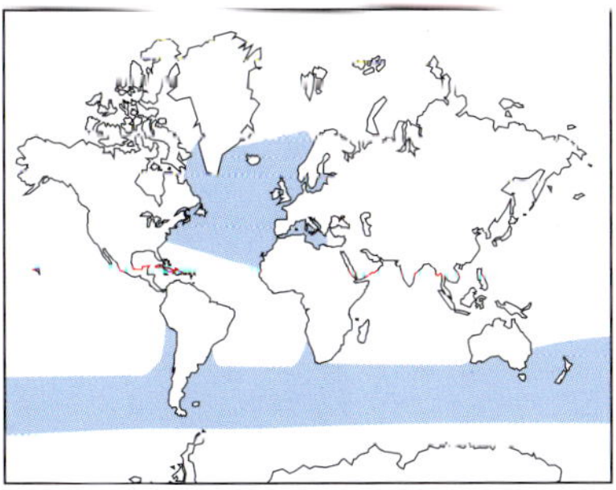

RÉPARTITION GÉOGRAPHIQUE

On rencontre cette espèce dans l'Atlantique Nord-Ouest, depuis le Labrador et le sud du Groenland jusqu'en Caroline du Nord, incluant le golfe du Saint-Laurent. Dans l'Atlantique Nord-Est, on la trouve depuis la mer de Barents au Nord-Ouest africain, jusqu'à la mer du Nord et à la mer Baltique, incluant la partie ouest de la Méditerranée. On l'observe aussi dans toutes les mers subantarctiques et dans les eaux du Chili et de la Nouvelle-Zélande.

MENSURATIONS

Longueur totale moyenne mâle adulte : 5,6 m (max. 6,2 m); moyenne femelle adulte : 4,3 m (max. 5,1 m); nouveau-né : environ 1,6 à 1,9 m.

POIDS

Les mâles adultes pèsent environ 2 200 kg (max. 3 000 kg), les femelles 1 000 kg (max. 1 700 kg) et les nouveau-nés, 80 à 130 kg.

CARACTÈRES DISTINCTIFS

Cette espèce a le corps noir avec, sous la gorge, une tache gris pâle en forme d'ancre, reliée à une bande plus foncée sur le ventre. Elle possède de longues nageoires pectorales pointues (1 à 1,5 m) et une nageoire dorsale située à l'avant du corps, large à la base et faisant un angle aigu avec le dos. Les mâchoires portent 32 à 48 dents arrondies. Le melon proéminent des adultes est souvent visible à la surface. Le globicéphale noir nage lentement, en groupe, faisant surface toutes les 1 à 2 minutes pour respirer. Sa nageoire dorsale large, sa taille et son corps noir le distinguent des dauphins, des épaulards et de la baleine à bec commune.

Comme les dauphins, le globicéphale noir est assez acrobate. On le voit souvent se déplacer en bondissant hors de l'eau ou se projeter en l'air et retomber à plat (comportement appelé *breaching* en anglais). À l'occasion, il se tient la tête en bas et frappe la surface avec sa queue. À d'autres moments, il sort sa tête de l'eau à la verticale, comme pour jeter un coup d'oeil. Ces comportements sont communs à beaucoup de delphinidés. Par conséquent, on peut supposer qu'ils ont des fonctions importantes chez ces animaux.

HABITAT

Le globicéphale noir fréquente les eaux subarctiques et tempérées. Durant l'été, il s'approche des côtes et pénètre même dans certaines baies à la recherche de nourriture. En juin, lorsque les eaux de surface se réchauffent sur les hauts-fonds et attirent les calmars, il s'approche des côtes de Terre-Neuve, des Maritimes et, à un moindre degré, du golfe du Saint-Laurent, et pénètre dans les baies pour se nourrir. Il s'éloigne de nouveau vers le large en novembre et passe l'hiver en eaux profondes où le calmar abonde.

REPRODUCTION

Les naissances ont lieu toute l'année. La gestation dure environ 12 mois et la femelle allaite pendant 3 ans. Elle a 1 petit environ tous les 5 ans. Le mâle atteint la maturité sexuelle quand il mesure entre 4,6 et 5,55 m (à l'âge de 12 à 22 ans), la femelle entre 3,6 et 3,9 m (6 à 10 ans). Les liens mère-jeune se maintiennent probablement toute la vie.

RÉGIME ALIMENTAIRE

Le globicéphale noir se nourrit presque exclusivement de calmars. Il consomme aussi à l'occasion de la morue et de la plie. D'autres delphinidés, comme les dauphins à flancs blancs, se joignent parfois aux troupeaux de globicéphales noirs et chassent le calmar avec eux.

COMPORTEMENT SOCIAL

Le globicéphale noir est grégaire et forme parfois des bandes d'une centaine ou plus d'individus. Selon des études génétiques réalisées sur des globicéphales des Îles Féroë, les bandes seraient composées d'individus apparentés. Par contre, une étude des globicéphales noirs réalisée récemment au large de la Nouvelle-Écosse a donné des résultats contradictoires suggérant une structure sociale plus fluide.

Dans les grosses bandes qui s'approchent des côtes en été, on peut distinguer des petits groupes d'une vingtaine d'individus. La plupart de ces groupes réunissent des jeunes et des femelles accompagnées de quelques mâles, tandis que d'autres ne sont composés que d'adultes, principalement des mâles. Ces animaux se déplacent en rangs serrés, gardant constamment contact entre eux.

J.P. Sylvestre

LONGÉVITÉ

La longévité maximale des mâles est de 46 ans et celle des femelles de 59 ans, mais la plupart des globicéphales noirs ne dépassent pas 30 ans.

PRÉDATEURS

L'épaulard et les requins sont probablement ses seuls prédateurs depuis que les humains ne lui font plus la chasse dans l'Atlantique Nord-Ouest.

STATUT DES POPULATIONS

À Terre-Neuve, on a pratiqué la chasse au globicéphale noir jusqu'en 1970. On en capturait alors 4 000 spécimens par année en moyenne. Cette chasse commerciale a sérieusement réduit leur nombre. La viande de globicéphale noir servait de nourriture dans des élevages de visons. L'espèce n'est pas en difficulté actuellement.

NOTES

Le globicéphale noir plonge généralement à 30 ou 60 m quand il longe les côtes, mais il est capable de plonger plus profondément (peut-être jusqu'à 1 000 m) lorsqu'il est au large. Généralement, il reste de 5 à 10 minutes sous l'eau mais les plongées en eau profonde durent probablement plus longtemps. Il nage habituellement à la vitesse de 7 à 10 km/h mais peut atteindre 25 km/h dans les poursuites.

Des bandes de globicéphales noirs s'échouent parfois sur nos rivages. Ces supposés «suicides collectifs» se produisent souvent sur des rivages à faible inclinaison où les globicéphales se laissent vraisemblablement surprendre par la marée. Sur un fond trop uniforme, leur système d'écholocation est peut-être inefficace. Il est possible aussi, dans certains cas, que la bande entière s'échoue avec un animal malade ou désorienté parce qu'elle répugne à l'abandonner à son sort. Chez cette espèce très sociable et habituée à la haute mer, ce comportement reviendrait à vouer le groupe entier à la mort. Une fois échoués, les globicéphales souffrent de stress physiologique et tombent rapidement en état de choc, ce qui explique la désorientation et la léthargie qu'on remarque chez eux lorsqu'on tente de les aider à regagner la mer.

Épaulard

Orcinus orca **Famille des delphinidés**

Orque

Orca, Killer Whale

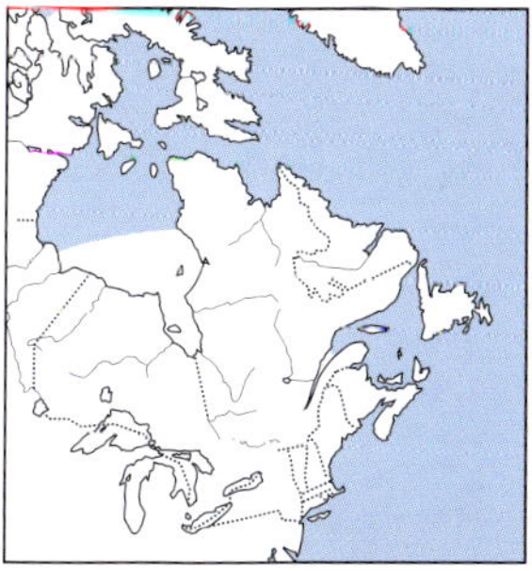

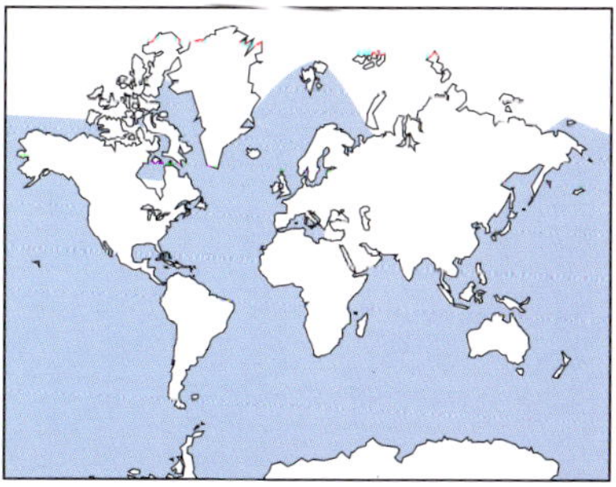

RÉPARTITION GÉOGRAPHIQUE

L'épaulard se trouve dans toutes les mers et tous les océans du globe. Il n'est exclu de certaines régions de l'Arctique et de l'Antarctique que par les glaces denses qui y persistent en été.

MENSURATIONS

Longueur totale moyenne mâle adulte : 8,2 m (max. 9,8 m); femelle adulte : 7 m (max. 8,5 m); nouveau-né : environ 2,1 m.

POIDS

Les mâles pèsent en moyenne 5 700 kg (max. 7 200 kg) et les femelles 3 500 kg (max. 4 500 kg). Les nouveau-nés pèsent environ 200 kg.

CARACTÈRES DISTINCTIFS

L'épaulard a le dos noir marqué d'une selle grise derrière la nageoire dorsale et d'une tache ovale blanche derrière l'oeil. Il a la gorge, le ventre et le dessous de la queue blancs. Il possède une nageoire dorsale très haute (0,6 à 1,8 m), plus haute chez le mâle que chez la femelle, pointue et légèrement arquée ou verticale. Ses nageoires pectorales sont larges et arrondies. Ses mâchoires sont garnies de 40 à 52 dents larges et arrondies. On le différencie des dauphins par sa grande taille et sa couleur caractéristique. Sa taille et sa longue nageoire dorsale le distinguent des globicéphales.

HABITAT

Cette espèce fréquente aussi bien la haute mer que les eaux côtières. Elle est rarement aperçue sur la côte est. Les quelques observations faites au cours des dernières décennies couvrent la totalité des eaux de l'estuaire et du golfe du Saint-Laurent, des Maritimes, de Terre-Neuve et du Labrador, autant au large que près des côtes. Ses déplacements suivent apparemment ceux de ses proies. Plus au nord, l'épaulard pénètre dans les eaux de l'archipel arctique et de la baie d'Hudson durant l'été et chasse les baleines et les phoques, s'éloignant vers le large lorsqu'il est repoussé par les glaces.

REPRODUCTION

Il ne semble pas avoir de saison d'accouplement bien définie. La femelle met bas après une gestation de 16 ou 17 mois. Elle a 1 petit tous les 3 à 8 ans jusqu'à l'âge de 40 ans. L'allaitement dure 1 an ou plus. La femelle atteint la maturité sexuelle quand elle mesure environ 4,8 m, entre l'âge de 6 et 10 ans, et le mâle, à 5,8 m, entre 12 et 16 ans. Les liens mère-jeune durent probablement toute la vie.

RÉGIME ALIMENTAIRE

L'épaulard a la réputation d'être le «loup des mers». En effet, il s'attaque autant aux oiseaux de mer qu'aux phoques, aux dauphins, aux marsouins, au béluga, au narval, au globicéphale noir, aux baleines-à-bec, au cachalot macrocéphale, à la baleine noire, à la baleine boréale et aux rorquals. Les rorquals peuvent lui échapper en plongeant profondément. N'empêche que la stratégie d'une meute d'épaulards rend parfois toute fuite impossible, comme l'observation de la capture d'un jeune rorqual bleu l'a déjà montré. (Le rorqual était entouré de toutes parts : devant, derrière, sur les côtés et par-dessous. Les épaulards cherchaient à l'épuiser en lui arrachant des lambeaux de chair et ralentissaient sa course en lui déchiquetant la queue.) Dans l'Arctique, les bélugas, les narvals et les baleines boréales cherchent refuge dans le pack ou dans les ouvertures de la banquise côtière, là où les épaulards n'osent pas s'aventurer. Les phoques leur échappent en sortant sur la glace ou sur terre. Les épaulards tentent parfois de les déloger en brisant ou en remuant la glace. L'épaulard prend aussi des poissons comme la morue, le flétan et le saumon, ainsi que des poulpes et des calmars. Dans le golfe du Maine, il se nourrit également de thon rouge et de hareng.

COMPORTEMENT SOCIAL

Les épaulards se déplacent seuls ou en meutes de 2 à 25 individus. Il semble y avoir une certaine ségrégation entre les épaulards d'âge et de sexe différents; en effet, on observe parfois des meutes composées uniquement de mâles ou de femelles et de leurs petits. Mais on observe aussi des meutes mixtes. Les épaulards manifestent parfois une grande douceur envers leurs congénères. En aquarium, on en a vu se frotter les uns contre les autres, se mordiller les lèvres tendrement et se caresser mutuellement du bout de la langue. Cependant, les marques de dents qu'ils ont souvent sur le corps ne laissent aucun doute sur un autre aspect de leurs moeurs. Les comportements agressifs qui causent ces blessures ont probablement comme fonction de maintenir une certaine hiérarchie au sein de la meute.

Jacques Prescott

LONGÉVITÉ

La femelle de l'épaulard peut vivre jusqu'à 80 ou 90 ans et le mâle jusqu'à 50 ou 60 ans, mais la plupart des femelles ne dépassent pas 50 ans et les mâles, 30 ans.

PRÉDATEURS

Aucun animal n'ose vraisemblablement s'attaquer à une bande d'épaulards. Sur nos côtes, ils sont parfois la cible des balles tirées par des chasseurs de phoque ou par des pêcheurs qui n'apprécient pas la concurrence.

STATUT DES POPULATIONS

Les épaulards de l'Atlantique Nord-Ouest ou dans l'est de l'Arctique ne sont pas concentrés comme ils le sont sur la côte ouest du Canada, où la plupart des bandes chassent le saumon plutôt que les mammifères marins. Dans l'Atlantique Nord-Ouest et l'est de l'Arctique, ce sont des prédateurs de mammifères marins. La quête de leurs proies mammaliennes les force donc à se disperser et à parcourir de grandes distances à la recherche de leur nourriture. On en voit ainsi seulement à l'occasion et en petit nombre.

NOTES

En général, l'épaulard exécute une série de 3 à 5 plongées d'une durée de 10 à 35 secondes, suivies d'une plongée plus longue, pouvant durer de 4 à 10 minutes. L'épaulard nage habituellement à une vitesse de 6 à 10 km/h. En chasse, il peut atteindre une vitesse de pointe de 45 km/h.

Béluga

Delphinapterus leucas

Famille des monodontidés

Bélouga, marsouin blanc
Beluga, White Whale

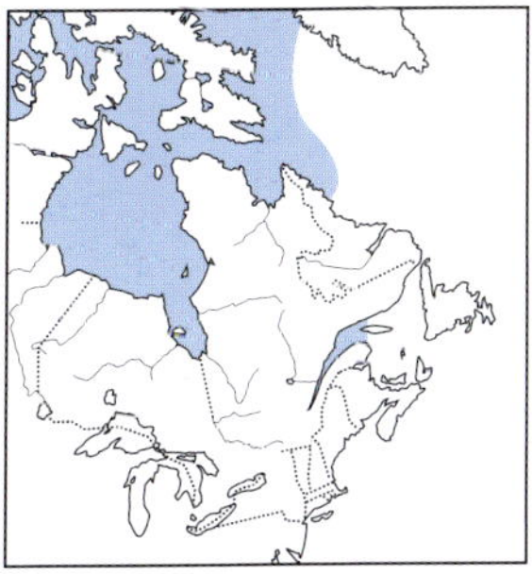

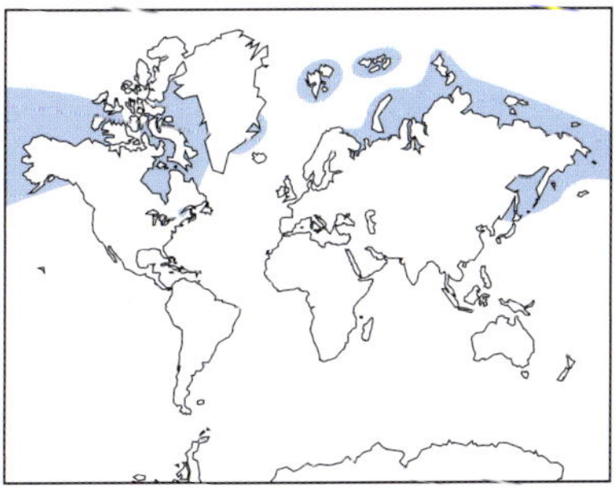

RÉPARTITION GÉOGRAPHIQUE

Les bélugas fréquentent à peu près toutes les eaux arctiques et subarctiques, jusqu'au 80e parallèle environ. Des petites populations occupent aussi la mer d'Okhotsk, Cooke Inlet en Alaska et l'estuaire du Saint-Laurent.

MENSURATIONS

Longueur totale moyenne mâle adulte : 3,65 à 4,25 m (max. 5,13 m); femelle adulte : 3,05 à 3,65 (max. 4,1 m); nouveau-né : environ 1,5 m.

POIDS

Les mâles adultes pèsent entre 450 et 1 000 kg (max. 1 400 kg); les femelles, entre 250 et 700 kg (max. 900 kg); les nouveau-nés, entre 35 et 85 kg.

CARACTÈRES DISTINCTIFS

Le corps est uniformément blanc chez l'adulte (qu'on appelle un «blanc»). Il varie de gris foncé chez le jeune de 1 ou 2 ans (surnommé «bleuvet») à gris pâle ou blanchâtre chez le juvénile de 3 ou 4 ans (autrefois appelé «blanchon» ou «blofard»). Le nouveau-né («veau») est rose pâle ou brun foncé. Le béluga a un melon proéminent, une légère constriction au niveau du cou et le corps robuste. Ses nageoires pectorales sont courtes, fortement recourbées chez les vieux mâles et leur extrémité est [illegible] chez les adultes. Il n'a pas de nageoire dorsale et ses mâchoires sont garnies de [illegible] à 42 dents pointues. Contrairement au narval, il n'a ni taches sur le corps ni défenses. L'absence de nageoire dorsale, sa couleur et sa taille le distinguent des autres cétacés.

HABITAT

Le béluga est une espèce bien adaptée aux conditions rigoureuses de l'Arctique. Sa distribution semble limitée principalement par la densité du pack. Il passe l'hiver dans des eaux où les glaces en mouvement ne forment pas de pack dense. Avec le dégel, au printemps, il pénètre dans la baie d'Hudson et les eaux de l'archipel arctique. Durant l'été, les bélugas forment de spectaculaires rassemblements à l'embouchure de certains fleuves et rivières. On peut compter de plusieurs centaines à plusieurs milliers de têtes dans ces estuaires, mais on ignore toujours exactement ce qui y attire les bélugas. On sait toutefois que, durant le séjour qu'ils y font, ils ont un taux élevé d'hormone de croissance. Il est probable aussi que les eaux saumâtres et chaudes favorisent la mue de leur peau épaisse. Les femelles et leurs petits occupent souvent le haut de l'estuaire en plus forte proportion que les autres bélugas, ce qui a poussé certains auteurs à supposer que les eaux chaudes favorisent le développement des nouveau-nés. Pourtant, on voit souvent en été des femelles en mer avec leurs petits, loin de tout estuaire. Des suivis télémétriques ont démontré que, dans certaines populations arctiques, la répartition estivale peut s'étendre à plusieurs centaines de kilomètres de distance des estuaires.

À l'automne, les bélugas quittent les estuaires et migrent vers des eaux qui ne gèlent pas entièrement en hiver. Ceux de la baie d'Hudson retournent au détroit d'Hudson tandis que ceux des îles de l'archipel arctique passent l'hiver soit dans des chenaux et ouvertures (« polynies ») dans le pack du nord de la baie de Baffin, soit dans le pack lâche du détroit de Davis. Les bélugas de la baie de Cumberland demeurent dans la baie en été, profitant d'ouvertures dans le pack. Bien que l'étendue de leur répartition varie selon les saisons, les bélugas de l'estuaire du Saint-Laurent sont plus sédentaires que ceux du nord, sans doute en raison des grandes étendues d'eau qui restent libres de glace durant tout l'hiver. On trouve donc des bélugas dans l'estuaire en hiver mais leur distribution hivernale s'étend plus à l'est jusqu'au golfe du Saint-Laurent.

REPRODUCTION

L'accouplement a lieu aux environs d'avril et de mai. La femelle met bas, entre la fin de juin et le début d'août, après une gestation de 14 à 15 mois. L'allaitement dure environ 1 an et demi. La plupart des femelles n'auraient que 1 petit tous les 3 ans. Le mâle atteint la maturité sexuelle quand il mesure de 3,6 à 4,2 m, soit à l'âge de 8 ou 9 ans, et la femelle, de 2,7 à 3,2 m, soit entre 4 et 7 ans. Il est probable que les liens mère-jeune persistent jusqu'à la puberté, ou même au-delà pour les rejetons femelles.

RÉGIME ALIMENTAIRE

Le régime du béluga est varié. Dans l'Arctique, la morue arctique (saïda) et le flétan du Groenland sont ses proies les plus importantes, tandis que dans l'estuaire du Saint-Laurent et la baie

Fred Bruemmer

d'Hudson, ce sont le lançon et le capelan. Il capture aussi l'omble chevalier, le saumon, le hareng ainsi que plusieurs espèces de crevettes, de vers marins et de calmars.

COMPORTEMENT SOCIAL

De nature grégaire, les bélugas se tiennent souvent en groupes de 5 ou 6. On trouve des groupes mixtes composés de «blancs» mâles et femelles, de nouveau-nés et de quelques juvéniles. Certains blancs, vraisemblablement des mâles, forment des bandes de quelques dizaines à quelques centaines d'individus.

LONGÉVITÉ

La longévité maximale du béluga est d'environ 40 ans, mais la plupart des individus ne dépassent pas 20 ans.

PRÉDATEURS

À part l'homme, l'épaulard et l'ours blanc sont les principaux prédateurs du béluga. Le morse peut aussi en capturer à l'occasion. Le béluga est chassé par les Inuits pour son épiderme (*maktak*), qu'ils mangent cru ou cuit et parfois aussi pour la viande dont ils nourrissent aussi leurs chiens.

STATUT DES POPULATIONS

La dernière entreprise de chasse commerciale du béluga, établie à Churchill au Manitoba, a fermé ses portes en 1970. Dans l'estuaire du

Saint-Laurent, la chasse au béluga est interdite depuis 1972. On estime à 145 000, le nombre de bélugas dans les eaux canadiennes. Les populations de l'ouest de la baie d'Hudson, de la baie de Baffin et de la mer de Beaufort constituent l'essentiel de ce nombre, qui est supérieur à celui des bélugas qu'on peut trouver ailleurs dans le monde. Cependant, plusieurs populations canadiennes, celles de l'estuaire du Saint-Laurent, de la baie d'Ungava et de la baie de Cumberland, ont grandement souffert de la chasse commerciale aux XIXe et XXe siècles et figurent actuellement sur la liste des espèces en voie de disparition. Sauf pour la population d'Ungava, il y des raisons de croire que toutes ces populations se sont stabilisées et même, au moins dans le cas de la population de la baie de Cumberland, qu'elles augmentent. De nos jours, le béluga est encore chassé par les Inuits au Canada, au Groenland et en Alaska, et les produits de cette chasse sont consommés localement.

NOTES

Le béluga nage lentement, profitant souvent des courants et de la marée pour se déplacer. Il peut atteindre une vitesse de pointe de 15 à 20 km/h mais nage plus souvent à des vitesses de 2 à 4 km/h. Il fait surface 2 ou 3 fois par minute pour respirer, et peut demeurer de 15 à 25 minutes en plongée et parcourir sous l'eau une distance de 2 ou 3 km. Le béluga fréquente souvent les eaux peu profondes des côtes et des estuaires. Aussi l'a-t-on mis au nombre des espèces qui affectionnent ces habitats. Or, en eaux profondes, le béluga peut plonger jusqu'à 1 000 m de profondeur, démontrant ainsi une aptitude à exploiter différents milieux selon les circonstances. Il se fait parfois emprisonner par les glaces lorsque le vent pousse le pack consolidé vers la côte. Il doit alors briser la glace avec son dos pour pouvoir respirer. À l'occasion, il devient agité, probablement lorsqu'il se nourrit sur un banc de poissons, frappant la surface de l'eau avec sa queue et manoeuvrant dans tous les sens. Il lui arrive aussi de jaillir partiellement hors de l'eau au cours de ses ébats.

Le béluga est très bavard. Il émet une telle variété de chants, de bruits et de grognements qu'on se croirait dans la jungle en les écoutant. Certains sons rappelant un chant d'oiseau lui ont valu le surnom de «canari de la mer».

On a mesuré des taux élevés de polluants industriels dans les tissus de bélugas du Saint-Laurent. Ces produits se seraient transmis dans la chaîne alimentaire et concentrés dans leur organisme. Certains chercheurs ont émis l'hypothèse que la pollution industrielle est la cause du déclin des bélugas du Saint-Laurent; à leur avis, elle compromettrait leur reproduction ou leur survie. Mais les opinions sont partagées sur la question du déclin. D'autres chercheurs croient que la population est maintenant stable ou en légère croissance.

Narval

Monodon monoceros **Famille des monodontidés**

Narwhal

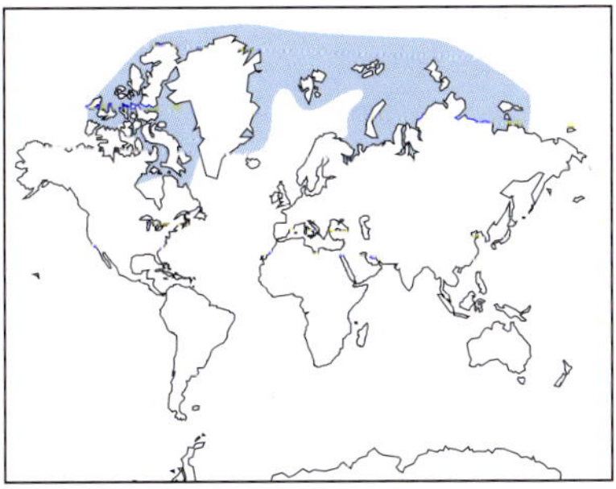

RÉPARTITION GÉOGRAPHIQUE

On rencontre cette espèce dans toutes les eaux arctiques, mais elle est rare dans les mers de Beaufort, de Bering, de Chukchi et de Sibérie de l'Est.

MENSURATIONS

Longueur totale moyenne mâle adulte : 4,7 m (max. 6,2 m); femelle adulte : 4 m (max. 5,1 m); nouveau-né : environ 1,6 m.

POIDS

Le poids des mâles atteint en moyenne 1 600 kg; celui des femelles, 900 kg. Les nouveau-nés pèsent environ 80 kg.

CARACTÈRES DISTINCTIFS

Le narval adulte a le dos noir marqué de taches blanches, le ventre et les flancs blancs tachetés de noir. À la naissance, le nouveau-né est uniformèment gris ou gris brun mais, plus tard, devient noir marbré de gris blanc ou de gris brun; avec l'âge, le blanc s'étend du ventre vers les flancs. L'espèce n'a pas de nageoire dorsale et possède un melon proéminent. Elle n'a pas de dents à l'exception, chez les mâles, d'une défense spiralée pouvant atteindre 2 à 3 m de long du côté gauche de la mâchoire supérieure ou, plus rarement, des deux côtés. Il est rare qu'on observe des femelles avec une défense. On distingue le narval des autres cétacés, excepté le béluga, par sa taille moyenne et l'absence de nageoire dorsale. Il se différencie du béluga par ses taches et bandes foncées sur le corps et, chez le mâle, par la défense.

HABITAT

La formation de la banquise côtière force le narval à passer l'hiver sur le bord ou à l'intérieur du pack de la mer de Baffin et des détroits de Davis et d'Hudson. À la suite de la débâcle de la banquise côtière au printemps, il retourne vers les détroits et les fjords de l'archipel arctique et du nord de la baie d'Hudson où il passe l'été, demeurant de préférence dans des eaux profondes.

REPRODUCTION

L'accouplement a lieu en avril et en mai. La femelle met bas un seul petit, probablement tous les 3 ans entre juin et août, après une gestation d'environ 14 mois. Elle l'allaite environ 20 mois. Il est fort probable que les liens mère-jeune persistent jusqu'à la puberté, et même au-delà pour les rejetons femelles. Les mâles atteignent la maturité sexuelle quand ils mesurent environ 3,9 m, soit entre 11 et 13 ans d'âge, et les femelles à 3,4 m, entre 6 et 8 ans. On croit que, durant la saison de reproduction, les mâles s'affrontent en entrecroisant leurs longues défenses et en cherchant à se frapper pour s'assurer l'accès aux femelles en chaleur. Les cicatrices sont plus nombreuses et les défenses plus fréquemment cassées chez les mâles adultes que chez les plus jeunes. L'été, on voit parfois des mâles croiser leurs défenses, mais ils le font alors sans grande agressivité. D'après certains auteurs, il s'agirait d'une manière de maintenir des relations de dominance au-delà de la saison de reproduction : les mâles ayant les plus grosses défenses auraient un ascendant sur les autres.

RÉGIME ALIMENTAIRE

Au large, le narval capture principalement des flétans du Groenland, des calmars et des poulpes. Près des côtes, il se nourrit de morues arctiques (saïdas) et de de crevettes.

COMPORTEMENT SOCIAL

Les narvals sont grégaires. Ils forment des bandes généralement composées de 3 à 8 membres, mais regroupant parfois jusqu'à 20 individus. Les bandes réunissent soit des femelles accompagnées de leurs jeunes, soit uniquement des mâles, bien qu'à l'occasion on voie aussi des groupes d'adultes des deux sexes. Durant les migrations, elles se joignent en troupeaux plus ou moins organisés de plusieurs centaines d'individus.

LONGÉVITÉ

On ne connaît pas exactement la longévité maximale de cette espèce, mais elle a été estimée à environ 50 ans. Cependant, la plupart des narvals ne dépassent probablement pas 30 ans.

PRÉDATEURS

L'épaulard s'attaque au narval et il est probable qu'à l'occasion, l'ours blanc en fasse autant. Les Inuits lui font la chasse pour son épiderme (*maktak*, un mets apprécié) et pour sa défense d'ivoire, qu'ils vendent. Ils consomment parfois la viande mais celle-ci sert surtout à nourrir les chiens de traîneau.

STATUT DES POPULATIONS

On estime à plus de 40 000 le nombre de narvals dans le Nord canadien et ce nombre semble relativement stable en dépit de la

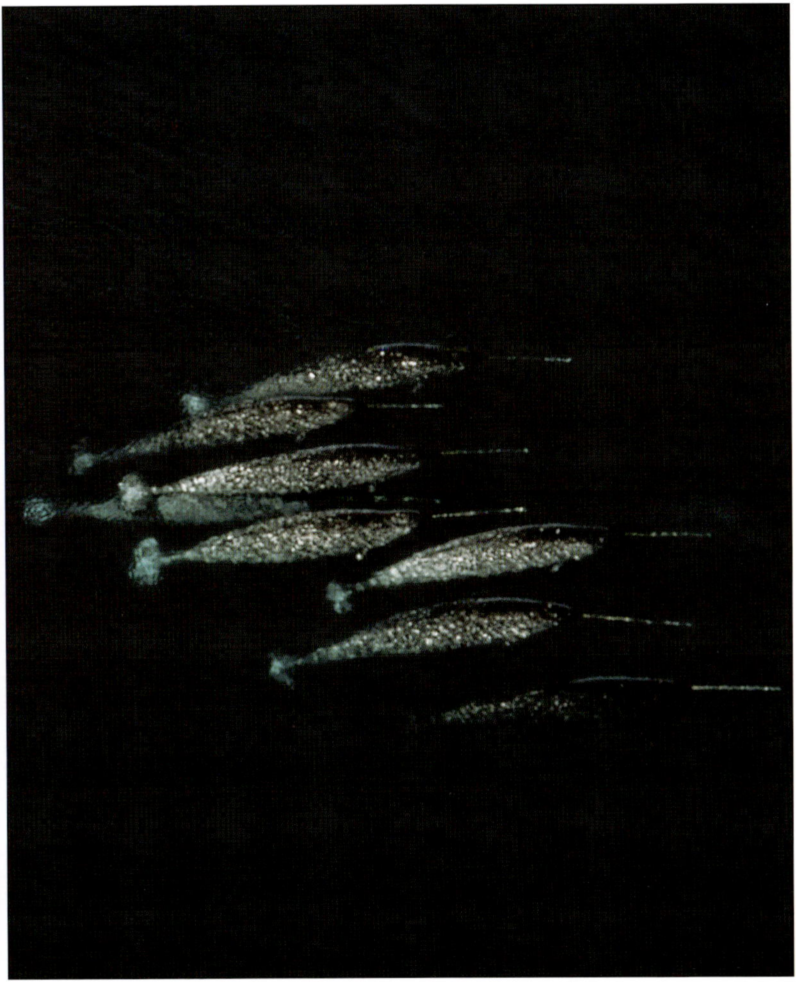

Fred Bruemmer

chasse pratiquée par les Inuits. Dans le nord-ouest de l'Atlantique, les narvals sont chassés aussi au Groenland.

NOTES

Le narval préfère les eaux profondes et peut plonger à plus de 1 500 m. Il nage normalement à une vitesse qui varie entre 2 et 8 km/h et peut atteindre une vitesse de pointe de 20 km/h. Il se déplace sous la glace, passant d'une ouverture à l'autre pour respirer mais, comme le béluga, il lui arrive, lorsque le vent pousse le pack contre la côte, de se laisser emprisonner par les glaces. En hiver, le froid intense renouvelle constamment la couche de glace dans les ouvertures du pack. Le narval brise cette mince couche de glace avec son dos pour pouvoir respirer à la surface.

Baleine-à-bec commune

Hyperoodon ampullatus **Famille des ziphiidés**
Hyperoodon boréal
Northern Bottlenose Whale

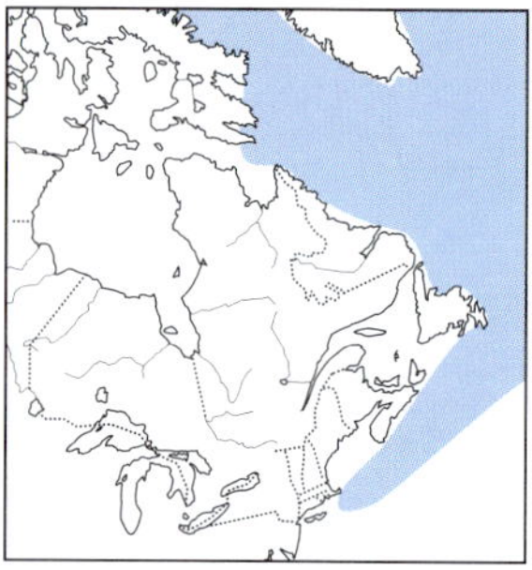

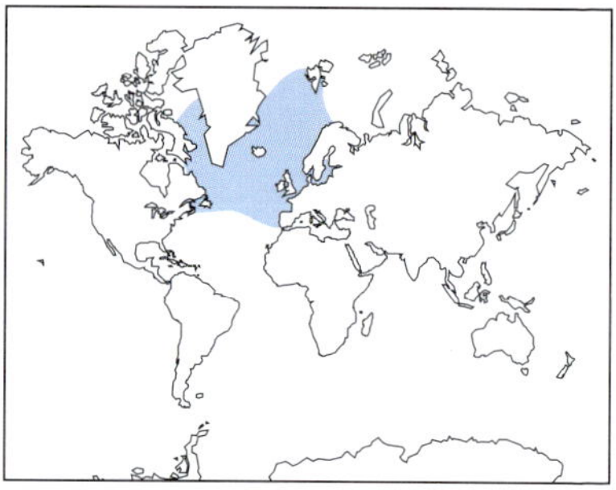

RÉPARTITION GÉOGRAPHIQUE

On trouve cette espèce dans l'Atlantique Nord, du Rhode Island jusqu'au détroit de Davis et du Portugal jusqu'à Spitsbergen, incluant les eaux du sud du Groenland et de l'Islande ainsi que les eaux britanniques et scandinaves.

MENSURATIONS

Longueur totale moyenne mâle adulte : 7,5 m (max. 9,8 m); femelle adulte : 6,9 m (max. 8,7 m); nouveau-né : environ 3,6 m.

POIDS

Les mâles adultes pèsent jusqu'à 5 700 kg et les femelles, jusqu'à 3 800 kg.

CARACTÈRES DISTINCTIFS

La couleur du corps de la baleine-à-bec commune varie de brun foncé chez les jeunes à blanc crème chez les plus vieux individus. En mer, on la reconnaît à son souffle bien distinct en forme de ballon (jusqu'à 2 m de haut). Entre deux plongées elle reste parfois en surface 10 minutes ou plus pour respirer, montrant son long bec, son melon proéminent et sa nageoire dorsale pointue et arquée vers l'arrière. Elle possède, à l'extrémité de la mâchoire inférieure, deux dents coiffées d'émail en forme de poire. Ces dents sont enfouies dans les gencives chez les femelles et les jeunes.

Le mâle, en vieillissant, devient nettement plus gros que la femelle et acquiert des caractères distinctifs, comme une tache claire sur le dessus de la tête et un melon proéminent.

Le petit rorqual, par contraste, a la tête plate et le corps noir marqué de bandes blanches sur les nageoires pectorales. Le globicéphale noir, lui, a la nageoire dorsale plus grande et située sur la moitié avant du corps. À cause de son melon proéminent, on peut aussi

Sebastian Brennan / Marine Mammal Images

confondre la baleine-à-bec commune avec le cachalot macrocéphale. Sa peau brune ou blanc crème ne ressemble pas, cependant, à celle grise et plissée de ce dernier, et elle soulève rarement la queue en plongeant.

HABITAT

La baleine-à-bec commune fréquente surtout les eaux profondes, évitant généralement le pack. En été, on l'observe surtout dans les eaux froides du Nord, particulièrement près du détroit de Davis. À l'automne, avec la formation des glaces, elle migre plus au sud, depuis les Grands Bancs de Terre-Neuve jusqu'au cap Cod. Un certain nombre de baleines-à-bec communes passent probablement l'hiver dans la mer du Labrador. On les observe souvent au large des côtes de la Nouvelle-Écosse, de Terre-Neuve et du Labrador entre avril et juin. Quelques rares individus pénètrent dans le golfe du Saint-Laurent. Deux individus se sont échoués en amont de l'estuaire, près de Montmagny, en novembre 1994.

REPRODUCTION

L'accouplement et la mise bas se produisent vers le mois d'avril. La femelle met bas 1 petit tous les 2 ou 3 ans, après une gestation d'environ 12 mois. Elle l'allaite pendant environ un an. Les liens mère-jeune persistent jusqu'à la puberté des rejetons mâles et probablement au-delà pour les rejetons femelles. La maturité sexuelle survient quand le mâle atteint environ 7,5 m de longueur et la femelle environ 6,9 m, soit à l'âge approximatif de 11 ans chez les deux sexes. Il est probable que les gros mâles défendent des harems durant la saison de reproduction.

RÉGIME ALIMENTAIRE

La baleine-à-bec commune capture ses proies à de grandes profondeurs. Le calmar est sa nourriture principale. Elle capture aussi, à l'occasion, du hareng ainsi que des poissons de fond comme le sébaste, le flétan et la chimère. Elle consomme parfois des étoiles de mer et des concombres de mer.

COMPORTEMENT SOCIAL

La baleine-à-bec commune est grégaire. On la rencontre en groupes de 2 à 10 individus. Ces groupes sont mixtes ou composés d'animaux du même sexe et du même âge.

LONGÉVITÉ

La longévité maximale de la baleine-à-bec commune est de 27 ans pour la femelle et de 37 ans pour le mâle. La plupart des baleines-à-bec communes vivent vraisemblablement moins de 20 ans.

PRÉDATEURS

L'épaulard et les requins sont probablement ses seuls prédateurs depuis qu'il est interdit de la chasser.

STATUT DES POPULATIONS

La baleine-à-bec commune a été chassée en Nouvelle-Écosse de 1962 à 1967. Mais ce sont les Écossais, à partir de 1877, puis les Norvégiens, en 1880, qui ont fait les plus grosses prises, principalement dans les eaux baignant l'est du Groenland mais aussi dans le détroit de Davis. Ces activités auraient réduit le nombre de baleines-à-bec communes dans l'Atlantique. La chasse en est interdite au Canada depuis 1972. Une petite population estimée à environ 200 individus fréquente une dépression profonde à l'est de l'île de Sable au large de la Nouvelle-Écosse, surnommé « *the Gully* » (« le ravin »). Cette population a récemment été classée en voie de disparition (évaluation COSEPAC, 2002) en raison du développement pétrolier et du trafic maritime qui, croit-on, pourraient déranger cette espèce au point d'en entraîner le déclin. La population de baleines-à-bec du détroit de Davis n'a pas été évaluée récemment mais elle figure présentement sur la liste des populations considérées comme « non en péril ».

NOTES

La baleine-à-bec commune plonge jusqu'à 1 500 m et reste souvent entre 15 et 70 minutes sous l'eau (moyenne : 30 à 45 minutes). Une baleine-à-bec commune harponnée par un chasseur est déjà restée environ 2 heures en plongée avant de refaire surface. À notre connaissance, ce record n'a jamais été battu par quelque autre espèce de cétacé que ce soit. Il est possible que le melon proéminent de la baleine-à-bec commune serve de régulateur de flottabilité et facilite la plongée profonde. On ne connaît pas sa vitesse de nage, mais des chasseurs ont vu autrefois une baleine-à-bec commune harponnée faire une plongée verticale de 900 m en 90 secondes (mesurée au moyen de la corde de harpon qu'ils ont laissée courir), ce qui donne une vitesse de 36 km/h! Il s'agit bien sûr d'une donnée observée dans des conditions extraordinaires.

Cachalot macrocéphale

Physeter macrocephalus **Famille des physétéridés**
Grand cachalot
Sperm Whale

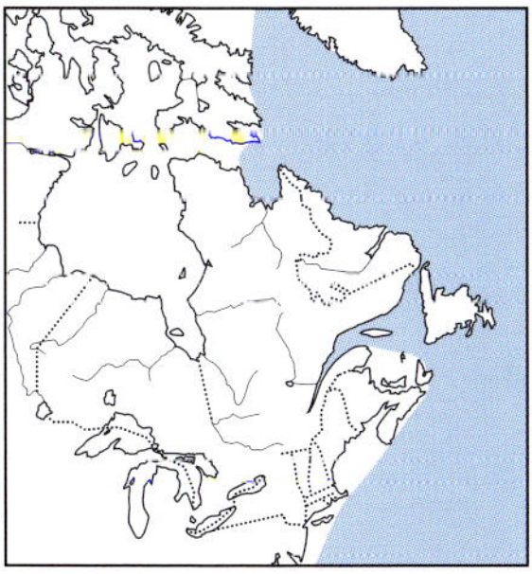

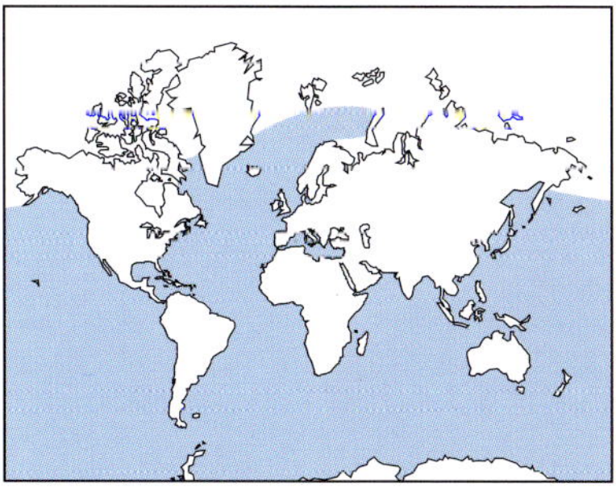

RÉPARTITION GÉOGRAPHIQUE

On rencontre cette espèce dans toutes les mers et tous les océans du monde, sauf dans les eaux densément couvertes de glaces de l'Arctique et de l'Antarctique ou dans les eaux peu profondes, comme les mers de Chukchi, du Nord et Baltique. Dans le nord-ouest de l'Atlantique, on la trouve depuis les eaux subtropicales jusqu'au détroit de Davis.

MENSURATIONS

Longueur totale moyenne mâle adulte : 14,5 m (max. 18,5 m); femelle adulte : 11 m (max. 12,3 m); nouveau-né : environ 4 m.

POIDS

Les mâles adultes pèsent en moyenne 30 000 kg (max. 52 000 kg); les femelles dépassent rarement 15 000 kg. Les nouveau-nés pèsent environ 1 000 kg.

CARACTÈRES DISTINCTIFS

Le cachalot macrocéphale a la peau plissée de couleur gris-brun et les lèvres blanches. En mer, on le reconnaît à sa tête proéminente et carrée. Il a une grosse bosse sur le dos aux deux-tiers du corps et d'autres, plus petites, vers l'arrière. Il projette son souffle vers l'avant et la gauche sur une distance de 2,5 m. Il montre la queue en plongeant. Sa mâchoire inférieure étroite est pourvue de 36 à 60 dents larges et arrondies qui s'imbriquent dans des cavités de la mâchoire supérieure (dépourvue de dents). Sa peau plissée et grise le distingue de la baleine-à-bec commune. À distance, on peut le confondre avec le rorqual à bosse à cause de son dos bossu, mais le souffle du rorqual est vertical.

HABITAT

Cette espèce fréquente surtout les eaux profondes. En général, les femelles et les jeunes restent au sud du 40e parallèle. Seuls des groupes de mâles s'aventurent près des côtes canadiennes, particulièrement au mois d'août ou septembre. Avec de la chance, on peut les voir au large de la Nouvelle-Écosse et de Terre-Neuve. Ils fréquentent aussi la mer du Labrador jusqu'au détroit de Davis. On en a trouvé qui s'étaient échoués dans la baie d'Ungava. Quelques dizaines d'individus ont aussi été observés dans l'estuaire du Saint-Laurent depuis 1991. En octobre et novembre, ils redescendent vers les eaux tempérées ou tropicales; certains rejoignent les femelles pour la saison de reproduction. Au printemps, les cachalots migrent des mers tropicales vers les eaux tempérées du Gulf Stream.

REPRODUCTION

L'accouplement a lieu entre janvier et juillet, le plus souvent en avril ou mai. Les naissances se produisent de mai à novembre, après une gestation de 15 à 19 mois. L'allaitement semble durer environ 2 ans. Il semble que les femelles aient 1 petit tous les 4 à 7 ans. Les liens mère-jeune persistent jusqu'à la puberté pour les mâles et probablement toute la vie pour les rejetons femelles. Les mâles atteignent la maturité sexuelle quand ils mesurent environ 10 m, soit vers l'âge de 9 ans, et les femelles à environ 8 m, vers 6 ans. Cependant, les mâles ne s'accouplent vraisemblablement pas avant d'atteindre 13,7 m de longueur, soit entre 25 et 27 ans. Durant la saison de reproduction, les vieux mâles rassemblent les femelles en âge de s'accoupler et se constituent un harem de 20 à 30 individus. La formation de ces harems peut donner lieu à de violents combats où les mâles se ruent l'un sur l'autre et luttent en se tenant par la mâchoire.

RÉGIME ALIMENTAIRE

Le cachalot macrocéphale se nourrit principalement de calmars. Il capture aussi des pieuvres et quelques espèces de poissons comme la morue et le sébaste. Il émet des sons puissants qui agissent comme un sonar pour localiser ses proies. Ces sons ressemblent à un martèlement répété.

COMPORTEMENT SOCIAL

Très grégaires, particulièrement durant la saison de reproduction sous les tropiques, les cachalots macrocéphales forment divers groupes sociaux : groupes de jeunes mâles ou de mâles plus âgés et groupes de femelles accompagnées de leurs petits, de jeunes de l'année précédente et de femelles gestantes.

LONGÉVITÉ

Certains cachalots macrocéphales peuvent atteindre 60 ou 70 ans, mais la plupart ne dépassent probablement pas 40 ans.

PRÉDATEURS

L'épaulard est le seul prédateur du cachalot macrocéphale depuis l'interruption de la chasse commerciale.

Richard Sears / Valan Photos

STATUT DES POPULATIONS

La chasse au cachalot macrocéphale a longtemps été une entreprise très lucrative dans bien des régions du globe. En Nouvelle-Écosse, certaines années, on prenait jusqu'à 50 mâles. La chasse a cessé au Canada en 1972 et l'espèce est protégée dans tous les océans par une entente internationale mise en vigueur en 1986.

NOTES

Le cachalot macrocéphale est capable de plonger très profondément, atteignant parfois plus de 1 000 m. Il fait surface de 30 à 50 fois avant de plonger et peut rester immergé près de 90 minutes, bien que la plupart de ses plongées durent de 30 à 50 minutes. Lorsqu'il plonge en profondeur, sa descente et sa remontée sont verticales, Certains chercheurs suggèrent que l'immense réservoir de substance cireuse logé dans sa tête proéminente agirait comme régulateur de flottabilité mais cette hypothèse ne fait pas l'unanimité. Il réapparaît ainsi non loin de l'endroit où il a amorcé sa plongée. Le cachalot macrocéphale nage habituellement à une vitesse de 5 à 7 km/h, mais est capable d'accélérer jusqu'à 30 km/h lorsqu'il est poursuivi.

Un vieux mâle harcelé peut devenir redoutable et charger un navire. Cette combativité a coûté la vie à plus d'un chasseur au cours des siècles passés, quand la chasse se pratiquait à bord de petites barques. Ce sont ces vieux mâles agressifs qui ont inspiré le célèbre roman d'Herman Melville, *Moby Dick*.

Petit rorqual

Balaenoptera acutorostrata acutorostrata **Fam. des balénoptéridés**
Rorqual à museau pointu, gibard, rorqual nain
Minke Whale

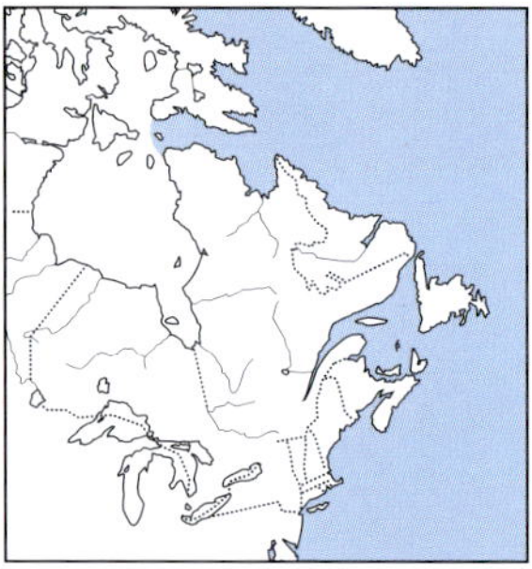

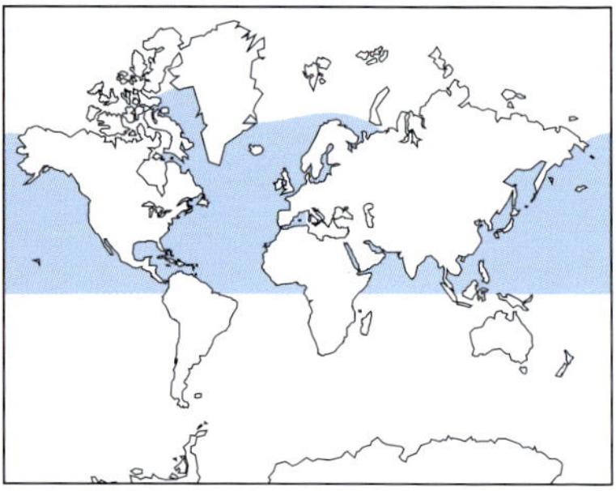

RÉPARTITION GÉOGRAPHIQUE

On rencontre cette espèce dans tous les océans du monde, sauf dans les eaux densément couvertes de glaces de l'Arctique et de l'Antarctique. Dans le nord-ouest de l'Atlantique, on la trouve depuis les eaux subtropicales jusqu'au-delà du détroit de Davis, incluant le golfe et l'estuaire du Saint-Laurent. Bien que la limite ouest normale de sa répartition semble être le détroit d'Hudson, on a déjà trouvé un individu échoué dans la baie James.

MENSURATIONS

Longueur totale moyenne mâle adulte : 7,3 m (max. 8,2 m); femelle adulte : 7,6 m (max. 8,8 m); nouveau-né : environ 2,6 m.

POIDS

Les mâles adultes pèsent environ 5 000 kg, les femelles, 6 000 kg (elles peuvent cependant atteindre 12 200 kg), et les nouveau-nés, 450 kg.

CARACTÈRES DISTINCTIFS

Cette espèce a le dos gris ardoisé, les flancs gris, le ventre blanc et des bandes blanches sur les nageoires pectorales. Sa tête est aplatie, étroite et pointue (vue du dessus); ses fanons blancs jaunâtres mesurent environ 23 cm de longueur. En mer son souffle est petit et difficile à voir; sa nageoire dorsale proéminente est visible en même temps que le souffle. Quand il plonge, le petit rorqual arque le dos sans montrer la queue. Il jaillit parfois complètement hors de l'eau plusieurs fois de suite avant de se laisser tomber à plat sur le dos (comportement appelé *breaching* en anglais). Sa taille est nettement inférieure à celle des autres rorquals. On le distingue de la baleine-à-bec commune par sa tête plate, sa couleur foncée et ses bandes blanches sur les nageoires pectorales.

Jean-Guy Lavoie

Curieux de nature, le petit rorqual s'approche souvent très près des bateaux. Il lui arrive de rester longtemps autour d'une embarcation dont le moteur a été coupé.

HABITAT

Le petit rorqual fréquente surtout les eaux subarctiques et tempérées. On le voit fréquemment, durant l'été, le long des côtes et à l'intérieur des baies et des fjords, mais on l'observe aussi au large. On peut le voir de mars à novembre dans le golfe du Saint-Laurent et à l'embouchure du Saguenay. Certains petits rorquals atteignent Terre-Neuve en juin ou juillet et le détroit de Davis en août. À l'automne, ils quittent ces régions et se déplacent vers le large et le sud pour échapper aux glaces. On en observe jusqu'à Puerto Rico en hiver.

REPRODUCTION

L'accouplement a lieu entre décembre et mai. La femelle met bas entre octobre et mars après une gestation de 10 mois. Généralement, elle a 1 petit par année ou tous les 2 ans, qu'elle allaite moins de 6 mois et qu'elle abandonne probablement quand il est sevré. Le mâle atteint la maturité sexuelle quand il mesure 6,9 m et la femelle 7,4 m, soit vers l'âge de 7 ans pour les deux sexes.

RÉGIME ALIMENTAIRE

Le capelan, le lançon, le hareng et les crustacés euphausides (krill) sont les proies les plus importantes du petit rorqual dans nos eaux. Il consomme aussi de la morue, de la goberge et du calmar. Le petit rorqual pourchasse ses proies sur les hauts-fonds, dans les baies et dans les fjords. En se nourrissant, il manoeuvre souvent brusquement, roulant sur le côté et effectuant des virages avec force éclaboussements.

COMPORTEMENT SOCIAL

Les petits rorquals sont peu sociables. Ils se tiennent souvent seuls, parfois en paires. Ils se rassemblent pourtant là où leurs proies sont concentrées. Dans ces cas, leurs mouvements ne sont apparemment pas coordonnés.

LONGÉVITÉ

On ne connaît pas la longévité maximale de cette espèce avec certitude, mais on croit qu'elle varie entre 50 et 60 ans. La plupart des petits rorquals ne vivent probablement pas au-delà de 30 ans.

PRÉDATEURS

L'épaulard est son seul prédateur connu à part l'homme.

STATUT DES POPULATIONS

Le petit rorqual était chassé par les baleiniers de Terre-Neuve et de la Nouvelle-Écosse avant 1972. Il s'en tuait plusieurs dizaines par année. À cause de sa faible taille, il n'a pas été exploité aussi intensivement que les autres rorquals. La chasse commerciale n'est plus permise au Canada depuis 1972 et l'espèce est protégée par une entente internationale mise en vigueur en 1986. Dans l'Atlantique Nord-Ouest, il n'y a plus que les habitants Groenland qui en capturent environ 170 par année pour leur subsistance, à la faveur d'un règlement de la Commission baleinière internationale.

NOTES

De façon générale, le petit rorqual respire toutes les 30 secondes et prend 2 ou 3 respirations avant de plonger pendant 2 ou 3 minutes. Il peut rester sous l'eau au moins 17 minutes.

Les mâles ont plus souvent tendance à demeurer au large que les femelles et les jeunes. Ces derniers nagent souvent très près des rives.

En poursuivant un banc de poissons, le petit rorqual se prend parfois dans des filets de pêche et se noie en se débattant après avoir causé des dommages considérables. On ignore à quelle profondeur il plonge, mais ses proies se trouvent généralement à moins de 100 m de profondeur. Sa vitesse de nage maximum est de 30 km/h.

Rorqual commun

Balaenoptera physalus
Fin Whale

Famille des balénoptéridés

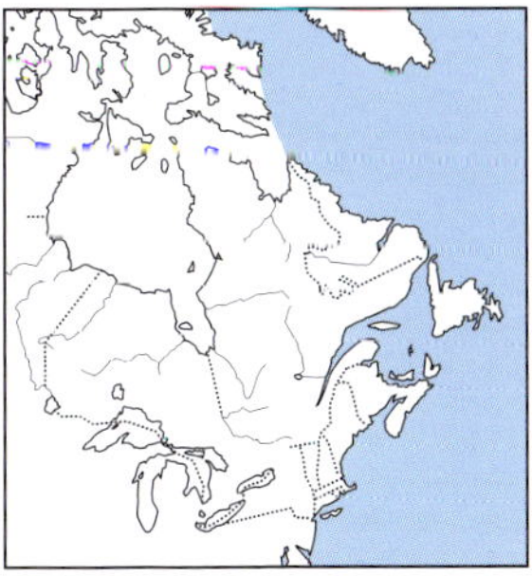

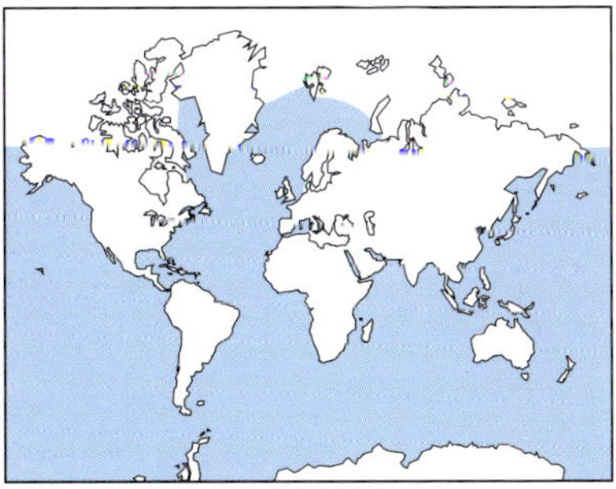

RÉPARTITION GÉOGRAPHIQUE

On trouve cette espèce dans tous les océans et mers du monde, sauf dans les eaux densément couvertes de glaces de l'Arctique et de l'Antarctique. Dans le nord-ouest de l'Atlantique, on la trouve depuis les eaux subtropicales jusqu'au détroit de Davis, incluant le golfe et l'estuaire du Saint-Laurent et le détroit d'Hudson.

MENSURATIONS

Longueur totale moyenne mâle adulte : 17,3 m (max. 20,8 m); femelle adulte : 18,2 m (max. 23,7 m); nouveau-né : environ 6 m; jeune sevré (6 à 11 mois), moyenne : 12 m.

POIDS

Les mâles adultes pèsent en moyenne 29 000 kg, les femelles, 34 000 kg. Le poids maximum des adultes est d'environ 50 000 kg. Les nouveau-nés pèsent environ 1 900 kg. Un jeune sevré peut atteindre 11 000 kg.

CARACTÈRES DISTINCTIFS

Cette espèce a le dos et les côtés gris ardoise presque noir; le ventre, la partie antérieure du côté droit et la lèvre inférieure droite sont blancs. Sa tête est aplatie, large et en forme de «V» (vue du dessus). Le rorqual commun a fréquemment une grande tache gris pâle en forme de chevron derrière la tête. Ses fanons gris-bleu (sauf pour le premier tiers antérieur du côté droit, qui est jaunâtre) ont environ 95 cm de longueur. On le reconnaît en mer à son souffle ayant jusqu'à 6 m de haut, en forme de colonne, et à sa nageoire dorsale proéminente recourbée (elle forme un angle de moins de 40° avec le dos). Le rorqual commun, lorsqu'il fait surface, montre d'abord la tête. Presque en même temps jaillit le souffle, et le dessus du dos apparaît. Le dos «roule» vers l'avant (alors que la tête disparaît sous les flots) et l'on voit enfin, bien après le souffle, la petite nageoire dorsale. Cette nageoire mesure verticalement à peu près la moitié de la hauteur de la partie émergée du dos. Ce rorqual arque la petite nageoire dorsale. Cette nageoire mesure verticalement à peu près la moitié de la hauteur de la partie émergée du dos. Ce rorqual arque le dos en plongeant. Comme la plupart des rorquals, il se distingue de la majorité des autres cétacés par sa grande taille et sa forme effilée. Il diffère du rorqual boréal par sa nageoire dorsale plus courbée et le blanc de sa lèvre inférieure droite. Le rorqual bleu, dont la dorsale est plus petite, a un aspect tacheté et bleu-gris à comparer au gris ardoise du rorqual commun.

HABITAT

Le rorqual commun fréquente les eaux arctiques, subarctiques et tempérées. Sa distribution estivale correspond étroitement à celle de ses proies, qui se concentrent là où les masses d'eau et les remontées d'eaux profondes (*upwellings*) favorisent une grande productivité marine. Dans l'ouest de l'Atlantique, en été, on le trouve dans le golfe du Saint-Laurent et au large de Terre-Neuve, des Maritimes et de la Nouvelle-Angleterre, où il se tient rarement dans des eaux de plus de 260 m de profondeur. Il est fréquemment observé non loin des côtes et pénètre même dans certaines baies. Il fréquente aussi la mer du Labrador, remontant jusqu'au détroit de Davis. Il quitte ces régions avec la formation des glaces, s'éloignant probablement vers le large ou le sud. Les retardataires se font parfois emprisonner dans les glaces poussées par le vent. Le rorqual commun passe l'hiver le long des côtes américaines et parfois même dans le golfe du Mexique.

REPRODUCTION

L'accouplement et la mise bas ont lieu entre décembre et avril. La gestation dure en moyenne 11 mois et demi. La femelle a 1 petit tous les 2 ou 3 ans qu'elle allaite 6 ou 7 mois. Le mâle atteint la maturité sexuelle quand il mesure environ 17,5 m, la femelle y parvient à environ 18,5 m; les deux sexes auraient alors entre 8 et 11 ans. Le jeune est probablement abandonné par sa mère une fois qu'il est sevré.

RÉGIME ALIMENTAIRE

Dans les eaux de Terre-Neuve et du Labrador, le rorqual commun consomme presque uniquement du capelan et du petit hareng, tandis qu'au large de la Nouvelle-Écosse, il prend surtout des crustacés euphausides (krill) et quelques copépodes. Dans le Saint-Laurent, on a observé le rorqual commun en train de s'alimenter sur des bancs de krill et de capelan. Parmi les autres proies qu'il consomme, on trouve le lançon, le maquereau, la lanterne, le corégone et les calmars. Pour se nourrir, il s'approche très près du banc de poissons ou de crustacés, de côté ou par-dessous; le corps tourné sur le côté droit, il manoeuvre en tournant pour contenir le banc, ouvre grand la bouche et engouffre d'énormes quantités d'eau et de poissons d'un seul coup. Sa gorge se distend au point de

Richard Sears / Valan Photos

doubler le volume de sa tête lorsqu'il gobe sa nourriture. Il referme ensuite la bouche et expulse l'eau à travers ses fanons. Le rorqual commun se nourrit souvent en nageant sur le côté, ce qui lui permettrait de changer rapidement de direction en poursuivant le poisson. On a supposé que la coloration blanche de sa mâchoire droite et de son flanc apeure le poisson, qui se rabat en un banc serré plus facile à avaler. On a aussi émis l'hypothèse que le contraste de couleur des deux côtés de sa mâchoire lui sert de camouflage quand il fait son approche.

COMPORTEMENT SOCIAL

Les rorquals communs se tiennent souvent seuls ou en petits groupes de 2 ou 3 individus qui se déplacent à moins de 3 ou 4 m les uns des autres. De plus grands groupes (jusqu'à 50 ou même 100 individus) se rassemblent parfois dans des zones où la nourriture est concentrée.

LONGÉVITÉ
On ne connaît pas la longévité de cette espèce, mais on pense que certains rorquals communs peuvent vivre 75 à 95 ans. La plupart ne dépassent probablement pas 50 ans.

PRÉDATEURS
À part l'homme, l'épaulard est le seul prédateur de cette espèce.

STATUT DES POPULATIONS
Le rorqual commun a été chassé dans quelques stations baleinières à Terre-Neuve, en Nouvelle-Écosse et au Québec. Le gouvernement canadien a mis fin à cette chasse commerciale en 1972 et un moratoire international, signé en 1986, a eu pour effet de diminuer considérablement les prises dans tous les océans. Dans l'Atlantique Nord-Ouest, il n'y a plus que les habitants du Groenland qui en prennent; ils en capturent une vingtaine par année pour leur subsistance, à la faveur d'un règlement de la Commission baleinière internationale. Après le déclin des populations causé par la chasse commerciale, il est possible que les rorquals communs aient profité de ce répit pour rétablir leur nombre. Bien qu'on ne connaisse pas avec précision l'état actuel des populations mondiales, on estime à quelques milliers le nombre de rorquals communs qui fréquentent les eaux de l'est du Canada. Le statut de l'espèce est considéré préoccupant dans les eaux canadiennes.

NOTES
En général, le rorqual commun plonge de 5 à 15 minutes (moy. 7 minutes) et prend de 3 à 10 respirations avant de replonger. Il peut plonger à au moins 230 m et rester immergé 20 minutes. Avec le rorqual boréal et le rorqual bleu, il est l'un des cétacés les plus rapides, pouvant atteindre des vitesses de pointe de 40 km/h s'il est poursuivi. En temps normal, il se déplace à environ 10 km/h.

Le rorqual commun a l'une des voix les plus basses au monde. Il émet des sons de fréquence si grave qu'ils sont inaudibles à l'oreille humaine. Pour les entendre, il faut accélérer les enregistrements.

Rorqual boréal

Balaenoptera borealis
Rorqual de Rudolphi
Sei Whale

Famille des balénoptéridés

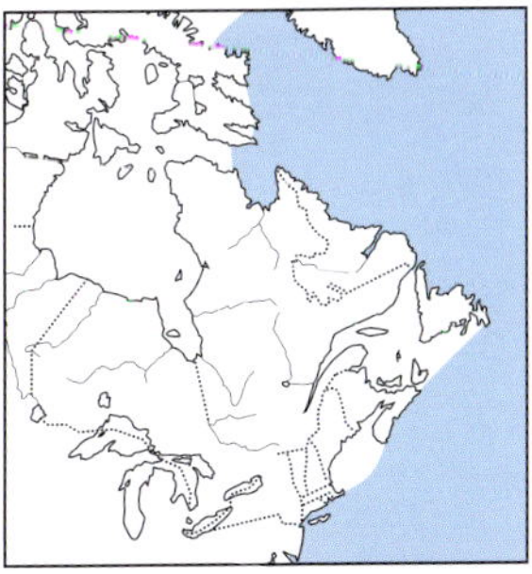

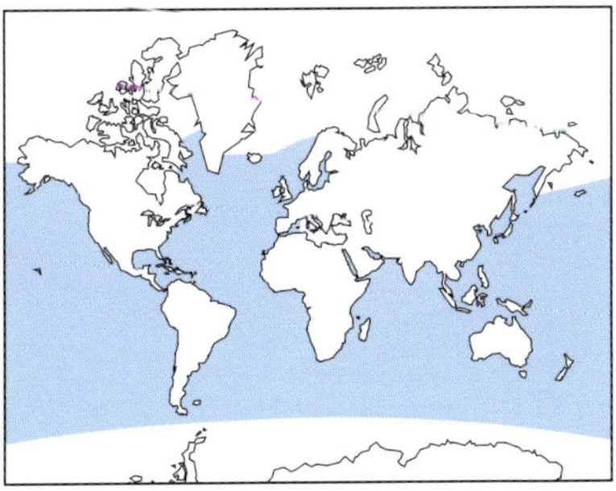

RÉPARTITION GÉOGRAPHIQUE

On trouve cette espèce dans tous les océans et mers du monde, sauf dans les eaux densément couvertes de glaces de l'Arctique et de l'Antarctique. Dans le nord-ouest de l'Atlantique, on la rencontre depuis les eaux subtropicales jusqu'au détroit de Davis et d'Hudson. On ne l'a jamais observée dans le golfe ou l'estuaire du Saint-Laurent.

MENSURATIONS

Longueur totale moyenne mâle adulte : 13,4 m (max. 15,2 m); femelle adulte : 14,1 m (max. 15,8 m); nouveau-né : 4 à 5 m.

POIDS

Les adultes pèsent environ 12 000 à 15 000 kg (max. 18 180 kg); les nouveau-nés, environ 900 kg.

CARACTÈRES DISTINCTIFS

Cette espèce a le corps gris foncé avec des bandes claires sur le ventre. Sa tête est large et incurvée vers l'avant. Elle est de forme intermédiaire entre un «V» et un «U» (vue du dessus). Ses fanons noirs bleutés ou jaunes mesurent de 35 à 80 cm de longueur. Son souffle, en forme de colonne, s'élève jusqu'à 4,5 m de hauteur. Sa nageoire dorsale proéminente, recourbée à plus de 40°, paraît aussi haute que la surface émergée du dos et est visible en même temps que le souffle. Le rorqual boréal est difficile à observer, et n'expose pas son dos autant que les autres rorquals en faisant surface. Comme la plupart d'entre eux, il se distingue de la majorité des autres cétacés par sa grande taille et sa forme effilée. Il diffère du rorqual commun par sa nageoire dorsale plus pointue et l'absence de blanc sur sa lèvre inférieure droite. Le rorqual boréal est gris foncé alors que le rorqual bleu est bleu gris avec des petites taches gris pâle.

HABITAT
Le rorqual boréal fréquente les eaux tropicales, tempérées, subarctiques et arctiques. En dépit de son nom, il n'est pas plus nordique que les autres rorquals. Dans l'Atlantique, au printemps, il remonte vers le nord, atteignant les eaux du large de la Nouvelle-Écosse en juin et juillet et celles de Terre-Neuve en août. Certains fréquentent la mer du Labrador dès juin et remontent parfois jusqu'au détroit de Davis. Le rorqual boréal ne semble pas pénétrer dans le golfe du Saint-Laurent et préfère rester en haute mer. La migration nord-sud débute aux environs d'octobre et le mène au large des côtes américaines jusqu'en Floride.

REPRODUCTION
L'accouplement et la mise bas se produisent entre novembre et mars. La femelle donne naissance à 1 petit tous les 2 ans après 11 mois de gestation. Elle allaite environ 6 mois. Le mâle atteint la maturité sexuelle quand il mesure environ 12,9 m et la femelle à 13,3 m, soit vers l'âge de 8 ans chez les deux sexes. Le jeune est probablement abandonné par sa mère à la fin de la période d'allaitement.

RÉGIME ALIMENTAIRE
Le rorqual boréal s'alimente principalement de minuscules crustacés copépodes. À défaut de ces proies, il capturera des crustacés euphausides (krill) ou parfois même des petits poissons qui vivent en bancs, comme la goberge. Lorsqu'il se nourrit, il nage lentement, filtrant progressivement les bancs de crustacés à faible profondeur.

COMPORTEMENT SOCIAL
Les rorquals boréaux forment généralement des petits groupes de 2 à 5 individus, mais ils peuvent se regrouper à 50 ou plus dans certaines zones d'alimentation.

LONGÉVITÉ
On ne connaît pas la longévité maximale de cette espèce avec certitude, mais on suppose que certains peuvent vivre environ 70 ans; cependant, la plupart n'atteignent vraisemblablement pas 40 ans.

PRÉDATEURS
L'épaulard est probablement son seul prédateur depuis qu'on ne le chasse plus.

STATUT DES POPULATIONS
On lui a fait la chasse à Terre-Neuve et en Nouvelle-Écosse jusqu'en 1972. L'espèce est protégée dans tous les océans par une entente internationale mise en vigueur en 1986. On ne dispose pas de dénombrement précis des rorquals boréaux présents dans l'Atlantique. On estime toutefois leur nombre à plus de 10 000 individus. Dans les années 1970, on a estimé entre 1 000 et 2 000 individus leur nombre au large de la Nouvelle-Écosse. Les données disponibles en 2003 étaient insuffisantes pour évaluer l'état de la population dans les eaux canadiennes.

Alisa Schulman / Marine Mammal Images

NOTES

En fuite, il peut atteindre des vitesses de pointe de 40 km/h, mais lorsqu'il fait de longs déplacements, il nage à une vitesse de 5 à 14 km/h et effectue des plongées d'une durée de 3 à 10 minutes. Il fait surface fréquemment et à intervalles réguliers durant de longues périodes avant de plonger. Il se laisse couler lentement lorsqu'il plonge. À chaque inspiration, son corps apparaît puis disparaît lentement comme s'il se laissait couler. Il arrive au rorqual boréal de se projeter complètement hors de l'eau, un comportement dont la fonction est mal comprise et qui semble incompatible avec sa nature habituellement discrète. Sa profondeur de plongée n'est pas connue, mais on sait que ses proies se trouvent généralement à moins de 100 m de profondeur.

Rorqual bleu

Balaenoptera musculus — **Famille des balénoptéridés**

Baleine bleue
Blue Whale

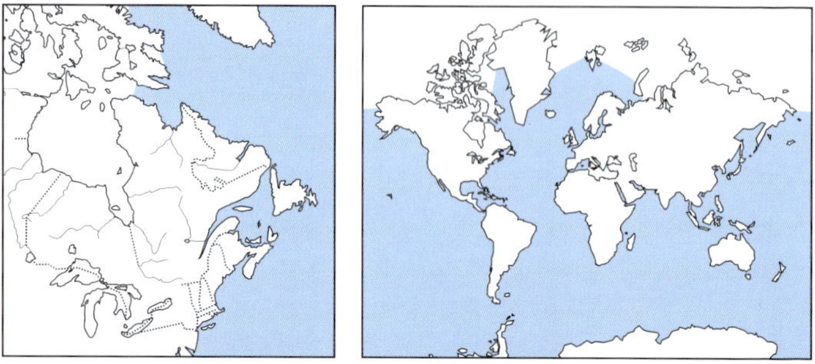

RÉPARTITION GÉOGRAPHIQUE

Le rorqual bleu fréquente tous les océans et mers du monde, sauf les eaux densément couvertes de glaces de l'Arctique et de l'Antarctique. Dans le nord-ouest de l'Atlantique, on le trouve depuis les eaux subtropicales jusqu'au détroit de Davis, incluant le golfe et l'estuaire du Saint-Laurent et le détroit d'Hudson.

MENSURATIONS

Longueur totale moyenne des adultes : 24,4 à 25,9 m (max. 27,2 m); nouveau-nés : environ 7 m. Les femelles sont légèrement plus longues que les mâles.

POIDS

Les adultes pèsent entre 80 000 et 120 000 kg; les nouveau-nés, environ 2 500 kg.

Cette baleine est le plus gros animal qui ait jamais existé. Dans l'Antarctique, où les rorquals bleus sont de plus grosse taille que dans l'Atlantique Nord, on a déjà capturé une femelle de 33,2 m pesant plus de 145 000 kg.

CARACTÈRES DISTINCTIFS

Cette espèce a le corps bleu-gris avec des taches claires. Sa tête est aplatie, large et en forme de «U» (vue du dessus); ses fanons noirs mesurent entre 45 et 98 cm. En mer, on la reconnaît à son souffle étroit et vertical ayant jusqu'à 9 m de hauteur et à sa nageoire dorsale minuscule, qui paraît le quart de la hauteur du dos émergé et est visible bien après le souffle. Elle montre parfois la queue en plongeant. Le rorqual bleu se distingue de la majorité des autres cétacés par sa très grande taille et sa forme effilée. Il diffère du rorqual commun et du rorqual boréal par sa couleur bleu-gris, ses petites taches gris pâle et sa minuscule nargeoire dorsale.

Richard Sears / Valan Photos

HABITAT

Dans l'Atlantique Nord, le rorqual bleu préfère les eaux arctiques et subarctiques, où il fréquente le plateau continental et la haute mer. Il est attiré par les zones où des masses d'eau froides chargées de nutriments favorisent la production de plancton et de krill. Au printemps, les rorquals bleus migrent vers les Maritimes et la mer du Labrador. Certains suivent le retrait des glaces et atteignent le détroit de Davis en été. D'autres pénètrent dans le golfe et l'estuaire du Saint-Laurent pour y passer l'été. On les observe alors le long de la Côte-Nord, dans le détroit de Belle-Isle, ainsi qu'au large des côtes de la Nouvelle-Écosse et de Terre-Neuve. Avec la formation des glaces, les rorquals bleus quittent ces régions; ils passent probablement l'hiver en haute mer dans les eaux tempérées.

REPRODUCTION

L'accouplement et la mise bas ont lieu durant l'hiver. La gestation dure 10 à 12 mois. La femelle met bas un petit tous les 2 ou 3 ans. Durant l'allaitement, qui dure 7 ou 8 mois, le baleineau gagne jusqu'à 90 kg par jour. La mère l'abandonne probablement quand il est sevré. Les mâles atteignent la maturité sexuelle quand ils mesurent environ 22,5 m et les femelles à 23,5 m, c'est-à-dire à un âge estimé à 5 ou 6 ans.

RÉGIME ALIMENTAIRE

Le rorqual bleu se nourrit exclusivement de petits crustacés euphausides (krill) qui vivent en immenses bancs dans les eaux de surface. Lorsqu'il se nourrit, il engouffre d'un coup tout un banc de krill, laissant sa gorge se gonfler au point de doubler le volume de son corps. Il expulse ensuite l'eau avec sa langue tout en retenant le krill dans la bouche avec ses fanons.

COMPORTEMENT SOCIAL

Pas très grégaire de nature, le rorqual bleu se voit souvent seul ou en paires. Il forme à l'occasion de petits groupes de 3 ou 4 individus, parfois plus.

LONGÉVITÉ

On ne connaît pas la longévité de cette espèce avec certitude. Elle a cependant été estimée à 80 ans ou plus. La plupart des rorquals bleus n'atteignent probablement pas 50 ans.

PRÉDATEURS

L'épaulard est son unique prédateur depuis qu'on ne le chasse plus.

STATUT DES POPULATIONS

L'homme lui a fait la chasse dans tous les océans avec des méthodes très efficaces qui ont sérieusement menacé sa survie. Dans l'Atlantique Nord, la chasse en haute mer est interdite depuis 1938, et la chasse côtière depuis 1955. Après plus de 30 ans de protection, ses effectifs ne semblent pas avoir augmenté rapidement, mais on reste malgré tout optimiste quant à son avenir dans nos eaux. En distinguant les rorquals bleus par des marques et les motifs de coloration de leur peau, on a réussi à répertorier quelque 389 individus dans le golfe du Saint-Laurent. L'espèce est considérée comme en voie de disparition dans les eaux canadiennes. Ce statut reflète l'état de la population de l'Atlantique Nord-Ouest, et vraisemblablement des autres mers.

NOTES

En déplacement, le rorqual bleu nage à une vitesse de 5 à 14 km/h et vient respirer à la surface toutes les 3 à 10 minutes. Il peut nager encore plus vite lorsqu'il est pourchassé, atteignant parfois des pointes de 30 km/h. Pendant qu'il s'alimente, il se déplace à des vitesses de 2 à 6,5 km/h et ses plongées peuvent durer de 5 à 20 minutes. Il lui arrive de faire surface à moins de 100 m de l'endroit où il a plongé, ce qui est caractéristique des plongées à grandes profondeurs. Il peut plonger à 200 m, mais ses proies se trouvent généralement à moins de 100 m de profondeur.

Le rorqual bleu se méfie habituellement des navires, mais certains animaux sont victimes de collisions qui leur causent des blessures graves entraînant parfois la mort. Dans les zones de pêche, il arrive que certains individus s'emmêlent dans les filets dormants dont ils n'auront pas su détecter la présence.

Rorqual à bosse

Megaptera novaeangliae **Famille des balénoptéridés**

Baleine à bosse, megaptère
Humpback Whale

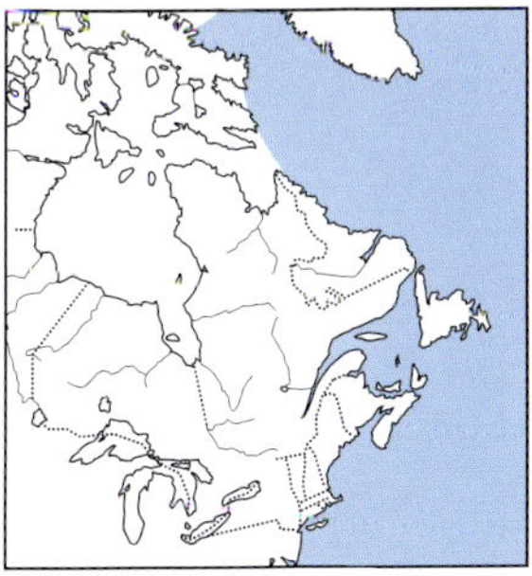

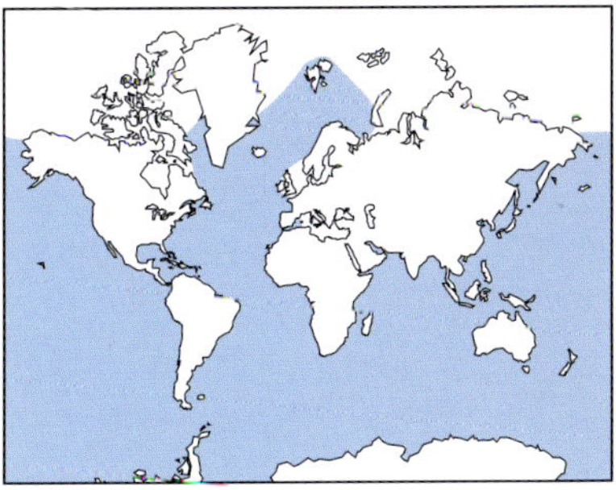

RÉPARTITION GÉOGRAPHIQUE

Le rorqual à bosse se rencontre dans tous les océans et mers du monde, sauf dans les eaux densément couvertes de glaces de l'Arctique et de l'Antarctique. Dans le nord-ouest de l'Atlantique, on le trouve depuis les eaux subtropicales jusqu'au détroit de Davis, incluant le golfe du Saint-Laurent. On l'observe aussi dans l'estuaire.

MENSURATIONS

Longueur totale moyenne mâle adulte : 12,8 m (max. 14,6 m); femelle adulte : 13,5 m (max. 15,1 m); nouveau-né : environ 4,5 m.

POIDS

Les adultes pèsent entre 25 000 et 30 000 kg, les nouveau-nés, environ 2 000 kg.

CARACTÈRES DISTINCTIFS

Cette espèce a le dos noir, le ventre et le dessous de la queue blancs et de longues nageoires pectorales blanches. Sa tête aplatie, large et ronde (vue du dessus), est couverte de petites bosses surmontées d'un poil unique. Ses fanons noirs mesurent de 80 à 107 cm de longueur. En mer, on reconnaît le rorqual à bosse à son souffle diffus, en forme de ballon (parfois en «V», donc facile à confondre avec celui d'une baleine noire ou d'une baleine boréale) et s'élevant jusqu'à 3 m de hauteur. Une nageoire dorsale courte et de forme variable surmonte une bosse plus ou moins prononcée. En plongeant, il montre sa queue au dessous maculé de blanc, et au bord échancré. Il saute souvent hors de l'eau. Le rorqual à bosse se distingue des autres rorquals par son corps plus trapu, son dos bossu et ses longues nageoires pectorales blanches. À distance, on peut le confondre avec le cachalot macrocéphale parce que les deux espèces ont un souffle diffus et montrent la queue mais, de près, le rorqual à bosse est facile à distinguer par son apparence.

HABITAT

Cette espèce fréquente les eaux arctiques, subarctiques, tempérées et tropicales. Au printemps, les rorquals à bosse rejoignent les eaux canadiennes. En avril et mai, ils longent les côtes américaines et viennent passer l'été sur les Grands Bancs et le long des côtes des Maritimes, du golfe du Saint-Laurent, de Terre-Neuve et de la mer du Labrador, jusqu'au détroit de Davis. Dans certaines baies de Terre-Neuve, côté atlantique, on peut les voir par centaines en train de manger des capelans. Quelques-uns pénètrent dans le golfe du Saint-Laurent et fréquentent surtout la basse Côte-Nord. On voit régulièrement quelques individus dans l'estuaire en été. La migration nord-sud longe aussi les côtes américaines, aux mois d'octobre et de novembre, les rorquals à bosse retournant dans les eaux tropicales où ils passent l'hiver. Ils s'accouplent et mettent bas du côté atlantique de la République Dominicaine, sur le banc d'Argent, le banc de la Nativité et le banc Mouchoir, entre janvier et mars. Quelques rorquals à bosse continuent vers le sud, gagnant les Petites Antilles.

REPRODUCTION

L'accouplement et la mise bas se produisent entre janvier et mars. La plupart des femelles ont 1 petit tous les 2 ou 3 ans après 11 à 12 mois de gestation. Certaines ont 1 petit chaque année. L'allaitement dure presque 1 an. Le jeune est probablement abandonné par sa mère une fois qu'il est sevré. La maturité sexuelle est atteinte chez le mâle quand il mesure environ 11 m, chez la femelle à 12 m, soit vers l'âge de 5 ans. Sous les Tropiques, les mâles adultes sont très bavards. Durant la période des amours, ils répètent pendant des heures de longs chants composés de sons ordonnés en séquences pratiquement invariables et qui durent entre 6 et 35 minutes chacun. Ces chants servent apparemment à signaler leur présence sur un territoire et à attirer l'attention des femelles.

RÉGIME ALIMENTAIRE

Dans nos eaux, le rorqual à bosse se nourrit principalement de capelan. Il prend aussi des crustacés euphausides (krill), du hareng et du lançon. Le rorqual à bosse utilise différentes techniques de capture suivant la nature et la densité de ses proies, la profondeur de l'eau et les conditions ambiantes. Il est possible que ses grandes nageoires blanches, très visibles sous l'eau, lui servent à rabattre les poissons vers la surface. Il claque parfois l'eau de sa queue ou de ses nageoires pour les abasourdir. On l'a aussi vu nager en cercle sous ses proies en laissant échapper un rideau de bulles pour les contenir avant de les engouffrer. Lorsque les proies sont concentrées à la surface, il s'attaque au banc par-dessous, faisant brusquement surface la bouche ouverte, gorgé d'eau et de poissons. Les poils surmontant les bosses qui ornent sa tête seraient des organes tactiles facilitant la détection des poissons. Le rorqual à bosse est souvent entouré de dauphins qui se nourrissent avec lui.

Jean-Guy Lavoie

COMPORTEMENT SOCIAL

Dans les eaux tropicales, les rorquals à bosse forment souvent des petits groupes de 2 à 9 individus. Ces groupes comprennent quelques femelles accompagnées de leurs petits et de quelques autres adultes, mâles ou femelles. On observe aussi des groupes composés uniquement d'adultes. Durant les migrations, les rorquals à bosse forment des troupeaux d'importance variable. On a observé en 1904 un troupeau de plus d'une centaine d'individus au large de la Nouvelle-Écosse.

LONGÉVITÉ

On ne connaît pas avec certitude la longévité de cette espèce. Elle est estimée à environ 50 ans, mais on croit que la plupart des individus n'atteignent pas l'âge de 30 ans.

PRÉDATEURS

L'épaulard est probablement son seul prédateur depuis qu'on ne le chasse plus.

STATUT DES POPULATIONS

Sa lenteur et sa présence fréquente le long des côtes en ont fait longtemps une proie facile pour les chasseurs côtiers, qui en ont sérieusement abaissé le nombre. Le rorqual à bosse est protégé depuis 1962 par une entente internationale. Dans l'Atlantique Nord-Ouest, il n'y a qu'au Groenland et dans les îles caraïbes Saint-Vincent et Grenadines que les chasseurs en prennent (un ou deux individus par année, pour consommation locale). La population de l'Atlantique Nord semble avoir profité de cette protection. On estime qu'elle est en croissance et qu'elle compte environ 12 000 individus dont quelques milliers dans les eaux canadiennes. On a estimé à environ 120 le nombre d'individus dans le golfe du Saint-Laurent en 1995. L'espèce n'est plus considérée en péril dans les eaux canadiennes.

NOTES

Le rorqual à bosse compte parmi les plus lents des cétacés; il se déplace généralement à environ 8 km/h. Il peut cependant atteindre une vitesse de pointe de 20 km/h. Il fait surface de 4 à 8 fois pour respirer entre ses plongées, qui durent de 10 à 15 minutes. Le rorqual à bosse est réputé pour ses prouesses. On le voit souvent jaillir hors de l'eau et se laisser retomber à plat (comportement appelé *breaching* en anglais). Il peut répéter cette acrobatie plusieurs fois de suite. De nature enjouée, il lui arrive de nager sur le dos et de battre ses longues nageoires contre la surface de l'eau, ce qui servirait peut-être à rabattre les poissons, à les abasourdir ou bien encore à signaler sa présence ou à marquer son agressivité.

À l'occasion, le rorqual à bosse se prend dans les filets de pêche en poursuivant des poissons. Il cause de sérieux dommages aux engins de pêche en essayant de se dégager et, ce faisant, risque parfois de se noyer.

Il peut atteindre des profondeurs de 120 m ou plus mais la plupart de ses plongées sont à moins de 60 m.

Baleine noire de l'Atlantique Nord

Eubalaena glacialis **Famille des balénidés**

Baleine franche, baleine de Biscayne, baleine des Basques
Black Right Whale, Biscayan Right Whale

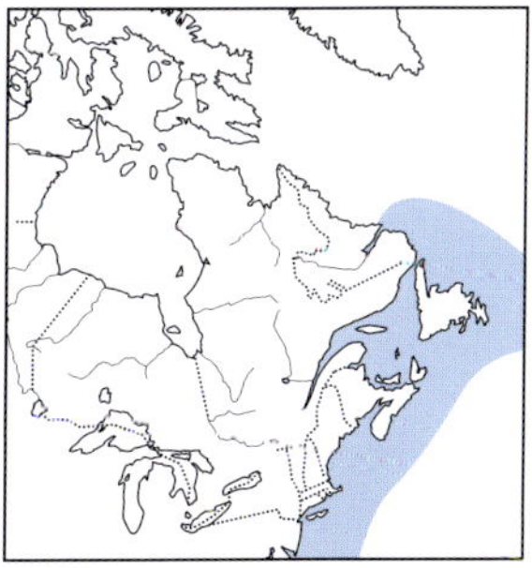

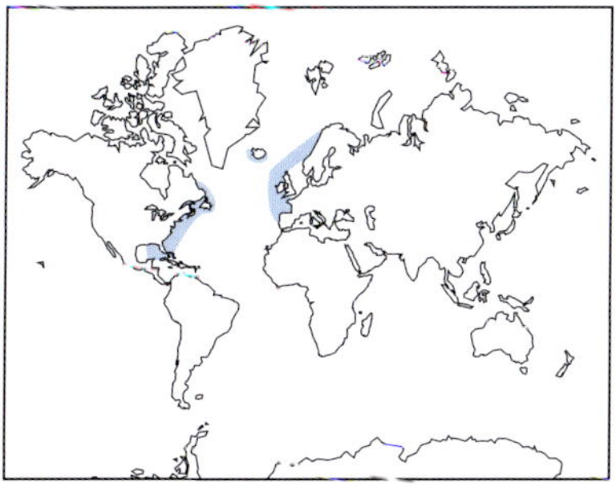

RÉPARTITION GÉOGRAPHIQUE

On trouve cette espèce dans les zones tempérées et subarctiques des océans du monde. Dans l'Atlantique Nord-Ouest, on la trouve principalement dans les eaux côtières, incluant le golfe du Saint-Laurent, depuis le sud du Labrador jusqu'au golfe du Mexique.

MENSURATIONS

Longueur totale moyenne des adultes : 15 m (max. 18 m); nouveau-nés : 4 à 6 m.

POIDS

Les adultes pèsent en moyenne 55 000 kg et peuvent atteindre 90 000 kg. Les nouveau-nés pèsent 2 000 à 3 000 kg.

CARACTÈRES DISTINCTIFS

Cette espèce a le corps entièrement noir ou brun à l'exception des callosités, plus pâles, et de quelques taches blanches sur le ventre. Les callosités (ou bonnets) sont les grosses excroissances rugueuses qui lui couvrent la tête. Sa mâchoire inférieure est énorme et arquée, sa mâchoire supérieure mince et recourbée. Ses fanons brun foncé ou noirs mesurent entre 221 et 240 cm. En mer, on reconnaît la baleine noire à son souffle double et en forme de «V», qui s'élève jusqu'à 5 m de hauteur. Elle n'a pas de nageoire dorsale. Elle arque le dos et montre la queue en plongeant. On la distingue de la plupart des cétacés par sa taille et l'absence de nageoire dorsale. La baleine boréale, qui lui ressemble, est entièrement noire, a souvent le devant de la mâchoire inférieure blanc et n'a pas de callosités.

Après une plongée, la baleine noire souffle 5 ou 6 fois de suite. Son souffle est double et en forme de «V» à cause de l'espace qui sépare ses évents. Lorsqu'elle nage en surface, son souffle lent et régulier est parfois difficile à distinguer. La baleine noire est peu farouche et se laisse parfois approcher de très près par une embarcation. Cette confiance a sûrement contribué à son rapide déclin, la rendant vulnérable aux attaques des baleiniers.

HABITAT

La baleine noire fréquente principalement les eaux tempérées et se tient souvent près des côtes. On l'a observée aussi bien dans des eaux peu profondes que dans des eaux ayant jusqu'à 180 m de profondeur. De nos jours, on la voit dans la baie de Fundy et au large de la Nouvelle-Écosse ainsi que sur la côte Atlantique de Terre-Neuve. Depuis 1995, on l'observe régulièrement au large de Percé, dans le golfe et l'estuaire du Saint-Laurent. En hiver, c'est généralement près des côtes des Bermudes et du sud-est des États-Unis qu'on voit des baleines noires.

REPRODUCTION

Les adultes s'accouplent entre février et juin et la mise bas se produit entre décembre et avril, après une gestation d'environ 10 mois. On estime que la femelle n'a qu'un petit tous les 3 ans. L'allaitement durerait environ 6 ou 7 mois. Les deux sexes mesurent entre 13 et 16 m et ont 6 ans ou plus lorsqu'ils atteignent la maturité sexuelle. Le jeune est probablement abandonné par sa mère une fois qu'il est sevré.

RÉGIME ALIMENTAIRE

La baleine noire se nourrit principalement de petits crustacés copépodes et euphausides (krill) qu'elle filtre avec ses longs fanons en nageant lentement, la bouche entrouverte, dans les bancs de plancton. Elle filtre l'eau continuellement tout en manoeuvrant pour se maintenir là où le plancton est concentré. Elle s'alimente en surface comme en profondeur, selon la distribution de ses proies.

COMPORTEMENT SOCIAL

Les baleines noires sont souvent seules ou en paires. Elles forment aussi des petits groupes de quelques dizaines d'individus.

LONGÉVITÉ

On ne connaît pas la longévité maximale de la baleine noire, mais il est probable que certains individus dépassent 50 ans; la majorité d'entre eux vivraient plutôt 30 ou 40 ans.

PRÉDATEURS

L'épaulard est probablement son seul prédateur depuis que la chasse en est interdite.

STATUT DES POPULATIONS

La chasse impitoyable pratiquée par les chasseurs baleiniers des siècles passés a sérieusement menacé la survie de la baleine noire, qui était autrefois une des espèces les plus communes de nos eaux. Une migration annuelle menait autrefois les baleines noires des côtes américaines vers celles des Maritimes et du golfe du Saint-Laurent durant l'été. Certaines s'aventuraient même dans la mer du

J.P. Sylvestre

Labrador. L'espèce est devenue extrêmement rare dans ces régions. En dépit de l'interdiction de chasse en vigueur dans l'Atlantique Nord depuis 1937, elle reste en grave danger d'extinction partout dans son aire de distribution. En repérant les baleines noires grâce à leurs taches et à leurs callosités, on a réussi à répertorier quelque 263 individus dans le golfe du Maine et la baie de Fundy entre 1980 et 1987. On estime leur nombre dans nos eaux à seulement 300.

NOTES

La baleine noire nage lentement, généralement à une vitesse de 1 au 5 km/h. Lorsqu'elle plonge, sa queue sort complètement de l'eau. Ses plongées durent habituellement entre 10 et 20 minutes, rarement plus, mais elles peuvent atteindre 30 minutes. On ignore à quelle profondeur elle peut descendre mais ses proies se trouvent généralement à moins de 100 m de profondeur.

Baleine boréale

Balaena mysticetus **Famille des balénidés**

Baleine du Groenland, baleine franche du Groenland
Bowhead Whale, Greenland Right Whale

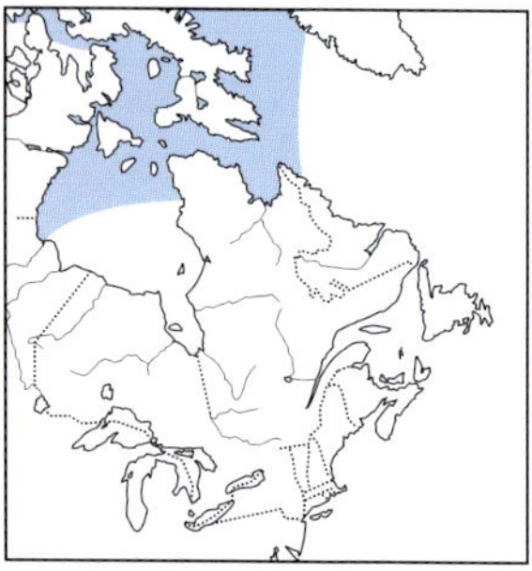

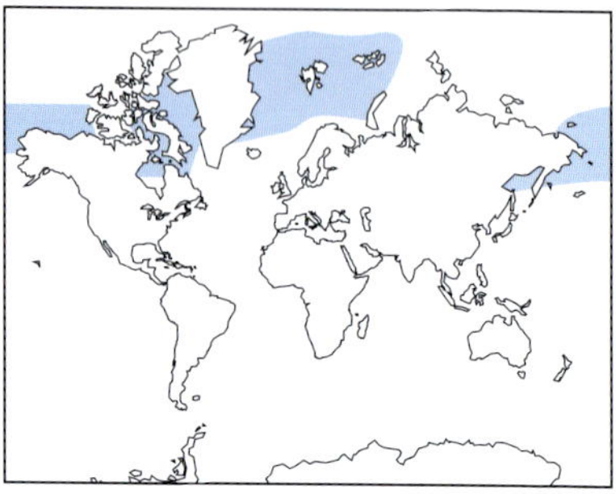

RÉPARTITION GÉOGRAPHIQUE

On ne trouve plus cette espèce que dans les eaux arctiques et subarctiques, généralement entre le 60e et le 85e parallèle Nord.

MENSURATIONS

Longueur totale moyenne des adultes : 15 m (max. 20 m); nouveau-nés : 3,5 à 4,5 m.

POIDS

Les adultes pèsent environ 90 000 kg mais peuvent atteindre 120 000 kg, et les nouveau-nés, 2 000 à 3 000 kg.

CARACTÈRES DISTINCTIFS

Cette espèce a le corps entièrement noir sauf l'extrémité de la mâchoire inférieure, qui est souvent blanche. Sa tête est dépourvue de callosités, sa mâchoire inférieure est énorme et arquée, sa mâchoire supérieure mince et recourbée. Ses fanons noirs ont jusqu'à 450 cm de longueur. En mer, on la reconnaît à son souffle double en forme de «V», ayant jusqu'à 7 m de hauteur. Elle n'a pas de nageoire dorsale; elle arque le dos et montre la queue en plongeant. La baleine boréale se distingue de la plupart des cétacés par sa taille et l'absence de nageoire dorsale. Elle se distingue de la baleine noire par l'absence de callosités et par sa mâchoire inférieure, souvent blanche.

HABITAT

Le pack est indissociable de l'habitat de cette espèce. Durant la majeure partie de l'année, la baleine boréale fréquente les chenaux qui se forment entre les bancs de glace en mouvement. En été, elle préfère les eaux peu profondes le long des côtes, dans les baies et les fjords. Les baleines boréales de l'est de l'Arctique passent l'hiver dans le pack de la mer de Baffin et des détroits de Davis et d'Hudson.

Wyb Hoek / Marine Mammal Images

Elles migrent vers l'archipel arctique avec le dégagement des glaces. On les voit apparaître au nord de la Terre de Baffin aux environs du mois de mai. Certaines pénètrent dans la baie d'Hudson par le détroit d'Hudson et y passent l'été. Elles y demeurent parfois même en hiver lorsque les conditions de glace sont favorables. En septembre, sur la côte est de la Terre de Baffin, des dizaines de baleines boréales se rassemblent dans la baie Isabella où elles se nourrissent dans des dépressions profondes de la baie; leur activité sociale est alors importante.

REPRODUCTION

On croit que l'accouplement et la mise bas se produisent généralement au printemps, bien que des accouplements aient été observés à l'automne. La gestation dure approximativement 12 mois et la femelle allaite son petit pendant 5 ou 6 mois. Elle n'a qu'un petit tous les 3 ou 4 ans. La maturité sexuelle est atteinte chez le mâle quand il mesure environ 12 m et chez la femelle à 13 m, soit à 10 ans ou plus. La mère abandonne probablement le jeune une fois qu'il est sevré.

RÉGIME ALIMENTAIRE

La baleine boréale capture avec ses longs fanons, généralement à faible profondeur, des crustacés planctoniques de taille minuscule. Ce sont principalement des crustacés copépodes, mais elle consomme aussi des euphausides (krill), des ptéropodes, des mysides et des amphipodes. On a déjà trouvé des organismes de fond, tels que des étoiles de mer et des vers marins, dans l'estomac d'une baleine boréale.

COMPORTEMENT SOCIAL

Les baleines boréales se déplacent généralement seules ou en groupes de 2 ou 3 le long des fissures qui se forment avec la rupture de la banquise. On a vu, durant les migrations printanières, certaines de ces baleines se projeter complètement hors de l'eau (*breaching*) ou frapper la surface de l'eau avec leur queue. Il arrive que les groupes de baleines boréales jaillissent hors de l'eau en parfaite synchronie, ce qui laisse croire que ces comportements jouent un rôle dans la communication et la reproduction de l'espèce.

LONGÉVITÉ

Il y a des raisons de croire que la longévité maximale de cette espèce dépasse les 100 ans. On a trouvé par exemple des têtes de harpons primitifs dans certaines baleines boréales chassées récemment par les Inupiats d'Alaska. Ce type de tête de harpon n'est plus utilisé depuis au moins un siècle. Des études d'isotopes suggèrent la même chose, la longévité maximale dépassant 100 et peut-être même 200 ans. Il est toutefois probable que la plupart des baleines boréales n'atteignent pas cet âge vénérable.

PRÉDATEURS

L'épaulard est probablement son seul prédateur depuis qu'elle n'est plus chassée par l'homme.

STATUT DES POPULATIONS

Cette espèce a été chassée excessivement et a frôlé l'extinction. Durant les XVIIIe et XIXe siècles, on a capturé plus de 30 000 baleines boréales dans l'est de l'Arctique. On estime à environ un millier d'individus leur nombre actuel dans cette région, et des observations récentes laissent croire que cette population est en train d'augmenter. L'espèce était considérée en voie de disparition partout dans son aire de distribution mais la population de la mer de Beaufort, estimée à plus de 7 000 individus en 1988, augmente d'environ 2 % par année.

NOTES

À cause de la rareté de cette espèce, on connaît mal son comportement. Au cours de ses déplacements, elle nage à une vitesse d'environ 5 à 7 km/h. Elle demeure en plongée de 10 à 20 minutes et parfois jusqu'à 30 minutes. Pendant qu'elle se nourrit, elle fait surface toutes les 5 ou 10 minutes, respirant de 4 à 6 fois à chaque remontée. Lorsqu'une glace mince (jusqu'à quelque 20 cm d'épaisseur) se forme dans les fissures de la banquise, la baleine la casse avec sa tête. Les chasseurs d'antan rapportent que les baleines boréales harponnées pouvaient plonger à plus de 500 m de profondeur pour tenter de s'échapper. Les longs fanons de la baleine boréale, appelés «baleines», servaient autrefois à raidir les corsets et les crinolines ainsi qu'à donner un peu de souplesse aux sièges des divans et à la suspension des voitures d'enfants.

Annexes

ESPÈCES NON TRAITÉES

Sont énumérées ci-dessous quelques espèces d'insectivores, de lagomorphes, de rongeurs, de carnivores et de cétacés observés de façon sporadique ou vivant en très petit nombre sur le territoire visé par le présent ouvrage.

Petite musaraigne (*Cryptotis parva*) Least Shrew. Cette petite musaraigne à queue courte n'a été observée qu'à Long Point, sur la rive nord du lac Érié, en Ontario.

Taupe à queue glabre (*Scalopus aquaticus*) Eastern Mole. Quelques spécimens de cette espèce ont été capturés dans le comté d'Essex, dans l'extrême-sud de l'Ontario.

Lapin de la Nouvelle-Angleterre (*Sylvilagus transitionalis*) New-England Cottontail. La frontière sud du Québec constitue la limite nord de la distribution de cette espèce qui, à la différence du lapin à queue blanche, possède une tache de poils noirs sur le front, entre les oreilles.

Spermophile de Franklin (*Spermophilus franklinii*) Franklin's Ground Squirrel. Cet écureuil terrestre habite les prairies de la frontière sud-ouest de l'Ontario.

Écureuil fauve (*Sciurus niger*) Fox Squirrel. Il existe une petite population de cette espèce à Pointe-Pelée, en Ontario. On distingue l'écureuil fauve de l'écureuil gris par sa taille plus grande et son pelage brun orangé.

Blaireau d'Amérique (*Taxidea taxus*) Badger. On trouve deux petites populations de cette espèce en Ontario : le long de la rive nord du lac Érié et dans les prairies du sud-ouest, dans la région de Rainy River. C'est une espèce vulnérable.

Baleine-à-bec de Sowerby (*Mesoplodon bidens*) Sowerby's Beaked Whale. Malgré sa distribution subarctique et tempérée dans l'Atlantique Nord, la baleine-à-bec de Sowerby, qui semble préférer les eaux profondes, est rarement observée dans nos eaux. Elle l'est plus souvent dans les eaux européennes. De 1867 à1988, donc en 122 ans, on en a observé seulement 14 spécimens sur nos côtes, tous sauf un sur la côte atlantique de Terre-Neuve. Cette baleine peut atteindre 5 mètres de longueur. Elle possède une nageoire dorsale en forme de faucille, un long «bec» et deux courts sillons sur la gorge comme la baleine-à-bec commune, mais se distingue de cette dernière par sa taille plus petite, l'absence de melon proéminent et, chez les mâles adultes, par l'unique dent plus ou moins triangulaire située à mi-mâchoire de chaque côté de la bouche. Espèce vulnérable dans le nord-ouest de l'Atlantique.

Baleine-à-bec de Blainville (*Mesoplodon densirostris*) Blainville's Beaked Whale. La baleine-à-bec de Blainville semble occuper les eaux profondes de toutes les mers tempérées ou tropicales du globe.

Dans l'Atlantique Nord-Ouest, on en a trouvé des spécimens des côtes du Labrador jusqu'aux Caraïbes et au golfe du Mexique. Elle mesure jusqu'à 5,2 mètres de longueur et possède les mêmes caractéristiques que la baleine-à-bec de Sowerby. Elle a l'angle de la mâchoire accentué par une proéminence charnue d'où émerge, chez le mâle adulte, une dent de chaque côté de la bouche. Son nom scientifique *densirostris* évoque le fait que l'os de la mâchoire inférieure entourant la dent est très dense.

Baleine-à-bec de True (*Mesoplodon mirus*) True's Beaked Whale. Cette baleine-à-bec fréquente les eaux profondes de plusieurs mers tempérées du globe. Dans l'Atlantique Nord-Ouest, on en a trouvé des spécimens de la Nouvelle-Écosse jusqu'aux Bahamas. Elle atteint environ 5 mètres de longueur et ressemble aux deux baleines-à-bec précédentes. Cependant, les mâles adultes possèdent deux dents à l'extrémité de la mâchoire inférieure, comme la baleine-à-bec commune. Sa petite taille et son melon peu développé la distinguent de cette dernière.

Cachalot pygmée (*Kogia breviceps*) Pygmy Sperm Whale. Le cachalot pygmée occupe les eaux peu profondes, tempérées et tropicales du littoral atlantique et du golfe du Mexique. On n'en a observé que deux spécimens dans nos eaux : un trouvé mort dans le port d'Halifax et l'autre échoué sur l'île de Sable, au large de la Nouvelle-Écosse. En mer, on peut le confondre avec les baleines-à-bec à cause de sa nageoire dorsale en forme de faucille et de sa couleur. Mais, de plus près, sa petite taille (jusqu'à 3,4 mètres), son melon carré et son absence de bec le distinguent aisément de tous les autres cétacés. Échoué, on le reconnaît à sa courte mâchoire inférieure où 10 à 16 paires de dents s'imbriquent dans des alvéoles de la mâchoire supérieure, elle-même dépourvue de dents.

Dauphin commun (*Delphinus delphis*) Saddle-backed Dolphin. Le dauphin commun fréquente toutes les mers tempérées et tropicales du globe. Dans l'Atlantique Nord-Ouest, il est surtout «commun» au large des côtes américaines, du cap Hatteras jusqu'au sud de la Nouvelle-Écosse. Ses incursions dans nos eaux semblent coïncider avec l'arrivée des courants chauds en été. À l'occasion, on l'observe au large de Terre-Neuve, plus souvent au large de la Nouvelle-Écosse. Son dos brun foncé ou noir contraste nettement avec le motif de sablier, jaune ou ocre, qui décore ses flancs. Ce dauphin mesure entre 2,3 et 2,6 mètres de longueur. Son long museau et ses couleurs le distinguent facilement des autres dauphins.

Dauphin bleu (*Stenella coeruleoalba*) Striped Dolphin. Le dauphin bleu fréquente toutes les mers tempérées et tropicales du globe. On ne l'a identifié qu'à quelques reprises dans nos eaux. Il s'agissait chaque fois de spécimens échoués sur une plage de l'île de Sable, au large de la Nouvelle-Écosse. Il mesure environ 2,7 mètres. Il a les flancs marqués d'une mince rayure noire entre l'œil et la région anale, et, pointant vers l'avant, un faisceau de lignes noires qui prennent naissance sous la nageoire dorsale. Il possède un long museau comme le dauphin commun.

Dauphin à gros nez (*Tursiops truncatus*) Bottle-nosed Dolphin. Le dauphin à gros nez fréquente toutes les mers tempérées et tropicales du globe. Dans l'Atlantique Nord-Ouest, il occupe surtout les eaux américaines, du sud de la Nouvelle-Écosse jusqu'aux Caraïbes et au golfe du Mexique. On l'y observe aussi bien près des côtes qu'au large. Au nord de sa distribution cependant, il fréquente surtout le large. On l'observe donc rarement près des côtes canadiennes. Ce dauphin mesure entre 2,4 et 3,7 mètres; il a le melon développé et le bec de taille moyenne. Sa peau, gris foncé sur le dos, s'éclaircit progressivement sur les flancs jusqu'au ventre, qui varie du blanc au rose. L'absence de motifs ou de rayures le distingue des autres dauphins.

Dauphin gris (*Grampus griseus*) Risso's Dolphin. Le dauphin gris fréquente les eaux profondes de toutes les mers tempérées et tropicales du globe. Dans l'Atlantique Nord-Ouest, il occupe surtout les eaux américaines, du sud de la Nouvelle-Écosse jusqu'aux Caraïbes et au golfe du Mexique. On le voit souvent près de la pente continentale. Dans les eaux canadiennes, on l'a observé à quelques reprises au large du sud de la Nouvelle-Écosse mais, à une occasion, on en a signalé un groupe au large de l'île du Cap-Breton. Ce dauphin mesure jusqu'à 4 mètres, a un melon très développé et n'a pas de bec. La couleur de sa peau varie du gris foncé ou argent au blanc crème et son corps est littéralement couvert de rayures, égratignures ou marques circulaires. Son melon prononcé, son absence de bec et sa couleur le distinguent des autres dauphins. Par ailleurs, il diffère du globicéphale noir par sa couleur, ses rayures et sa haute nageoire située au milieu du dos.

ESPÈCES EN VOIE DE DISPARITION, MENACÉES, PRÉOCCUPANTES OU VULNÉRABLES

Cette liste d'espèces ou de populations de mammifères en voie de disparition, menacées, préoccupantes ou vulnérables dans l'est du Canada est basée sur les évaluations officielles publiées par l'Union mondiale pour la nature, le Comité sur la situation des espèces en péril au Canada et les agences gouvernementales des provinces de l'est du Canada.

Est considérée en voie de disparition toute espèce exposée à une disparition ou à une extinction imminente à cause de facteurs naturels ou de l'intervention humaine.

Est considérée menacée toute espèce susceptible de devenir en voie de disparition si les facteurs limitants auxquels elle est exposée ne sont pas inversés.

Est considérée préoccupante ou vulnérable toute espèce qui existe en petit nombre ou dont la distribution est très locale et qui pourrait devenir menacée, ou qui possède des caractéristiques qui la rendent particulièrement sensible aux activités humaines ou à certains phénomènes naturels.

ESPÈCES EN VOIE DE DISPARITION

Carcajou *Gulo gulo*	Population de l'est du Canada, Québec, Terre-Neuve
Caribou des bois *Rangifer tarandus caribou*	Population de la Gaspésie, Québec
Martre d'Amérique *Martes americana*	Terre-Neuve
Baleine-à-bec commune *Hyperoodon ampullatus*	Population du plateau néo-écossais, Océan Atlantique
Baleine boréale *Balaena mysticetus*	Population de l'est de l'Arctique
Baleine noire de l'Atlantique Nord *Eubalaena glacialis*	Partout dans son aire de répartition
Béluga *Delphinapterus leucas*	Population de la baie d'Ungava, population du sud-est de l'île de Baffin et de la baie Cumberland, population du fleuve Saint-Laurent
Rorqual bleu *Balaenoptera musculus*	Partout dans son aire de répartition

ESPÈCES MENACÉES	
Béluga *Delphinapterus leucas*	Est de la baie d'Hudson
Caribou des bois *Rangifer tarandus caribou*	Population boréale, Ontario, Québec, Terre-Neuve
Renard gris *Urocyon cinereoargenteus*	Ontario et Québec

ESPÈCES VULNÉRABLES OU PRÉOCCUPANTES	
Musaraigne de Gaspésie *Sorex gaspensis*	Québec, Nouveau-Brunswick, Nouvelle-Écosse
Taupe à queue glabre *Scalopus aquaticus*	Ontario
Petit polatouche *Glaucomys volans*	Ontario, Québec, Nouvelle-Écosse
Campagnol sylvestre *Microtus pinetorum*	Ontario, Québec
Loup gris de l'Est *Canis lupus lycaon*	Ontario et Québec
Ours blanc *Ursus maritimus*	Partout dans son aire de répartition
Carcajou *Gulo gulo*	Population de l'Ouest, Ontario
Phoque commun de la sous-espèce du Lac des Loups Marins *Phoca vitulina mellonae*	Québec
Marsouin commun *Phocoena phocoena*	Population de l'Atlantique Nord-Ouest
Béluga *Delphinapterus leucas*	Population de l'est du haut Arctique et de la baie de Baffin
Baleine à bec de Sowerby *Mesoplodon bidens*	Océan Atlantique
Rorqual commun *Balaenoptera physalus*	Océan Atlantique

COMMENT OBSERVER LES MAMMIFÈRES

Contrairement aux oiseaux, qui abondent autour de nous et se prêtent aisément à l'observation, les mammifères mènent pour la plupart une existence discrète, pour ne pas dire secrète. Nombre de mammifères vivent à notre insu dans les villes, les champs, les bois, sur les rives de nos cours d'eau ou au large de nos côtes. Or, peu de gens peuvent se vanter d'en avoir seulement vu une vingtaine d'espèces alors qu'il en existe plus de quatre fois ce nombre, autant terrestres que marines, dans les régions couvertes par le présent guide.

L'OBSERVATION DES MAMMIFÈRES TERRESTRES

Chez les mammifères terrestres, la principale difficulté tient au fait que la majorité des espèces s'activent la nuit, à l'aube ou au crépuscule. Leur extrême prudence, leurs sens aiguisés et leur pelage souvent peu voyant en font des animaux difficiles à observer. Notons en passant que la plupart des musaraignes, souris ou campagnols sont particulièrement actifs au cours des soirées pluvieuses.

L'observateur averti planifiera ses sorties aux petites heures du matin ou à la brunante et, pourquoi pas, pendant la pluie, et portera des vêtements ternes contrastant peu avec l'environnement. Sauf, bien entendu, durant la saison de la chasse, où il est plus prudent de porter un dossard fluorescent. Il prendra bien soin de ne pas faire de bruit et de se déplacer face au vent pour éviter d'être trahi par sa propre odeur. Ainsi, le promeneur augmentera considérablement ses chances de voir des mammifères.

Mises à part ces précautions élémentaires, il n'y a pas de recette pour observer les mammifères si ce n'est la patience, la curiosité, la connaissance de son coin de pays, une attention continuelle à la configuration du terrain et, évidemment, la chance.

La première chose qu'on remarquera sera sans doute une empreinte ou un terrier. Puis, on découvrira ici un sentier, là des traces d'activité. En passant fréquemment au même endroit, on finira par en découvrir l'auteur et peut-être bien pourra-t-on l'observer à loisir.

Le lecteur trouvera en fin de volume des illustrations qui lui permettront d'identifier les empreintes ou les pistes des mammifères les plus communs. Lors d'excursions sur le terrain, il est pratique d'apporter quelques feuilles de plastique transparent (acétates) sur lesquelles on pourra calquer les empreintes observées. Il est préférable de se servir d'un crayon à encre indélébile et de noter sur cette feuille l'heure, la date et le lieu de l'observation.

Pour ceux qui veulent en savoir plus sur les pistes, les empreintes et les traces d'activité des mammifères, il existe quatre bons ouvrages sur le sujet[1] : les trois premiers traitent des mammifères d'Amérique du Nord. Le quatrième porte sur les mammifères d'Europe; en l'utilisant, on doit donc tenir compte des différences inévitables entre la faune des deux continents.

Le degré de difficulté est variable. Entre le bruyant et très voyant écureuil, et le rare et pratiquement invisible carcajou, la marge est grande. Cependant, avec un peu d'effort et de ténacité, il est donné à tous ceux qui aiment les randonnées en plein air de voir une bonne partie des mammifères traités dans ce guide.

Certaines revues de plein air, de chasse et de pêche font de la publicité pour une variété d'appeaux, d'appâts et de trappes permettant d'attirer ou de capturer des mammifères. Le lecteur tenté par de telles méthodes serait bien avisé de consulter au préalable les règlements fédéraux et provinciaux relatifs à la chasse et à la capture des mammifères ainsi qu'aux appâts utilisables.

L'OBSERVATION DES MAMMIFÈRES MARINS

L'observation des mammifères marins est une entreprise tout à fait différente. En effet, au contraire de leurs cousins terrestres, ces animaux effectuent pour la plupart des migrations saisonnières importantes qui les mènent sur nos côtes pour quelques semaines et parfois même quelques mois.

Il faut donc être là au bon moment et avoir l'oeil ouvert. L'observateur non averti pourra avoir du mal à distinguer un béluga entre les vagues ou un phoque immobile sur un récif. Souvent, ces animaux seront suffisamment loin du rivage pour justifier l'emploi de jumelles ou d'un télescope.

Que ce soit dans les eaux du Saint-Laurent, de l'Atlantique ou de la baie d'Hudson, les baleines sont surtout visibles de juin à septembre. À certain endroits, comme sur les hauteurs de Tadoussac jusqu'aux Escoumins, sur la Côte-Nord, et sur celles du cap Gaspé, dans le parc national Forillon, on peut les observer à loisir.

On a d'excellentes chances de voir des baleines depuis les traversiers de l'estuaire et du golfe du Saint-Laurent, de Terre-Neuve et de la baie de Fundy. Enfin, plusieurs organisations offrent des excursions d'observation dans l'estuaire du Saint-Laurent, la baie de Fundy et le golfe du Maine. Si l'on affrète soi-même une embarcation pour voir

1. MURIE, O.J. *Les traces d'animaux*, Les Éditions Marcel Broquet, Montréal, 1989, 363 p.; STOKES, E.W. *A Guide to Nature in Winter : Northeast and North Central North Americ*, Little, Brown and Co., Boston-Toronto, 1976, 376 p.; STOKES, E.W. *Nos animaux : tous les secrets de leur comportement*, Les Éditions de l'Homme, 1989.; BANG, P. et P. Dahlström, *Guide des traces d'animaux*, Les guides du naturaliste, 2e éd., Delachaux et Niestlé, éd., Neufchâtel-Paris, 1977, 240 p.

les baleines de plus près, il importe de respecter les règles d'observation et d'approche des cétacés édictées par Pêches et Océans Canada, pour éviter de déranger inutilement les animaux.

Chez les pinnipèdes, on peut assister à de grands rassemblements sur les glaces en hiver ou sur la terre ferme en été lors des périodes de reproduction et de mue. Ces lieux de rassemblement sont souvent difficiles à rallier sans embarcation et, de plus, ne devraient pas être envahis sans précautions par les enthousiastes qui risquent de perturber sérieusement les animaux durant ces périodes critiques de leur cycle annuel. Quelques organisations offrent des excursions d'observation des phoques du Groenland en hélicoptère à partir des Îles-de-la-Madeleine.

Il est beaucoup plus simple de scruter avec ses jumelles les récifs rocailleux et les bancs de sable découverts par la marée. Sur bon nombre de nos rivages marins, on peut espérer trouver quelques phoques qui se reposent au sec en attendant la marée.

EMPREINTES DE MAMMIFÈRES TERRESTRES

DEUX DOIGTS

8-9 cm

Cerf de Virginie

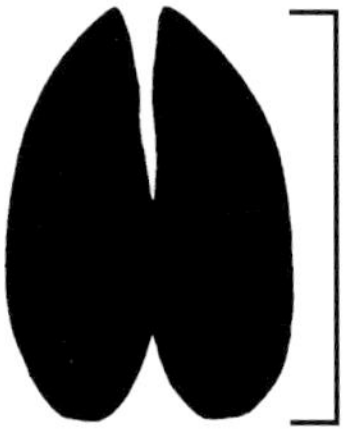

15-16 cm

Orignal

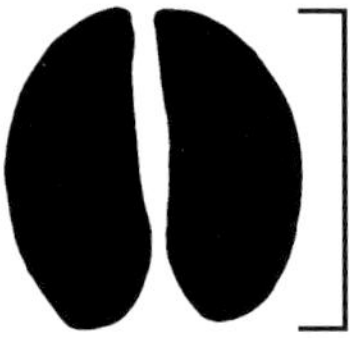

11-12 cm

Bovin domestique

10-12 cm

Caribou des bois

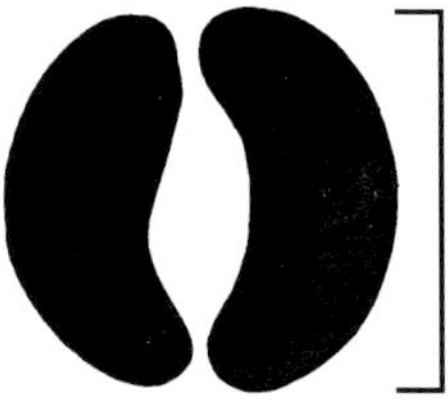

11-13 cm

Boeuf musqué

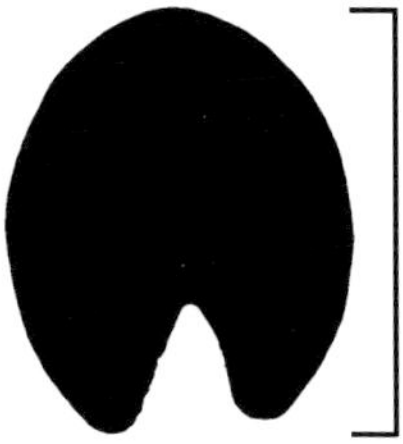

Variable selon la race

Cheval

QUATRE DOIGTS

Loup

Malamute (chien)

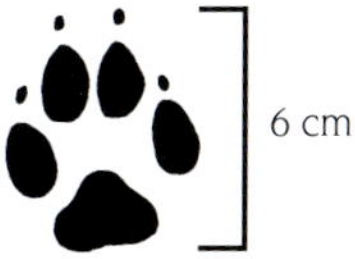

Épagneul (chien)

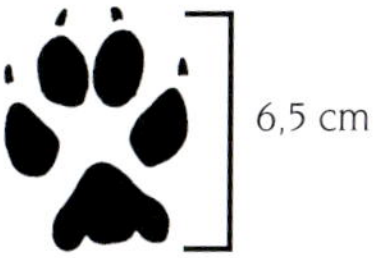

Coyote

Renard arctique

Renard roux

QUATRE DOIGTS

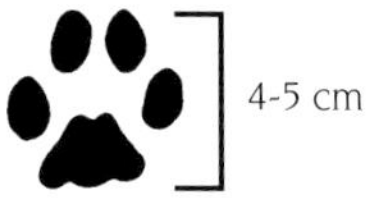

Lynx roux

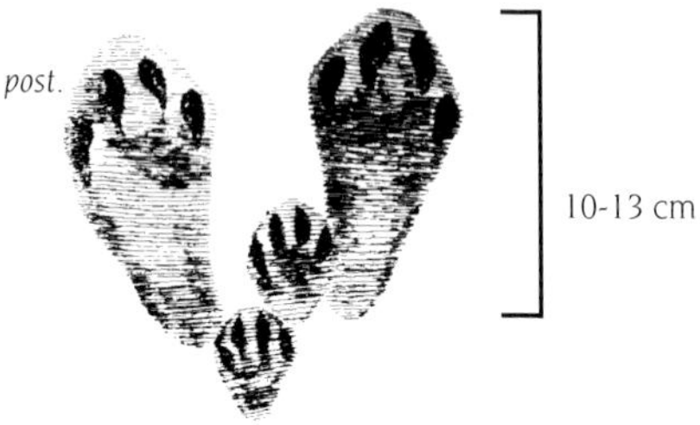

Lièvre d'Amérique

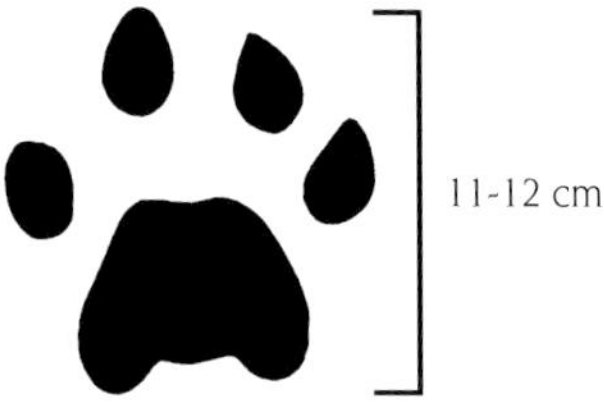

Couguar

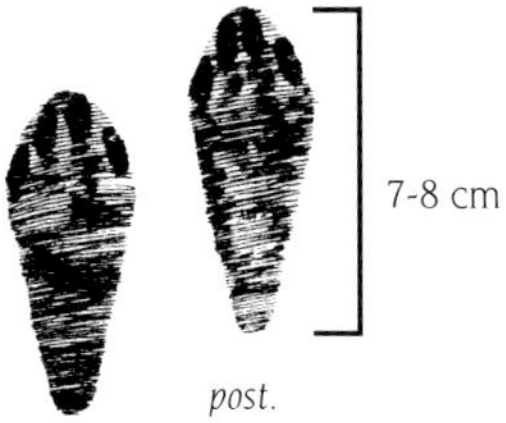

Chat domestique

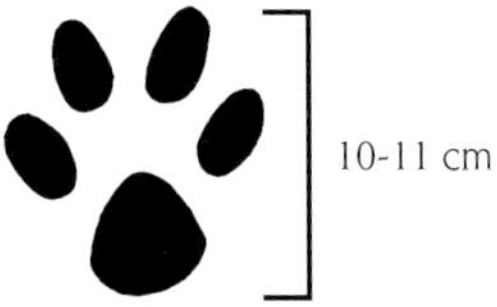

Lynx du Canada

Lapin à queue blanche

QUATRE OU CINQ DOIGTS

Musaraignes

Souris, campagnols

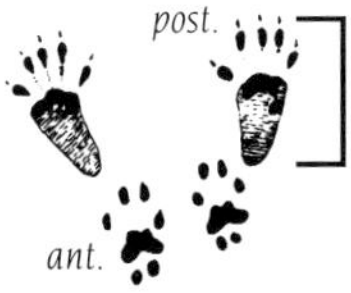

Écureuil gris

Tamia

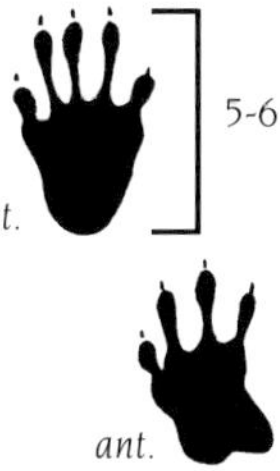

Marmotte

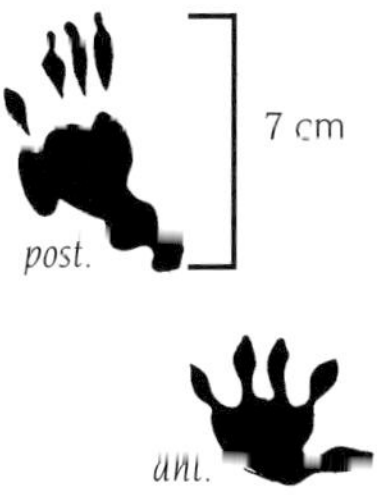

Opossum

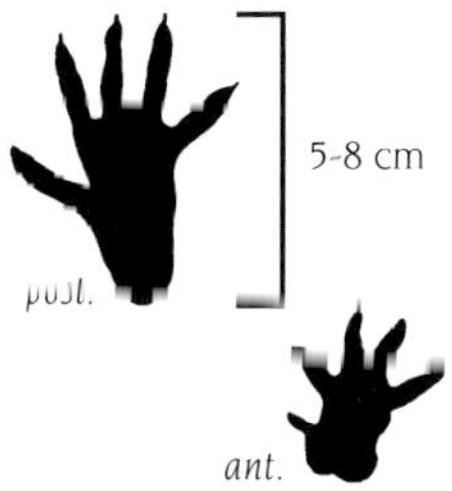

Rat-musqué commun

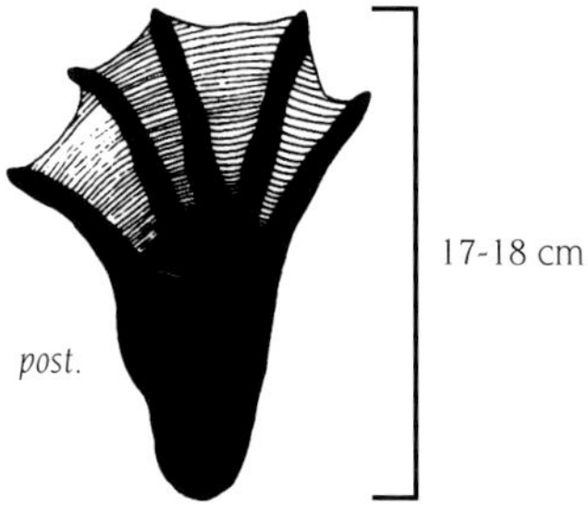

Castor du Canada

Pékan

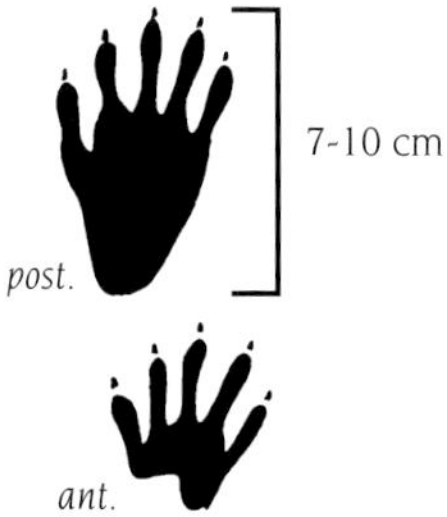

Raton laveur

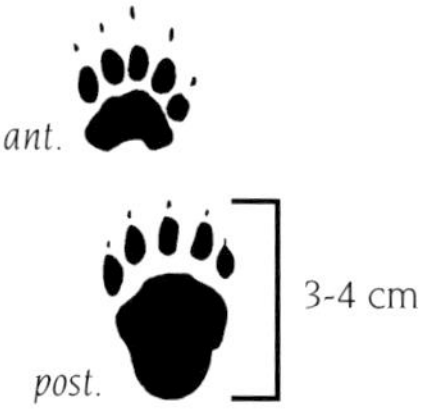

Mouffette rayée

Vison d'Amérique

Belette

Martre d'Amérique

CINQ DOIGTS

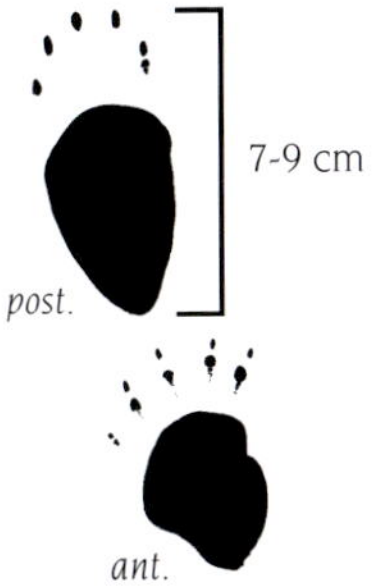

Porc-épic d'Amérique

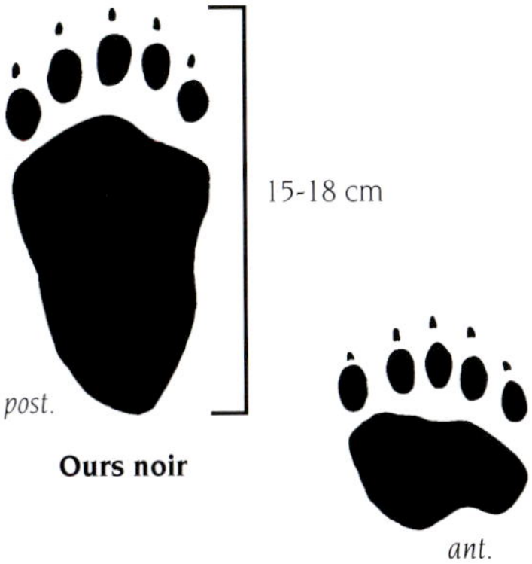

Ours noir

Loutre de rivière

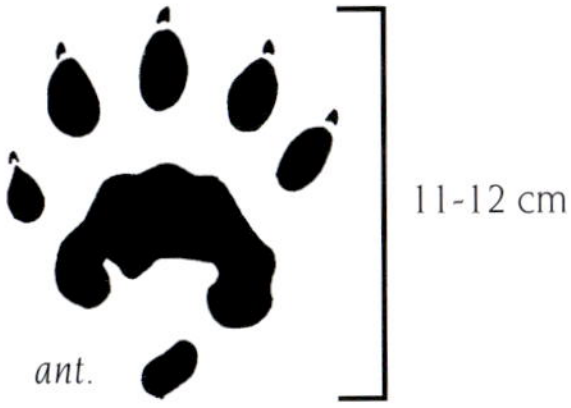

Carcajou

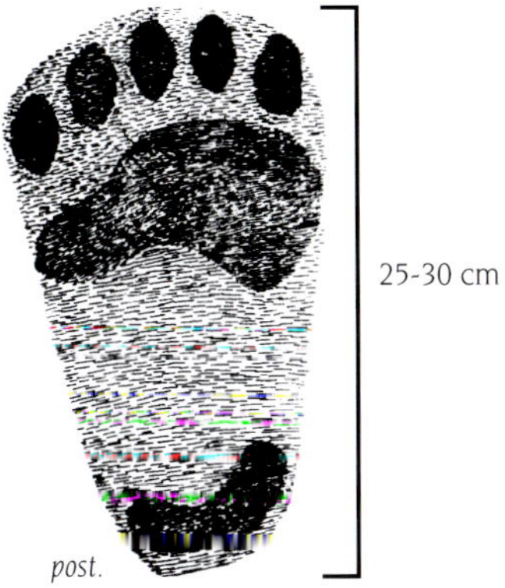

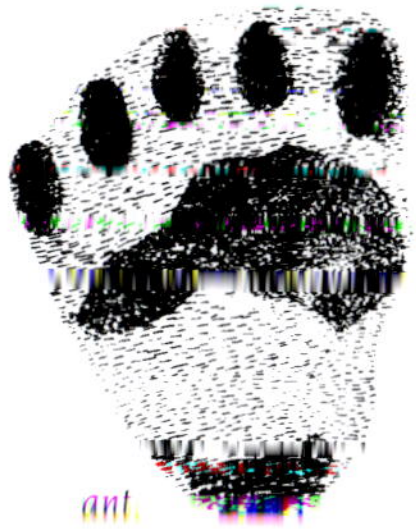

Ours blanc

APERÇU SCHÉMATIQUE DES PISTES DANS LA NEIGE

Bondisseurs
Mustélidés (sauf mouffette rayée)

Marcheurs, trotteurs
Canidés, félidés, cervidés, bovidés

± *traces de queue dans la neige*

Marcheurs lourds
Opossum d'Amérique du Nord, porc-épic d'Amérique, rat musqué commun, castor du Canada, raton laveur, mouffette rayée

Galopeurs
Insectivores, lagomorphes, rongeurs (sauf castor du Canada et rat-musqué commun)

Glossaire

Amphipode : Crustacé de petite taille au corps comprimé latéralement.

Arboricole : Qui vit dans les arbres.

Banquise (pack) : Terme utilisé au sens large pour désigner toute étendue de glace de mer autre que la banquise côtière, quelle que soit sa forme ou la façon dont elle est disposée.

Banquise (pack) consolidée : Glace de mer dont la concentration est de 100 % et où il n'y a pas d'eau visible. Les glaces ont été soudées par le gel.

Banquise côtière : Glace de mer qui se forme et reste fixe le long de la côte, où elle est attachée au rivage.

Banquise lâche : Glace de mer en faible concentration. Les glaces ne sont généralement pas en contact les unes avec les autres.

Banquise serrée : Glace de mer en forte concentration. La plupart des glaces sont en contact les unes avec les autres.

Blastocyte : Cellule embryonnaire non différenciée.

Caecotrophie : Réabsorption de la nourriture évacuée après une première digestion.

Canine : Dent pointue située entre les incisives et les prémolaires.

Cloaque : Orifice commun des voies intestinales, urinaires et génitales.

Commensalisme : Association d'organismes d'espèces différentes profitable pour les uns et sans danger pour les autres.

Crustacé : Arthropode généralement aquatique, à respiration branchiale et dont la carapace est formée de chitine imprégnée de calcaire.

Décapode : Crustacé marin ayant trois paires de pattes à mâchoires et cinq paires de pattes servant à marcher ou à nager (ex. : crevettes, crabes, homards).

Décidu : Se dit des plantes dont les feuilles tombent selon un rythme saisonnier.

Diastème : Espace laissé libre par l'absence de canines entre les incisives et les molaires chez plusieurs mammifères.

Diurne : Se dit d'un animal qui est actif le jour.

Domaine vital : Superficie dans les limites de laquelle un animal ou un groupe d'animaux vaque à ses activités courantes.

Écholocation : Mode particulier d'orientation de divers animaux fondé sur le principe de l'écho.

Embryon : Organisme en voie de développement, depuis l'oeuf fécondé jusqu'à la réalisation d'une forme capable de vie autonome et active.

Envergure : Étendue des ailes déployées ou longueur entre les extrémités du panache.

Esker : Long ruban graveleux déposé par un torrent de glaciers.

Euphauside : Petit crustacé à six pattes utilisées pour filtrer le plancton. Il vit entre deux eaux en bancs de millions d'individus (krill).

Évent : Narine simple ou double des cétacés.

Fanon : Lame de corne effilochée sur son bord interne et fixée à la mâchoire supérieure des baleines mysticètes, qui en possèdent plusieurs centaines.

Fèces : Matières fécales.

Fouisseur : Se dit des animaux qui creusent le sol avec une grande facilité.

Gamaride : Crustacé de l'ordre des amphipodes, commun dans les eaux douces aérées.

Habitat : Milieu géographique où vit une espèce animale ou végétale.

Harde : Troupe ou groupe d'animaux.

Harem : Groupe ou harde de femelles qu'un mâle garde en empêchant les autres mâles de copuler avec elles.

Hibernation : Abaissement de la température corporelle pendant l'hiver chez certains mammifères.

Humus : Fraction organique du sol constituée d'animaux et de végétaux en décomposition.

Implantation retardée : Phénomène par lequel, après fécondation, le blastocyte reste à l'état dormant dans la cavité utérine sans s'attacher à la paroi.

Incisive : Dent paire, souvent tranchante, située à l'avant des mâchoires des mammifères.

Interfémoral : Qui s'étend entre les membres inférieurs.

Krill : Banc de petits crustacés dont se nourrissent les baleines.

Léthargie : Torpeur, sommeil profond accompagné d'un relâchement musculaire.

Malocclusion : Fermeture défectueuse des dentures.

Mélanisme : Présence de pigments noirs sous la peau ou dans la fourrure.

Melon : Partie bombée du front de certains cétacés.

Métabolisme : Ensemble des transformations chimiques et physico-chimiques qui s'accomplissent dans les tissus des organismes vivants.

Molaire : Grosse dent latérale qui sert à broyer les aliments.

Muskeg : Sol marécageux couvert de mousse et de tourbe.

Niche écologique : Fonction d'une espèce ou d'une population dans un écosystème.

Nocturne : Qui est actif durant la nuit.

Noeud : Unité de mesure utilisée en navigation et équivalant à 1 mille marin à l'heure.

Oestrus : Période du rut chez les femelles.

Omnivore : Qui se nourrit aussi bien de chair que de végétaux.

Ovule : Cellule femelle destinée à être fécondée.

Pack : voir Banquise.

Patagium : Membrane tendue le long des flancs et des pattes et permettant à divers mammifères de planer d'un arbre à l'autre.

Pectoral : Relatif à la poitrine (nageoires pectorales : nageoires paires antérieures).

Pente continentale : Zone de fonds marins à dénivellation rapide qui sépare le plateau continental des grands fonds, ou fonds abyssaux.

Pergélisol : Sol de la région arctique qui est gelé en permanence.

Phéromone : Hormone transmettant des informations entre individus d'une même espèce.

Plancton : Ensemble des êtres microscopiques ou de petite taille en suspension dans la mer ou l'eau douce.

Plantigrade : Qui marche sur toute la plante des pieds plutôt que seulement sur les doigts.

Plateau continental : Bande de hauts fonds qui ceinture le littoral, séparée des grands fonds marins, ou fonds abyssaux, par la pente continentale.

Préhensile : Qui peut saisir.

Ptéropode : Petit gastropode marin nageur à coquille très légère.

Rétractile : Qui a la faculté de se retirer, de rentrer en dedans, comme les griffes des chats.

Rut : État physiologique des mammifères qui les pousse à rechercher l'accouplement.

Spermatozoïde : Cellule reproductrice mâle.

Subarctique : Qui caractérise les régions situées en deçà du cercle arctique.

Taïga : Forêt de conifères des régions subarctiques de l'Europe et l'Amérique du Nord.

Taxinomique : Relatif à la classification des êtres vivants.

Territoire : Partie du domaine vital d'un animal délimitée d'une certaine manière et interdite aux congénères.

Thorax : Partie du corps des vertébrés limitée par les côtes, le sternum et le diaphragme, et contenant les poumons et le coeur.

Toundra : Dans les régions à climat froid, formation végétale discontinue qui comprend quelques graminées, des lichens et quelques arbres nains.

Tragus : Petite éminence aplatie située devant le creux de l'oreille.

Unicuspidée : Se dit d'une dent qui n'a qu'une seule crête.

Utérus : Organe de la gestation chez les femelles des mammifères.

Vibrisse : Poil tactile de certains mammifères.

Bibliographie

RÉFÉRENCES GÉNÉRALES

ALLEN, K.R. 1980. **Conservation and management of Whales.** Univ. of Washington Press.

ANONYME. 1979. **A characterization of marine mammals and turtles in the Mid-and North Atlantic areas of the U.S. outer continental shelf.** CETAP, executive summ., Univ. of Rhode Island.

BANFIELD, A.W.F. 1974. **Les mammifères du Canada.** Presses de l'Univ. Laval, Québec.

BANG, P. & P. Dahlstrom. 1977. **Guide des traces d'animaux.** Guides du Naturaliste. 2e éd. Delachaux & Niestlé, Neufchâtel, Paris.

BÉDARD, J. 1975. **La faune du Québec.** *Carnets de Zool.* 35 (1): 4-14.

BÉLAND, P. 1988. **Witness for the prosecution.** *Nature Canada* 17 (4): 28-36.

BIRD, D.M. 1987. **Les petits animaux sauvages autour de la maison, comment s'en accommoder.** Centre de conservation de la faune ailée de Montréal, Montréal.

BURT. W.H. & R.P. Grossenheider. 1992. **Les mammifères de l'Amérique du Nord (au Nord du Mexique).** (Les Guides Peterson). Broquet, La Prairie.

CHAPMAN, J.A. & G.A. Feldhamer (eds). 1982. **Wild mammals of North America. Biology, management, and economics.** The Johns Hopkins Univ. Press, Baltimore and London.

CHARTRAND, L., R. Duchesne & Y. Gingras. 1987. **Histoire des sciences au Québec.** Boréal, Montréal.

CHRISTENSEN, I. 1977. **Observations of whales in the North Atlantic.** *Rep. Int. Whal. Comm.* 27: 388-399.

COSSETTE, E. et al. 1985. **Le wapiti et le couguar au Québec. Le fugitif et l'évanescent.** *Recherche amérindiennes au Québec* 15 (3): 77-92.

CRANDALL, L.S. 1964. **Management of wild mammals in captivity.** Univ. of Chicago Press, Chicago & London.

DAVIS, R.A. et al. 1980. **The present status and future management of Arctic Marine Mammals in Canada.** Dept. Infor. N.W.T. gvmnt.

DESROSIERS, N., R.Morin & J.Jutras. 2002. **Atlas des micromammifères du Québec.** Société de la faune et des parcs du Québec. Direction du développement de la faune. Québec.

DUGUY, R., & D. Robineau. 1982. **Guide des mammifères marins d'Europe.** Delachaux & Niestlé, Neufchâtel, Paris.

EVANS, P.G.H. & J.A. Raga (eds). 2001. **Marine Mammals: Biology and Conservation.** Kluwer Academic/ Plenum Publishers, New York.

EWER, R.F. 1973. **The Carnivores.** Cornell Univ. Press, Ithaca. New York.

FONTAINE, P.H. 1998. **Les Baleines de l'Atlantique Nord; biologie et écologie.** Éditions Multimondes, Sainte-Foy.

GERACI, J.R. et V.J. Lounsbury. 1993. **Marine Mammals Ashore: A Field Guide for Strandings.** Texas A&M Sea Grant Publ. Galveston, Texas. 305 pp.

GODIN, A.J. 1977. **Wild mammals of New England.** The Johns Hopkins Univ. Press.

GRANT, P.R. 1976. **An 11 year study of small mammal populations at Mont St-Hilaire, Québec, Canada.** *Can. J. Zool.* 54: 2156-2173.

GUAY, D. 1983. **Histoires vraies de la chasse au Québec.** VLB, Montréal.

GUNDERSON, H.L. 1976. **Mammalogy.** *McGraw-Hill, New York.*

GUNTHER, P. 2003. **Mammifères du monde. Inventaire des noms scientifiques français et anglais.** Édition Cade, Paris.

HALL, E.R. 1981. **The mammals of North America.** John Wiley & Sons, New York.

HAMILTON, W.J. Jr. & W.J. Hamilton III. 1955. **The food of the small mammals from the Gaspé Peninsula, P.Q.** *Can. Field-Nat.* 68: 108-109.

HAMILTON, W.J. Jr. & J.O. Whitaker Jr. 1979. **Mammals of the Eastern United States.** 2nd ed. Comstock Publ. Ass. Cornell Univ. Press.

HANNEY, P.W. 1975. **Rodents. Their lives and habits.** Taplinger Publ. Co. New York.

HARPER, F. 1961. **Land and fresh-water mammals of the Ungava Peninsula.** Univ. of Kansas, Mus. of Nat. Hist.

HARRISON, R. J. & G.L. Kooyman. 1971. **Diving in marine mammals.** *Oxford Biol. Readers* No 6, Oxford Univ. Press.

HENNING, R.A. et al (eds.). 1978. **Alaska whales and whaling.** *Alaska Geogr.* 5 (4): 1-143.

JONES, M.L. 1979. **Longevity of mammals in captivity.** *Int. Zoo News* 26 (3): 16-26.

KATONA, S. et al. 1977. **A field guide to the whales and seals of the Gulf of Maine.** 2nd ed., Coll. of the Atlantic, Bar Harbour, Maine.

KATONA, S.J. et al. 1983. **A field guide to the whales, porpoises and seals of the Gulf of Maine and Eastern Canada: Cape Cod to Newfoundland.** Charles Scribner's Sons, New York.

KING, J.E. 1983. **Seals of the world.** British Museum (Natural History), London, and Oxford Univ. Press, Oxford.

LEATHERWOOD, S. et al. 1976. **Whales, dolphins and porpoises of the Western North Atlantic: a guide to their identification.** N.O.A.A. *Tech. Rep.* NMFS *Circ.*-396.

LEATHERWOOD, S.L. et al. 1988. **Whales, dolphins and porpoises of the eastern North Pacific and adjacent waters: a guide to their identification.** Dover Publi., Inc. New York.

LEATHERWOOD, S.L. & R.R. Reeves. **The Sierra Club hanbook of whales and dolphins.** 1983. Sierra Club Books. San Francisco.

LOCKYER, C. 1976. **Body weights of some species of large whales.** J. *Cons. Int. Explor. mer* 36: 259-273.

MANSFIELD, A.W. 1964. **Phoques de l'Arctique et de l'est du Canada.** Bull. 137, *Off. Rech. Pêch, Canada.*

MANSFIELD, A.W. 1967. **The mammals of Sable Island.** *Can. Field-Nat.* 81: 40-49.

MARTIN, A.R. 1990. **Whales and dolphins.** Salamander books Inc. London

MITCHELL, E.D. 1973. **The status of the world's whales.** *Nature Canada* 2 (4): 9-25.

MITCHELL, E.D. 1974. **Trophic relationships and competition for food in the Northwest Atlantic Whales.** *Proc. Can. Soc. Zool. Ann. Meet. pp.* 123-133.

MITCHELL, E.D. 1974. **Present status of Northwest Atlantic Fin and other Whale stock.** *pp.* 108-169 In W.E. Schevill (ed.), The Whale problem, a status report. Harvard Univ. Press.

MITCHELL, E.D. 1975. **Porpoise, dolphin and small whale fisheries of the world, status and problems.** IUCN *Monogr.* No 3.

MITCHELL, E.D. 1975. **Report on the meeting on smaller cetaceans, Montréal, April 1-11, 1974.** *J. Off. Rech. Pêch. Canada* 32: 889-983.

MITCHELL, E.D. & S. Brown (eds.). 1976. **Scientific Committee International Decade of Cetacean Research, Research proposals for the North Atlantic.** IWC *Annex* E4 SC/SP74/*Rep.* 2: 142-179.

MITCHELL, E.D. & R.R. Reeves, 1981. **Catch history and cumulative catch estimates of initial population size of Cetaceans in the Eastern Canadian Arctic.** *Rep. Int. Whal. Comm.* 31: 645-682.

MORRIS, R.F. 1948. **The land mammals of New Brunswick.** *J. Mamm.* 29: 165-176.

MOWAT, F. 1984. **Sea of slaughter.** McClelland and Stewart, Toronto.

MURIE, O.J. 1954. **Field guide to animal tracks.** Houghton Mifflin Co., Boston.

MURIE, O.J. 1989. **Les traces d'animaux.** Marcel Broquet, Montréal.

NAGORSEN, D.W. & R.L. Peterson, 1980. **Mammal collector's manual.** Life Sci. Misc. Publ., Royal Ontario Mus.

NATIONAL GEOGRAPHIC SOCIETY. 1979. **Wild animals of North America.** Natl. Geogr. Soc., Washington, D.C.

NEWSOM, W.N. 1937. **Mammals on Anticosti Island.** *J. Mamm.* 18 (4): 435-442.

NORRIS, K.S. 1966. **Whales, dolphins and porpoises.** Univ. of California Press.

NOVAK, M. et al. (eds). 1987. **Wild furbearer management and conservation in North America.** Min. of Nat. Res., Ontario.

ORGANISATION MÉTÉOROLOGIQUE MONDIALE. 1970. **Nomenclature OMN des glaces de mer.** Nomenclature française. Secrétariat OMN, Genève. OMN 259 TP 145. 17 pp.

OUELLET, M.-C. 2002. **Fabuleuses baleines et autres mammifères marins du Québec.** Les éditions de l'homme, Montréal.

PERRIN, W.F. et al. (eds). 1984. **Reproduction in whales, dolphins and porpoises.** Reports of the International Whaling Commission, Special Issue 6. Cambridge. 495 pp.

PETERSON, R.L. 1966. **The mammals of Eastern Canada.** Oxford Univ. Press, Toronto.

PIERARD, J. 1975. **Découvrir les mammifères.** Presses de l'Univ. de Montréal, Montréal.

PIVORUNAS, A. 1979. **The feeding mechanisms of Baleen Whales.** *Am. Sci.* 67: 432-440.

READ, C.J. & S.E. Stephansson. 1976. **Distribution and migration routes of Marine Mammals in the Central Arctic region.** *Envir. Canada Rapp. Tech. Serv. Pêch. Sci. Mer,* No 667.

REEVES, R.R. et al. 2002. **National Audubon Society Guide to Marine Mammals of the World.** Knopf. 527 p.

RICHARD, P. 2001. **Marine Mammals of Nunavut.** Qikitani School Operations, Dept. of Education, Nunavut, 196 p.

RICHARD, P. & J. Prescott. 1981. **Ne tirez pas sur la baleine.** *Québec Science* 19 (10): 30-37.

RIDGWAY, S.H. (ed.) 1972. **Mammals of the sea, biology and medecine.** Charles C. Thomas Publ.

RIDGWAY, S.H. & R.J. Harrisson. 1981. **Handbook of marine mammals.** Academic Press. New York. Vol 1: **The walrus, sea lions, fur seals and sea otter.** 235 pp. (1981); Vol 2: **Seals.** 359 p. (1981); Vol 3: **The sirenians and baleen whales.** 362 pp. (1985); Vol 4: **River dolphins and the larger toothed whales.** 442 pp. (1989).

RUE, L.L. III, 1967. **Pictorial guide to the mammals of North America.** T.Y. Crowell Co., New York.

SCHMIDT, J.L. & D.L. Gilbert (eds.). 1978. **Big game of North America.** Ecology and management. Stackpole Books, Harrisburg, Pa.

SEARS, R. 1980. **Report on observations of Cetaceans along the North shore of the Gulf of St. Lawrence (Mingan Islands) Summer-Fall 1980.** Mingan Island Cetacean Study.

SERGEANT, D.E. 1961. **Whales and dolphins of the Canadian East coast.** *Fish Res. B. Can. Arctic Unit circ.* No 7.

SERGEANT, D.E. & H.D. Fisher, 1957. **The smaller Cetacea of Eastern Canadian waters.** *J. Off. Rech. Pêch. Canada* 14: 83-115.

SERGEANT, D.E. et al. 1970. **Inshore records of Cetacea for Eastern Canada, 1949-68.** *J. Off. Rech. Pêch. Canada* 27: 1903-1915.

SLIJPER, E.J. 1979. **Whales.** 2nd ed., Cornell Univ. Press.

SMITH, R.W. 1940. **The land mammals of Nova Scotia.** *Am. Midl. Nat.* 24: 213-241.

SOCIÉTÉ ZOOLOGIQUE DE QUÉBEC. 1967. **Nom français des mammifères du Canada.** *Carnets de Zool.* 27: 25-30.

STOKES, D.W. 1976. **A guide to nature in winter. Northeast and North Central America.** Little, Brown & Co., Boston & Toronto.

SYLVESTRE, J.-P. 1998. **Guide des Mammifères Marins au Canada.** Broquet, éditeur.

VAN ZYLL DE JONG, C.G. 1983, 1985. **Traité des mammifères du Canada.** Tome 1. **Les marsupiaux et les insectivores.** Tome 2. **Les chauves-souris.** Mus. Nat. Sci. Nat., Ottawa.

VAUGHAN, T.A. 1978. **Mammalogy.** 2nd ed. W.B. Saunders, Philadelphia.

WATKINS, W.A. & W.E. Schevill. 1979. **Aerial observation of feeding behavior in four Baleen Whales: *Eubalaena glacialis*, *Balaenoptera borealis*, *Megaptera novaeangliae* and B. *physalus*.** *J. Mamm.* 60: 155-163.

WATSON, L. 1981. **Sea guide to whales of the world.** E.P. Dutton, New York; Nelson Canada.

WHITAKER, J.O. Jr. 1980. **The Audubon Society Field Guide to North American Mammals.** A.A. Knopf, New York.

WILSON, D.A. & D.M. Reeder. 1993. **Mammal Species of the World: A Taxonomic and Geographic Reference. 2nd edition.** Smithsonian Institution Press, Washington.

RÉFÉRENCES SPÉCIFIQUES

MARSUPIAUX

Famille des didelphidés

ATKINSON, A.A. 1953. **Br'er Possum, Hermit of the Lowlands.** *Nat. Geogr. Mag.* 103 (3): 405-418.

FITCH, H.S. & H.W. Shirer. 1970. **A radio-telemetric study of the spatial relationships in the Opossum.** *Am. Midl. Nat.* 84: 170-186.

HOLMES, D.J. 1991. **Social behavior in captive Virginia opossums (*Didelphis virginiana*)** J. *Mamm.* 72 (2): 402-410.

HOPKINS, D. 1977. **Nest-building behavior in the immature Virginia Opossum (*Didelphis virginiana*).** *Mammalia* 41: 361-362.

KEEFE, J.F. 1967. **The world of the Opossum.** J.B. Lippincott Co., New York.

McMANUS, J.J. 1970. **Behavior of captive Opossums, *Didelphis marsupialis virginiana*.** *Am. Midl. Nat.* 84: 144-169.

McMANUS, J.J. 1974. ***Didelphis virginiana*.** *Mammal. Species*, No 40, *pp.* 1-6, 3 *figs*.

PETERSON, R.L. & S.D. Downing. 1956. **Distributional records of the Opossum in Ontario.** J. *Mamm.* 37: 431-435.

REYNOLDS, H.C. 1945. **Some aspects of the life history and ecology of the Opossum in Central Missouri.** J. *Mamm.* 26: 361-379.

WISEMAN, G.L. & G.O. Hendrickson. 1950. **Notes on the life history and ecology of the Opossum in Southeast Iowa.** J. *Mamm.* 31: 331-337.

INSECTIVORES

Famille des soricidés

BENESKI, J.T. & D.W. Stinson. 1987. ***Sorex palustris*.** *Mammal. Species* No 296, pp. 1-6, 4 *figs*.

BIDER, J.R. & J.P.R. Sarrazin. 1972. **Spatial utilization, activity and predation of the shrew, *Sorex cinereus cinereus*, in Central Newfoundland; and development of a trap census method for estimating population levels.** *Newfoundland Forest Res. Ctr., Info. Rep.* N-X-78. 66 *pp*.

BLOSSOM, P.M. 1932. **A pair of Longtailed Shrews (*Sorex cinereus cinereus*) in captivity.** J. *Mamm.* [illegible].

BLUS, L.J. 1971. **Reproduction and survival of Short-tailed Shrews *Blarina brevicauda* in captivity.** *Lab. Anim. Sci.* 21: [illegible].

BUCHLER, E.R. 1976. **The use of echolocation by the Wandering Shrew (*Sorex vagrans*).** *Anim. Behav.* 24: 858-873.

BUCKNER, C.H. 1964. **Metabolism, food capacity and feeding behavior in four species of shrews.** *Can. J. Zool.* 42: 259-279.

BUCKNER, C.H. 1966. **Populations and ecological relationships of shrews in Tamarack bogs of Southeastern Manitoba.** J. *Mamm.* 47: 181-194.

CALDER, W.A. 1969. **Temperature relations and underwater endurance of the smallest homeothermic diver, the Water Shrew.** *Comp. Biochem. Physiol.* 30 (6): 1075-1082.

CARTER, T.D. 1936. **The Short-tailed Shrew as a tree climber.** J. *Mamm.* 17: 285.

CLOUGH, G.C. 1963. **Biology of the Arctic Shrew, *Sorex arcticus*.** *Am. Midl. Nat.* 69: 69-81.

CONAWAY, C.H. 1952. **Life history of the Water Shrew (*Sorex palustris navigator*).** *Am. Midl. Nat.* 48: 219-248.

CRIDDLE, S. 1973. **The granivorous habits of shrews.** *Can. Field-Nat.* 87: 69-70.

DAPSON, R.W. 1968. **Reproduction and age structure in a population of Short-tailed Shrews, *Blarina brevicauda*.** J. *Mamm.* 49: 205-214.

DeBYLE, N.V. 1965. **Short-tailed Shrew attacks garter snake.** J. *Mamm.* 46: 329.

DeMEULES, D.H. 1954. **Possible anti-adrenalin action of shrew venom.** J. *Mamm.* 35: 425.

DIERSING, V.E. 1980. **Systematics and evolution of the Pygmy Shrews (subgenus *Microsorex*) of North America.** J. *Mamm.* 61: 76-101.

DIXON, J. 1924. **Notes on the life history of the Gray Shrew.** J. *Mamm.* 5: 1-6.

DOREMUS, H.M. 1965. **Heart rate, temperature and respiration rate of the Short-tailed Shrew in captivity.** J. *Mamm.* 46: 424-425.

DOUCET, G.J. & J.R. Bider. 1974. **The effects of weather on the activity of the Masked Shrew.** J. *Mamm.* 55: 348-363.

DUSI, J.L. 1951. **The nest of a Short-tailed Shrew.** J. *Mamm.* 32: 115.

EADIE, W.R. 1949. **Predation on a *Sorex* by *Blarina*.** J. *Mamm.* 30: 308-309.

ELLIS, L.S. et al. 1978. **Taxonomic status of Short-tailed Shrews (*Blarina*) in Illinois.** J. *Mamm.* 59: 305-311.

FORMANOWICZ Jr., D.R. & E.D. Brodie Jr. 1979. **Palatability and antipredator behavior of selected Rana to the shrew *Blarina*.** *Am. Midl. Nat.* 101: 456-458.

FORSYTH, W.B. 1976. **A field study of growth and development of nestling Masked Shrews (*Sorex cinereus*).** J. *Mamm.* 57: 708-721.

GEORGE, S.B. 1986. **Blarina brevicauda**. *Mammal. Species* No 261, *pp.* 1-9, 3 *figs*.

GOODWIN, M.K. 1979. **Notes on caravan and play behavior in young captive *Sorex cinereus*.** J. *Mamm.* 60: 411-413.

GOULD, E. et al. 1964. **Evidence for echolocation in shrews.** J. *exp. Zool.* 156: 19-38.

HAMILTON, W.J. Jr. 1929. **Breeding habits of the Short-tailed Shrew *Blarina brevicauda*.** J. *Mamm.* 10: 125-134.

HAMILTON, W.J. Jr. 1930. **The food of the Soricidae.** J. *Mamm.* 11: 22-29.

HAMILTON, W.J. Jr. 1931. **Habits of the Short-tailed Shrew, *Blarina brevicauda*.** *Ohio J. Sci.* 31: 97-106.

HAMILTON, W.J. Jr. 1940. **The biology of the Smoky Shrew (*Sorex f. fumeus* Miller).** *Zoologica* 25: 473-492.

HORVATH, O. 1965. **Arboreal predation on bird's nest by Masked Shrew.** J. *Mamm.* 46: 495.

KIRKLAND, G.L. Jr. 1981. ***Sorex dispar* and *Sorex gaspensis*.** *Mammal. Species* No 155, *pp.* 1-4, 4 *figs*.

KIRKLAND, G.L. Jr. et al. 1979. **First record of the Long-tailed Shrew (*Sorex dispar*) in New-Brunswick.** *Can. Field-Nat.* 93: 195-198.

KIRKLAND, G.L. Jr. et H.M. Van Deusen. 1979. **The shrews of the *Sorex dispar* group: *Sorex dispar* Batchelder and *Sorex gaspensis* Anthony and Goodwin.** *Amer. Mus. Nov.* 2675: 1-21.

LAMPMAN, B.H. 1947. **A note on the predaceous habit of the Water Shrew.** *J. Mamm.* 28: 181.

LONG, C.A. 1972. **Notes on habitat preference and reproduction in Pigmy Shrews, *Microsorex*.** *Can. Field-Nat.* 86: 155-160.

LONG, C.A. 1974. ***Microsorex hoyi* and *Microsorex thompsoni*.** *Mammal. Species* No 33, *pp.* 1-4.

MANN, P.M. & R.H. Stinson. 1957. **Activity of the Short-tailed Shrew.** *Can. J. Zool.* 35: 171-177.

MARTINSEN, D.L. 1969. **Energetics and activity patterns of Short-tailed Shrews (*Blarina*) on restricted diets.** *Ecology* 50: 505-510.

MAURER, F.W. Jr. 1970. **Observation of fighting between a vole and a shrew.** *Am. Midl. Nat.* 84: 549.

MILLER-BEN-SHAUL, D. 1982. **Short-tailed Shrews (*Blarina brevicauda*) in captivity.** *Int. Zoo Yearb.* 4: 121-123.

NADER, I.A. & R. Martin. 1962. **The shrew as prey of the domestic cat.** *J. Mamm.* 43: 417.

NEW, J.G. 1956. **Causes of mortality in the Short-tailed Shrews.** *J. Mamm.* 40: 244-245.

OLSEN, R.W. 1969. **Agonistic behavior of the Short-tailed Shrews (*Blarina brevicauda*).** *J. Mamm.* 50: 494-500.

ORR, R.T. 1949. **Death from fright in Long-tailed Shrews.** *J. Mamm.* 30: 195-196.

OWEN, J.G. 1984. **Sorex fumeus.** *Mammal. Species* No 215, *pp.* 1-8, 3 *figs.*

OXLEY, D.J. et al. 1977. **Range extension of the Water Shrew and Mink Frog in the James Bay region of Quebec.** *Can. Field-Nat.* 91: 322-323.

PALMER, D.T. & E.E. Good. 1980. **Distribution of Short-tailed Shrews in a wooded valley in Southeastern Ohio.** *Ohio J. Sci.* 80 (3): 119-121.

PEARSON, O.P. 1942. **On the cause and nature of a poisonous action produced by the bite of a shrew *Blarina brevicauda*.** *J. Mamm.* 23: 159-166.

PEARSON, O.P. 1944. **Reproduction in the shrew *Blarina brevicauda*.** *Am. J. Anat.* 75: 39-93.

PEARSON, O.P. 1945. **Longevity of the Short-tailed Shrew.** *Am. Midl. Nat.* 34: 531-546.

PETERSON, R.S. & A. Symansky. 1963. **First record of the Gaspé Shrew from New Brunswick.** *J. Mamm.* 44: 278-279.

PLATT, W.J. 1976. **The social organization and territoriality of Short-tailed Shrew (*Blarina brevicauda*) populations in old-field habitats.** *Anim. Behav.* 24: 305-318.

PRUITT, W.O. Jr. 1954. **Aging in the Masked Shrew, *Sorex c. cinereus* Kerr.** *J. Mamm.* 35: 35-39.

PRUITT, W.O. Jr. 1954. **Notes on a litter of young Masked Shrews.** *J. Mamm.* 35: 109-110.

RAPP, J.L.C. & W. Rapp Jr. 1945. **Resting nest of the Short-tailed Shrew.** *J. Mamm.* 26: 307.

RONGSTAD, O.J. 1965. **Short-tailed Shrew attacks young Snowshoe Hare.** *J. Mamm.* 46: 328-329.

ROOD, J.P. 1958. **Habits of the Short-tailed Shrew in captivity.** *J. Mamm.* 39: 499-507.

ROSCOE, B. & C. Majka. 1976. **First records of the Rock Vole (*Microtus chrotorrhinus*) and the Gaspé Shrew (*Sorex gaspensis*) from Nova Scotia and a second record of the Thompson's Pigmy Shrew (*Microsorex thompsoni*) from Cape Breton Island.** *Can. Field-Nat.* 90: 497-498.

SCOTT, F.W. 1989. **New Nova Scotia records of the Long-tailed Shrew (*Sorex dispar*) with comments on the taxonomic status of *Sorex dispar* and *Sorex gaspensis*.** Naturaliste can. (Rev. Écol. Syst.) 116: 145-154.

SHORGEK, A.W. 1947. **The sense of smell in Short-tailed Shrew.** *J. Mamm.* 28: 180.

SHORT, H.L. 1961. **Fall breeding activity of a young shrew.** *J. Mamm.* 42: 95.

SORENSON, M.W. 1962. **Some aspects of Water Shrew behavior.** *Am. Midl. Nat.* 68: 445-462.

THOMAS, H.H. et al. 1980. ***Sorex palustris* on Prince Edward Island.** *Can. Field-Nat.* 94: 329-331.

TOMASI, T.E. 1978. **Function of venom in the Short-tailed Shrew, *Blarina brevicauda*.** *J. Mamm.* 59: 852-854.

TOMASI, T.E. 1979. **Echolocation by the Short-tailed Shrew *Blarina brevicauda*.** *J. Mamm.* 60: 751-759.

VAN ZYLL DE JONG, C.G. 1976. **Are there two species of Pygmy Shrews (*Microsorex*)?** *Can. Field-Nat.* 90: 485-487.

WHITAKER, J.O. Jr. & M.G. Ferraro. 1963. **Summer food of 220 Short-tailed Shrews from Ithaca, New York.** *J. Mamm.* 44: 419.

WHITAKER, J.O. Jr. & L.L. Schmeltz. 1973. **Food and external parasites of *Sorex palustris* and food of *Sorex cinereus* from St. Louis County, Minnesota.** *J. Mamm.* 54: 283-285.

WRIGLEY, R.E. et al. 1979. **Habitat, abundance, and distribution of six species of shrews in Manitoba.** *J. Mamm.* 60: 505-520.

Famille des talpidés

ARLTON, A.V. 1932. **An ecological study of the mole.** *J. Mamm.* 17: 349-371.

EADIE, W.R. 1939. **A contribution to the biology of *Parascalops breweri*.** *J. Mamm.* 20: 150-173.

EADIE, W.R. & W.J. Hamilton Jr. 1956. **Notes on reproduction in the Star-nosed Mole.** *J. Mamm.* 37: 223-231.

HALLETT, J.G. 1978. ***Parascalops breweri*.** *Mammal. Species* No 98, *pp.* 1-4, 2 *figs.*

HAMILTON, W.J. Jr. 1931. **Habits of the Star-nosed Mole, *Condylura cristata*.** *J. Mamm.* 12: 345-355.

PETERSEN, K.E. & T.L. Yates. 1980. ***Condylura cristata*.** *Mammal. Species* No 129, *pp.* 1-4, 3 *figs.*

VAN VLECK, D.B. 1965. **The anatomy of the nasal rays of *Condylura cristata*.** *J. Mamm.* 46: 248-253.

CHIROPTÈRES

Famille des vespertilionidés

BALCOMBE, J.P. 1987. **Status report on bat conservation in Canada.** Commitee on the status of endangered wildlife in Canada, Ottawa.

BARBOUR, R.W. & W.H. Davis. 1969. **Bats of America.** The University Press of Kentucky.

BARCLAY, R.M.R. 1986. **The echolocation calls of the Hoary (*Lasiurus cinereus*) and Silver-haired (*Lasionycteris noctivagans*) Bats as adaptations for long-versus short-range foraging strategies and the consequences for prey selection.** *Can. J. Zool.* 64: 2700-2705.

BARCLAY, R.M.R. & D.W. Thomas. 1979. **Copulation call of *Myotis lucifugus*: a discrete situation-specific communication signal.** *J. Mamm.* 60: 632-634.

BEER, J.R. 1955. **Survival and movements of banded Big Brown Bats.** *J. Mamm.* 36: 242-248.

BELWOOD, J.J. & M.B. Fenton, 1976. **Variation in the diet of *Myotis lucifugus* (Chiroptera: Vespertilionidae).** *Can. J. Zool.* 54: 1674-1678.

BLEAKNEY, J.S. 1965. **First specimens of Eastern Pipistrelle from Nova Scotia.** *J. Mamm.* 46: 528-529.

BOGAN, M.A. 1972. **Observations on parturition and development in the Hoary Bat, *Lasiurus cinereus*.** *J. Mamm.* 53: 611-614.

BUCHLER, E.R. 1980. **The development of flight, foraging, and echolocation in the Little Brown Bat (*Myotis lucifugus*).** *Behav. Ecol. Sociobiol.* 6: 211-218.

BYRE, V.J. 1990. **A group of young Peregrine Falcons prey on migrating bats.** *Wilson Bull.* 102 (4): 728.

CAIRE, W. et al. 1979. **Notes on the ecology of *Myotis keenii* (Chiroptera, Vespertilionidae) in Eastern Missouri.** *Am. Midl. Nat.* 102: 404-407.

CARMODY, G.R. et al. 1971. **Variation of body weight and proteins in three Ontario populations of hibernating *Myotis l. lucifugus*.** *Can. J. Zool.* 49: 1535-1540.

CRAFT, T.J. & R.W. Dexter. 1955. **Swimming ability of the Little Brown Bat.** *J. Mamm.* 36: 452-453.

DAVIS, W.H. 1955. ***Myotis subulatus leibii* found in unusual situations.** *J. Mamm.* 36: 130.

DAVIS, W.H. 1964. **Winter awakening patterns in the bats *Myotis lucifugus* and *Pipistrellus subflavus*.** *J. Mamm.* 45: 645-647.

DAVIS, R. & E.L. Cockrum. 1963. **Bridges utilized as day-roosts by bats.** *J. Mamm.* 44: 428-430.

DAVIS, W.H. & H.B. Hitchcock. 1965. **Biology and migration of the bat *Myotis lucifugus* in New England.** *J. Mamm.* 46: 296-313.

FARNEY, J. & E.D. Fleharty. 1969. **Aspect ratio, loading, wing span, and membrane areas of bats.** *J. Mamm.* 50: 362-367.

FENTON, B. & R.M.R. Barclay, 1980. ***Myotis lucifugus*.** *Mammal. Species* No 142, *pp.* 1-8, 2 *figs.*

FENTON, M.B. & G.P. Bell. 1979. **Echolocation and feeding behaviour in four species of *Myotis* (Chiroptera).** *Can. J. Zool.* 57: 1271-1277.

FENTON, M.B. et al. 1980. **Distribution, parturition dates, and feeding of bats in South-central British Columbia.** *Can. Field-Nat.* 94: 416-420.

FITCH, J.H. & K.A. Shump Jr. 1979. ***Myotis keenii*.** *Mammal. Species* No 121, *pp.* 1-3, 2 *figs.*

FUJITA, M.S. & T.H. Kunz. 1984. ***Pipistrellus subflavus*.** *Mammal. Species* No 228, *pp.* 1-6, 3 *figs.*

GATES, D.B. & J. Wolcott. 1946. **Four Red Bats in one litter.** *J. Mamm.* 27: 84-85.

GOEHRING, H.H. 1955. **Observations on Hoary Bats in a storm.** *J. Mamm.* 36: 130-131.

GOEHRING, H.H. 1971. **Big Brown Bat survives sub-zero temperatures.** *J. Mamm.* 52: 832-833.

GOEHRING, H.H. 1972. **Twenty-year study of *Eptesicus fuscus* in Minnesota.** *J. Mamm.* 53: 201-207.

GOSLIN, N.M. 1977. **Winter record of the Silver-haired Bat, *Lasionycteris noctivagans* Le Conte, in Michigan.** *J. Mamm.* 58: 657.

GOULD, E. 1955. **The feeding efficiency of insectivorous bats.** *J. Mamm.* 36: 399-407.

HICKEY, M.B.C. & M.B. Fenton. 1990. **Foraging by Red Bats (*Lasiurus borealis*): do intraspecific chases mean territoriality?** *Can. J. Zool.* 68: 2477-2482.

HITCHCOCK, H.B. 1949. **Hibernation of bats in Southeastern Ontario and adjacent Quebec.** *Can. Field-Nat.* 63: 47-59.

HUMPHREY, S.R. 1975. **Nursery roosts and community diversity of Nearctic bats.** *J. Mamm.* 56: 321-346.

HUMPHREY, S.R. & J.B. Cope. 1976. **Population ecology of the Little Brown Bat, *Myotis lucifugus*, in Indiana and North-Central Kentucky.** *Am. Soc. Mammal. Spec. Publ.* No 4.

IZOR, R.J. 1979. **Winter range of the Silver-haired Bat.** *J. Mamm.* 60: 641-643.

KEEN, R. & H.B. Hitchcock. 1980. **Survival and longevity of the Little Brown Bat (*Myotis lucifugus*) in Southeastern Ontario.** *J. Mamm.* 61: 1-7.

KLUGH, A.B. 1924. **Notes on *Eptesicus fuscus*.** *J. Mamm.* 5: 42-43.

KUNZ, T.H. 1974. **Reproduction, growth, and mortality of the Vespertilionid bat, *Eptesicus fuscus*, in Kansas.** *J. Mamm.* 55: 1-13.

KURTA, A. & R.H. Baker. 1990. **Eptesicus fuscus.** *Mammal. Species* No 356, *pp.* 1-10, 3 *figs.*

LA VAL, R.K. et al. 1977. **Foraging behavior and nocturnal activity patterns of Missouri bats, with emphasis on the endangered species *Myotis grisescens* and *Myotis sodalis*.** *J. Mamm.* 58: 592.-599.

LA VAL, R.K. & M. L. La Val. 1979. **Notes on reproduction, behavior, and abundance of the Red Bat, *Lasiurus borealis*.** *J. Mamm.* 60: 209-212.

McALPINE, D.F. 1976. **First record of the Eastern Pipistrelle in New Brunswick.** *Can. Field-Nat.* 90: 476.

McMANUS, J.J. 1974. **Activity and thermal preference of the Little Brown Bat, *Myotis lucifugus*, during hibernation.** *J. Mamm.* 55: 844-846.

MILLS, R.S. et al. 1975. **Population dynamics of the Big Brown Bat (*Eptesicus fuscus*) in Southwestern Ohio.** *J. Mamm.* 56: 591-604.

NAGORSEN, D.W. 1980. **Records of hibernating Big Brown Bats (*Eptesicus fuscus*) and Little Brown Bats (*Myotis lucifugus*) in Northwestern Ontario.** *Can. Field-Nat.* 94: 83-85.

PATTERSON, A.P. & J.W. Hardin, 1969. **Flight speeds of five species of Vespertilionid bats.** *J. Mamm.* 50: 152-153.

PETERSON, R.L. 1981. **The incredible world of bats.** *Queen's Quarterly* 88 (2): 203-218.

PITTMAN, H.H. 1924. **Notes on the feeding habits of the Little Brown Bat (*Myotis lucifugus*).** *J. Mamm.* 5: 231-232.

REITH, C.C. 1980. **Shifts in times of activity by *Lasionycteris noctivagans*.** *J. Mamm.* 61: 104-108.

SCHOWALTER, D.B. 1980. **Characteristics of bat rabies in Alberta.** *Can. J. Comp. Med.* 44: 70-76.

SCHOWALTER, D.B. 1980. **Swarming, reproduction, and early hibernation of *Myotis lucifugus* and *M. volans* in Alberta, Canada.** J. *Mamm.* 61: 350-354.

SCHOWALTER, D.B. & J.R. Gunson. 1979. **Reproductive biology of the Big Brown Bat (*Eptesicus fuscus*) in Alberta.** *Can. Field-Nat.* 93: 48-54.

SCHOWALTER, D.B. et al. 1978. **Seasonal occurrence of Silver-haired Bats (*Lasionycteris noctivagans*) in Alberta and British Columbia.** *Can. Field-Nat.* 92: 288-291.

SCHOWALTER, D.B. et al. 1979. **Life history characteristics of Little Brown Bats (*Myotis lucifugus*) in Alberta.** *Can. Field-Nat.* 93: 243-251.

SHUMP, K.A. Jr. & A.U. Shump. 1982. **Lasiurus borealis.** *Mammal. Species* No 183, *pp.* 1-6, 3 *figs.*

SHUMP, K.A. Jr. & A.U. Shump. 1982. **Lasiurus cinereus.** *Mammal. Species* No 185, *pp.* 1-5, 3 *figs.*

STAINS, H.J. 1965. **Female Red Bat carrying four young.** J. *Mamm.* 46: 333.

STEGEMAN, L.C. 1954. **Notes on the development of the Little Brown Bat *Myotis l. lucifugus*.** J. *Mamm.* 35: 432-433.

STONES, R.C. & T. Oldenburg. 1968. **Occurrence of torpid *Myotis lucifugus* in a cold mine in summer.** J. *Mamm.* 49: 123-126.

VAN ZYLL DE JONG, C.G. 1985. **Traité des mammifères du Canada. 2 Les chauves-souris.** Musées nationaux du Canada, Mus. Nat. Sci. Nat., Ottawa, 215 pp.

WETMORE, A. 1936. **Hibernation of the Brown Bat.** J. *Mamm.* 17: 130-131.

WHITAKER, J.O. Jr. 1967. **Hoary Bat apparently hibernating in Indiana.** J. *Mamm.* 48: 663.

WILLIAMS, D.F. & J.S. Findley. 1979. **Sexual size dimorphism in Vespertilionid bats.** *Am. Midl. Nat.* 102: 113-126.

YATES, T.L. et al. 1976. **Silver-haired Bat in Mexico.** J. *Mamm.* 57: 205.

ZINN, T.L. & W.W. Baker, 1979. **Seasonal migration of the Hoary Bat, *Lasiurus cinereus*, through Florida.** J. *Mamm.* 60: 634-635.

LAGOMORPHES

Famille des léporidés

ALAIN, G. 1986. **Le lièvre d'Amérique.** Plan tactique. MLCP, Québec.

ALAIN, G. & G. Moisan, 1968. **Le domaine vital de *Lepus americanus* dans la région de Québec.** *Terre et Vie* 115: 57-68.

ANISKOWICZ, B.T., et al. 1988. **Nursing behaviour of arctic hares (*Lepus arcticus*).** pp. 643-664 in Harington, C.R. (ed.) Canada's missing dimension: science and history in the Canadian arctic islands. Canadian Museum of Nature, Ottawa.

ANONYME. 1967. **Un lapin à queue blanche dans le comté de Dorchester.** *Carnets de Zool.* 28: 11.

BERGERUD, A.T. 1967. **The distribution and abundance of Arctic Hares in Newfoundland.** *Can. Field-Nat.* 81: 242-248.

BIDER, J.R. 1961. **An ecological study of the Hare *Lepus americanus*.** *Can.* J. *Zool.* 39: 81-103.

BIDER, J.R. 1974. **Snowshoes in the North woods.** *Nature Canada* 3 (1): 20-24.

CASTEEL, D.A. 1966. **Nest building, parturition, and copulation in the Cottontail Rabbit.** *Am. Midl. Nat.* 75: 160-167.

CHAPMAN, J.A. et al. 1977. **Reproductive and physiological cycles in the Cottontail complex in Western Maryland and nearby West Virginia.** *Wildl. Monogr.* 56: 1-73.

CHAPMAN, J.A. et al. 1980. ***Sylvilagus floridanus*.** *Mammal. Species* No 136, *pp.* 1-8, 4 *figs.*

CONAWAY, C.H. et al. 1963. **Annual production by a Cottontail population.** J. *Wildl. Manage.* 27: 171-175.

CONAWAY, C.H. et al. 1974. **Geographic variation in litter size and onset of breeding in Cottontails.** J. *Wildl. Manage.* 38: 473-481.

CONAWAY, C.H. & H.M. Wight, 1963. **Age at sexual maturity of young male Cottontails.** J. *Mamm.* 44: 426-427.

DEAN, P.B. & A. De Vos. 1965. **The spread and the present status of the European Hare, *Lepus europaeus hybridus* (Desmarest) in North America.** *Can. Field-Nat.* 79: 38-48.

DILL, D. 1975. **The feral house cat as a predator of Varying Hares.** *Can. Field-Nat.* 89: 78-79.

DOUCET. 1973. **House cat as predator of Snowshoe Hare.** J. *Wildl. Manage.* 37: 591.

ELDER, W.H. & L.K. Sowls. 1942. **Body weight and sex ratio of Cottontail Rabbits.** J. *Wildl. Manage.* 6: 203-207.

FERGUSON, M.A.D. & H.G. Merriam. 1978. **A winter feeding relationship between Snowshoe Hares and Porcupines.** J. *Mamm.* 59: 878.

FERRON, J. & J.-P. Ouellet. 1989. **Le comportement social dans un petit groupe captif de lièvres d'Amérique (*Lepus americanus*).** *Naturaliste can.* (Rev. Écol. Syst.) 116: 17-26.

FITZGERALD, S.M. & L.B. Keith. 1990. **Intra- and inter-specific dominance relationships among arctic and snowshoe hares.** *Can.* J. *Zool.* 68: 457-464.

FITZSIMMONS, M. & H.P. Weeks Jr. 1981. **Observations on snow tunneling by *Sylvilagus floridanus*.** J. *Mamm.* 62: 211-212.

HAUGEN, A.O. 1942. **Life history studies of the Cottontail Rabbit in Southwestern Michigan.** *Am. Midl. Nat.* 28: 204-244.

HEARN, B.J. et al. 1987. **Demography and ecology of the arctic hare (*Lepus arcticus*) in southwestern Newfoundland.** *Can.* J. *Zool.* 65 (4): 852-861.

HORNICKE, H. & F. Batsch. 1977. **Coecotrophy in rabbits — a circadian function.** J. *Mamm.* 58: 240-242.

KEITH, L.B. & L.A. Windberg. 1978. **A demography analysis of the Snowshoe Hare cycle.** *Wildl. Monogr.* 58: 1-70.

MARSDEN, H.M. & C.H. Conaway. 1963. **Behavior and the reproductive cycle in the Cottontail.** J. *Wildl. Manage.* 27: 161-170.

MARSDEN, H.M. & N.R. Holler. 1964. **Social behavior in confined populations of the Cottontail and the Swamp Rabbit.** *Wildl. Monogr.* 13: 1-39.

MOORE, K. 1981. **Arctic Hare husbandry.** *C.A.Z.P.A., Annual Meeting, Québec, Sept.* 1981.

O'FARRELL, T.P. 1965. **Home range and ecology of Snowshoe Hares in interior Alaska.** J. *Mamm.* 46: 406-418.

PARKER, G.R. 1977. **Morphology, reproduction, diet, and behavior of the Arctic Hare (*Lepus arcticus monstrabilis*) on Axel Heiberg Island, Northwest Territories.** *Can. Field-Nat.* 91: 8-18.

RONGSTAD, O.J. 1966. **Biology of penned Cottontail Rabbits.** *J. Wildl. Manage.* 30: 312-319.

RONGSTAD, O.J. & J.R. Tester. 1971. **Behavior and maternal relations of young Snowshoe Hare.** *J. Wildl. Manage.* 35: 338-346.

SEVERAID, J.H. 1945. **Breeding potential and artificial propagation of the Snowshoe Hare.** *J. Wildl. Manage.* 9: 290-295.

VAUGHAN, M.R. & L.B. Keith. 1980. **Breeding by juvenile Snowshoe Hares.** *J. Wildl. Manage.* 44: 948-951.

WINDBERG, L.A. & L.B. Keith. 1976. **Experimental analysis of dispersal in Snowshoe Hare populations.** *Can. J. Zool.* 54: 2061-2081.

WINDBERG, L.A. & L.B. Keith. 1976. **Snowshoe Hare population response to artificial high densities.** *J. Mamm.* 57: 523-553.

WOOD, T.J. & S.A. Munroe. 1977. **Dynamics of Snowshoe Hare populations in the Maritime Provinces.** *Can. Wildl. Serv., occas. paper* No 30.

RONGEURS

Famille des sciuridés

ALLEN, E.G. 1938. **The habits and life history of the Eastern Chipmunk, *Tamias striatus lysteri*.** *New York State Mus. Bull.* 314: 1-122.

ANISKOWICZ, B.T. & J. Vaillancourt. 1979. **Agonistic interactions among wild Eastern Chipmunks (*Tamias striatus*).** *Can. J. Zool.* 57: 683-690.

BAILEY, E.D. 1965. **Seasonal change in metabolic activity of non hibernating Woodchucks.** *Can. J. Zool.* 43: 905-909.

BAILEY, E.D. 1965. **The influence of social interaction and season on weight change in Woodchucks.** *J. Mamm.* 46: 438-445.

BARKALOW, F.S. Jr. & R.F. Soots Jr. 1975. **Life span and reproductive longevity of the Gray Squirrel, *Sciurus c. carolinensis* Gmelin.** *J. Mamm.* 56: 522-524.

BOOTH, E.S. 1946. **Notes on the life history of the Flying Squirrel.** *J. Mamm.* 27: 28-30.

BRINK, C.H. & F.C. Dean. 1966. **Spruce seed as food of Red Squirrels ans Flying Squirrels in interior Alaska.** *J. Wildl. Manage.* 30: 503-512.

BRONSON, F.H. 1962. **Daily and seasonal activity patterns in Woodchucks.** *J. Mamm.* 43: 425-427.

BURT, E.H. et al. 1975. **Mother Woodchuck transports her seven young to new nest.** *Mammalia* 39: 714-716.

BURTON, J. & R. Gauthier. 1976. **Une addition à la faune mammalienne des Iles-de-la-Madeleine: l'écureuil roux.** *Nat. Can.* 103: [illegible]

[illegible] **[illegible] in home range usage by Gray Squirrels (*Sciurus carolinensis*).** *J. Mamm.* 60: 814-817.

COVENTRY, A.F. 1932. **Notes on the Mearns Flying Squirrel.** *Can. Field-Nat.* 46: 75-78.

COWAN, I. McT. 1936. **Nesting habits of the Flying Squirrel *Glaucomys sabrinus*.** *J. Mamm.* 17: 58-60.

DAVIS, D.E. 1967. **The annual rhythm of fat deposition in Woodchucks (*Marmota monax*).** *Physiol. Zool.* 40: 391-402.

DEVOS, A. & D.I. Gillespie. 1960. **A study of Woodchucks on an Ontario farm.** *Can. Field-Nat.* 74: 130-145.

DOLAN, P.G. & D.C. Carter. 1977. ***Glaucomys volans*.** *Mammal. Species No 78, pp.* 1-6, 4 *figs.*

DUBOCK, A.C. 1979. **Methods of age determination in Gray Squirrels (*Sciurus carolinensis*) in Britain.** *J. Zool., Lond.* 188: 27-40.

DUBOCK, A.C. 1979. **Male Gray Squirrel (*S. carolinensis*) reproductive cycles in Britain.** *J. Zool., Lond.* 188: 41-51.

DUCHARME, M.B., et al. 1989. **Thermogenic capacity in gray and black morphs of the Gray Squirrel (*Sciurus carolinensis*).** *Physiol. Zool.* 62 (6): 1273-1292.

ELLIOT, L. 1978. **Social behavior and foraging ecology of the Eastern Chipmunk (*Tamias striatus*) in the Adirondack Mountains.** *Smithson. Contrib. Zool.* 265: 1-107.

EMBRY, P.C. 1970. **Vocal communication of the Red Squirrel, *Tamiasciurus hudsonicus*.** M.Sc. Thesis, Univ. of Montana, Missoula, Montana.

FALL, M.W. 1971. **Seasonal variations in the food consumption of Woodchucks (*Marmota monax*).** *J. Mamm.* 52: 370-375.

FANCY, S.G. 1980. **Nest-tree selection by Red Squirrels in a boreal forest.** *Can. Field-Nat.* 94: 198.

FANCY, S.G. 1981. **Daily movements of Red Squirrels, *Tamiasciurus hudsonicus*.** *Can. Field-Nat.* 95: 348-350.

FERRON, J. 1976. **Cycle annuel d'activité de l'écureuil roux (*Tamiasciurus hudsonicus*), adultes et jeunes en semi-liberté au Québec.** *Nat. Can.* 103: 1-10.

FERRON, J. 1980. **Ontogénèse du comportement de l'écureuil roux (*Tamiasciurus hudsonicus*).** *Can. J. Zool.* 58: 1090-1099.

FERRON, J. & J. Prescott. 1977. **Gestation, litter size, and number of litters of the Red Squirrel (*T. hudsonicus*) in Quebec.** *Can. Field-Nat.* 91: 83-84.

FERRON, J. & J.-P. Ouellet 1985. **Développement physique post-natal chez le grand polatouche (*Glaucomys sabrinus*).** *Can. J. Zool.* 63: 2548-2552.

FERRON, J. & J.-P. Ouellet. 1989. **Temporal and intersexual variations in the use of space with regard to social organization in the Woodchuck (*Marmota monax*).** *Can. J. Zool.* 67: 1642-1649.

FERRON, J. & J.-P. Ouellet. 1991. **Physical and behavioral postnatal development of Woodchucks (*Marmota monax*).** *Can. J. Zool.* 69: 1040-1047.

GETTY, T. 1979. **An observation on *Tamias striatus* reproducing in a tree nest.** *J. Mamm.* 60: 626.

GILBERT, B. 1980. **[illegible]** *Audubon* 82 (4): 102-107.

GOERTZ, J.W. 1965. **Late summer breeding of Flying Squirrels.** *J. Mamm.* 46: 510.

GOERTZ, J. W. et al. 1975. **Response to nest boxes and reproduction by *Glaucomys volans* in Northern Louisiana.** J. Mamm. 56: 933.

GOUDIE, R.I. 1978. **Red Squirrels, *T. hudsonicus*, in the Salmonier River Valley, Newfoundland.** *Can. Field-Nat.* 92: 193-196.

HAUSER, D.C. 1964. **Anting by Gray Squirrels.** J. Mamm. 45: 136-138.

HÉBERT, P. & J. Prescott. 1983. **Étude du marquage olfactif chez la marmotte commune.** *Can. J. Zool.* 61 (8): 1720-1725.

HENDERSON, J.A. & F.F. Gilbert. 1978. **Distribution and density of Woodchuck burrow systems in relation to land-use practices.** *Can. Field-Nat.* 92: 128-136.

HORWICH, R.H. 1972. **The ontogeny of social behavior in the Gray Squirrel (*Sciurus carolinensis*).** *Adv. in Ethol., Suppl. 8 to Z. Tierpsychol.*, 103 *pp.*

JACOBS, L.F. & E.R. Liman. 1991. **Gray squirrels remember the locations of buried nuts.** *Anim. Behav.* 41 (1): 103-110.

JUDD, W.W. 1955. **Gray Squirrels feeding upon samaras of elm.** J. Mamm. 36: 296.

KILHAM, L. 1954. **Territorial behaviour of Red Squirrel.** J. Mamm. 35: 252-253.

KIRKPATRICK, R.L. et al. 1976. **Parturition times and litter sizes of Gray Squirrels in Virginia.** Southeast. Assoc. Game Fish Comm., 30th ann. Conf. *pp.* 541-545.

KRAMM, K.R. et al. 1975. **Variation within and among populations of Red Squirrel in the Lake Superior region.** J. Mamm. 56: 258-262.

LAIR, H. 1978. **Écureuils chapardeurs dans les érablières du Québec.** *Carnets de Zool.* 38: 36-41.

LAIR, H. 1990. **The calls of the red squirrel - a contextual analysis of function.** *Behaviour* 115 (3-4): 253-282.

LAYNE, J.N. 1954. **The biology of the Red Squirrel *Tamiasciurus hudsonicus loquax* (Bangs), in Central New York.** *Ecol. Monogr.* 24: 227-267.

LINZEY, D.W. & A.V. Linzey. 1979. **Growth and development of the Southern Flying Squirrel (*Glaucomys volans volans*).** J. Mamm. 60: 615-620.

MacCLINTOCK, D. 1970. **Squirrels of North America.** Van Nostrand Reinhold Co., New York.

MADDEN, J.R. 1974. **Female territoriality in a Suffolk County, Long Island, population of *Glaucomys volans*.** J. Mamm. 647-652.

MCQUADE, D.B. et al. 1986. **Cues used for localizing food by the Gray Squirrel (*Sciurus carolinensis*).** *Ethology* 72: 22-30.

MUUL, I. 1968. **Behavioral and physiological influences on the distribution of the Flying Squirrel (*Glaucomys volans*).** *Misc. Pub. Mus. Zool., Univ. Michigan* 134: 1-66.

MUUL, I. 1969. **Mating behavior, gestation period, and development of *Glaucomys sabrinus*.** J. Mamm. 50: 121.

MUUL, I. 1974. **Geographic variation in the nesting habits of *Glaucomys volans*.** J. Mamm. 55: 840-844.

NICHOLS, J.T. 1958. **Food habits and behavior of the Gray Squirrel.** J. Mamm. 39: 376-380.

NIXON, C.M. et al. 1968. **Gray Squirrel litter movement.** J. Mamm. 49: 560.

OUELLET, J.-P. & J. Ferron. 1986. **L'utilisation de l'espace par la marmotte commune (*Marmota monax*).** *Nat. Can.* 113: 263-273.

PACK, J.C. et al. 1967. **Influence of social hierarchy on Gray Squirrel behavior.** *J. Wildl. Manage.* 31: 720-728.

PAULS, R.W. 1978. **Behavioural strategies relevant to the energy economy of the Red Squirrel (*Tamiasciurus hudsonicus*).** *Can. J. Zool.* 56: 1519-1525.

PAULS, R.W. 1979. **Body temperature dynamics of the Red Squirrel (*Tamiasciurus hudsonicus*): adaptations for energy conservation.** *Can. J. Zool.* 57: 1349-1354.

PETRIDES, G.A. 1941. **Snow burrows of the Red Squirrel (*Tamiascirus*).** J. Mamm. 22: 393-394.

PIDDUCK, E.R. & J.B. Falls. 1973. **Reproduction and emergence of juveniles in *Tamias striatus* (Rodentia: Sciuridae) at two localities in Ontario, Canada.** J. Mamm. 54: 693-707.

PILON, L. & G. Baron. 1990. **Distribution spatio-temporelle de l'activité chez *Tamias striatus*.** *Mammalia* 54 (3): 391-396.

POPE, A.S. 1924. **Swimming Red Squirrels.** J. Mamm. 5: 134.

PRESCOTT, J. 1979. **Description de la parturition d'un écureuil roux (*Tamiasciurus hudsonicus*) en captivité.** *Biol. Behav.* 4: 89-96.

PRESCOTT, J. 1979. **Contribution à l'étude des vocalisations des jeunes chez l'écureuil roux (*Tamiasciurus hudsonicus*).** *Behav. Process.* 4: 359-373.

PRESCOTT, J. 1983. **La marmotte: Dr Jekyll ou Mr. Hyde?** *Québec Science* 21 (10): 41-46.

PRESCOTT, J. 1983. **Le transport des jeunes chez les Sciuridés: un comportement adapté au mode de vie.** *Mammalia* 47 (2): 179-182.

PRESCOTT, J. & J. Ferron. 1978. **Breeding and behaviour development of the American Red Squirrel (*Tamiasciurus hudsonicus*) in captivity.** *Int. Zoo Yearb.* 18: 125-130.

PRESCOTT, J. & P. Richard. 1980. **Écureuil de jour, écureuil de nuit.** *Québec Science* 19 (2): 64-69.

RITER, R.A. & H.H. Vallowe. 1978. **Early behavioral ontogeny in the Southern Flying Squirrel *Glaucomys volans volans*.** *Proc. Penn. Acad. Sci.* 52: 169-175.

ROTHWELL, R. 1979. **Nest sites of Red Squirrels (*T. hudsonicus*) in the Laramie Range of Southeastern Wyoming.** J. Mamm. 60: 404-405.

SALT, J.R. & C.A. Roth. 1980. **Bark of Pine galls eaten by Red Squirrels.** *Can. Field-Nat.* 94: 196.

SCHOONMAKER, W.J. 1966. **The world of the Woodchuck.** J.B. Lippincott Co., Philadelphia & New York.

SHAFFER, L. 1980. **Use of scatterhoards by Eastern Chipmunks to replace stolen food.** J. Mamm. 61: 733-734.

SKRYJA, D.D. 1974. **Reproductive biology of the Least Chipmunk (*Eutamias minimus operarius*) in Southeastern Wyoming.** J. Mamm. 55: 221-224.

SMITH, C.C. 1968. **The adaptive nature of social organization in the genus of tree squirrels *Tamiasciurus*.** *Ecol. Monogr.* 38: 31-63.

SMITH, C.C. 1978. **Structure and function of the vocalizations of tree squirrels (*Tamiasciurus*).** J. Mamm. 59: 793-808.

SMITH, D.A. & L.C. Smith. 1972. **Aberrant coloration in Canadian Eastern Chipmunks, *Tamias striatus*.** *Can. Field-Nat.* 86: 253-257.

SMITH, D.A. & L.C. Smith. 1975. **Oestrus, copulation, and related aspects of reproduction in female Eastern Chipmunk, *Tamias striatus* (Rodentia: Sciuridae).** *Can. J. Zool.* 53: 756-767.

SMITH, N.B. & F.S. Barkalow. 1967. **Precocious breeding in the Gray Squirrel.** *J. Mamm.* 48: 328-330.

SOLLBERGER, D.E. 1943. **Notes on the breeding habits of the Eastern Flying Squirrel (*Glaucomys v. volans*).** *J. Mamm.* 24: 163-173.

STABB, M. 1987. **The status of the Southern Flying Squirrel (*Glaucomys volans*) in Canada.** Commitee on the status of endangered wildlife in Canada, Ottawa.

SVENDSEN, G. & R.H. Yahner. 1979. **Habitat preference and utilization by the Eastern Chipmunk (*Tamias striatus*).** *Kirtlandia*, No 31, 14 *pp*.

TAYLOR, J.C. 1966. **Home range and agonistic behaviour in the Gray Squirrel.** *Symp. Zool. Soc. Lond.* 18: 229-235.

THOMAS, K.R. 1974. **Burrow systems of the Eastern Chipmunk (*Tamias striatus pipilans* Lowery) in Louisiana.** *J. Mamm.* 55: 454-459.

THOMPSON, D.C. 1977. **Reproductive behavior of the Gray Squirrel.** *Can. J. Zool.* 55: 1176-1184.

THOMPSON, D.C. 1977. **Diurnal and seasonal activity of the Gray Squirrel (*Sciurus carolinensis*).** *Can. J. Zool.* 55: 1185-1189.

THOMPSON, D.C. 1978. **The social system of the Gray Squirrel.** *Behaviour* 64: 305-328.

THOMPSON, D.C. & P.S. Thompson. 1980. **Food habits and caching behavior of urban Gray Squirrels.** *Can. J. Zool.* 58: 701-710.

TUFTS, R.W. 1973. **Is the Gray Squirrel invading Nova Scotia?** *Can. Field-Nat.* 87: 175-176.

UHLIG, H.G. 1955. **Weights of adult Gray Squirrels.** *J. Mamm.* 36: 293-296.

WEIGL, P.D. 1978. **Resource overlap, interspecific interactions and the distribution of the Flying Squirrels, *Glaucomys volans and G. sabrinus*.** *Am. Midl. Nat.* 100: 83-96.

WELLS-GOSLING, N. 1985. **Flying Squirrels: gliders in the dark.** Smithsonian Nature Book, 128 pp.

WELLS-GOSLING, N. & L.R. Heaney. 1984. ***Glaucomys sabrinus*.** *Mammal. Species* No 229, *pp.* 1-8, 4 *figs.*

WISHNER, L. **Eastern Chipmunks: secrets of their solitary lives.** Smithsonian Nature Book, 144 pp.

WOODS, S.E. Jr. 1980. **Les écureuils du Canada.** Musée National des Sciences Naturelles, M.N.C., Ottawa.

WOODWARD, S.M. 1990. **Population density and [illegible] range characteristics of Woodchucks (*Marmota [illegible]*) at expressway interchanges.** *Can. Field-Nat.* 104 (3): 421-428.

WRAZEN, J.A. 1980. **Late summer activity changes in populations of Eastern Chipmunks (*Tamias striatus*).** *Can. Field-Nat.* 94: 305-310.

YAHNER, R.H. 1978. **Burrow system and home range use by Eastern Chipmunks, *Tamias striatus*: ecological and behavioral considerations.** *J. Mamm.* 59: 324-329.

YAHNER, R.H. 1980. **Burrow system use by Red Squirrels.** *Am. Midl. Nat.* 103: 409-411.

YAHNER, R.H. & G.E. Svendsen. 1978. **Effects of climate on the circannual rhythm of the Eastern Chipmunk, *Tamias striatus*.** *J. Mamm.* 59: 109-117.

Famille des castoridés

ALEKSIUK, M. 1968. **Scent-mound communication, territoriality, and population regulation in Beaver (*Castor canadensis*, Kuhl).** *J. Mamm.* 49: 759-762.

ANONYME. 1973. **Le castor.** Faune de l'Arrière-Pays, Serv. can. de la Faune, Env. Canada.

BRADY, C.A. & G.E. Svendsen. 1981. **Social behaviour in a family of Beaver, *Castor canadensis*.** *Biol. Behav.* 6: 99-114.

BROWN, M.K. 1979. **Two old Beavers from the Adirondacks.** *N.Y. Fish & Game J.* 26.

BUTLER, R.G. & L.A. Butler. 1979. **Toward a functional interpretation of scent marking in the Beaver (*Castor canadensis*).** *Behav. Neural. Biol.* 26: 442-454.

DOBOSZYNSKA, T. & Zurowski. 1975. **Changes observed in the reproductive tract of a Beaver female after high dosages of gonadotrophic hormones.** *Acta Theriol.* 20 (8): 105-112.

GILL, D. 1972. **The evolution of a discrete Beaver habitat in the MacKenzie River Delta, Northwest Territories.** *Can. Field-Nat.* 86: 233-239.

HEDIGER, H. 1970. **Zum Fortpflanzungsverhalten des Kanadischen Bibers (*Castor fiber canadensis*).** *Forma Functio* 2 (4): 336-351.

HOGDON, H.E. & J.S. Larson. 1973. **Some sexual differences in behaviour within a colony of marked Beavers (*Castor canadensis*).** *Anim. Behav.* 21: 147-152.

JENKINS, S.H. 1980. **A size-distance relation in food selection by Beavers.** *Ecology* 61: 740-746.

JENKINS, S.H. & P.E. Busher. 1979. ***Castor canadensis*.** *Mammal. Species* No 120, *pp.* 1-8.

LARSON, J.S. 1967. **Age structure and sexual maturity within a Western Maryland Beaver (*Castor canadensis*) population.** *J. Mamm.* 48: 408-413.

LEIGHTON, A.H. 1933. **Notes on the relations of Beavers to one another and to the Muskrat.** *J. Mamm.* 14: 27-35.

LIERS, E.E. 1966. **Notes on breeding the Canadian Otter in captivity and longevity records of Beavers.** *Int. Zoo Yearb.* 6: 171-172.

MOUSSEAU, R. & R. MacNeil. 1976. **Distribution actuelle et potentielle du castor (*Castor canadensis*) dans le parc de la Gatineau, Québec.** *Rev. Geogr. Montr.* 30 (4): 349-357.

NOVAK, M. 1972. **The Beaver in Ontario.** Min. Nat. Resour., Ontario.

NOVAK, M. 1977. **Determining the average size and composition of [illegible] families.** *J. Wildl. Manage.* 41: 751-754.

OERTLI, E.F. 1976. **The Beavers of Kananaskis forest.** *Nature Canada* 5 (1): 3-8.

OSBORN, D.J. 1955. **Techniques of sexing Beaver, *Castor canadensis*.** J. *Mamm*. 36: 141-142.

RICHARDS, D. 1977. **Beaversprite. My years building an animal sanctuary.** Chronicle Books, San Francisco.

RUE III, L.L. 1964. **The world of the Beaver.** J.B. Lippincott Co., Philadelphia & New York.

SLOUGH, B.G. 1978. **Beaver food cache structure and utilization.** J. *Wildl. Manage.* 42: 644-646.

STEPHENSON, A.B. 1969. **Temperatures within a Beaver lodge in winter.** J. *Mamm.* 50: 134-136.

SVENDSEN, G.E. 1978. **Castor and anal glands of the Beaver (*Castor canadensis*).** J. *Mamm.* 59: 618-620.

WILSSON, L. 1968. **My Beaver colony.** Doubleday & Co., New York.

Famille des cricétidés

AMBROSE, H.W. III. 1973. **An experimental study of some factors affecting the spatial and temporal activity of *Microtus pennsylvanicus*.** J. *Mamm.* 54: 79-110.

BARON, G. & J. Pottier. 1977. **Determination of activity patterns of *Clethrionomys gapperi* in an artificial tunnel system.** *Nat. Can.* 104: 341-351.

BARRY, R.E. & E.N. Francq. 1980. **Orientation to landmarks within the preferred habitat by *Peromyscus leucopus*.** J. *Mamm.* 61: 292-303.

BARRY, W.J. 1976. **Environmental effects on food hoarding in Deermice (*Peromyscus*).** J. *Mamm.* 57: 731-746.

BENTON, A.H. 1955. **Notes on the behavioral development of captive Red-backed Mice.** J. *Mamm.* 36: 566-567.

BERGERON, J.-M. 1980. **Importance des plantes toxiques dans le régime alimentaire de *Microtus pennsylvanicus* à deux étapes opposées de leur cycle.** *Can. J. Zool.* 58: 2230-2238.

BERGERON, J.-M. & J. Juillet. 1979. **L'alimentation estivale du campagnol des champs, *Microtus pennsylvanicus*,** Ord. Can. J. *Zool.* 57: 2028-2032.

BOVET, J. 1980. **Homing behavior and orientation in the Red-backed Vole, *Clethrionomys gapperi*.** *Can. J. Zool.* 58: 754-760.

BUECH, R.R. et al. 1977. **A second population of Rock Voles (*Microtus chrotorrhinus*) in Minnesota, with comments on habitat.** *Can. Field-Nat.* 91: 413-414.

CHRISTIANSON, L. 1977. **Winter movements of *Peromyscus* across a lake in Northern Minnesota.** J. *Mamm.* 58: 244.

CRIDDLE, S. 1950. **The *Peromyscus maniculatus bairdii* complex in Manitoba.** *Can. Field-Nat.* 64: 169-177.

DANELL, K. 1978. **Ecology of the Muskrat in Northern Sweden.** National Swedish Envir. Protection Board.

DARCHEN, R. 1964. **Notes éthologiques sur le rat musqué, *Ondatra zibethica* L., et en particulier sur la construction de la hutte d'hiver.** *Mammalia* 28: 137-168.

DEWSBURY, D.A. et al. 1980. **Sexual dimorphism for body mass in 13 taxa of Muroid rodents under laboratory conditions.** J. *Mamm.* 61: 146-149.

DRICKAMER, L.C. & B.M. Vestal. 1973. **Patterns of reproduction in a laboratory colony of *Peromyscus*.** J. *Mamm.* 54: 523-528.

FITZGERALD, R.W. & D.M. Madison. 1983. **Social organization of a free-ranging population of Pine Voles (*Microtus pinetorum*).** *Behav. Ecol. Sociobiol.* 13: 183-187.

FOLINSBEE, J.D. et al. 1973. **Ecological distribution of the Meadow Vole, *Microtus pennsylvanicus terranovae* (Rodentia: Cricetidae), on the Main Island of Newfoundland.** *Can. Field-Nat.* 87: 1-4.

FOSTER, J.B. 1961. **Life history of the Phenacomys Vole.** J. *Mamm.* 42: 181-198.

GATES, J.E. & D.M. Gates. 1980. **A winter food cache of *Microtus pennsylvanicus*.** *Am. Midl. Nat.* 103: 407-408.

GEYER, L.A. & J.G. Rogers Jr. 1979. **The influence of light intensity on reproduction in Pine Voles, *Microtus pinetorum*.** J. *Mamm.* 60: 839-841.

GRANT, P.R. 1971. **The habitat preference of *Microtus pennsylvanicus*, and its relevance to distribution of this species on islands.** J. *Mamm.* 52: 351-361.

GRANT, P.R. 1975. **Population performance of *Microtus pennsylvanicus* confined to woodland habitat, and a model of habitat occupancy.** *Can. J. Zool.* 53: 1447-1465.

GRAY, G.D. & D.A. Dewsbury. 1975. **A quantitative description of the copulatory behaviour of Meadow Voles (*Microtus pennsylvanicus*).** *Anim. Behav.* 23: 261-267.

HALPIN, Z.T. & T.P. Sullivan. 1978. **Social interactions in island and mainland populations of the Deer Mouse, *Peromyscus maniculatus*.** J. *Mamm.* 59: 395-401.

HAMILTON, W.J. Jr. & W.J. Hamilton III. 1954. **The food of some small mammals from the Gaspé Peninsula, P.Q.** *Can. Field-Nat.* 68: 108-109.

HARLAND, R.M. & J.S. Millar. 1980. **Activity of breeding *Peromyscus leucopus*.** *Can. J. Zool.* 58: 313-316.

HASLER, J.F. 1975. **A review of reproduction and sexual maturation in the Microtine rodents.** *The Biologist* 57 (2): 52-86.

HASLER, J.F. & E.M. Banks. 1975. **Reproductive performance and growth in captive Collared Lemmings (*Dicrostonyx groenlandicus*).** *Can. J. Zool.* 53: 777-787.

HESKE, E.J. & R.S. Ostfeld. 1990. **Sexual dimorphism in size, relative size of testes, and mating systems in North American voles.** J. *Mammal.* 71 (4): 510-519.

HILL, J.L. 1977. **Space utilization of *Peromyscus*: social and spatial factors.** *Anim. Behav.* 25: 373-389.

HORNER, B.E. 1947. **Paternal care of young mice of the genus *Peromyscus*.** J. *Mamm.* 28: 31-36.

INNES, D.G.L. 1978. **A reexamination of litter size in some North American Microtines.** *Can. J. Zool.* 56: 1488-1496.

INNES, D.G.L. & J.S. Millar. 1979. **Growth of *Clethrionomys gapperi* and *Microtus pennsylvanicus* in captivity.** *Growth* 43 (3): 208-217.

INNES, D.G.L. & J.S. Millar. 1981. **Body weight, litter size, and energetics of reproduction in *Clethrionomys gapperi* and *Microtus pennsylvanicus*.** *Can. J. Zool.* 59: 785-789.

JOHNSON, M.L. 1973. **Characters of the Heather Vole, *Phenacomys*, and the Red Tree Vole, *Arborimus*.** *J. Mamm.* 54: 239-244.

KING, J.A. (ed.) 1968. **Biology of *Peromyscus* (Rodentia).** *Amer. Soc. Mammal. Spec. Publ.* No 2.

KING, J.A. & B.M. Vestal. 1974. **Visual acuity of *Peromyscus*.** *J. Mamm.* 55: 238-243.

KIRKLAND, G.L. & F.J. Jannett Jr. 1982. ***Microtus chrotorrhinus*.** *Mammal. Species* No 180, *pp.* 1-5, 3 *figs.*

KIRKLAND, G.L. Jr. & C.M. Knipe. 1979. **The Rock Vole (*Microtus chrotorrhinus*) as a transition zone species.** *Can. Field-Nat.* 93: 319-321.

LACKEY, A.A., D.G. Huckaby & B.G. Ormiston. 1985. ***Peromyscus leucopus*.** *Mammal. Species* No 247, *pp.* 1-10, 6 *figs.*

LACKEY, J.A. 1978. **Reproduction, growth, and development in high-latitude and low-latitude populations of *Peromyscus leucopus* (Rodentia).** *J. Mamm.* 59: 69-83.

LANGFORD, P.E. & F.V. Clulow. 1979. **Reproduction of the female Red-backed Vole, *Clethrionomys gapperi* (Vigors), in the laboratory.** *Can. J. Zool.* 57: 2460-2462.

LINSEY, A.V. 1983. ***Synaptomys cooperi*.** *Mammal. Species* No 210, *pp.* 1-5, 3 *figs.*

LYNCH, C.B. 1974. **Environmental modification of nest-building in the Whitefooted Mouse, *Peromyscus leucopus*.** *Anim. Behav.* 22: 405-409.

MacARTHUR, R.A. 1978. **Winter movements and home range of the Muskrat.** *Can. Field-Nat.* 92: 345-349.

MacARTHUR, R.A. 1979. **Seasonal patterns of body temperature and activity in free-ranging Muskrats (*Ondatra zibethicus*).** *Can. J. Zool.* 57: 25-33.

MacARTHUR, R.A. 1980. **Daily and seasonal activity patterns of the Muskrat *Ondatra zibethicus* as revealed by radiotelemetry.** *Holarctic Ecol.* 3: 1-9.

MacARTHUR, R.A. & M. Aleksiuk. 1979. **Seasonal microenvironments of the Muskrat (*Ondatra zibethicus*) in a northern marsh.** *J. Mamm.* 60: 146-154.

MADISON, D.M. 1977. **Movements and habitat use among interacting *Peromyscus leucopus* as revealed by radiotelemetry.** *Can. Field-Nat.* 91: 273-281.

MADISON, D.M. 1978. **Movement indicators of reproductive events among female Meadow Voles as revealed by radiotelemetry.** *J. Mamm.* 59: 835-843.

MADISON, D.M. 1980. **Space use and social structure in Meadow Voles, *Microtus pennsylvanicus*.** *Behav. Ecol. Sociobiol.* 7: 65-71.

MADISON, D.M. 1981. **An integrated view of the social biology of *Microtus pennsylvanicus*.** Inédit.

MARTELL, A.M. [illegible]. **Food habits [illegible] Red-backed Voles (*Clethrionomys gapperi*) in Northern Ontario.** *Can. Field-Nat.* 95: 325-328.

MARTELL, A.M. & A.L. Macaulay. 1981. **Food habits of Deer Mice (*Peromyscus maniculatus*) in Northern Ontario.** *Can. Field-Nat.* 95: 319-324.

MARTEN, G.G. 1973. **Time patterns of *Peromyscus* activity and their correlations with weather.** *J. Mamm.* 54: 169-188.

McALLISTER, J.A. & R.S. Hoffmann. 1988. ***Phenacomys intermedius*.** *Mammal. Species* No 305, *pp.* 1-8, 3 *figs.*

McCARTHY, R. & C.H. Southwick. 1977. **Patterns of parental care in two Cricetid rodents, *Onychomys torridus* and *Peromyscus leucopus*.** *Anim. Behav.* 25: 945-948.

MERRITT, J.F. 1981. ***Clethrionomys gapperi*.** *Mammal. Species* No 146, *pp.* 1-9, 3 *figs.*

METZGAR, L.H. 1973. **Home range shape and activity in *Peromyscus leucopus*.** *J. Mamm.* 54: 383-390.

METZGAR, L.H. 1973. **Exploratory and feeding home ranges in *Peromyscus*.** *J. Mamm.* 54: 760-763.

MIHOK, S. 1976. **Behaviour of subarctic Red-backed Voles (*Clethrionomys gapperi athabascae*).** *Can. J. Zool.* 54: 1932-1945.

MIHOK, S. 1979. **Behavioral structure and demography of subarctic *Clethrionomys gapperi* and *Peromyscus maniculatus*.** *Can. J. Zool.* 57: 1520-1535.

MILLAR, J.S. 1975. **Tactics of energy partitioning in breeding *Peromyscus*.** *Can. J. Zool.* 53: 967-976.

MILLAR, J.S. et al. 1979. **Breeding by *Peromyscus* in seasonal environments.** *Can. J. Zool.* 57: 719-727.

MILLER, D.H. & L.L. Getz. 1977. **Comparisons of population dynamics of *Peromyscus* and *Clethrionomys* in New England.** *J. Mamm.* 58: 1-16.

NEWTON, S.L. et al. 1980. **Importance of arboreality in *Peromyscus leucopus* and *Microtus pennsylvanicus* interactions.** *Can. Field-Nat.* 94: 167-170.

OUELLETTE, D.E. & J.F. Heisinger. 1980. **Reingestion of feces by *Microtus pennsylvanicus*.** *J. Mamm.* 61: 366-368.

PARKER, G.R. 1979. **Unusually late pregnancy of a Muskrat in Southeastern New Brunswick.** *Can. Field-Nat.* 93: 440-441.

PARKER, G.R. & J.W. Maxwell. 1980. **Characteristics of a population of Muskrats (*Ondatra zibethicus zibethicus*) in New Brunswick.** *Can. Field-Nat.* 94: 1-8.

PÉPIN, F.-M. & G. Baron. 1978. **Développement postnatal de l'activité motrice chez *Microtus pennsylvanicus*.** *Can. J. Zool.* 56: 1092-1102.

PROULX, G. 1989. **Considérations sur les blessures des rats musqués (*Ondatra zibethicus*) adultes mâles en saison de reproduction.** *Mammalia* 53: 19-23.

PROULX, G. & F.F. Gilbert. 198[illegible]. **The ecology of the Muskrat *Ondatra zibethicus* at Luther Marsh, Ontario.** *Can. Field-Nat.* 97: 377-390.

RAHM, U. & G. Stocker. 1975. **Notes sur le rat musqué (*Ondatra zibethica*) en Alsace.** *Terre & Vie* 29: 458-464.

REICH, L.M. 1981. ***Microtus pennsylvanicus*.** *Mammal. Species* No 159, *pp.* 1-8, 3 *figs.*

RIEWE, R.R. 1973. **Food habits of insular Meadow Voles, *Microtus pennsylvanicus terranovae* (Rodentia: Cricetidae) in Notre Dame Bay, Newfoundland.** *Can. Field-Nat.* 87: 5-13.

RINTAMAA, D.L. et al. 1976. **Reproduction during two annual cycles in a population of *Peromyscus leucopus noveboracensis*.** *J. Mamm.* 57: 593.

ROSCOE, B. & C. Majka. 1976. **First record of the Rock Vole (*Microtus chrotorrhinus*) and the Gaspé Shrew (*Sorex gaspensis*) from Nova Scotia and a second record of the Thompson's Pygmy Shrew (*Microsorex thompsoni*) from Cape Breton Island.** *Can. Field-Nat.* 90: 497.

ROSE, R.K. & R.D. Dueser. 1980. **Lifespan of Virginia Meadow Voles.** *J. Mamm.* 61: 760-763.

SCHADLER, M.H. & G.M. Butlerstein. 1979. **Reproduction in the Pine Vole, *Microtus pinetorum*.** *J. Mamm.* 60: 841-844.

SMOLEN, M.J. 1981. ***Microtus pinetorum*.** *Mammal. Species No 147, pp. 1-7, 5 figs.*

STAH, C.D. 1980. **Vertical nesting distribution of two species of *Peromyscus* under experimental conditions.** *J. Mamm.* 61: 141-143.

STEBBINS, L.L. 1975. **Short activity periods in relation to circadian rhythms in *Clethrionomys gapperi*.** *Oikos* 26: 32-38.

STEBBINS, L.L. 1976. **Overwintering of the Red-backed Vole at Edmonton, Alberta, Canada.** *J. Mamm.* 57: 554-561.

STEINIGER, B. 1976. **Factors affecting the behavior and sociology of the Muskrat (*Ondatra zibethicus* L.).** *Z. Tierpsychol.* 41: 55-79.

STEWART, R.W. & J.R. Bider. 1974. **Reproduction and survival of ditch-dwelling Muskrats in Southern Quebec.** *Can. Field-Nat.* 88: 429-436.

TADLOCK, C.C. & H.G. Klein. 1979. **Nesting and food-storage behavior of *Peromyscus maniculatus gracilis* and *P. leucopus noveboracensis*.** *Can. Field-Nat.* 93: 239-242.

TAMARIN, R.H. ed. 1985. **Biology of New World *Microtus*.** *Spec. Publ. Amer. Soc. Mammal.* 8: 1-893.

TIMM, R.M. et al. 1977. **Natural history of Rock Voles (*Microtus chrotorrhinus*) in Minnesota.** *Can. Field-Nat.* 91: 177-181.

VESTAL, B.M. et al. 1980. **Age of first leaving the nest in two species of Deer Mice (*Peromyscus*).** *J. Mamm.* 61: 143-146.

VICKERY, W.L. 1979. **Food consumption and preferences in wild populations of *Clethrionomys gapperi* and *Napaeozapus insignis*.** *Can. J. Zool.* 57: 1536-1542.

WEBSTER, A.B. & R.J. Brooks. 1981. **Daily movements and short activity periods of free-ranging Meadow Voles *Microtus pennsylvanicus*.** *Oikos* 37: 80-87.

WETZEL, R.M. 1955. **Speciation and dispersal of the Southern Bog Lemming, *Synaptomys cooperi* (Baird).** *J. Mamm.* 36: 1-20.

WHITAKER, J.O. Jr. & R.L. Martin. 1977. **Food habits of *Microtus chrotorrhinus* from New Hampshire, New York, Labrador, and Quebec.** *J. Mamm.* 58: 99-100.

WILLNER, G.R. et al. 1980. ***Ondatra zibethicus*.** *Mammal. Species No 141, pp. 1-8, 4 figs.*

ZIMMERMAN, E.G. 1965. **A comparison of habitat and food of two species of *Microtus*.** *J. Mamm.* 46: 605-612.

Famille des muridés

ALTMAN, J. & K. Sudarshan. 1975. **Postnatal development of locomotion in the laboratory rat.** *Anim. Behav.* 23: 932-940.

BIRKE, L.I.A. 1978. **Scent-marking and the oestrous cycle of the female rat.** *Anim. Behav.* 26: 1165-1166.

BOLLES, R.C. & P.J. Woods. 1964. **The ontogeny of behavior in the albino rat.** *Anim. Behav.* 12: 427-441.

BRONSON, F.H. 1979. **The reproductive ecology of the House Mouse.** *Quart. Rev. Biol.* 54: 265-299.

BUTLER, R.G. 1980. **Population size, social behaviour and dispersal in House Mice. Quantitative investigation.** *Anim. Behav.* 28: 78-85.

CHARTRAND, L. 1980. **Les super-rats.** *Québec Science* 18 (7): 39-47.

CROWCROFT, P. 1955. **Territoriality in wild House Mice, *Mus musculus*.** *J. Mamm.* 36: 299-301.

DRICKAMER, L.C. 1979. **Acceleration and delay of first estrus in wild *Mus musculus*.** *J. Mamm.* 60: 215-216.

FOX, M.W. 1965. **Reflex-ontogeny and behavioural development of the Mouse.** *Anim. Behav.* 13: 234-241.

GILBERT, A.N. et al. 1980. **Postpartum copulatory and maternal behaviour in Norway Rats under seminatural conditions.** *Anim. Behav.* 28: 989-995.

HARRINGTON, J.E. 1976. **Recognition of territorial boundaries by olfactory cues in Mice (*Mus musculus*).** *Z. Tierpsychol.* 41: 295-306.

HIRATA, D.N. & R.D. Nass. 1974. **Growth and sexual maturation of laboratory-reared, wild *Rattus norvegicus*, *R. rattus* and *R. exulans* in Hawaii.** *J. Mamm.* 55: 472-474.

LABOV, J.B. 1980. **Factors influencing infanticidal behavior in wild male House Mice (*Mus musculus*).** *Behav. Ecol. Sociobiol.* 6: 297-303.

LANIER, D.K. et al. 1974. **Food hoarding in muroid rodents.** *Behav. Biol.* 11: 177-187.

LLOYD, J.A. 1975. **Social structure and reproduction in two freely-growing populations of House Mice (*Mus musculus* L.).** *Anim. Behav.* 23: 413-424.

PRICE, E.O. 1977. **Burrowing in wild and domestic Norway Rats.** *J. Mamm.* 58: 239-240.

PRICE, E.O. 1980. **Sexual behaviour and reproductive competition in male wild and domestic Norway Rats.** *Anim. Behav.* 28: 657-667.

PRICE, E.O. et al. 1976. **Competitive dominance of wild and domestic Norway Rats (*Rattus norvegicus*).** *Anim. Behav.* 24: 589-599.

PYE, T. & W.N. Bonner. 1980. **Feral Brown Rats, *Rattus norvegicus*, in *South Georgia* (South Atlantic Ocean).** *J. Zool., Lond.* 192: 237-255.

THÉRIEN, G. 1975. **Ratopolis.** Les Presses de l'Université du Québec, Québec.

WILLIAMS, E. & J.P. Scott. 1953. **The development of social behavior patterns in the Mouse in relation to natural periods.** *Behaviour* 6: 35-65.

Famille des dipodidés

BROWER, J.E. & T.J. Cade. 1966. **Ecology and physiology of *Napaeozapus insignis*, and other Woodland Mice.** *Ecology* 47: 46-63.

CLOUGH, G.C. 1955. **Repeated hibernation in a captive Meadow Jumping Mouse.** *J. Mamm.* 36: 301-302.

DEXTER, R.W. 1954. **Notes on nests of the Meadow Jumping Mouse, *Zapus hudsonius*.** *J. Mamm.* 35: 121.

DOUGLASS, R.J. & A.E.L. McNaughton. 1977. **A recent record of the Meadow Jumping Mouse, *Zapus hudsonius*, in the Northwest Territories.** *Can. Field-Nat.* 91: 96-97.

IVERSON, S.L. & B.N. Turner. 1973. **Ecological notes on Manitoba *Napaeozapus insignis*.** *Can. Field-Nat.* 87: 15-19.

LOVEJOY, D.A. 1973. **Ecology of the Woodland Jumping Mouse (*Napaeozapus insignis*) in New Hampshire.** *Can. Field-Nat.* 87: 145-149.

MUCHLINSKI, A.E. 1980. **The effects of daylength and temperature on the hibernating rhythm of the Meadow Jumping Mouse (*Zapus hudsonius*).** *Physiol. Zool.* 53: 410-418.

MUCHLINSKI, A.E. 1980. **Duration of hibernation bouts in *Zapus hudsonius*.** *Comp. Biochem. Physiol.* 67 A (2): 287-289.

NEUMANN, R.L. & T.J. Cade. 1964. **Photoperiodic influence on the hibernation of Jumping Mice.** *Ecology* 45: 382-384.

PREBLE, N.A. 1956. **Notes on the life history of *Napaeozapus*.** *J. Mamm.* 37: 96-200.

SHELDON, C. 1934. **Studies of the life history of *Zapus* and *Napaeozapus* in Nova Scotia.** *J. Mamm.* 15: 290-300.

SNYDER, L.L. 1924. **Some details on the life history and behavior of *Napaeozapus insignis abietorum* (Preble).** *J. Mamm.* 5: 233-237.

WHITAKER, J.O. Jr. 1963. **A study of the Meadow Jumping Mouse, *Zapus hudsonius* (Zimmerman), in Central New York.** *Ecol. Monogr.* 33: 215-254.

WHITAKER, J.O. Jr. 1963. **Food, habitat and parasites of the Woodland Jumping Mouse in Central New York.** *J. Mamm.* 44: 316-321.

WHITAKER, J.O. Jr. 1972. ***Napaeozapus insignis*. Mammal.** *Species* No 14, *pp.* 1-6.

WHITAKER, J.O. Jr. 1972. ***Zapus hudsonius*.** *Mammal. Species* No 11. *pp.* 1-7, 3 *figs.*

WRIGLEY, R.E. 1975. **In search of Jumping Mice.** *Nature Canada* 4 (3): 33-36.

Famille des éréthizontidés

BRANDER, R.B. 1971. **Longevity of wild Porcupines.** *J. Mamm.* 52: 835.

COSTELLO, D.F. 1966. **The world of the Porcupine.** J.B. Lippincott Co., Philadelphia & New York.

GILL, D. & L.D. Cordes. 1972. **Winter habitat preference of Porcupines in the Southern Alberta Foothills.** *Can. Field-Nat.* 86: 349-35[illegible].

HARDER, L.D. 1979. **Winter feeding by Porcupines in Montane forest of Southwestern Alberta.** *Can. Field-Nat.* 93: 405-410.

HARDER, L.D. 1980. **Winter use of Montane forests by Porcupines in Southwestern Alberta: preferences, density effects, and [illegible] changes.** *Can. J. Zool.* 58: 13-19.

PO-CHEDLEY, D.S. & A.R. Shadle. 1955. **Pelage of the Porcupine, *Erethizon dorsatum dorsatum*.** *J. Mamm.* 29: 84-9[illegible].

ROZE, U. 1987. **Denning and winter range of the Porcupine.** *Can. J. Zool.* 65: 981-986.

ROZE, U. 1989. **The North American Porcupine.** Washington D.C., London, Smithsonian Institution Press.

SHADLE, A.R. 1947. **Porcupine spine penetration** *J. Mamm.* 28: 180.

SHADLE, A.R. 1951. **Laboratory copulations and gestations of Porcupine, *Erethizon dorsatum*.** *J. Mamm.* 32: 219-221.

SHADLE, A.R. 1954. **Natural parturition of a Porcupine and first reactions of a porcupette.** *Ohio J. Sci.* 54: 42.

SHADLE, A.R. & W.R. Ploss. 1943. **An unusual Porcupine parturition and development of the young.** *J. Mamm.* 24: 492-496.

SHADLE, A.R. et al. 1946. **The sex reactions of Porcupines (*Erethizon d. dorsatum*) before and after copulation.** *J. Mamm.* 27: 116-121.

SMITH, G.W. 1977. **Population characteristics of the Porcupine in North-eastern Oregon.** *J. Mamm.* 58: 674.

SPEER, R.J. & T.G. Dilworth. 1978. **Porcupine winter foods and utilization in Central New Brunswick.** *Can. Field-Nat.* 92: 271-274.

STRUTHERS, P.H. 1928. **Breeding habits of the Canadian Porcupine (*Erethizon dorsatum*).** *J. Mamm.* 9: 300-309.

WEIR, B.J. 1974. **Reproductive characteristics of Hystricomorph rodents.** *Symp. Zool. Soc. Lond.* 34: 265-301.

WOLFE, D.F.G. 1990. **Unusual number of porcupines (*Erethizon dorsatum*) observed denning together.** *Can. Field-Nat.* 104: 585.

WOODS, C.A. 1973. ***Erethizon dorsatum*.** *Mammal. Species* No 29, *pp.* 1-6

CARNIVORES FISSIPÈDES

Famille des canidés

ABLES, E.D. 1969. **Home-range studies of Red Foxes (*Vulpes vulpes*).** *J. Mamm.* 50: 108-120.

ALTHOFF, D.P. 1980. **Den and den-site characteristics of Coyotes (*Canis latrans*) in Southeastern Nebraska.** *Trans. Nebraska Acad. Sci.* 8: 9-14.

AM. SOC. ZOOL. 1967. **Ecology and behavior of the Wolf.** *Am. Zool.* 7: 171-381.

ANDELT, W.F. & P.S. Gipson. 1979. **Home-range, activity, and daily movements of Coyotes.** *J. Wildl. Manage.* 43: 944-951.

ANDELT, W.F. & B. Mahan. 1980. **Behavior of an urban Coyote.** *Am. Midl. Nat.* 103: 399-400.

ANDELT, W.F. et al. 1979. **Movements of breeding Coyotes with emphasis on den site relationships.** *J. Mamm.* 60: 568-575.

ANDELT, W.F. et al. 1980. **Surplus killing by Coyotes.** *J. Mamm.* 61: 377-378.

BALLARD, W.B. 1980. **Brown Bear kills Gray Wolf.** *Can. Field-Nat.* 94: 91.

BANNIKOV, A.G. 1970. **Arctic Fox in the U.S.S.R.: Biological premises of productivity** *pp.* 121-130 in W.A. Fuller & P.G. Kevan (eds.) Productivity and conservation in Northern circumpolar lands. IUCN *Publ. New Series* No 16. Morges, Switzerland.

BANVILLE, D. 1981. **La situation du Loup au Québec.** Man. non-publié, MLCP, Dir. Rech. Faun.

[illegible], D.A. et al. 1979. **Nutritional levels and growth rates of hand-reared [illegible]** *J. Mamm.* 60: 820-823.

BARRETTE, C. & F. Messier. 1980. **Scent-marking in free-ranging Coyotes, *Canis latrans*.** *Anim. Behav.* 28: 814-819.

BEKOFF, M. 1977. ***Canis latrans*.** *Mammal. Species* No 79, *pp.* 1-9.

BEKOFF, M. (ed.) 1978. **Coyotes, Biology, behavior, and management.** Academic Press, New York.

BEKOFF, M. & R. Jamieson. 1975. **Physical development in Coyotes (*Canis latrans*), with a comparison to other canids.** *J. Mamm.* 56: 685-692.

BEKOFF, M. & M.C. Wells. 1981. **Behavioural budgeting by wild Coyotes: the influence of food resources and social organization.** *Anim. Behav.* 29: 794-801.

BERGERON, J.-M. & P. Demers. 1981. **Le régime alimentaire du Coyote (*Canis latrans*) et du chien errant (*C. familiaris*) dans le sud du Québec.** *Can. Field-Nat.* 95: 172-177.

BJÄRVALL, A. & E. Nilsson. 1976. **Surplus-killing of Reindeer by Wolves.** *J. Mamm.* 57: 585.

BLIZARD, R.A. & G.C. Perry. 1979. **Response of captive male Red Foxes (*Vulpes, vulpes*, L.) to some conspecific odors.** *J. Chem. Ecol.* 5: 869-880.

BOLES, B.K. 1977. **Predation by Wolves on Wolverines.** *Can. Field-Nat.* 91: 68-69.

BOWEN, W.D. 1980. **Coyote-Golden Eagle interactions at an ungulate carcass.** *J. Mamm.* 61: 376-377.

BOWEN, W.D. & I. McTaggart Cowan. 1980. **Scent marking in Coyotes.** *Can. J. Zool.* 58: 473-480.

BRADLEY, J.A. et al. 1981. **Age determination in the Arctic Fox (*Alopex lagopus*).** *Can. J. Zool.* 59: 1976-1979.

BRAESTRUP, F.W. 1941. **A study of the Arctic Fox in Greenland.** *Meddr. Gronland.* 131: 1-101.

BROMLEY, R.G. 1973. **Fishing behavior of a Wolf on the Taltson River, Northwest Territories.** *Can. Field-Nat.* 87: 301-303.

BUSKIRK, S.W. & P.S. Gipson. 1978. **Characteristics of Wolf attacks on Moose in Mount McKinley National Park, Alaska.** *Arctic* 31: 499-502.

CHESEMORE, D.L. 1968. **Distribution and movements of White Foxes in Northern and Western Alaska.** *Can. J. Zool.* 46: 849-854.

CHESEMORE, D.L. 1972. **History and economic importance of the White Fox, *Alopex*, fur trade in Northern Alaska, 1798-1963.** *Can. Field-Nat.* 86: 259-267.

DANNER, D.A. & N.S. Smith. 1980. **Coyote home-range, movement, and relative abundance near a cattle feedyard.** *J. Wildl. Manage.* 44: 484-487.

DODDS, D.G. 1955. **Food habits of the Newfoundland Red Fox.** *J. Mamm.* 36: 291.

EBERHARDT, L.E. & W.C. Hanson. 1978. **Long-distance movements of Arctic Foxes tagged in Northern Alaska.** *Can. Field-Nat.* 92: 386-389.

FRITZELL, E.K, & K.J. Haroldson. 1982. ***Urocyon cinereoargenteus*.** *Mammal. Species* No 189, *pp.* 1-8, *3 figs.*

GEORGES, S. 1976. **A range extension of the Coyote in Quebec.** *Can. Field-Nat.* 90: 78-79.

HARRINGTON, F.H. 1981. **Urine-marking and caching behavior in the Wolf.** *Behaviour* 76: 280-288.

HARRINGTON, F.H. & L.D. Mech. 1979. **Wolf howling and its role in territory maintenance.** *Behaviour* 68: 207-249.

HARRIS, S. 1979. **Age-related fertility and productivity in Red Foxes, *Vulpes vulpes*, in suburban London.** *J. Zool., Lond.* 187: 195-199.

HENRY, J.D. 1980. **The urine marking behavior and movement patterns of Red Foxes (*Vulpes vulpes*) during a breeding and post-breeding period.** In D. Muller-Schwarze & R.M. Silverstein (eds.) Chemical Signals. Vertebrates and aquatic invertebrates. Plenum Press, New York.

HENRY, J.D. 1986. **Red Fox: the catlike canine.** A Smithsonian Nature Book, Smithsonian Institution Press, Washington.

HOLCOMB, L.C. 1965. **Large litter size of Red Fox.** *J. Mamm.* 46: 530.

HOLLE, D. 1978. **Food habits of Coyotes in an area of high fawn mortality.** *Proc. Okla. Acad. Sci.* 58: 11-15.

ISLEY, T.E. & L.W. Gysel. 1975. **Sound-source localization by the Red Fox.** *J. Mamm.* 56: 397-404.

JESELNIK, D.L. & I.L. Brisbin Jr. 1980. **Food-caching behaviour of captive-reared Red Foxes.** *Appl. Anim. Ethol.* 6: 363-367.

JOHNSON, W.J. 1970. **Food habits of the Red Fox in Isle Royale National Park, Lake Superior.** *Am. Midl. Nat.* 84: 568-572.

KENNEDY, A.J. 1980. **Site variation in summer foods of Arctic Fox, Prince of Wales Island, Northwest Territories.** *Arctic* 33: 366-368.

KLINGHAMMER, E. 1978. **The behavior and ecology of Wolves.** Garland Publ., New York.

KNICK, S.T. & L.D. Mech. 1980. **Sleeping distance in wild Wolf packs.** *Behav. Neur. Biol.* 28: 507-511.

KOLB, H.H. & R. Hewson. 1980. **The diet and growth of Fox cubs in two regions of Scotland.** *Acta Theriol.* 25: 325-331.

KOLENOSKY, G. 1972. **Wolf predation on wintering deer in East-Central Ontario.** *J. Wildl. Manage.* 36: 357-369.

KOLENOSKY, G.B. et al. 1978. **Wolves and Coyotes in Ontario.** Min. Nat. Res., Ontario.

LORD, L.-A. 1961. **Un envahisseur importun.** *Carnets de Zool.* 21: 6-7.

MACCARONE, A.D. & W.A. Montevecchi. 1981. **Predation and caching of Seabirds by Red Foxes (*Vulpes vulpes*) on Baccalieu Island, Newfoundland.** *Can. Field-Nat.* 95: 352-353.

MACDONALD, D.W. 1976. **Food caching by Red Foxes and some other carnivores.** *Z. Tierpsychol.* 42: 170-185.

MACDONALD, D.W. 1979. **Some observations and field experiments on the urine marking behaviour of the Red Fox, *Vulpes vulpes* L.**.*Z. Tierpsychol.* 51: 1-22.

MACPHERSON, A.H. 1964. **A northward range extension of the Red Fox in the Eastern Canadian arctic.** *J. Mamm.* 45: 138-140.

MACPHERSON, A.H. 1969. **The dynamics of Canadian Arctic Fox populations.** *Can. Wildl. Serv. Rept. Ser.* No 8.

McCARLEY, H. 1975. **Long-distance vocalizations of Coyotes (*Canis latrans*).** *J. Mamm.* 56: 847-856.

MECH, L.D. 1970. **The Wolf: the ecology and behavior of an endangered species.** Natural History Press, New York.

MECH, L.D. 1974. ***Canis lupus.*** *Mammal. Species* No 37, *pp.* 1-6.

MEDJO, D.C. & L.D. Mech. 1976. **Reproductive activity in nine and ten month old Wolves.** J. *Mamm.* 57: 406-408.

MESSIER, F. & C. Barrette. 1979. **Étude de la prédation du Cerf de Virginie par le Coyote dans le ravage d'Armstrong, Beauce Sud.** R.R.F. 40, Dir. Rech. Faun., MTCP, Québec.

NORTHCOTT, T. 1975. **Long-distance movements of an Arctic Fox in Newfoundland.** *Can. Field-Nat.* 89: 464-465.

PARKER, G.R. 1973. **Distribution and densities of Wolves within Barren-ground Caribou range in Northern mainland Canada.** J. *Mamm.* 54: 341-348.

PHILIPPE, L. 1950. **Le Renard roux *Vulpes fulva fulva* (Desmarest) et son influence écologique et économique durant la saison hivernale sur une partie de l'île de Montréal.** *Nat. Can.* 77: 5-43.

PRESTON, E.M. 1975. **Home-range defense in the Red Fox, *Vulpes vulpes* L.** J. *Mamm.* 56: 645-652.

PRESTRUD, P. 1991. **Adaptations by the arctic fox (*Alopex lagopus*) to the polar winter.** *Arctic* 44 (2): 132-138.

RICHENS, V.B. & R.D. Hugie. 1974. **Distribution, taxonomic status, and characteristics of Coyotes in Maine.** J. *Wildl. Manage.* 38: 447-454.

ROTHMAN, R.J. & L.D. Mech. 1979. **Scent-marking in lone Wolves and newly formed pairs.** *Anim. Behav.* 27: 750-760.

RUE III, L.L. 1969. **The world of the Red Fox.** J.B. Lippincott Co., Philadelphia & New York.

RUTTER, R.J. & D.H. Pimlott. 1968. **The world of the Wolf.** J.B. Lippincott Co., Philadelphia & New York.

RYON, C.J. 1977. **Den digging and related behavior in a captive Wolf pack.** J. *Mamm.* 58: 87-89.

SILVER, H. & W.T. Silver. 1969. **Growth and behavior of the Coyote-like canid of Northern New England with observations on canid hybrids.** *Wildl. Monogr.* 17: 1-41.

SMITH, T.G. 1980. **Hunting, kill, and utilization of a Caribou by a single Gray Wolf.** *Can. Field-Nat.* 94: 175-177.

SPRINGER, J.T. 1980. **Fishing behavior of Coyotes on the Columbia River, Southcentral Washington.** J. *Mamm.* 61: 373-374.

STORM, G.L. & E.D. Ables. 1966. **Notes on newborn and full-term wild Red Foxes.** J. *Mamm.* 47: 116-118.

STORM, G.L. et al. 1976. **Morphology, reproduction, dispersal, and mortality of Midwestern Red Fox populations.** *Wildl. Monogr.* 49: 1-82.

THÉBERGE, J.B. 1973. **Wolf management in Canada through a decade of change.** *Nature Canada* 2 (1): 3-10.

THÉBERGE, J.B. et al. 1978. **Site and seasonal variations in food of Wolves, Algonquin Park, Ontario.** *Can. Field-Nat.* 92: 91-94.

THÉBERGE, J.B. & D.H. Pimlott. 1969. **Observations of Wolves at a rendez-vous site in Algonquin Park.** *Can. Field-Nat.* 83: 122-128.

VAN BALLENBERGHE, V. & A.W. Erickson. 1973. **A Wolf pack kills another Wolf.** *Am. Midl. Nat.* 90: 490-493.

VAN BALLENBERGHE, V. & L.D. Mech. 1975. **Weights, growth, and survival of Timber Wolf pups in Minnesota.** J. *Mamm.* 56: 44-63.

VAN CAMP, J. & R. Gluckie. 1979. **A record long-distance move by a Wolf (*Canis lupus*).** J. *Mamm.* 60: 236-237.

WEAVER, J.L. & S.H. Fritts. 1979. **Comparison of Coyote and Wolf scat diameters.** J. *Wildl. Manage.* 43: 786-788.

WELLS, M.C. & P.N. Lehner. 1978. **The relative importance of the distance senses in Coyote predatory behaviour.** *Anim. Behav.* 26: 251-258.

WRIGLEY, R.E. & D.R.M. Hatch. 1976. **Arctic Fox migrations in Manitoba.** *Arctic* 29: 147-158.

ZIMEN, E. 1980. **The Red Fox. Symposium on behaviour and ecology.** Biogeographica Vol. 18, 285 pp.

Famille des ursidés

De MASTER, D.P. & I. Stirling. 1981. ***Ursus maritimus.*** *Mammal. Species*, No 145, *pp.* 1-7.

FULLER, T.K. & L.B. Keith. 1980. **Summer ranges, cover-type use, and denning of Black Bears near Fort McMurray, Alberta.** *Can. Field-Nat.* 94: 80-83.

FURNELL, D.J. & D. Oolooyuk. 1980. **Polar Bear predation on Ringed Seals in ice-free water.** *Can. Field-Nat.* 94: 88-89.

GARSHELIS, D.L. & M.R. Pelton. 1980. **Activity of Black Bears in the Great Smoky Mountains National Park.** J. *Mamm.* 61: 8-19.

HATLER, D.F. 1972. **Food habits of Black Bears in interior Alaska.** *Can. Field-Nat.* 86: 17-31.

HERRERO, S. (ed.). 1972. **Bears their biology and management.** IUCN, *Publ. New Ser.* No 23, Morges, Switzerland.

HOWARD, W.J. 1925. **Notes on the hibernation of a captive Black Bear.** J. *Mamm.* 36: 321.

JOHNSON, K.G. & M.R. Pelton. 1980. **Environmental relationships and the denning period of Black Bears in Tennessee.** J. *Mamm.* 61: 653-660.

JOLICOEUR, H. 1987. **Ours noir.** Plan tactique. MLCP, Québec.

JONKEL, C.J. 1967. **Life history, ecology and biology of the Polar Bear, autumn 1966 studies.** *Can. Wildl. Serv. Prog.* Note No 1, 8 *pp.*

JONKEL, C.J. 1970. **The behavior of captured North American Bears (with comments on Bear management and research).** *BioScience* 20 (21): 1145-1147.

JONKEL, C.J. & I. McT. Cowan. 1971. **The Black Bear in the spruce-fir forest.** *Wildl. Monogr.* 27: 1-57.

JONKEL, C. et al. 1976. **The present status of the Polar Bear in the James Bay and Belcher Island area.** *Can. Wildl. Serv. Occas. paper* No 26.

JUNIPER, I. 1978. **Morphology, diet, and parasitism in Quebec Black Bears.** *Can. Field-Nat.* 92: 186-189.

KING, D.G. 1967. **A Black Bear kills a fawn.** *Can. Field-Nat.* 81: 149-150.

KNUDSEN, B. 1978. **Time budgets of Polar Bears (*Ursus maritimus*) on North Twin Island, James Bay.** *Can. J. Zool.* 56: 1627-1628.

KOLENOSKY, G.B. 1975. **Polar Bears in Ontario maternity denning and cub production, 1975.** Fish & Wildl. Res. Branch, Ont. Min. Nat. Res., Maple, Ontario. Ms report.

LARIVIÈRE, S. et al. 1994. **Daily activity patterns of female black bears in a northern mixed-forest environment.** *J. Mammal.* 75: 613-620.

LATOUR, P.B. 1981. **Spatial relationships and behavior of Polar Bears (*Ursus maritimus* Phipps) concentrated on land during the ice-free season of Hudson Bay.** *Can. J. Zool.* 59: 1763-1774.

LATOUR, P.B. 1981. **Interactions between free-ranging adult male Polar Bears (*Ursus maritimus* Phipps): a case of adult social play.** *Can. J. Zool.* 59: 1775-1783.

LENTFER, J.W. 1975. **Polar Bear denning on drifting sea ice.** *J. Mamm.* 56: 716-718.

LEWIS, H.F. & J.K. Doutt. 1942. **Records of the Atlantic Walrus and the Polar Bear in or near the Northern part of the Gulf of St. Lawrence.** *J. Mamm.* 23: 365-375.

MANNING, T.H. 1972. **Geographical variation in the Polar Bear, *Ursus maritimus* Phipps.** *Can. Wildl. Serv., Report Ser.* No 13.

MATSON, J.R. 1946. **Notes on dormancy in the Black Bear.** *J. Mamm.* 27: 203-212.

MATSON, J.R. 1954. **Observations on the dormant phase of a female Black Bear.** *J. Mamm.* 35: 28-35.

MILLER, R.S. 1963. **Weights and color phases of Black Bear cubs.** *J. Mamm.* 44: 129.

NORTHCOTT, T.H. & F.E. Elsey. 1971. **Fluctuations in Black Bear populations and their relationship to climate.** *Can. Field-Nat.* 85: 123-128.

PAYNE, N.F. 1978. **Hunting and management of the Newfoundland Black Bear.** *Wildl. Soc. Bull* 6 (4): 206-211.

PELTON, M.R., J.W. Lentfer & G.E. Folk (eds.). 1976. **Bears: their biology and management.** IUCN, *Publ. New Ser.* No 40, Morges, Switzerland.

RUSSELL, R.H. 1975. **The food habits of Polar Bears of James Bay and Southwest Hudson Bay in summer and autumn.** *Arctic* 28: 117-129.

SCHWEINBURG, R.E. 1979. **Summer snow dens used by Polar Bears in the Canadian High Arctic.** *Arctic* 32: 165-169.

SMITH, P.A. 1979. **Resume of the trade in Polar Bear hides in Canada, 1977-78.** *Can. Wildl. Serv. Prog. Notes* No 103.

SMITH, T.G. 1980. **Polar Bear predation of Ringed and Bearded Seals in the land-fast sea ice habitat.** *Can. J. Zool.* 58: 2201-2209.

STIRLING, I. 1974. **Midsummer observations on the behaviour of wild Polar Bears (*Ursus maritimus*).** *Can. J. Zool.* 52: 1191-1198.

STIRLING, I. & C.J. Jonkel. 1972. **The great white Bears.** *Nature Canada* 1 (3): 18-21.

STIRLING, I. & E.H. McEwan. 1975. **The caloric value of whole Ringed Seals (*Phoca hispida*) in relation to Polar Bear (*Ursus maritimus*) ecology and hunting behavior.** *Can. J. Zool.* 53: 1021-1027.

TIETJE, W.D. & R.L. Ruff. 1980. **Denning behavior of Black Bears in boreal forest of Alberta.** *J. Wildl. Manage.* 44: 858-870.

WEMMER, C. et al. 1976. **An analysis of the chuffing vocalization in the Polar Bear (*Ursus maritimus*).** *J. Zool., Lond.* 180: 425-439.

Famille des procyonidés

ANDERSON, S. & E.M. Hudson. 1980. **The Raccoon (*Procyon lotor*) on St. Catherines Island, Georgia. 6. Time and place of activity of radio-tagged individuals.** *Am. Mus. Novitates* 2700: 1-28.

BIDER, J.R. et al. 1968. **Schèmes dynamiques spatio-temporels de l'activité de *Procyon lotor* en relation avec le comportement.** *Mammalia* 32: 137-163.

FRITZELL, E.K. 1977. **Dissolution of Raccoon sibling bonds.** *J. Mamm.* 58: 427-428.

FRITZELL, E.K. 1978. **Aspects of Raccoon (*Procyon lotor*) social organization.** *Can. J. Zool.* 56: 260-271.

FRITZELL, E.K. 1978. **Reproduction of Raccoons (*Procyon lotor*) in North Dakota.** *Am. Midl. Nat.* 100: 253-256.

FRITZELL, E.K. 1978. **Habitat use by prairie Raccoon during the waterfowl breeding season.** *J. Wildl. Manage.* 42: 118-127.

HARMAN, D.M. & H.J. Stains. 1979. **The Raccoon (*Procyon lotor*) on St. Catherines Island, Georgia. 5. Winter, spring, and summer food habits.** *Am. Mus. Novitates* 2679: 1-24.

HAUGEN, O.L. 1954. **Longevity of the Raccoon in the wild.** *J. Mamm.* 35: 439.

HOFFMANN, C.O. & J.L. Gottschang. 1977. **Numbers, distribution, and movements of a Raccoon population in a suburban residential community.** *J. Mamm.* 58: 623-636.

LOTZE, J.H. & S. Anderson. 1979. **Procyon lotor.** *Mammal. Species.* No 119. *pp.* 1-8.

LYALL-WATSON, M. 1962. **The food «washing» behaviour of captive Raccoons.** *Int. Zoo Yearb.* 3: 31-35.

MECH, L.D. et al. 1966. **Fall daytime resting habits of Raccoons as determined by telemetry.** *J. Mamm.* 47: 450-466.

MECH, L.D. & F.J. Turkowski. 1966. **Twenty-three Raccoons in one winter den.** *J. Mamm.* 47: 529-530.

RICARD, L. & F. Doré. 1977. **Le comportement sexuel du raton laveur (*Procyon l. lotor*).** *Biol. Behav.* 2: 239-248.

RIVEST, P. & J.-M. Bergeron. 1981. **Density, food habits, and economic importance of Raccoons (*Procyon lotor*) in Quebec agrosystems.** *Can. J. Zool.* 59: 1755-1762.

SCHNEIDER, D.G. et al. 1971. **Movements of female Raccoons and their young as determined by radio-tracking.** *Anim. Behav. Monogr.* 4: 1-43.

SHIRER, H.W. & H.S. Fitch. 1970. **Comparison from radio-tracking of movements and denning habits of the Raccoon, Striped Skunk and Opossum in Northeastern Kansas.** *J. Mamm.* 51: 491-503.

Famille des mustélidés

ALDEUS, S.E. & J. Manweiler. 1942. **The winter food habits of the Short-tailed Weasel in North Minnesota.** *J. Mamm.* 23: 250-255.

ALEKSIUK, M. & A.P. Stewart. 1977. **Food intake, growth and activity of confined Striped Skunks (*Mephitis mephitis*) in winter.** *Am. Midl. Nat.* 98: 331-342.

ALLEN, D.A. 1939. **Winter habits of Michigan Skunks.** *J. Wildl. Manage.* 3: 212-228.

ARTHUR, S.M. & W.B. Krohn. 1991. **Activity patterns, movements, and reproductive ecology of Fishers in Southcentral Maine.** *J. Mammal.* 72: 379-385.

BECKEL, A.L. 1991. **Wrestling play in adult River Otters (*Lutra canadensis*).** *J. Mammal.* 72: 386-390.

BELAN, I. et al. 1978. **Vocalizations of the American Pine Marten, *Martes americana*.** *J. Mamm.* 59: 871-874.

BENSON, D.A. 1959. **The Fisher in Nova Scotia.** *J. Mamm.* 40: 451.

BERGERUD, A.T. 1969. **The status of Pine Marten in Newfoundland.** *Can. Field-Nat.* 83: 128-131.

BJORGE, R.R. et al. 1981. **Population characteristics and movements of Striped Skunks (*Mephitis mephitis*) in Central Alberta.** *Can. Field-Nat.* 95: 149-155.

BOXALL, P.C. 1979. **Interaction between a Long-tailed Weasel and a Snowy Owl.** *Can. Field-Nat.* 93: 67-68.

BRASSARD, J.A. & R. Bernard. 1939. **Observations on breeding and development of Marten, *Martes a. americana* (Kerr).** *Can. Field-Nat.* 53: 15-21.

BROWN, M.K. 1979. **Food habits of the Fisher in Northern New York.** *N.Y. Fish & Game J.* 26: 87-92.

BROWN, M.K. 1980. **The status of the Pine Marten in New York.** Trans. Northeast Sect., Wildl. Soc. *pp.* 217-226.

CASEY, G.A. & W.A. Webster. 1975. **Age and sex determination of Striped Skunks (*Mephitis mephitis*) from Ontario, Manitoba and Quebec.** *Can. J. Zool.* 53: 223-226.

CHANIN, P. 1985. **The natural history of Otters.** Croom Helm, London & Sidney.

CLARK, T.W. et al. 1987. ***Martes americana*.** *Mammal. Species* No 289, *pp.* 1-8, 4 *figs.*

COSEWIC 2003. **COSEWIC assessment and update status report on the wolverine *Gulo gulo* in Canada.** Committee on the Status of Endangered Wildlife in Canada. Ottawa.

COWAN, W.F. & J.R. Reilly. **Summer and fall foods of Mink on the J. Clark Salyer National Wildlife Refugee.** *Prairie Nat.* 5 (2): 20-24.

CRIDDLE, S. 1947. **A nest of the Least Weasel.** *Can. Field-Nat.* 61: 69.

DAUPHINÉ, C. 1987. **1987 status report on the Wolverine (*Gulo gulo*) in Canada.** Canadian Wildlife Service, Ottawa.

DEAN, F.C. 1965. **Winter and spring habits and density of Maine Skunks.** *J. Mamm.* 46: 673-675.

DODDS, D.G. 1969. **The Striped Skunk, *Mephitis mephitis* (Schreber), in Nova Scotia.** *Can. Field-Nat.* 83: 229-233.

DODDS, D.G. & A.M. Martell. 1971. **The recent status of the Marten, *Martes americana americana* (Turton), in Nova Scotia.** *Can. Field-Nat.* 85: 61-62.

DODDS, D.G. & A.M. Martell. 1971. **The recent status of the Fisher, *Martes pennanti* (Erxleben), in Nova Scotia.** *Can. Field-Nat.* 85: 62-65.

DOUGLAS, C.W. & M.A. Strickland (eds.). 1980. **Transactions of the Fisher workshop.** Ont. Min. Nat. Res. 139 pp.

DUNSTONE, N. 1979. **Swimming and diving behavior of the Mink.** *Carnivore* 2 (4): 56-61.

DUNSTONE, N. & W. Sinclair. 1978. **Orienting behaviour during aerial and underwater visual discrimination by the Mink (*Mustela vison* Schreber).** *Anim. Behav.* 26: 14-21.

ENDERS, R.K. 1952. **Reproduction in the Mink.** *Proc. Amer. Philo. Soc.* 96 (6): 691-775.

ERLINGE, S. 1977. **Agonistic behaviour and dominance in Stoats (*Mustela erminea* L.),** *Z. Tierpsychol.* 44: 375-388.

ERLINGE, S. 1979. **Adaptive significance of sexual dimorphism in Weasels.** *Oikos* 33: 233-245.

ERNST, C.H. 1965. **Rutting activities in a captive Striped Skunk.** *J. Mamm.* 46: 702-703.

FRANCIS, G.R. & A.B. Stephenson. 1972. **Marten ranges and food habits in Algonquin Provincial Park, Ontario.** *Ont. Min. Nat. Resour. Res. Rep.* No 91.

GUNSON, J.R. & R.R. Bjorge. 1979. **Winter denning of the Striped Skunk in Alberta.** *Can. Field-Nat.* 93: 252-258.

GUNSON, J.R. et al. 1978. **An evaluation of rabies control in Skunks in Alberta.** *Can. Vet. J.* 19: 214-220.

HAGLUND, B. 1966. **Winter habits of the Lynx (*Lynx lynx* L.) and Wolverine (*Gulogulo* L.) as revealed by tracking in the snow.** *Viltrevy* 4: 81-400.

HAGMEIER, E. M. 1956. **Distribution of Marten and Fisher in North America.** *Can. Field-Nat.* 70: 149-168.

HAGMEIER, E.M. 1961. **Variation and relationships in North American Marten.** *Can. Field-Nat.* 75: 122-138.

HAMILTON, W.J. Jr. 1933. **The Weasels of New York: their natural history and economic status.** *Am. Midl. Nat.* 14: 289-344.

HAMILTON, W.J. Jr. 1936. **Seasonal food of Skunks in New York.** *J. Mamm.* 17: 240-246.

HAMILTON, W.J. Jr. 1937. **Winter activity of the Skunk.** *Ecology* 18: 326-327.

HAMILTON, W.J. Jr. 1958. **Early sexual maturity in the female Short-tailed Weasel.** *Science* 127 (3305): 1057.

HAMILTON, W.J. Jr. 1963. **Reproduction of the Striped Skunk in New York.** *J. Mamm.* 44: 123-124.

HAMILTON, W.J. Jr. & W.R. Eadie. 1964. **Reproduction in the Otter *Lutra canadensis*.** *J. Mamm.* 45: 242-252.

HARRIS, C.J. 1968. **Otters. A Study of the recent Lutrinae.** The World Naturalist, Weidenfeld & Nicholson, London.

HEIDT, G.A. et al. 1968. **Mating behavior and development of Least Weasels (*Mustela nivalis*) in captivity.** *J. Mamm.* 49: 413-419.

HOUSEKNECHT, C.R. & J.R. Tester. 1978. **Denning habits of Striped Skunks (*Mephitis mephitis*).** *Am. Midl. Nat.* 100: 424-430.

HUFF, J.N. & E.O. Price. 1968. **Vocalizations of the Least Weasel, *Mustela nivalis*.** *J. Mamm.* 49: 548-550.

JEANNE, R.L. 1965. **A case of a Weasel climbing tree.** *J. Mamm.* 46: 344-345.

JONKEL, C.J. & R.P. Weckwerth. 1963. **Sexual maturity and implantation of blastocysts in the wild Pine Marten.** [illegible] 27: 93-98.

KELKER, G.H. 1937. **Insect food of Skunks.** *J. Mamm.* 18: 164-170.

KING, C.M. 1983. **Mustela erminea.** Mammal. *Species* No 195, *pp.* 1-8, 3 *figs.*

KOEHLER, G.M. et al. 1980. **Wolverine marking behavior.** *Can. Field-Nat.* 94: 339-341.

KORSCHGEN, L.J. 1958. **December food habits of Mink in Missouri.** *J. Mamm.* 39: 521-527.

KROTT, P. 1959. **Demon of the North.** A.A. Knopf, New York.

LAYCOCK, G. & M.S. Quinton. 1981. **Games Otters play.** *Audubon* 83 (1): 22-29.

LIERS, E.E. 1951. **Notes on the River Otter (*Lutra canadensis*).** *J. Mamm.* 32: 1-9.

LIERS, E.E. 1958. **Early breeding in the River Otter.** *J. Mamm.* 39: 438-439.

LIERS, E.E. 1966. **Notes on breeding the Canadian Otter (*Lutra canadensis*) in captivity and longevity records of Beavers (*Castor canadensis*).** *Int. Zoo Yearb.* 6: 171-172.

MAHER, W.J. 1967. **Predation by Weasels on a winter population of Lemmings, Banks Island, Northwest Territories.** *Can. Field-Nat.* 81: 248-250.

MARSHALL, W.H. 1946. **Winter food habits of the Pine Marten in Montana.** *J. Mamm.* 27: 83-84.

MASON, C.F. & S.M. MacDonald. 1986. **Otters. Ecology and conservation.** Cambridge University Press, Cambridge.

MASTERS, R.D. 1980. **Daytime resting sites of 2 Adirondack Pine Marten.** *J. Mamm.* 61: 157.

MEHRER, C.F. 1976. **Gestation period in the Wolverine, *Gulo gulo*.** *J. Mamm.* 57: 570.

MILLER, F.L. 1972. **Wolverine in Gatineau Park, Quebec.** *Can. Field-Nat.* 86: 390.

MILLER, R.S. 1980. **La mouffette rayée.** Faune de l'Arrière-pays, Serv. can. de la Faune, Envir. Canada.

MOORS. P.J. 1980. **Sexual dimorphism in the body size of Mustelids (Carnivora): the roles of food habits and breeding systems.** *Oikos* 34: 147-158.

MORE, G. 1978. **Ecological aspects of food selection in Pine Marten (*Martes americana*).** M. Sc. Thesis. Univ. of Alberta, Edmonton.

MUMFORD, R.E. 1969. **Long-tailed Weasel preys on Big Brown Bats.** *J. Mamm.* 50: 360.

MUTCH, G.R.P. 1977. **Locations of winter dens utilized by Striped Skunks in Delta Marsh, Manitoba.** *Can. Field-Nat.* 91: 289-291.

MUTCH, G.R.P. & M. Aleksiuk. 1977. **Ecological aspects of winter dormancy in the Striped Skunk (*Mephitis mephitis*).** *Can. J. Zool.* 55: 607-615.

MYHRE, R. & S. Myrberget. 1975. **Diet of Wolverines (*Gulo gulo*) in Norway.** *J. Mamm.* 56: 752-757.

MYRBERGET, S. & R. SORUMGARD. 1979. **Time of birth and litter size in Wolverines.** *Fauna* 32: 9-13.

NEWBY, F.E. & P.L. Wright. 1955. **Distribution and status of the Wolverine in Montana.** *J. Mamm.* 36: 248-253.

NORTHCOTT, T.H. et al. 1974. **Dispersal of Mink in insular Newfoundland.** *J. Mamm.* 55: 243-248.

PILBEAM, T.E. et al. 1979. **The annual reproductive cycle of Mink (*Mustela vison*).** *J. Anim. Sci.* 48: 578-584.

PILGRIM, W. 1980. **Fisher, *Martes pennanti* (Carnivora: Mustelidae), in Labrador.** *Can. Field-Nat.* 94: 468.

PITTAWAY, R.J. 1978. **Observations on the behaviour of the Fisher (*Martes pennanti*) in Algonkin Park, Ontario.** *Nat. Can.* 105: 487-489.

POLDERBOER, E.B. 1942. **Habits of the Least Weasel (*Mustela rixosa*) in Northeastern Iowa.** *J. Mamm.* 23: 145-147.

POOLE, T.B. & N. Dunstone. 1976. **Underwater predatory behaviour of the American Mink (*Mustela vison*).** *J. Zool., Lond.* 178: 395-412.

POWELL, R.A. 1978. **A comparison of Fisher and Weasel hunting behavior.** *Carnivore* 1 (1): 28-34.

POWELL, R.A. 1979. **Ecological energetics and foraging strategies of the Fisher (*Martes pennanti*).** *J. Anim. Ecol.* 48: 195-212.

POWELL, R.A. 1979. **Mustelid spacing patterns: variations on a theme by Mustela.** *Z. Tierpsychol.* 50: 153-165.

POWELL, R.A. **Fisher arboreal activity.** *Can. Field-Nat.* 94: 90-91.

POWELL, R.A. 1981. ***Martes pennanti*.** Mammal. *Species* No 156, *pp.* 1-6, 4 *figs.*

PRESCOTT, J. 1983. **Wolverine (*Gulo gulo*) in Lake St. John area, Quebec.** *Can. Field-Nat.* 97: 457-458.

PRESCOTT, J. 1987. **Le carcajou s'attaque-t-il aux grands cervidés?** *Carnets de Zool.* 47 (1): 13-15.

PULLIAINEN, E. & P. Ovaskainen. 1975. **Territory marking by a Wolverine (*Gulo gulo*) in Northeastern Lapland.** *Ann. Zool. Fenneci* 12: 268-270.

RAND, A.L. 1944. **The status of the Fisher, *Martes pennanti* (Erxleben), in Canada.** *Can. Field-Nat.* 58: 77-81.

RAUSCH, R.A. & A.M. Pearson. 1972. **Notes on the Wolverine in Alaska and the Yukon Territory.** *J. Wildl. Manage.* 36: 249-268.

ROBITAILLE, J.-F. & G. Baron. 1987. **Seasonal changes in the activity budget of captive Ermine, *Mustela erminea* L.** *Can. J. Zool.* 65: 2864-2871.

SAUNDERS, W.E. 1932. **Least Weasel, *Mustela rixosa* (Bangs) in Ontario.** *Can. Field-Nat.* 46: 146.

SCHLADWEILER, J.L. & G.L. Storm. 1969. **Den-use by Mink.** *J. Wildl. Manage.* 33: 1025-1026.

SIMMS, D.A. 1978. **Spring and summer food habits of an Ermine (*Mustela erminea*) in the Central Arctic.** *Can. Field-Nat.* 92: 192-193.

SIMMS, D.A. 1979. **North American Weasels: resource utilization and distribution.** *Can. J. Zool.* 57: 504-520.

SIMMS, D.A. 1979. **Studies of an Ermine population in Southern Ontario.** *Can. J. Zool.* 57: 824-832.

SOUTIERE, E.C. 1979. **Effects of timber harvesting on Marten in Maine.** *J. Wildl. Manage.* 43: 850-860.

SOUTIERE, E.C. & J.D. Steventon. 1981. **Seasonal pelage change of Marten (*Martes a. americana*) in Maine.** *Can. Field-Nat.* 95: 356.

STEGEMAN, L.C. 1937. **Notes on young Skunks in captivity.** *J. Mamm.* 18: 194-202.

STEPHENSON, A.B. 1977. **Age determination and morphological variation of Ontario Otters.** *Can. J. Zool.* 55: 1577-1583.

STORM, G.L. 1972. **Daytime retreat and movements of Skunks on farmlands in Illinois.** *J. Wildl. Manage.* 36: 31-45.

STRICKLAND, M. 1978. **Fisher and Marten study - Algonquin Region.** *Progress Report* No 5. *Ont. Min. Nat. Resour.*

SUNQUIST, M.E. 1974. **Winter activity of Striped Skunks (*Mephitis mephitis*) in East-Central Minnesota.** *Am. Midl. Nat.* 92: 434-446.

SVENDSEN, G.E. 1976. **Vocalizations of the Long-tailed Weasel (*Mustela frenata*).** *J. Mamm.* 57: 398-399.

TAPPER, S.C. 1976. **The diet of Weasel, *Mustela nivalis*, and Stoats, *Mustela erminea*, during early summer, in relation to predation on gamebirds.** *J. Zool., Lond.* 179: 219-224.

VAN ZYLL DE JONG, C.G. 1972. **A systematic review of the Nearctic and Neotropical River Otters (genus *Lutra*, Mustelidae, Carnivora).** *Life Science Contr. of the Royal Ontario Mus., Toronto.* 80: 1-104.

VAN ZYLL DE JONG, C.G. 1975. **The distribution and abundance of the Wolverine (*Gulo gulo*) in Canada.** *Can. Field-Nat.* 89: 431-437.

VERTS, B.J. 1967. **The biology of the Striped Skunk.** Univ. of Illinois Press.

VONTOBEL, R. 1979. **Misunderstood mammal (The Wolverine).** *Nature Canada* 8 (1): 38-43.

WAECHTER, A. 1975. **Écologie de la fouine en Alsace.** *Terre & Vie* 29: 399-457.

WIGHT, H.M. 1931. **Reproduction in the Eastern Skunk (*Mephitis mephitis nigra*).** *J. Mamm.* 12: 42-47.

WOODS, G.T. 1944. **Longevity of captive Wolverines.** *Am. Midl. Nat.* 31: 505.

WRIGHT, P.L. 1942. **Delayed implantation in the Long-tailed Weasel (*Mustela frenata*), the Short-tailed Weasel (*Mustela cicognani*) and the Marten (*Martes americana*).** *Anat. Rec.* 83: 341-353.

WRIGHT, P.L. 1948. **Breeding habits of Long-tailed Weasels (*Mustela frenata*).** *Am. Midl. Nat.* 39: 338-344.

WRIGHT, P.L. & R. Rausch. 1955. **Reproduction in the Wolverine, *Gulo gulo*.** *J. Mamm.* 36: 346-355.

YEAGER, L.E. 1943. **Storing of Muskrats and other foods by Minks.** *J. Mamm.* 24: 100-101.

YEAGER, L.E. & J.P. Woloch. 1962. **Striped Skunk with three legs.** *J. Mamm.* 43: 420-421.

Famille des félidés

ARDITI, R. 1979. **Relation of the Canadian Lynx cycle to a combination of weather variables: a stepwise multiple regression analysis.** *OEcologia* 41: 219-233.

BRAND, C.J. et al. 1976. **Lynx responses to changing Snowshoe Hare densities in Central Alberta.** *J. Wildl. Manage.* 40: 416-428.

BRAND, C.J. & L.B. Keith. 1979. **Lynx demography during a Snowshoe Hare decline in Alberta.** *J. Wildl. Manage.* 43: 827-849.

CROWE, D.M. 1975. **Aspects of ageing, growth and reproduction of Bobcats from Wyoming.** *J. Mamm.* 56: 177-198.

CUERRIER, M.J.P. 1983. ***Felis concolor.*** *Mammal. Species* No 200, *pp.* 1-7, 4 *figs.*

FINERTY, J.P. 1979. **Cycles in Canadian Lynx.** *Am. Nat.* 114: 453-455.

FRITTS, S.H. & J.A. Sealander. 1978. **Reproductive biology and population characteristics of Bobcats (*Lynx rufus*) in Arkansas.** *J. Mamm.* 59: 347-353.

GERSON, H.B. 1988. **Cougar (*Felis concolor*) sightings in Ontario.** *Can. Field-Nat.* 102: 419-424.

HANCOCK, J.A. et al. 1976. **Lynx attack on man carrying hares in Newfoundland.** *Can. Field-Nat.* 90: 46-47.

HORNOCKER, M.G. 1969. **Winter territoriality in Mountain Lions.** *J. Wildl Manage.* 33: 457-464.

HORNOCKER, M.G. 1970. **An analysis of Mountain Lion predation upon Mule Deer and Elk in the Idaho Primitive Area.** *Wildl. Monogr.* 21: 1-39.

JOHNSON, M.L. & L.K. Couch. 1954. **Determination off the abundance of Cougars.** *J. Mamm.* 35: 255-256.

JONES, M.L. 1977. **Record keeping and longevity of Felids in captivity.** *The World's Cats* 3 (3): 132-138.

KEITH, L.B. 1977. **Le Lynx du Canada.** Faune de l'Arrière-pays, Serv. can. de la Faune. Envir. Canada.

KOEHLER, G.M. et al. 1979. **Lynx movements and habitat use in Montana.** *Can. Field-Nat.* 93: 441-442.

MARSTON, M.A. 1942. **Winter relations of Bobcat to White-tailed Deer in Maine.** *J. Wildl. Manage.* 6: 328-337.

McCORD, C.M. 1974. **Selection of winter habitat by Bobcats (*Lynx rufus*) on the Quabbin Reservation, Massachusetts.** *J. Mamm.* 55: 428-437.

McLEOD, C. 1991. **Going, going, gone? (Eastern Cougar).** *Nature Canada* 20 (2): 11-12.

MECH, L.D. 1977. **Record movement of a Canadian Lynx.** *J. Mamm.* 58: 676-677.

MECH, L.D. 1980. **Age, sex, reproduction, and spatial organization of Lynxes colonizing Northeastern Minnesota.** *J. Mamm.* 61: 261-267.

MORE, G. 1976. **Some winter food habits of Lynx (*Felis lynx*) in the Southern Mackenzie District, Northwest Territories.** *Can. Field-Nat.* 90: 499-500.

NAGORSEN, D.W. & R.L. Peterson. 1977. **Two recent Bobcat (*Lynx rufus*) specimens from Southern Ontario.** *Can. Field-Nat.* 91: 98-100.

NERO, R.W. & R.E. Wrigley. 1977. **Status and habits of the Cougar in Manitoba.** *Can. Field-Nat.* 91: 28-40.

RABB, G.B. 1959. **Reproductive and vocal behavior in captive Pumas.** *J. Mamm.* 40: 616-617.

ROBINETTE, W.L. et al. 1961. **Notes on Cougar productivity and life history.** *J. Mamm.* 42: 204-217.

SAUNDERS, J.K. Jr. 1963. **Food habits of the Lynx in Newfoundland.** *J. Wildl Manage.* 27: 381-390.

SAUNDERS, J.K. Jr. 1963. **Movements and activities of the Lynx in Newfoundland.** *J. Wildl. Manage.* 27: 390-400.

SAUNDERS, J.K. Jr. 1964. **Physical characteristics of the Newfoundland Lynx.** *J. Mamm.* 45: 36-47.

SEIDENSTICKER, J.C. et al. 1973. **Mountain Lion social organization in the Idaho Primitive Area.** *Wildl. Monogr.* 35: 1-60.

TUMLISON, R. 1987. ***Felis lynx.*** *Mammal. Species* No 269, *pp.* 1-8, 3 *figs.*

VAN WORMER, J. 1963. **The world of the Bobcat.** J.B. Lippincott Co. Philadelphia & New York.

VAN ZYLL DE JONG, C.G. 1966. **Food habits of the Lynx in Alberta and the Mackenzie District, N.W.T.** *Can. Field-Nat.* 80: 18-23.

VAN ZYLL DE JONG, C.G. 1975. **Differentiation of the Canada Lynx (*Felis lynx*) in Newfoundland.** *Can. J. Zool.* 53: 699-705.

VAN ZYLL DE JONG, C.G. et Van Ingen. 1978. **Status report on Eastern Cougar (*Felis concolor couguar*) in Canada.** Committee on the status of endangered wildlife in Canada. Ottawa.

WEMMER, C. & K. Scow. 1977. **Communication in the Felidae with emphasis on scent marking and contact patterns.** In Sebeok, T.A. (ed.). *How animals communicate.* Indiana Univ. Press.

WRIGHT, B.S. 1971. **The Couguar in New Brunswick.** *The World's Cats, pp.* 108-119.

WRIGHT, B.S. 1972. **The Eastern Panther.** Clarke, Irwin and Co. Ltd. Toronto.

WRIGHT, B.S. 1973. **Le couguar.** *Faune de l'Arrière-pays*, Serv. can. de la Faune, Envir. Canada.

YOUNG, S.P. & E.A. Goldman. 1946. **The Puma mysterious American cat.** Am. Wildl. Inst., Washington, D.C.

ARTIODACTYLES

Famille des cervidés

ADDISON, R.B. et al. 1980. **Radio-tracking of Moose in the boreal forest of Northwestern Ontario.** *Can. Field-Nat.* 94: 269-276.

BANFIELD, A.W.F. & J.S. Tener. 1958. **A preliminary study of the Ungava Caribou.** *J. Mamm.* 39: 560-573.

BÉDARD, J. et al. (eds.). 1974. **Alces, écologie de l'Orignal.** *Nat. Can.* 101: 1-735.

BERGERUD, A.T. 1971. **The population dynamics of Newfoundland Caribou.** *Wildl. Monogr.* 25: 1-55.

BERGERUD, A.T. 1971. **Abundance of forage on the winter range of Newfoundland Caribou.** *Can. Field-Nat.* 85: 39-52.

BERGERUD, A.T. 1973. **Movement and rutting behavior of Caribou (*Rangifer tarandus*) at Mount Albert, Quebec.** *Can. Field-Nat.* 87: 357-369.

BERGERUD, A.T. 1975. **The reproductive season of Newfoundland Caribou.** *Can. J. Zool.* 53: 1213-1221.

BERGERUD, A.T. 1976. **The annual antler cycle in Newfoundland Caribou.** *Can. Field-Nat.* 90: 449-463.

BERGERUD, A.T. et al. 1983. **Growth of the Avalon Peninsula, Newfoundland Caribou herd**. *J. Wildl. Manage* 47: 989-998.

BERGERUD, A.T. et al. 1984. **The buffalo of the North: Caribou (*Rangifer tarandus*) and human developments.** *Arctic* 37: 7-22.

BOULET, M. 1979. **Le Cerf de Virginie à l'île d'Anticosti. Effets des conditions de l'environnement sur son comportement.** *Carnets de Zool.* 39: 52-59.

BUBENIK, A.B. et al. 1980. **The role of the tarsal glands in the olfactory communication of the Ontario Moose.** In Muller-Schwarze & R.M. Silverstein (eds.). Chemical Signals. Plenum Press. New York.

CAMERON, R.D. & K.R. Whitten. 1979. **Seasonal movements and sexual segregation of Caribou determined by aerial survey.** *J. Wildl. Manage.* 43: 626-633.

CHEATUM, E.L. & G.H. Morton. 1946. **Breeding season of White-tailed Deer in New York.** *J. Wildl. Manage.* 10: 249-263.

COWAN, I. McT. & V. Geist. 1961. **Aggressive behavior in deer of the genus *Odocoileus*.** *J. Mamm.* 42: 522-526.

CRETE, M. & P.A. Jordan. 1981. **Régime alimentaire des orignaux du sud-ouest québécois pour les mois d'avril à octobre.** *Can. Field-Nat.* 95: 50-56.

CUMMING, H.G. & F.A. Walden. 1970. **The White-tailed Deer in Ontario.** Ont. Min. Nat. Res. Div. Fish & Wildl.

DESMEULES, P. 1963. **Le Caribou de la Côte-Nord.** *Carnets de Zool.* 23: 40-46.

DROLET, C.A. 1976. **Distribution and movements of White-tailed Deer in Southern New Brunswick in relation to environmental factors.** *Can. Field-Nat.* 90: 123-136.

DROLET, C.A. 1978. **Use of forest clearcuts by White-tailed Deer in Southern New Brunswick and Central Nova Scotia.** *Can. Field-Nat.* 92: 275-282.

EPSMARK, I. 1964. **Rutting behaviour in Reindeer (*Rangifer tarandus* L.).** *Anim. Behav.* 12: 159-163.

FINDLEY, J.S. 1951. **A record of Moose speed.** *J. Mamm.* 32: 116.

FRANZMANN, A.W. 1981. ***Alces alces.*** *Mammal. Species*, No 154, *pp.* 1-7.

FRASER, D. & H. Hristienko. 1981. **Activity of Moose and White-tailed Deer at mineral springs.** *Can. J. Zool.* 59: 1991-2000.

FULLER, T.K. & L.B. Keith. 1980. **Physical characteristics of Woodland Caribou in Northeastern Alberta.** *Can. Field-Nat.* 94: 331-333.

GARNER, G.W. & J.A. Morrison. 1980. **Observations of interspecific behavior between predators and White-tailed Deer in Southwestern Oklahoma.** *J. Mamm.* 61: 126-130.

GATES, J.E. & D.M. Harman. 1980. **White-tailed Deer wintering area in a hemlock-northern hardwood forest.** *Can. Field-Nat.* 94: 259-268.

GAUTHIER, C. 1978. **Taux d'ovulation et productivité des populations d'orignaux de trois parcs et réserves du Québec.** *Dir. Rech. Faunique*, MTCP. RRF 28.

GAUTHIER, D. 1980. **Naissance de triplets chez le Cerf de Virginie (*Odocoileus virginianus*).** *Carnets de Zool.* 40: 3-8.

GEIST, V. & F. Walther (eds.). 1974. **The behaviour of Ungulates and its relation to management.** IUCN *Publ. New Series* No 24. Morges, Switzerland.

GOUDREAULT, F. 1979. **Période de la chute des velours chez le Cerf de Virginie de l'île d'Anticosti, Québec.** *Carnets de Zool.* 39: 8-10.

GRENIER, P. et al. 1979. **Les Cervidés du Québec.** *L'Aubelle, suppl.* No 15. Ordre des ingénieurs forestiers du Québec.

HAUKIOJA, E. & R. Salovaara. 1978. **Summer weight of Reindeer (*Rangifer tarandus*) calves and its importance for their future survival.** *Rep. Kevo Subarctic Res. Stat.* 14: 1-4.

HIRTH, D.H. 1977. **Social behavior of White-tailed Deer in relation to habitat.** *Wildl. Monogr.* 53: 5-55.

HIRTH, D.H. & D.R. McCullough. 1977. **Evolution of alarm signals in Ungulates with special reference to White-tailed Deer.** *Am. Nat.* 111: 31-42.

HUOT, J. 1973. **Le Cerf de Virginie au Québec.** *Serv. de la Faune*, MTCP, *Bull.* No 17.

HUOT, J. 1974. **Winter habitat of White-tailed Deer at Thirty-One Mile Lake, Quebec.** *Can. Field-Nat.* 88: 293-301.

JOYAL, R. 1976. **Winter foods of Moose in La Verendrye Park, Quebec: an evaluation of two browse survey methods.** *Can. J. Zool.* 54: 1765-1770.

JOYAL, R. & B. Scherrer. 1978. **Summer movements and feeding by Moose in Western Quebec.** *Can. Field-Nat.* 92: 252-258.

KAMMERMEYER, K.E. & R.L. Marchinton. 1977. **Seasonal change in circadian activity of radio-monitored Deer.** *J. Wildl. Manage.* 41: 315-317.

KILE, T.L. & R.L. Marchinton. 1977. **White-tailed Deer rubs and scrapes: spatial, temporal and physical characteristics and social role.** *Am. Midl. Nat.* 97: 257-266.

LE HENAFF, D. 1973. **Sommaire de la capture, de l'élevage et de la libération des Caribous dans le Parc des Laurentides (1966-1973).** Serv. de la Faune, MTCP, 19 pp. Miméo.

LE HENAFF, D. 1973. **Caribou, tableau général de l'élevage dans le Parc des Laurentides de 1966 à 1972.** Serv. de la Faune, MTCP. 3 pp. Miméo.

MATSCHKE, G.H. & R.D. Roughton. **Delayed antler development and sexual maturity among yearling male White-tailed Deer.** *Proc. Annual Conf. S.E. Assoc. Fish & Wildl. Agencies* 31: 51-56.

McDONALD, E.J. & A.M. Martell. 1981. **Twinning and postpartum activity in Barren-Ground Caribou (*Rangifer tarandus*).** *Can. Field-Nat.* 95: 354-355.

McEWAN, E.H. & P.E. Whitehead. 1971. **Measurement of the milk intake of Reindeer and Caribou calves using tritiated water.** *Can. J. Zool.* 49: 443-447.

McNICOL, J.G. 1980. **Later winter use of upland cutovers by Moose.** *J. Wildl. Manage.* 44: 363-371.

MESSIER, F. et al. 1987. **Le caribou de la Gaspésie: synthèse des connaissances et recommandations sur la gestion du troupeau.** Université du Québec à Rimouski & MLCP, Québec.

MIRARCHI, R.E. et al. 1977. **Androgen levels and antler development in captive and wild White-tailed Deer.** *J. Wildl. Manage.* 41: 178-183.

MOISAN, G. 1956-1957. **Le caribou de Gaspé.** *Nat. Can.* 83: 225-234; 262-274; 84: 5-27.

MONTGOMERY, G.G. 1963. **Nocturnal movements and activity rhythms of White-tailed Deer.** *J. Wildl. Manage.* 27: 422-427.

MULLER-SCHWARZE, D. et al. 1978. **Responses of Reindeer to interdigital secretions of conspecifics.** *J. Chem. Ecol.* 4: 325-335.

MULLER-SCHWARZE, D. et al. 1979. **Social behavior and chemical communication in Reindeer (*Rangifer t. tarandus* L.).** *J. Chem. Ecol.* 5: 483.

NOWOSAD, R.F. 1973. **Twinning in Reindeer.** *J. Mamm.* 54: 781.

PARKER, G.R. 1981. **Physical and reproductive characteristics of an expanding Woodland Caribou population (*Rangifer tarandus caribou*) in Northern Labrador.** *Can. J. Zool.* 59: 1929-1940.

PASSMORE, R.C. 1973. **Le cerf de Virginie.** Faune de l'Arrière-pays. Serv. can. de la Faune, Envir. Canada.

PEEK, J.M. et al. 1974. **Dynamics of Moose aggregations in Alaska, Minnesota, and Montana.** *J. Mamm.* 55: 126-137.

POMERLEAU, R. 1973. **Le caribou.** *Faune du Québec*, No 3. MTCP.

PRUITT, W.O. Jr. 1954. **Rutting behavior of the Whitetail Deer (*Odocoileus virginianus*).** *J. Mamm.* 35: 129-130.

ROUNDS, R.C. 1978. **Grouping characteristics of Moose (*Alces alces*) in Riding Mountain National Park, Manitoba.** *Can. Field-Nat.* 92: 223-227.

ROUSSEL, Y.E. et al. 1975. **Preliminary study of seasonal Moose movements in Laurentides Provincial Park, Quebec.** *Can. Field-Nat.* 88: 47-52.

RUE, L.L. III. 1962. **The world of the White-tailed Deer.** J.B. Lippincott Co. Philadelphia & New York.

SHOESMITH, M.W. 1976. **Twin fetus in a Woodland Caribou.** *Can. Field-Nat.* 90: 498-499.

SMITH, W.P. 1991. ***Odocoileus virginianus.*** *Mammal. Species* No 388, *pp.* 1-13, 3 *figs.*

SKOGLAND, T. 1980. **Comparative summer feeding strategies of Arctic and Alpine Rangifer.** *J. Anim. Ecol.* 49: 81-98.

TAYLOR, W.P. (ed.). 1956. **The Deer of North America.** Stackpole Co., Harrisburg, Pa.

THÉBERGE, J.B. 1978. **Evaluation of the winter range of White-tailed Deer in Point Pelee National Park, Ontario.** *Can. Field-Nat.* 92: 19-23.

TOWNSEND, T.W. & E.D. Bailey. 1975. **Parturitional, early maternal, and neonatal behavior in penned White-tailed Deer.** *J. Mamm.* 56: 347-362.

TREMBLAY, J. 1978. **Quelques aspects de la nutrition du Cerf de Virginie.** *Carnets de Zool.* 38: 52-56.

TRÉPANIER, S. 1984. **Rapport sur la situation du caribou (*Rangifer tarandus caribou*) de la Gaspésie.** Ass. biol. du Qué., Montréal.

TRUDEL, F. & J. Huot (eds.). 1979. **Dossier Caribou, écologie et exploitation du Caribou au Québec-Labrador.** *Recher. Amerind. au Québec* 9 (1-2): 1-164.

VERME, L.J. 1965. **Reproduction studies on penned White-tailed Deer.** *J. Wildl. Manage.* 29: 74-79.

WARREN, R.J. et al. 1978. **Reproductive behavior of captive White-tailed Deer.** *Anim. Behav.* 26: 179-183.

Famille des bovidés

BUCKLEY, J.L. et al. 1954. **Muskox (*Ovibos moschatus*) longevity.** *J. Mamm.* 35: 156.

GRAY, D.R. 1974. **The defence formation of the Musk-ox.** *The Musk-ox* 14: 25-29.

GRAY, D.R. 1975. **Le boeuf musqué.** Faune de l'Arrière-pays. Serv. can. de la Faune, Env. Canada.

GRAY, D.R. 1977. **The status of the Musk-ox and Peary Caribou on Canada's Arctic Islands.** In Canada's threatened species and habitats. Mosquin, T. & C. Suchal (eds.).

HARINGTON, C.R. 1970. **A postglacial Muskox (*Ovibos moschatus*) from Grandview, Manitoba, and comments on the zoogeography of Ovibos.** *Natl. Mus. Nat. Sci. Publ. Palaeont.* No 2.

HARINGTON, C.R. 1975. **Muskoxen on Baffin Island?** *The Musk-ox* 17: 32-37.

JOLICOEUR, H. 1976. **L'élevage du Boeuf musqué (*Ovibos moschatus*) (Zimmermann) en Alaska et au Québec.** *Carnets de Zool.* 36: 4-10.

LE HENAFF, D. 1985. **Introduction du boeuf musqué (*Ovibos moschatus*) au Nouveau-Québec et état actuel des populations en liberté.** *Can. Field-Nat.* 99: 103-104.

LE HENAFF, D. 1986. **Boeuf musqué.** Plan tactique. MCLP, Québec.

LENT, P.C. 1988. ***Ovibos moschatus.*** *Mammal. Species* No 302, *pp.* 1-9, 4 *figs.*

MILLER, F.L. & A. Gunn. 1980. **Behavioral responses of Muskox herds to simulation of cargo slinging by helicopter, Northwest Territories.** *Can. Field-Nat.* 94: 52-60.

OEMING, A. 1965. **A herd of Musk-oxen, *Ovibos moschatus*, in captivity.** *Int. Zoo Yearb.* 5: 58-65.

PARKER, G.R. 1978. **The diets of Musk-oxen and Peary Caribou on some islands in the Canadian High Arctic.** *Can. Wildl. Serv., Occas. paper* No 35.

PATENAUDE, R. 1981. **Muskoxen in captivity.** CAZPA ann. conf., Québec, Sept. 1981.

TENER, J.S. 1965. **Muskoxen in Canada, a biological and taxonomic review.** *Can. Wildl. Serv. Monogr.* 2.

TIPLADY, B. Ann. 1990. **Multiple nursing in free-living Muskoxen (*Ovibos moschatus*).** *Can. Field-Nat.* 104: 450-454.

URQUHART, D.R. 1982. **Muskox. Life history and current status of Muskoxen in the NWT.** NWT, Wildlife Service, Yellowknife.

VIBE, C. 1958. **The Muskox in East Greenland.** *Mammalia* 22: 168-174.

WILKINSON, P.F. & C.C. Shank. 1976. **Rutting-fight mortality among Muskoxen on Banks Island, Northwest Territories, Canada.** *Anim. Behav.* 24: 756-758.

WILKINSON, P.F. et al. 1976. **Muskox-Caribou summer range relations on Banks Island, N.W.T.** *J. Wildl. Manage.* 40: 151-162.

CARNIVORES PINNIPÈDES

Famille des phocidés

BECK, B. 1983. **Le phoque commun du Canada.** Série «Le monde sous-marin». Pêches et Océans. No Cat. Fs 41-33/27-1983 F. 8 pp.

BECK, B. 1983. **Le phoque gris de l'est du Canada.** Série «Le monde sous-marin». Pêches et Océans. No Cat. Fs 41-33/26-1983. F. 8 pp.

BONESS, D.J. & H. James. 1979. **Reproductive behavior of the Grey Seal (*Halichoerus grypus*) on Sable Island.** *J. Zool., Lond.* 188: 477-500.

BOULVA, J. & I.A. McLaren. 1980. **Biologie du phoque commun, *Phoca vitulina*, de l'est du Canada.** *Bull. Off. Rech. Pêch. Canada* No 200 F.

BOWEN, W.D. 1982. **Le phoque du Groendland.** Série «Le monde sous-marin». Pêches et Océans. No Cat. Fs 41-33/11-1982 F. 8 pp.

BRUEMMER, F. 1967. **Grey Seals on Basque Island.** *Carnets de Zool.* 27: 4-8.

CAMERON, A.W. 1969. **The behavior of adult Grey Seals (*Halichoerus grypus*) in the early stages of the breeding season.** *Can. J. Zool.* 47: 229-233.

CAMERON, A.W. 1970. **Seasonal movements and diurnal activity rhythms of the Grey Seal (*Halichoerus grypus*).** *J. Zool., Lond.* 161: 15-23.

CLEATOR, H.J. 1996. **Status of the Bearded Seal (*Erignathus barbatus*) in Canada.** Can. Field-Nat.

CLEATOR, H.J. et al. 1989. **Underwater vocalizations of the Bearded Seal (*Erignathus barbatus*).** *Can. J. Zool.* 67: 1900-1910.

FEDAK, M.A. et D. Thompson. 1993. **Behavioural and physiological options in diving seals.** *Symp. Zool. Soc. Lond.* 66: 333-348.

FINLEY, K.J. 1979. **Haul-out behavior and densities of Ringed Seals (*Phoca hispida*) in the Barrow Strait area, N.W.T.** *Can. J. Zool.* 57: 1985-1997.

KINGSLEY, M.C.S. 1990. **Status of the Ringed Seal (*Phoca hispida*) in Canada.** *Can. Field-Nat.* 104 (1): 138-145.

LAVIGNE, D.M., & K.M. Kovacs. 1988. **Harps and Hoods: Ice breeding seals of the Northwest Atlantic.** Univ. Waterloo Press. Waterloo, Ont. 174 pp.

MANSFIELD, A.W. 1977. **Growth and longevity of the Grey Seal, *Halichoerus grypus*, in Eastern Canada.** *Int. Counc. Explo. Sea Mar. Mamm. Committee* C.M. 1978/ N: 6, *pp.* 1-12.

MANSFIELD, A.W. 1978. **Reproduction of the Grey Seal, *Halichoerus grypus*, in Eastern Canada.** *Int. Counc. Explo. Sea Mar. Mamm. Committee* C.M. 1978/ N: 13. *pp.* 1-9.

MANSFIELD, A.W. & B. Beck. 1977. **The Grey Seal in Eastern Canada.** Serv. Pêch. Sci. Mer Rap. Tech. 704.

POWER, G. & J. Grégoire. 1978. **Predation by freshwater Seals on the fish community of Lower Seal Lake, Quebec.** *J. Off. Rech. Pêch. Canada.* 35: 844-850.

RENOUF, D. 1979. **Preliminary measurements of the sensitivity of the vibrissae of Harbour Seals (*Phoca vitulina*) to low frequency vibrations.** *J. Zool., Lond.* 188: 443-450.

SERGEANT, D.E. 1973. **Feeding, growth and productivity of Northwest Atlantic Harp Seals (*Pagophilus groenlandicus*).** *J. Fish. Res. Can.* 30: 17-29.

SERGEANT, D.E. 1974. **A rediscovered whelping population of Hooded Seals *Cystophora cristata* (Erxleben) and its possible relationship to other populations.** *Polarforschung* 44: 1-7.

SERGEANT, D.E. 1976. **History and present status of populations of Harp and Hooded Seals.** *Biol. Conserv.* 10: 95-118.

SMITH, T.G. 1976. **Predation of Ringed Seal pups (*Phoca hispida*) by the Arctic Fox (*Alopex lagopus*).** *Can. J. Zool.* 54: 1610-1616.

SMITH, T.G. 1980. **Polar Bear predation of Ringed and Bearded Seals in the land-fast sea ice habitat.** *Can. J. Zool.* 58: 2201-2209.

SMITH, T.G. & I. Stirling. 1978. **Variation in the density of Ringed Seal (*Phoca hispida*) birth lairs in the Amundsen Gulf, Northwest Territories.** *Can. J. Zool.* 56: 1066-1071.

SMITH, T.G. 1987. **The Ringed Seal (*Phoca hispida*) of the Canadian Western Arctic.** *Can. Bull. Fish. Aquat. Sci.* 216: 81 *pp.*

STEWART, R.E.A. et al. 1986. **Seals and sealing in Canada's Northern and Arctic Regions.** *Can. Tech. Rep. Fish. Aquat. Sci.* 1463: 31 *pp.*

WILSON, S. 1973. **Mother-young interactions in the Common Seal, *Phoca vitulina vitulina*.** *Behaviour* 62: 97-114.

Famille des odobénidés

FAY, F. & G.C. Ray. 1979. **Reproductive behavior of the Pacific Walrus in relation to population structure.** Proc. 29th Alaska Sci. Conf., 1978, *pp.* 409-410.

FAY, F.H. 1985. ***Odobenus rosmarus***. *Mammal. Species* No 238, *pp.* 1-7.

GARLICH-MILLER, J. 1994. **Growth and reproduction of Atlantic Walrus (*Odobenus rosmarus rosmarus*) in Foxe Basin, Northwest Territories, Canada.** Thèse de maitrise en sciences, département de Zoologie, Univ. Manitoba. 116 pp.

MANSFIELD, A.W. 1958. **The biology of the Atlantic Walrus *Odobenus rosmarus rosmarus* (Linnaeus) in the Eastern Canadian Arctic.** Rapport manuscrit No 653. Off. Rech. Pêch. Canada.

REEVES, R.R. 1978. **Atlantic Walrus (*Odobenus rosmarus rosmarus*): a literature survey and status report.** US *Dept. Int. Fish Wildl. Serv. Wildl. Res. Rep.* No 10. 41 *pp.*

RICHARD, P.R. et R.R. Campbell. 1988. **Status of the Atlantic Walrus (*Odobenus rosmarus*) in Canada.** *Can. Field-Nat.* 102 (1): 337-350.

SALTER, R.E. 1979. **Site utilization, activity budgets, and disturbance responses of Atlantic Walruses during terrestrial haul-out.** *Can. J. Zool.* 57: 1169-1180.

CÉTACÉS

Famille des phocénidés

GASKIN, D.E. 1977. **Harbour Porpoise *Phocoena phocoena* (L.) in the Western approaches to the Bay of Fundy, 1969-75.** *Rep. Int. Whal. Commn* 27: 487-492.

GASKIN, D.E. 1984. **The Harbour Porpoise (*Phocoena phocoena*): regional populations, status and information on direct and indirect catches.** *Rep. Int. Whal. Comm.* 34: 569-586.

GASKIN, D.E. 1992. **Status of the Harbour Porpoise (*Phocoena phocoena*) in Canada.** *Can. Field-Nat.* 106 (1): 36-54.

GASKIN, D.E. et al. 1974. **Phocoena phocoena.** *Mammal. Species*, No 42, *pp.* 1-8.

GASKIN, D.E. et al. 1985. **Population dispersal, size and interactions of Harbour Porpoises in the Bay of Fundy and Gulf of Maine.** *Can. Tech. Rep. Fish. Aquat. Sci.* 201: 20 pp.

NEAVE, D.J. & D.D. Wright, 1968. **Seasonal migrations of the Harbor Porpoise (*Phocoena phocoena*) and other Cetacea in the Bay of Fundy.** *J. Mamm.* 49: 259-264.

READ, A.J. 1990. **Age at sexual maturity and pregnancy rates of Harbour Porpoises (*Phocoena phocoena*) from the Bay of Fundy.** *Can. J. Fish. Aquat. Sci.* 47: 561-565.

READ, A.J. 1990. **Reproductive seasonality in Harbour Porpoises (*Phocoena phocoena*) from the Bay of Fundy.** *Can. J. Zool.* 68: 284-288.

WESGATE, A.J. et al. 1995. **Diving behaviour of Harbour Porpoises (*Phocoena phocoena*)** *Can. J. Fish. Aquat. Sci.* 52: 1064-1073.

Famille des delphinidés

AU, W.W.L. & K.J. Snyder. 1980. **Long-range target detection in open waters by an echolocating Atlantic Bottlenose Dolphin (*Tursiops truncatus*).** *J. Acoust. Soc. Am.* 68: 1077-1084.

AU, D. & D. Weihs. 1980. **At high speed dolphins save energy by leaping.** *Nature* 284 (5756): 548-550.

BAIRD, R.W. et P.J. Stacey. 1991. **Status of Risso's Dolphin (*Grampus griseus*) in Canada.** *Can. Field-Nat.* 105 (2): 233-242.

DONOVAN, G.P. et al. 1993. **Biology of Northern Hemisphere Pilot Whales.** *Rep. Int. Whal. Comm. Special Issue* 14: 479 pp.

GASKIN, D.E. 1992. **Status of the Atlantic White-sided Dolphin (*Lagenorhynchus acutus*) in Canada.** *Can. Field-Nat.* 106 (1): 64-72.

GASKIN, D.E. 1992. **Status of the Common Dolphin (*Delphinus delphis*) in Canada.** *Can. Field-Nat.* 106 (1): 55-63.

HEYNING, J.E. & M.E. Dahlheim. 1985. ***Orcinus orca*.** Mamm. Species 304: 9 pp.

JONSGARD, A. & P.B. Lyshoel. 1970. **A contribution to the knowledge of the biology of the Killer Whales *Orcinus orca* (L.).** *Nytt. Mag. Zool.* 18: 41-48.

KIRKEVOLD, B.C. & J.S. Lockard. 1990. **Behavioral biology of Killer Whales.** Zoo Biology Monographs, vol. 1.

LOWRY, L.F. et al. 1987. **Observations of Killer Whales (*Orcinus orca*) in Western Alaska: sightings, strandings, and predation on other marine mammals.** *Can. Field-Nat.* 101: 6-12.

MARTIN, A.R. et al. 1987. **Aspects of the biology of Pilot Whales (*Globicephala melaena*) in recent mass stramdings on the British coast.** *J. Zool. Lond.* 211: 11-23.

MARTINEZ, D.R. & E. Klinghammer. 1978. **A partial ethogram of the Killer Whale (*Orcinus orca* L.).** *Carnivore* 1 (3): 13-27.

OLESIUK, P.F. et al. 1990. **Life history and population dynamics of resident Killer Whales (*Orcinus orca*) in the coastal waters of British Columbia and Washington State.** *Rep. Int. Whal. Comm. Special Issue* 12: 209-243.

RENAUD, D.L. & A.N. Popper. 1975. **Sound localization by the Bottlenose Porpoise *Tursiops truncatus*.** *J. Exp. Biol.* 63: 569-585.

SERGEANT, D.E. 1962. **The biology of the Pilot or Pothead Whale, *Globicephala melaena* (Traill) in Newfoundland waters.** *Bull. Off. Rech. Pêch. Canada* 132: 1-84.

SERGEANT, D.E. et al. 1980. **Life history and Northwest Atlantic status of the Atlantic White-sided Dolphin, *Lagenorhynchus acutus*.** *Cetology* 37: 1-12.

SIGURJONSSON, J. & S. Leatherwood (eds). 1988. **North Atlantic Killer Whales.** *Rit. Fiskideildar.* 11: 317 *p.*

SMITH, T.G. et al. 1981. **Coordinated behavior of Killer Whales, *Orcinus orca*, hunting a Crabeater Seal, *Lobodon carcinophagus*.** *Can. J. Zool.* 59: 1185-1189.

STEINER, W.W. et al. 1979. **Vocalizations and feeding behavior of the Killer Whale (*Orcinus orca*).** *J. Mamm.* 60: 823-827.

Famille des monodontidés

BÉLAND, P. et al. 1990. **Observations on the birth of a Beluga Whale (*Delphinapterus leucas*) in the St. Lawrence estuary, Quebec, Canada.** *Can. J. Zool.* 69: 1327-1329.

BEST, R.C. 1981. **The tusk of the Narwhal (*Monodon monoceros* L.): interpretations of its function (*Mammalia: Cetacea*).** *Can. J. Zool.* 59: 2386-2393.

BEST, R.C. & H.D. Fisher. 1974. **Seasonal breeding of the Narwhal (*Monodon monoceros* L.).** *Can. J. Zool.* 52: 429-431.

DAVIS, R.A. et al. 1978. **Status of the Lancaster Sound Narwhal population in 1976.** *Rep. Int. Whal. Commn* 28: 209-215.

DOIDGE, D.W. et K.J. FINLEY. 1993. **Status of the Baffin Bay population of Beluga (*Delphinapterus leucas*).** *Can. Field-Nat.* 107 (4): 533-546.

FRAKER, M.A. et al. 1979. **White Whale (*Delphinapterus leucas*) distribution and abundance and the relationship to physical and chemical characteristics of the Mackenzie Estuary.** *Rap. Tech. Serv. Pêch. Sci. Mer No 863, Dept. Pêch. Envir. Canada.*

FREEMAN, M.M.R. 1973. **Polar Bear predation on Beluga in the Canadian Arctic.** *Arctic* 26: 163.

GREENDALE, R.G. & C. Brousseau-Greendale. 1976. **Observations of marine mammals at Cape Hay, Bylot Island during summer of 1976.** *Rap. Tech. Serv. Pêch. Sci. Mer No 680, Dept. Pêch. Envir. Canada.*

HAY, K.A. **Population Biology of the Narwhal (*Monodon Monoceros*) in the Eastern Canadian Arctic.** Ph.D. Thesis, McGill University, 1982.

KINGSLEY, M. 1990. **Le narval.** Série «Le monde sous-marin». Pêches et Océans. No Cat. Fs 41-33/61-1990. F. 8 pp.

KINGSLEY, M.C.S. 1990. **Polar Bear attack on a juvenile Narwhal.** *Fauna Norv. Ser. A* 11: 57-58.

LOWRY, L.F. et al. 1987. **Polar bear (*Ursus maritimus*) predation on Belugas (*Delphinapterus leucas*) in the Bering and Chukchi seas.** *Can. Field-Nat.* 101: 141-146.

MICHAUD, A. et al. 1990. **Distribution annuelle et caractérisation des habitats du Béluga (*Delphinapterus leucas*) du Saint-Laurent.** Rapp. Tech. Sciences halieut. et aquat. No 1757. 31 pp.

PIPPARD, L. & H. Malcolm. 1978. **White Whales (*Delphinapterus leucas*): observations on their distribution, population and critical habitats in the St. Lawrence and Saguenay rivers.** Dept. Aff. Ind. Nord, Parcs Canada Proj. C1632 contrat 76-190.

PIPPARD, L. 1985. **Status of the St. Lawrence population of Beluga (*Delphinapterus leucas*) in Canada.** *Can. Field-Nat.* 99 (3): 438-450.

PRESCOTT, J. 1991. **The St. Lawrence Beluga: a concerted effort to save an endangered species.** pp. 269-273 in Holroyd, G.L., Burns, G. & H.C. Smith (eds) Proceedings of the second endangered species and prairie conservation workshop. Nat. Hist. Occ. Paper No 15, Provincial Museum of Alberta.

PRESCOTT, J. et M. Gauquelin. (eds) 1990. **Pour l'avenir du Béluga.** Presses de l'Univ. du Québec, Sillery, Qué. 345 pp.

REEVES, R.R. & S. Tracey. 1980. ***Monodon monoceros*.** *Mammal. Species* No 127, *pp.* 1-7.

RICHARD, P.R. 1991. **Status of the Belugas (*Delphinapterus leucas*) of Southeast Baffin Island, Northwest Territories.** *Can. Field-Nat.* 105 (2): 206-214.

RICHARD, P.R. 1993. **Status of the Beluga (*Delphinapterus leucas*) in Western and Southern Hudson Bay.** *Can. Field-Nat.* 107 (4): 524-532.

RICHARD, P.R. & J.R. Orr. 1986. **A review of the status and harvest of White Whales (*Delphinapterus leucas*) in the Cumberland Sound area, Baffin Island.** *Can. Tech. Rep. Fish. Aquat. Sci.* 1447: 25 *pp.*

RICHARD, P.R. et al. 1990. **The distribution and abundance of Belugas (*Delphinapterus leucas*) in Eastern Canadian subarctic waters.** *Can. Bull. Fish. Aquat. Sci.* 224: 23-38.

SERGEANT, D.E. 1973. **Biology of White Whales (*Delphinapterus leucas*) in Western Hudson Bay.** *J. Off. Rech. Pêch. Can.* 30: 1065-1090.

SERGEANT, D.E. & P.F. Brodie. 1969. **Body size in White Whales, *Delphinapterus leucas*.** *J. Off. Rech. Pêch. Can.* 26: 2561-2580.

SERGEANT, D.E. & P.F. Brodie. 1975. **Identity, abundance and present status of populations of White Whales, *Delphinapterus leucas*, in North America.** *J. Off. Rech. Pêch. Can.* 32: 1047-1054.

SILVERMAN, H.B. & M.J. Dunbar. 1980. **Aggressive tusk use by the Narwhal (*Monodon monoceros*).** *Nature* 284: 57-58.

SMITH, T.G. et al. 1990. **Advances in the Research on the Beluga Whale (*Delphinapterus leucas*.)** Can. Bull. Fish. Aquat. Sci. 224: 206 pp.

STRONG., J.T. 1988. **Status of the Narwhal (*Monodon monoceros*) in Canada**. *Can. Field-Nat.* 102 (1): 391-398.

VLADYKOV, V.-D. 1944. III. **Chasse, biologie et valeur économique du Marsouin blanc ou Béluga *Delphinapterus leucas* du fleuve et du golfe Saint-Laurent.** Contrib. du Dépt. des Pêcheries du Québec, No 14.

VLADYKOV, V.-D. 1946. IV. **Nourriture du Marsouin blanc ou Béluga (*Delphinapterus leucas*) du fleuve Saint-Laurent.** Contrib. du Dépt. des Pêcheries du Québec, No 17.

Famille des ziphiidés

BENJAMINSEN, T. & I. Christensen. 1979. **The natural history of the Bottlenose Whale *Hyperoodon ampullatus* (Forster).** In H.E. Winn & B.L. Olla (eds.) *Behavior of Marine Animals*, vol. 3, Cetaceans, *pp.* 143-164. Plenum Press.

HOUSTON, J. 1990. **Status of Blainville's Beaked Whale (*Mesoplodon densirostris*) in Canada.** *Can. Field-Nat.* 104 (1): 117-120.

HOUSTON, J. 1990. **Status of True's Beaked Whale (*Mesoplodon mirus*) in Canada.** *Can. Field-Nat.* 104 (1): 135-137.

LIEN J. et F. Barry. 1990. **Status of Sowerby's Beaked Whale (*Mesoplodon bidens*) in Canada.** *Can. Field-Nat.* 104 (1): 125-130.

MITCHELL, E.D. 1977. **Evidence that the Northern Bottlenose Whale is depleted.** *Rep. Int. Whal. Commn* 27: 195-203.

REEVES R.R. et al. 1993. **Status of the Northern Bottlenose Whale (*Hyperoodon ampullatus*) in Canada.** *Can. Field-Nat.* 107 (4): 490-508.

Famille des physétéridés

BEST, P.B. 1979. **Social organization in Sperm Whales, *Physeter macrocephalus*.** *pp.* 227-290 In H.E. Winn & B.L. Olla (eds.) Behavior of Marine Animals Vol. 3, Cetaceans. Plenum Press.

Famille des balénoptéridés

ABRAHAM, K.F. 1990. **First Minke (*Balaenoptera acutorostra*) record for James Bay.** *Can. Field-Nat.* 104: 304-305.

BEAMISH, P. 1978. **Evidence that a captive Humpback Whale (*Megaptera novaeangliae*) does not use sonar.** *Deep-Sea Research* 25: 469-472.

BEAMISH, P. 1979. **Behavior and signifiance of entrapped Baleen Whales.** *pp.* 291-310 In H.E. Winn & B.L. Olla (eds.) *Behavior of Marine Animals* Vol. 3. Cetaceans. Plenum Press.

BEAMISH, P. & E. Mitchell. 1971. **Ultrasonic sounds recorded in the presence of a Blue Whale *Balaenoptera musculus*.** *Deep-Sea Research* 18: 803-809.

HAY, K.H. 1985. **Status of the Humpback Whale (*Megaptera novaeangliae*) in Canada.** *Can. Field-Nat.* 99 (3): 425-433.

HERMAN, L.M. & R.C. Antinoja. 1977. **Humpback Whales in the Hawaiian breeding waters: population and pod characteristics.** *Sci. Rep. Whales Res. Inst.* 29: 59-85.

MANSFIELD, A.W. 1985. **Status of the Blue Whale (*Balaenoptera musculus*) in Canada.** *Can. Field-Nat.* 99 (3): 417-420.

MEAD, J.G. 1977. **Records of Sei and Bryde's Whales from the Atlantic coast of the United States, the Gulf of Mexico, and the Caribbean.** *Rep. Int. Whal. Commn* (Special Issue 1) *pp.* 113-116.

MEREDITH, G.N. & R.R. Campbell. 1988. **Status of the Fin Whale (*Balaenoptera physalus*) in Canada.** *Can. Field-Nat.* 102 (1): 351-368.

MITCHELL, E. 1973. **Draft report on Humpback Whales taken under special scientific permit by Eastern Canadian land stations, 1969-1971.** *Rep. Int. Whal. Commn* 23: 138-154. (*Appendix* IV, *Annex* M).

MITCHELL, E. 1974. **Preliminary report on Nova Scotia fishery for Sei Whales (*Balaenoptera borealis*).** *Rep. Int. Whal. Commn* 24: 218-225. (*Appendix* V, *Annex* T).

MITCHELL, E. & V.M. Kozicki. 1975. **Supplementary information on Minke Whale (*Balaenoptera acutorostrata*) from Newfoundland fishery.** *J. Off. Rech. Pêch. Can.* 32: 985-994.

SERGEANT, D.E. 1963. **Minke Whale, *Balaenoptera acutorostrata* (Lacépède) of the Western North Atlantic.** *J. Off. Rech. Pêch. Can.* 20: 1489-1504.

SERGEANT, D.E. 1977. **Stocks of Fin Whales *Balaenoptera physalus* L. in the Norh Atlantic ocean.** *Rep. Int. Whal. Commn.* 27: 460-473.

WHITEHEAD, H. 1987. **Updated status of the Humpback Whale (*Megaptera novaeangliae*) in Canada.** *Can. Field-Nat.* 101 (2): 284-294.

WHITEHEAD, H. et al. 1980. **The migration of Humpback Whales past the Bay de Verde Peninsula, Newfoundland, during June and July 1978.** *Can. J. Zool.* 58: 687-692.

Famille des balénidés

BRAHAM, H.W. et al. (eds.) 1980. **The Bowhead Whale whaling and biological research.** *Mar. Fish. Rev.* 42 (9-10): 1-87.

BURNS, J.J. et al. 1993. **The Bowhead Whale.** Special Publ. No 2. The Society for Marine Mammalogy. 787 pp.

EVERITT, R.D. & B.D. Krogman. 1979. **Sexual behavior of Bowhead Whales observed off the North coast of Alaska.** *Arctic* 32: 277-280.

FINLEY, F.J. 1990. **Isabella Bay, Baffin Island: an important historical and present-day concentration area for the endangered Bowhead Whale (*Balaena mysticetus*) of the Eastern Canadian Arctic.** *Arctic* 43 (2): 137-152.

GASKIN, D.E. 1987. **Updated status of the Right Whale (*Eubalaena glacialis*) in Canada.** *Can. Field-Nat.* 101 (2): 295-309.

GASKIN, D.E. 1991. **An update on the status of the Right Whale (*Eubalaena glacialis*) in Canada.** *Can. Field-Nat.* 105 (2): 198-205.

HAY, K.H. 1985. **Status of the Right Whale (*Eubalaena glacialis*) in Canada.** *Can. Field-Nat.* 99 (3): 433-437.

LIEN. J. et al. 1989. **Right Whale (*Eubalaena glacialis*) sightings in waters off Newfoundland and Labrador and the Gulf of St. Lawrence 1978-1987.** *Can. Field-Nat.* 103 (1): 91-93.

MANSFIELD, A.W. 1971. **Occurrence of the Bowhead or Greenland Right Whale (*Balaena mysticetus*) in Canadian Arctic waters.** *J. Off. Rech. Pêch. Can.* 28: 1873-1875.

MANSFIELD, A.W. 1985. **Status of the Bowhead Whale (*Balaena mysticetus*) in Canada.** *Can. Field-Nat.* 99 (3): 421-424.

REEVES, R.R. et al. 1978. **The Right Whale, *Eubalaena glacialis*, in the Western North Atlantic.** *Rep. Int. Whal. Commn.* 28: 303-312.

REEVES, R.R. & E. Mitchell. 1990. **Bowhead Whales in Hudson Bay, Hudson Strait, and Foxe Basin: a review.** *Nat. Can.* 117: 25-43.

SEARS, R. 1979. **An occurrence of Right Whales (*Eubalaena glacialis*) on the North Shore of the Gulf of St. Lawrence.** *Nat. Can.* 106: 567-568.

Index

A

B

C

D

E

F

M

N

O

P

R

S